普通高等教育汽车类专业系列教材

汽车车身制造工艺学

主　编　赵万忠　王春燕

副主编　秦亚娟　栾众楷　周健豪　周　冠

机械工业出版社

汽车车身制造工艺是一门综合性专业技术，主要包括金属板料冲压、装配焊接、表面涂装等重要技术。本书从上述技术的基本理论知识入手，从制造工艺过程到技术装备特点，从基础概念到应用实例，从产品质量标准到文明生产要求，从国内汽车车身制造基本技术现状到国内外发展趋势，循序渐进，深入浅出，较全面系统地叙述了汽车车身制造的基本知识。在理论探讨、结构思想、运算方法等方面均注意到了科学性和逻辑性。

　　本书可作为高等工科院校汽车专业的教材，也可供从事汽车车身设计与制造的科研人员和工程技术人员参考。

图书在版编目（CIP）数据

汽车车身制造工艺学/赵万忠，王春燕主编. —北京：机械
工业出版社，2023.11
普通高等教育汽车类专业系列教材
ISBN 978-7-111-73943-2

Ⅰ.①汽… Ⅱ.①赵… ②王… Ⅲ.①汽车-车体-车辆制造-
高等学校-教材 Ⅳ.①U463.820.6

中国国家版本馆 CIP 数据核字（2023）第 177983 号

机械工业出版社（北京市百万庄大街 22 号 邮政编码 100037）
策划编辑：何士娟 责任编辑：何士娟 戴 琳
责任校对：牟丽英 梁 静 封面设计：张 静
责任印制：郜 敏
北京富资园科技发展有限公司印刷
2024 年 1 月第 1 版第 1 次印刷
184mm×260mm·19.75 印张·488 千字
标准书号：ISBN 978-7-111-73943-2
定价：65.00 元

电话服务 网络服务
客服电话：010-88361066 机 工 官 网：www.cmpbook.com
　　　　　010-88379833 机 工 官 博：weibo.com/cmp1952
　　　　　010-68326294 金 书 网：www.golden-book.com
封底无防伪标均为盗版 机工教育服务网：www.cmpedu.com

前　言

党的二十大报告提到"科技自立自强"。早在 2020 年，习近平总书记在考察中国一汽时就强调，一定要把关键核心技术掌握在自己手里，把民族汽车品牌搞上去。

国务院办公厅印发的《新能源汽车产业发展规划（2021—2035 年）》指出，要以习近平新时代中国特色社会主义思想为指引，坚持创新、协调、绿色、开放、共享的发展理念，以深化供给侧结构性改革为主线，坚持电动化、网联化、智能化发展方向，深入实施发展新能源汽车国家战略，以融合创新为重点，突破关键核心技术，提升产业基础能力，构建新型产业生态，完善基础设施体系，优化产业发展环境，推动我国新能源汽车产业高质量可持续发展，加快建设汽车强国。

制造工艺在汽车工业中的重要性是毋庸置疑的。对于一辆性能优良的汽车，如果说设计是基础，材料是条件，制造是手段的话，那么工艺就是保障。完美的设计、新型的材料、先进的技术，都只有通过工艺才能完整地表达出来。因此，为了培养新世纪汽车制造技术的关键人才，我们编写了此书作为教材。

本书主要有以下特点：

1. 构建新形态教材，通过构建包含微课视频、加工工艺动画、课程线上平台等方式，致力打造一本由纸质课本、数字化多媒体资源及网络学习平台有机结合的多层次立体化教材。

2. 本书编写时遵循"强调工艺基础理论，突出汽车制造特点，反映当下时代需求，注重学生多元培养"的指导思想和"立足传统，引领前沿"的贯通式内容编排理念，采用"校企联合编撰，理论结合实践"的教材编写方式。

3. 融入课程思政，将"立德树人"作为人才培养的根本任务，通过贯穿制造业发展历史、国家制造强国战略及其背后蕴含的科学观、价值观和哲学思想，同时融入工匠精神、家国情怀、职业道德和个人品德等育人内容。

本书主要包括绪论、车身冲压工艺、车身装焊工艺和车身涂装工艺四篇内容。绪论篇主要介绍了汽车车身的发展现状、趋势、关键技术及轻量化材料。车身冲压工艺篇主要介绍了冲压工艺概论、冲裁工艺、弯曲工艺、拉深工艺、局部成形工艺、汽车覆盖件冲压工艺及冲压设备。车身装焊工艺篇主要介绍了车身装焊方法、装焊夹具及装焊工艺性。车身涂装工艺篇主要介绍了车身用涂料、涂装前表面处理以及涂装工艺及设备。

本书由赵万忠、王春燕主编，秦亚娟、栾众楷、周健豪、周冠为副主编，其他参加编写的人员有曹铭纯、钟怡欣、孟琦康、陈钰庭、薛子宽、梁玉福、张文彬、董坤、王睿、吕远飞、叶宇林。另外，为了让学生易学易懂，书中引用了一些图片、案例等，在此对资料的作者表示衷心的感谢。

由于汽车车身制造工艺学是一门综合性学科，内容涉及众多专业的高技术领域，再加之编者水平有限，错误和疏漏之处在所难免，恳请读者批评指正。

编　者

二维码清单

名称	图形	页码	名称	图形	页码
新能源汽车与内燃机汽车的区别		2	精冲机工作过程		62
轻金属材料		12	波纹板弯曲过程		64
碳纤维车壳制作过程		15	V 形弯曲过程		65
蔚来汽车车身制造宣传片		20	拉深变形过程及特点		85
冲压技术		20	胀形工艺		114
热冲压技术		38	翻边工艺		120
冲裁工艺		46	汽车排气管旋压加工		129

（续）

目　录

第3篇　车身装焊工艺

汽车车身制造工艺学

第1篇
绪 论

第 1 章

汽车车身制造工艺概述

1.1 汽车车身概述

扫码观看 新能源
汽车与内燃机
汽车的区别

　　汽车产业是我国国民经济的重要支柱产业，已连续 10 年保持产销量世界第一。一般来说，汽车由四个基本部分组成：发动机、底盘、车身和电气与电子设备。汽车车身作为汽车的一个重要组成部分，其作用主要有以下几个方面：

　　1）确保车内乘客和货物安全。车身是汽车的外壳，能够保护车内乘客和货物不受外界环境的影响，如风雨、沙尘、噪声等。同时，在发生碰撞事故时，车身能够吸收撞击力量，减少乘客和货物受到的伤害。

　　2）提高汽车的稳定性和操控性。车身的造型设计能够给车辆构成良好的空气动力学环境，提高汽车行驶的稳定性；车身的轻量化设计则能够提高汽车的操控性，使其更加灵活。

　　3）美化汽车外观。车身的外观设计是汽车品牌形象的重要组成部分，也是消费者购买汽车时的重要考虑因素之一。

　　（1）车身定义

　　汽车车身对于轿车而言，一般由白车身、车身外装件、车身内装件及车身电气附件组成，对于货车和专用汽车，还包括货箱和其他专用设备。

　　白车身是一切车身部件的安装基础，通常由纵梁、横梁、立柱、加强板等车身结构件和车身覆盖件焊装而成（车身壳体），还包括发动机舱盖、翼子板、车门和行李舱盖等。

　　车身外装件是指车身外部起保护或装饰作用的一些部件，以及实现特定功能的车外附件，主要包括前保险杠、后保险杠、车身外部装饰条、密封条、车外后视镜、散热器罩、天窗及附件、车门附件以及空气动力附件等。

　　车身内装件是指车内对人体起保护作用的或起内装饰作用的部件，以及实现特定功能的车内附件，主要包括仪表板、座椅及安全装置、安全气囊、遮阳板、车内后视镜、车门内饰、地板内饰以及车内其他内饰等。

　　车身电气附件一般指除用于发动机和底盘以外的所有电气及电子装置，主要包括各种仪表及开关、各种照明设备灯、灯光信号装置、音响和收视装置、空调装置、风窗刮水器和洗涤器、除霜装置、防盗装置以及全球定位系统（GPS）等。

（2）车身的分类

从车身类型上看，可分为承载式、非承载式和半承载式车身三种，最大的区别在于是否有独立的大梁。

1）承载式车身。承载式车身是指车头、侧围、车尾、底板部位、发动机、前后悬架、传动系的一部分总成部件装配在车身上，车身负载通过悬架装置传给车轮，如图 1-1 所示。由于没有大梁，汽车整体的重量大大降低了，且更低的底盘使得行驶时气流的通过更加平稳，从而增加了行驶时的稳定性。然而，行驶途中的颠簸与振动都将通过避振系统传递到车身上，车身需要承受各种各样的负载，需要的刚度更高，且颠簸时振动的直接传导会导致驾驶室的噪声和振动都比较大。

2）非承载式车身。非承载式车身是发动机、轮胎、驾驶室等部件都固定在一根大梁上，如图 1-2 所示。行驶途中的振动与颠簸都将由大梁承受，这种结构使得底盘强度较高，抗颠簸性能好，有较好的平稳性和安全性，然而，大梁的存在意味着更大的负载，使得油耗增加。现在，非承载式车身在一些越野车与货车中比较常见，但是这种类型的车辆一般都具有较高的通过性要求，车身底盘较高、重心高，车辆难操控，且在高速行驶的状态下，高底盘下乱流的增多使得车辆更加不稳定。在乘坐舒适性和驾驶体验上，其表现都没有承载式车身好。

图 1-1　承载式车身

图 1-2　非承载式车身

3）半承载式车身。半承载式车身是一种介于非承载式车身和承载式车身之间的车身结构，其结构与非承载式车身的结构基本相同，也属于有车架式。它们的区别在于半承载式车身与车架的连接不是柔性的，即车架与车身通过螺栓连接、铆接或焊接等方式刚性连接，加强了部分车身底架而起到一部分车架的作用，所以车身只是承受车架的一部分负载，而车架是主承载体。

 ## 1.2　汽车车身发展现状

1886 年 1 月 29 日，德国科学家卡尔·本茨制造出世界上首辆三轮汽车，车身沿用了三轮马车传统的木制结构。受到动力和续航能力的限制，为了减轻车重，在相当长的一段时间内木制结构车身一直存在。然而，老式的木制车身类似非承载式结构，承载能力很差，导致其结构强度很低，碰撞安全性很差，且木制车身还很容易引起车体的燃烧。

为了提高车身结构强度及安全性，钢材在车身上的应用逐渐增多。第一个具有很强承载能力的钢结构车身是创造了汽车神话的福特 T 型车，是福特公司在 1952 年生产的新结构车型，而后福特汽车就不再使用木板，改用铁皮来制造车架。福特 T 型车的出现使轿车产量得到了空前的巨大提高，自此，轿车车身才真正意义上进入了钢结构时代。随着新车身结构的诞生，车身的连接技术也发生了改变，木制车架的螺纹连接和铆钉连接逐渐被焊接所取代。焊接不仅使得车身连接强度增大、安全性提高，还大大提高了车身的密封性能，减轻了车重，降低了车内噪声，获得了更好的行驶舒适性。

由于车身技术的发展，非承载式车身重量大、重心高、空间利用率低、舒适性差的缺点逐渐暴露出来，慢慢转变为承载式车身。实际上，承载式车身是由文森卓·兰西亚于 1925 年发明的，这种结构的一大特点就是将车身和车架合二为一，车身的承载能力和强度都得到了很大的提高，轿车承载式结构车身也一直沿用至今，并得到了不断的完善和发展。目前，绝大部分的乘用车车身都是采用承载式车身，仅有少数的纯越野车仍然保留着非承载式车身。

随着汽车保有量的增加，汽车废气排放带来的环境问题和对石油资源的过度消耗引起的能源问题日益严峻，节能、环保和安全技术成为当前汽车制造业的三大主体。且 2020 年发布的《节能与新能源汽车技术路线图 2.0》中提出，我国汽车产业碳排放将于 2028 年先于国家碳减排承诺提前达峰；至 2035 年，碳排放总量较峰值下降 20% 以上，新能源汽车市场占比超过 50%，燃料电池汽车保有量达到 100 万辆左右。汽车产业逐渐向电动化转型，现代车身正朝着更轻、更安全的方向发展，新材料和新工艺层出不穷。汽车车身是整车重量占比最高的部分，是轻量化潜力最大的领域，车身用料从原来的单一材料变成了多材料复合，出现了钢、铝、镁、碳纤维等材料复合式车身，轻量化新材料的选择和应用给汽车制造工艺技术带来了新的挑战。

1.3 汽车车身对制造工艺的需求

汽车车身制造的冲压工艺、装焊工艺、涂装工艺和总装工艺并称为四大工艺技术。

（1）冲压工艺

目前，在汽车制造工艺中有 60%~70% 的金属零部件需通过冲压加工成形，冲压件在汽车上的应用非常广泛。冲压成形工艺是一种先进的金属加工工艺方法，其是建立在金属塑性变形的基础上，在常温条件下利用模具和冲压设备对板料施加压力，使板料产生塑性变形或分离，从而获得具有一定形状、尺寸和性能的零件（冲压件）。

板料、模具和冲压设备是冲压生产的三大要素，为了获得质优价廉的冲压件，必须提供优质的板料、先进的模具和性能优良的冲压设备；还应该掌握板料的成形性能和变形规律，设计并制造出各种精密的复杂模具，生产出各种满足工艺要求的通用和专用冲压设备。例如，电动汽车车身上的充电插口制造工艺就需要在传统冲压工艺和模具上进行改进创新，目前已有一片式前翼子板、分片式前翼子板的制造工艺，应用的斜楔技术可以在原有翼子板模具上进行改型，能够简化工艺过程、模具设计和制造过程，减少对模具的投资并提高生产率。

汽车覆盖件总成是指覆盖汽车发动机、底盘，构成驾驶室和车身的薄钢板冲压成形的表面零件（称外覆盖件）和内部覆盖件（称内覆盖件），是汽车车身重要而又相对独立的部件，主要由冲压工艺加工成形。随着轻量化技术成为汽车设计的核心技术，汽车覆盖件不仅需要一定的安全性、经济性、美观性及耐蚀性，还要尽可能地轻量化，具体要求如下：

1）较好的表面质量。汽车覆盖件的表面既要有流线美感，又不能出现波纹、褶皱、凹陷等缺陷，还要满足表面漆涂装要求。

2）较精确的尺寸形状。汽车覆盖件为复杂的立体几何空间曲面形状，需要有较高的尺寸形状精度，以便满足汽车批量制造的统一性，同时还要满足流线型机器人等的装配需求。

3）具有一定的刚度和强度。汽车覆盖件既需要一定的强度以抵御外来力量防止产生变形，又需要有一定的刚度避免受到振动后产生噪声及损坏。

4）合理的工艺性。合理的工艺性是在一定生产条件下，能够较容易地安排相关工艺设计，包含模具设计、冲压工艺、板材选取等，能够既经济安全又稳定地获得高质量产品。在满足需求的前提下，有效降低汽车制造成本。

（2）装焊工艺

在汽车工业中，汽车车身装焊技术占有重要地位。车身制造与一般的机械制造不同，车身几乎全部由冲压件焊接而成，车身焊接的质量将直接影响零部件装配的稳定性及整车的安全性能。

车身焊接常称为装焊，是将冲压零件组装、焊接成符合产品设计要求的白车身。车身焊装的过程为：首先将整个车身分成总成进行装焊，如底板总成、发动机舱总成、左侧和右侧总成、后围总成、顶盖总成、左车门和右车门总成、发动机罩总成、行李舱盖总成、左翼子板和右翼子板总成等，然后将这些总成装焊为白车身。小总成一般在单机上装焊，大总成和车身焊装在流水线上完成。

近些年来，社会各界对能源短缺、节能减排等问题愈发关注，现代汽车在功能、结构等方面都在不断升级，车身装焊技术和相关工艺正面临着更大的挑战。在这一大背景下，除了目前应用较多的电阻焊和二氧化碳气体保护焊技术，许多新型的装焊技术、工具应运而生，如搅拌摩擦焊接、电子束焊接、超声波金属焊接、一体式焊接钳、焊接机器人等，这些新的发明和创造无疑推动了汽车车身装焊技术的发展。

除此之外，在装焊生产过程中，焊接所需的工时较少，而大部分加工时间是用于备料、装配及其他辅助的工作，极大地影响着焊接的生产速度。为此，必须大力推广使用机械化和自动化程度较高的智能化装配焊接工艺装备，例如自动焊机、焊接机器人等。此外，在现代焊接生产中积极推广和使用与产品结构相适应的工装夹具，对提高产品质量、减轻工人的劳动强度、加速焊接生产机械化及自动化进程等方面起着非常重要的作用。

（3）涂装工艺

作为日常耐用品，汽车外观要求色泽艳丽且经久不变，这不仅是汽车质量的一个标志，而且也有装饰美化的作用，提高了使用效果和商品价值。汽车涂装是提高汽车耐蚀性及装饰性的最有效和最经济的方法，是汽车车身制造工艺的一个重要方面。

轿车、客车车身和货车驾驶室的涂装不仅要求装饰性高，还要求有良好的力学性能和较高的耐蚀性。装饰性要求包括涂层光亮、平滑、丰满、美感好等。为了适应汽车行驶中的振动和应变，要求涂层具有一定的硬度、良好的韧性和耐磨性。耐蚀性要求包括外观锈蚀、穿孔腐蚀、结构损坏腐蚀等出现时的使用时间。此外还要求能耐汽油、机油和沥青等的腐蚀，在这些介质中浸泡一定的时间不产生软化、变色、失光、溶解或印斑等现象，并要求与清洗剂、肥皂等接触后不留痕迹等。

同时，为适应汽车车身结构材料轻量化的发展趋势，高强度钢、铝合金车身及复合材料逐渐被普及应用，这使得汽车涂料水性化、高固体分化、粉末化成为主要发展趋势。其中，多材料共线涂装的低温涂料成为新能源涂装的主力军。水性涂料成为新能源汽车涂装的一大重要突破，但涂层缺陷问题仍是工艺痛点。例如：车辆零部件涂装过程中，由于环境问题、使用不当或者基材涂装前处理不当等，易出现局部涂装小缺陷问题；新车运输过程中，难免会有一些漆膜剐蹭问题，这些漆面虽然损伤较小，但影响了美观；电动汽车行驶过程中，同样也需要面对各种环境挑战，日晒、雨淋、石击等都会给车身漆膜带来威胁。因此，涂层缺陷是一个亟待解决的重要问题。

（4）总装工艺

汽车总装工艺在机械化的流水生产线上完成，主要包括汽车总成部件的配送、装配、车身的输送及汽车整车的下线检测等内容。为了提高汽车整车的装配效率，通常在汽车总装线的旁边设置若干个汽车主要总成部件的分装线，如内饰线、车身合装线、机械分装线、动力总成分装线、车门分装线、车桥分装线、仪表总成分装线等。总装工艺的装配特点如下：

1）零件种类多、数量大（约1万左右）。

2）车辆总装工作量占全部制造工作量的20%～25%，作业内容除发动机、传动系、车身、悬架、车轮、转向系、制动系、空调系之外，还有大量内外饰件、线束、软硬管、玻璃、各类油液加注等。

3）根据轿车的结构特点，大多数为承载式车身，其装配特点是以车身为装配基础件，所有总成零件都依附在车身上。

电动汽车在整车车身的制造上，与传统汽车的车身差别不大，通常还是需要冲压、焊装及涂装等工艺及相应的设备和输送装置。由于电动汽车的结构变化，电动汽车装配线的工艺变化最为突出，主要为一些新增的电驱动部件和高压部件的装配导致工艺上的变化。与传统汽车相比，在电动汽车中，电机系统涉及电机控制系统、机械减速及传动装置等部件的制造，以及电池模组和电池包的装配工艺。在总装配工艺流程中主要的变化是需相应地安排电池、电机、电控装置及高压线束等新增零部件的装配以及电动空调、电动助力转向系统等电驱动的其他汽车零部件的装配工序和相应的工装。在整车检测上，电动汽车新增了电驱动系统及高压电系统的检测等，加强了电性能和电安全性的检测。

总装工艺是汽车生产过程中最终成品组装的环节，其工艺流程需要较高的技术、技能和经验，这一过程需要所有汽车制造商严格遵循标准、技术和流程。只有这样，才能确保生产的汽车具有高质量，保证汽车制造商与消费者之间的有效交流，确保汽车的安全性能和高质量的体验感。

本书主要对车身用材料、冲压工艺、装焊工艺和涂装工艺展开介绍。

 **思考题1**

1. 电动汽车的概念是什么？电动汽车都有哪些种类？

2. 新能源汽车与电动汽车的关系是什么？

3. 发展电动汽车需要攻克哪些关键技术？

4. 电动汽车对车身制造工艺提出了哪些新的要求？

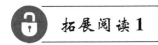

广东：从传统汽车制造强省迈向电动汽车大省

在深圳，每两位新车主就有一人选择新能源汽车。在之前，这是难以想象的事。续驶里程短、电池损耗快、充电速度慢、一桩难求……这些都是曾经摆在新能源汽车普及推广面前的棘手难题。短短十年里，这些难题逐渐得到解决。现如今，1000km续驶里程、480kW超充等技术日益成熟，广东35.6万台公共充电桩落地……随着使用体验的不断提升，新能源汽车驶进了千家万户。

2022年中，比亚迪公布的产销数据显示，其新能源汽车上半年累计销量超64万辆。这家从深圳走出国门的新能源车企，一举超越特斯拉成为全球销量冠军。而回首2013年时，比亚迪对2014年纯电动车销售的预期目标仅仅是8000辆。从8000辆到64万辆，比亚迪的跨越式发展，源于企业从电池产业向汽车产业的"主动出击"，也得益于核心技术的长久积累。

电池是电动汽车制造的瓶颈。而比亚迪最早正是从充电电池领域"发家"。在"大哥大"电话风靡一时的年代，比亚迪就深耕充电电池业务。从镍镉电池到锂电池，短短数年间，比亚迪通过半自动化生产技术极大降低了电池的生产成本，用质优价廉的产品打破了日本品牌的垄断，进入当时的手机龙头企业供应链，把充电电池做到了全球领先。进入汽车制造行业十年后，2013年，比亚迪创始人王传福决定将发力重点从传统燃油汽车转向新能源汽车。在充电电池生产制造方面积累的充足经验，让比亚迪在突破电池这一"瓶颈"时游刃有余。从最初的模仿、创新，到如今深耕新能源汽车产业的技术研发和推广应用，王传福表示："电池、电机、电控技术，是比亚迪引以为豪的立身根本。"

比亚迪的发展历程，正是广东新能源汽车产业从无到有、从有到优的一个注脚。作为制造业"皇冠上的明珠"，汽车制造产业向来是资金密集、技术密集、人才密集型产业，也是重要的支柱产业。过去十年，在传统燃油汽车领域，广东是当之无愧的"汽车第一大省"。近年来，智能网联与新能源技术迅速发展，汽车制造这个有着一百多年发展历史的产业面临激烈变革。过去十年，也恰是新能源汽车产业突飞猛进的十年。作为我国汽车制造业大省和创新排头兵，广东毫不犹豫地抓住新机遇。

2012年3月印发的《广东省战略性新兴产业发展"十二五"规划》，将新能源汽车产业列为八大产业发展重点之一。2018年6月，广东出台《关于加快新能源汽车产业创新发展的意见》，促进汽车产业向电动化、智能化方向战略转型，持续增强新能源汽车产业核心竞争力。乘着系列利好政策的东风，广东的新能源汽车产业发展引擎动力十足。小鹏汽车的腾飞便是一个典型案例。2017年5月，小鹏汽车宣布与肇庆市政府合作进行基地投产，这是广东首个互联网汽车投产项目。在肇庆四会小鹏汽车智能科技产业园，小鹏汽车董事长何小鹏表示，他们只用了不到160天就完成了"造车新势力"全球最快的单车型1万辆下线。这也让何小鹏更加坚定了最初的判断："未来汽车的发展方向，必定是智能新能源汽车。"

随着一个个新能源汽车制造项目的落地、投产，粤港澳大湾区已成为全国新能源汽车产业的发展重地，包括比亚迪、广汽埃安、小鹏汽车等在内的自主整车企业苗壮成长，在全国乃至全球范围发挥"龙头"效应，为产业跃升注入了蓬勃动力。放眼广东，新能源汽车产业已涵盖整车生产、"三电"、其他零部件及关键材料等环节，初步建立了完整的产业体系。广东新能源车企也顺势而上，加速整合产业链上下游优势资源，深度参与全球竞争。中国汽车工业协会数据显示，2022 年以来，我国新能源汽车出口持续增长，前 8 个月新能源汽车出口 34.1 万辆。这当中，广东"造车新势力"的份额逐渐扩大：海关广东分署数据显示，今年前 8 个月，广东出口电动汽车增长 1.8 倍。

第 2 章

汽车车身用材料

汽车保有量增加带来的能源短缺、环境危机日趋严峻，要求汽车制造业在大规模生产的基础上必须考虑高性能、高功能、轻量化和资源节约。随着"碳达峰、碳中和"成为全球共识，汽车制造商们纷纷加快电动化、轻量化转型步伐，并努力探索新材料和新制造工艺技术以实现节能减排。

汽车车身是整车重量占比最高的部分，也是轻量化潜力最大的领域，轻量化越来越受到汽车行业的重视与青睐。随着技术的不断进步，高强度钢、铝合金、镁合金等轻金属材料以及碳纤维复合材料等汽车车身用轻量化材料成为重点研究方向。

目前，不同材料的创新组合已应用于新一代汽车设计和制造中，例如，新一代奥迪 A8 车身整体框架由铝型材搭建，车身表面采用铝制钣金件，车厢后部采用碳纤维材料，车厢部分采用高强度合金钢。蔚来 ES8 纯电动汽车采用了全铝车身架构，是全球铝合金应用率最高的量产车，达到了 96.4%。北汽新能源纯电动汽车 ARCFOX-1 采用了"碳纤维+铝合金混合结构"设计，奇瑞新能源纯电动汽车"小蚂蚁"整车结构采用了基于"全铝空间架构+全复合材料外覆盖件"设计，吉利新能源汽车采用了"钢铝混合+塑料件车身"的设计，江淮汽车和东风汽车也都推出了混合车身轻量化平台。

2.1 高强度钢

高强度钢在抗碰撞性能、加工工艺以及使用成本等方面具备的优势较为突出，能够在有效减小汽车质量的同时保证汽车安全性。另外，高强度钢板可以很大程度提高汽车零件自身具备的抗变形性能，使得汽车弹性应变区进一步扩大。因此，高强度钢的应用已经成为汽车车身发展的重要趋势。

高强度钢的分类方法有多种，可按强度、冶金原理、强塑积等依据进行划分。

将高强度钢的强度作为依据对其进行划分，主要可分为高强度钢与超高强度钢。其中，对于高强度钢，其屈服强度处于 210~550MPa 之间，抗拉强度处于 270~700MPa 之间；对于超高强度钢，其屈服强度超过 550MPa，抗拉强度超过 700MPa。

将冶金学特征作为依据对高强度钢进行划分，主要可分为先进高强度钢以及普通高强度钢。

欧洲车身会议将汽车用钢板的钢种分为传统低碳钢、高强度钢、先进高强度钢、超高强度钢和热成形钢,对应钢种见表 2-1。

表 2-1 欧洲车身会议高强度钢分类

分类	对应钢种
传统低碳钢	低碳钢(Mild)、无间隙原子钢(IF)
高强度钢(HSS)	烘烤硬化钢(BH)、高强度 IF 钢(HSIF)、高强度低合金钢(HSLA)
先进高强度钢(AHSS)	双相钢(DP)、孪晶诱发塑性钢(TWIP)、淬火-配分钢(Q&P)、相变诱发塑性钢(TRIP)、TBF
超高强度钢(UHSS)	复相钢(CP)、马氏体钢(MS)
热成形钢(PHS)	热成形钢(PHS)

随着高强度钢材料的发展,强塑积成为一个表征高强度钢强塑性综合性能的分类指标,按强塑积将高强度钢分为第 1 代、第 2 代和第 3 代高强度钢,如图 2-1 所示。

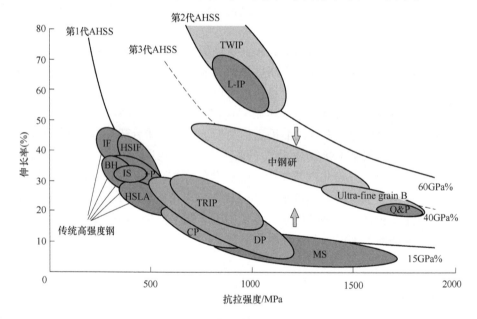

图 2-1 高强度钢的强塑积

IF—无间隙原子钢 HSIF—高强度 IF 钢 BH—烘烤硬化钢+P-加磷高强度钢 HSLA—高强度低合金钢

DP—双相钢 CP—复相钢 TRIP—相变诱发塑性钢 MS—马氏体钢 L-IP—轻量化诱发塑性钢

TWIP—孪晶诱发塑性钢 Ultra-fine grain B—超细晶体贝氏体钢 Q&P—淬火-配分钢

1)第 1 代高强度钢的合金元素的质量分数一般在 3%以内,材料抗拉强度覆盖了 300~2000MPa,强塑积一般在 5GPa%~20GPa%。

2)第 2 代高强度钢的强塑积远高于第 1 代高强度钢,可达 50GPa%以上,表明第 2 代高强度钢具有高强度和优良塑性等综合性能。代表钢种为 TWIP 钢,典型成分为 Fe-25%Mn-3%Al-3%Si-0.03%C。相比第 1 代高强度钢,第 2 代高强度钢合金元素的含量高,导致成本高且冶炼、轧制等工艺控制难度大,不利于工业化大生产,所以未广泛应用。

3）第 3 代高强度钢的强塑性能位于 1 代和 2 代之间，强塑积在 20GPa%~40GPa%。第 3 代高强度钢开发目标为高性价比、较低的成本和优良的强塑积。典型代表有 Q&P 钢（强塑积可达 30GPa%）、超细晶体贝氏体钢以及我国钢铁研究总院开发的中锰钢。

2.1.1 汽车车身用高强度钢

提高车身高强度钢的用量能够很好地应对汽车轻量化和高安全性的需求，冷成形先进高强度钢和热成形钢（按欧洲车身会议的钢种分类方法）的发展和应用巩固了钢在车身选材中的地位。国内外开展了多个汽车车身轻量化的研究项目，如国际钢铁协会的超轻钢车身项目（ULSAB）、超轻钢车身-先进的汽车概念计划（ULSAB-AVC）、未来钢制汽车项目（FSV）、蒂森克虏伯公司的新型轻量化汽车项目（InCar plus）、宝钢的超轻车身项目（BCB）等，高强度钢材料、结构优化设计和先进制造技术等的综合应用满足了汽车轻量化及安全性的需求。目前，汽车车身用高强度钢如下：

（1）冷成形先进高强度钢

现阶段，主要应用的先进高强度钢有 DP 钢、TRIP 钢、MS 钢、Q&P 钢、DH 钢，用量最大的是 DP 钢，广泛应用于车身碰撞吸能件及门槛、防撞梁等安全件。DP 钢板的主要组织是铁素体和马氏体，其中马氏体的含量在 5%~20%，强度为 500~1200MPa，具有低屈强比、高的加工硬化指数、高烘烤硬化性能、没有屈服延伸和室温时效等特点，其基本成分为 C 和 Mn，有时为了提高淬透性还添加一定量的 Cr 和 Mo。DP 钢一般用于高强度、高抗碰撞吸收能且具有一定成形要求的汽车零件，如车轮、保险杠、悬架系统及其加强件等。

一般来说，材料强度的提高将导致成形性能降低，应用难度提升。对于复杂形状的零件，材料强度越高，常规的冷成形工艺解决回弹、起皱、开裂等问题的难度越大，限制了冷成形高强度钢的应用。目前，1180MPa 级冷成形钢已有较多应用。第 3 代高强度钢中的 Q&P 钢具有高强度、高成形性能的特性，一定程度上提升了冷成形高强度钢的应用潜力，目前已实现工业化应用的最高强度为 1180MPa 级。近几年，在传统 DP 钢的基础上开发的 DH 钢逐渐得到应用，相较于传统 DP 钢的铁素体和马氏体组织，DH 钢含有 5%（质量分数）左右的残留奥氏体，具有更优异的成形性能。

（2）热成形钢

热成形技术的应用为钢的强度与成形性能之间的相互限制与制约提供了很好的解决方案。主流应用的直接热成形技术是将加热至奥氏体化的材料在模具中进行成形并淬火形成马氏体组织，强度可达 2000MPa。热成形具有成形过程中回弹小、尺寸精度高、可成形复杂形状、成形后零件强度高等特点，目前已成熟应用。热成形钢在车身上应用广泛，如 A/B 柱、车门防撞梁等碰撞安全件，并且热成形钢在车身上的占比逐渐提高。近年来国内的热成形迅猛发展，随着热成形技术的成熟和用量的逐渐增大，未来热成形零件在车身上的占比会进一步提高。

2.1.2 高强度钢发展趋势

随着汽车轻量化和安全性需求的提高，高强度钢向着高强度、高塑性/韧性发展，同时随着汽车行业的竞争加剧，高强度钢需要更具竞争力的性价比。

（1）高强度

高强度钢轻量化应用的必然发展方向之一为材料的高强度。在冷成形先进高强度钢方面，SSAB 公司开发的马氏体钢 Docol 1400M 具有优异的成形性能，能够用于冲压成形车门防撞梁，Docol 1700M 用于辊压成形的车顶纵梁。日本车企对于冷冲压成形材料的应用技术较为先进，目前正在开发 1500MPa 级冷冲压高强度钢。在我国，宝钢也在进行 1500MPa 级高延伸率 Q&P 钢的开发。

在热成形钢方面，1800MPa 和 2000MPa 热成形钢已在少数车型上开始应用，如应用 1800MPa 级热成形钢代替 1500MPa 级制造车门防撞梁，零件厚度可由 1.6mm 降至 1.4mm，实现降重 12.5%。

（2）高强塑积

为了解决冷成形高强度钢随强度提高塑性下降而导致应用困难的难题，利用亚稳奥氏体在成形过程中的 TRIP 效应来增强增塑成为先进高强度钢的重要发展方向之一，如 TRIP 钢、Q&P 钢中都含有一定量的奥氏体组织。近年来，首钢在传统 DP 钢基础上开发出了含有约 5%残留奥氏体的 DH 钢，相对于传统 DP 钢，成形性能明显提升，现已稳定供货的强度级别有 590MPa、780MPa、980MPa。DH 钢的开发为车身用材提供了一个新的选择。

（3）低成本

随着汽车行业竞争的加剧，材料的高性价比成为汽车企业重点关注的指标，这就促使汽车用钢向着低成本方向发展。对于高强度钢的发展，微合金化已成为开发的方向，通过降低合金含量来降低原材料的成本；同时，先进的生产工艺如薄板坯连铸连轧技术（CSP）和无头轧制技术（ESP）的应用，有助于降低生产环节的成本。

（4）新成形工艺技术

为适应新的高强度钢材料的应用，不断开发先进的成形工艺，如可用变截面梁类零件的辊冲技术、热辊弯技术、结合强度分区设计和轻量化的热成形一体式门环技术、柔性轧制（TRB）技术等。

 2.2 轻金属

扫码观看
轻金属材料

对于钢材，其轻量化研究主要是高强度钢的开发，即通过增加材料单位厚度的强度来减少材料用量从而在满足性能的同时达到轻量化的目的。对于轻金属材料来说，主要发展方向为铝合金和镁合金。

2.2.1 汽车车身用轻金属材料

（1）铝合金材料

现阶段，汽车车身制造很多已经开始采用合金材料，这样能够保留单个金属元素的材料特性。在汽车车身制造中，常用铝合金材料以实现汽车轻量化目标。

铝金属本身质软，具有良好的金属光泽和延展性，在空气中暴露后产生三氧化铝，又具有极强的耐热性。铝合金就是在铝金属的炼制过程中加入适量的铜、锌、锰、铬等金属材料，使其性能变得更强。在硬度方面，铝合金比铝金属更能适应机械高强度的需求，且在保持原金属特性的同时，质量依然较轻，增加了其使用价值。总的来说，铝合金具有耐高温、可塑性强、机械强度高以及表面硬度高等诸多优良性能。

铝合金的诸多优势使其成为当前应用最为广泛也是最为成熟的轻金属材料。对于汽车用铝合金板材而言，除要满足标准和规范的力学性能与耐蚀性之外，还应具有良好的成形性能、较低的屈强比、较高的成形极限、表面光滑、良好的焊接性能、良好的烘烤硬化性能、高抗凹陷性能、优良的表面处理和涂装性能以及一定的抗时效稳定性能。

在汽车中使用最多的是铸铝、锻铝以及铝板材，正在研发中的新型铝合金材料有粉末冶金铝合金、快速凝固铝合金、铝基复合材料等。铝合金成形工艺有锻造、高压铸造、低压铸造、半固态铸造、挤压型材、板材冷冲压、快速超塑性成形等工艺。目前，国外的高级轿车已经出现了全铝车身，例如奥迪 A2 和 A8、法拉利 360 系列、本田 NSX、捷豹 XJ 等。然而，铝合金车身在汽车上的应用还主要限制在高档轿车或开发样车上，远没有普及，主要原因在于铝合金的材料成本和工艺成本较高，而且纯铝车身存在维修缺陷导致全铝车身的普及度并不高。因此，采用铝合金、钢铁混合车身是很多汽车制造厂商常使用的方案，例如宝马 5 系的前端就采用了铝合金，而其余框架部分多使用钢材。

（2）镁合金材料

镁合金是当前应用材料中最轻的一种金属，镁合金超高的比强度和比刚度使其发展迅速，而且镁资源丰富也让镁合金成为轻金属材料研究的重点和热点。追溯镁合金的应用历史最早为 1936 年的甲壳虫汽车，其传动箱壳体就采用了镁合金。2000 年末，美国汽车研究委员会制定了一个 15 年的镁合金研究计划，推动镁合金在汽车上的普及。

镁金属具有密度小、回收率高的特点，它的密度是铝金属的 2/3，所以在减轻汽车自身重量上，比铝金属效果更好。据资料显示，利用镁合金制成的油底壳、齿轮箱和车架可减轻其重量的 30% 左右。而且镁回收方便，成本低廉，不会产生有害物质，因此，镁金属又被称为绿色环保工业材料。

镁合金最大的特点就是变形后易于加工，强度较高，并且吸振能力突出。其次，由于特殊的力学结构使它被加工时使用的压制和挤压工艺的制造成本很低。镁合金的应用也非常广泛，其在强度上要比铝合金高，且具有良好的导热性、阻尼性，密度较小，质量也很小，因此，被广泛应用在航天、化工能源等领域。而今，在汽车领域也开始逐渐应用镁合金材料。镁合金制品具有较强的耐蚀性和抗冲击力性，是不可多得的优质轻金属材料，备受各汽车制造商的青睐，如汽车的车门、主体框架都应用了镁合金，确保了汽车的稳定性能，并延长了其使用寿命。随着制造工艺的不断成熟，镁合金的应用将获得更大的发展。

相比于铝合金和钢材来说，镁合金的晶体结构方式为密排六方，变形机制为罕见的错位滑移，因此，镁合金会出现压缩力学的特点，也就是拉压非对称性，在实际的应用过程中还有一定的技术难度。另外，镁合金的显著的缺点就是易断裂，所以高性能和更优力学性能的镁合金是当前研发的重点。

2.2.2　轻金属材料发展趋势

随着汽车制造业迅猛发展以及环境问题、能源问题日益突出，电动汽车时代给轻量化材料的发展带来了巨大潜力。在电动汽车动力不足、续驶里程短等问题的制约下，汽车制造的轻量化成为重要的发展趋势之一。在保证汽车碰撞安全性的前提下尽可能减小车身的整体质量，提高汽车的动力，是轻金属材料取代传统钢材的重要前提，同时也是实现环境友好型汽车制造的重要途径。

表 2-2 所列为铝、镁合金的性能与钢、工程塑料的对比。由于铝、镁合金具有密度低、比强度高、比刚度高的优点，在汽车轻量化方面的效果显著。随着铝、镁材料加工工艺成本的降低及汽车排放法规的趋严，单辆车的铝、镁合金使用量将会显著增加。据统计，铝合金在一辆车上的用量 1980 年为 39.7kg，2011 年提升到 156kg，预计到 2050 年将达到 249kg。且我国铝、镁资源丰富，铝、镁材料产量逐年递增，在强大的资源支持下，我国汽车业的轻量化发展有很大优势。

表 2-2 铝、镁合金的性能与钢、工程塑料的对比

特性	镁合金	铝合金	钢	工程塑料
密度/(g·cm⁻³)	1.74	2.78	7.8	1.2
比强度/(N·m/kg)	115~172	72~126	26~51	66~125
比刚度/(Pa·m³/kg)	25.86	25	23	10~12.5
减振系数	30~60	2~5	10~17	
导热系数 [W/(m·K)]	157	247	80	20~50

然而，铝、镁等轻金属材料在替代传统钢材的过程中仍存在很多技术和市场难题。在材料成本方面，高成本限制了铝、镁合金的轻量化工业进程，目前部分车企正尝试混合使用的方式，深化汽车轻量化材料研究，但成本问题依然没有得到较好的控制，且铝合金覆盖件一旦损坏，维修成本也非常高；在制造工艺方面，全铝合金车身价格昂贵，生产环节要求苛刻，撞击变形后修复困难；在车辆安全方面，与传统的钢材车身相比，铝合金车身框架会存在强度不足的情况，虽然镁合金的轻量化效果好，但因其易氧化燃烧、加工困难、成本高等问题，一直未能得到较大范围的应用；在轻量化材料的研究开发上，汽车轻量化技术是集设计、加工和材料开发为一体的综合性跨学科技术，目前的研究以单项突破为主，系统研究突破的环节较为薄弱，为适应轻量化技术全球化，需强化多学科的融会贯通，系统性地进行研究，以获得更大的应用空间。

结合当前轻量化材料在汽车制造中的应用来看，轻金属在汽车上的普及应用除重视材料研发外，还需要不断改进创新材料的加工成形技术，以保证汽车实现轻量化的同时提高实用性、稳定性和安全性。随着材料技术的发展，汽车车身材料将向更轻质、易成形、低成本、易回收、高稳定性方向发展。

随着科学技术的进步，具有轻质、高强度、耐腐蚀、易成形等优点的非金属材料越来越多地在汽车上得到应用。其中，汽车车身用复合材料能够适应车身轻量化要求，可以降低油耗，在汽车工业中逐渐得到了重视和应用，具有广阔的市场开发前景。

复合材料一般由纤维等增强材料与基底（母体）等两种或两种以上性质不同的材料，通过各种工艺手段组合而成，其与纤维增强塑料（FRP）、纤维增强金属（FRM）、金属-塑料层叠材料等相当，具有质量小、强度高、刚度大等特点。由于各个组成材料在性能上起协同作用，复合材料具有优越的综合性能。在汽车工业中，复合材料被广泛应用于车身、灯壳

罩、前后护板、保险杠、板弹簧、座椅架及驱动轴等部件的设计与制造。

在选用复合材料时，需要注意以下三个原则：

1）比强度高和比刚度高。

2）材料与环境相适应，例如，在应力高的区域适用碳纤维复合材料，在对韧性和刚度要求比较高的区域使用三合板复合材料，在几何形状复杂的区域可以使用层合板。

3）性价比高。

2.3.1 汽车车身用复合材料

复合材料主要包括碳纤维复合材料、玻璃纤维复合材料等。

（1）碳纤维复合材料

碳纤维是一种含碳量在95%（质量分数）以上的高强度、高模量纤维的新型纤维材料，其密度低、比性能高，比热容及导电性介于非金属和金属之间，热膨胀系数小且具有各向异性。在应用于车身制造时，碳纤维复合材料具有诸多优势。

扫码观看 碳纤维
车壳制作过程

碳纤维复合材料具有目前常用材料中最高的比模量和比强度，其强度高于超高强度钢的2倍以上，比铝轻30%左右、比钢轻50%左右，强度却是钢的7~8倍。因为重量极轻、吸振能力优秀、舒适性高，最早用于军工、航天、航空等高科技领域。碳纤维复合材料的抗疲劳性能极佳，由于在疲劳载荷作用下的断裂是材料内部裂纹扩展的结果，碳纤维复合材料能有效阻止疲劳裂纹扩展，因而疲劳强度极限比金属材料和其他非金属材料高很多。但碳纤维复合材料工艺较复杂，加工出一块适用的碳纤维板材需要经过几百道复杂工艺，成本较高。

除此之外，碳纤维复合材料表面硬度不佳，当施加的外力高于其破坏强度时，会造成断裂，因此碳纤维具备了在发生碰撞时强大的吸能表现。碳纤维能够在正面碰撞时破碎成无数细小且不会对人造成伤害的碎片，这与汽车钢化玻璃的破碎原理相似。但由于碳纤维很难回收再利用，碰撞后的碎片即使通过高温分解，重新加工生产出的复合材料只具有碳纤维一半的硬度，因此碳纤维也被称为"一次性碰撞材料"。

车身构件是目前碳纤维复合材料在汽车上运用最多的地方，诸如发动机舱盖、车架、车顶框架及加强筋、A/B/C/D立柱及车门、扰流板等构件。碳纤维复合材料可设计性比金属强，因此更易于车身开发的平台化、模块化、集成化，且碳纤维车身及金属平台的混合车身结构对于传统汽车车身结构而言，可以做到模块化、集成化，大大减少零件种类，减少工装投入，缩短开发周期。

（2）玻璃纤维复合材料

玻璃纤维是一种性能优异的无机非金属材料，其种类繁多，具有绝缘性好、耐热性强、耐蚀性好、机械强度高等优点，但缺点是性脆、耐磨性较差。玻璃纤维产品种类繁多，主要有连续玻纤、特种功能性玻纤和玻璃棉三大类。

玻璃纤维增强材料（GRP）俗名玻璃钢，是以玻璃纤维及其制品（玻璃布、带、毡、纱等）作为增强材料，以合成树脂作为基体材料的一种复合材料，具有密度小、比强度高、电绝缘性好、耐热性好、耐蚀性好、抗疲劳性佳、各向异性、层间强度低等性能特点。随着汽车轻量化的发展，玻璃增强复合材料在汽车领域中也得到了较多的应用，是助力汽车减重的一种理想材料。

尽管许多汽车厂在生产汽车车身时都已改用由玻璃纤维增强材料来替代相对笨重的金属，但是由于玻璃纤维是由熔融玻璃拉成的纤维，它在高温熔化后非常容易重新凝固，这给废旧汽车回收处理带来了很大困难。

2.3.2 复合材料的发展趋势

在"双碳"背景下，电动化、智能化、轻量化成为必然趋势。车身材料向更轻质、易成形、低成本、高稳定性发展。为了提高新能源汽车续驶里程，减轻新能源车辆自重，对车身复合材料提出了比较高的要求。

总的看来，国外在碳纤维复合材料汽车轻量化产业方面已经初具规模，处于复合材料发展技术的前沿，主要核心制造技术掌握在少数几个大公司手中，发展已呈现逐步加快的趋势。而我国碳纤维复合材料目前在汽车工业中年用量比例还很小，应用较为成熟的技术大部分集中在非连续纤维复合材料成形工艺上。在连续纤维复合材料的快速成形技术方面，重点突破了以热塑性复合材料快速热压成形和快速树脂流动成形为代表的低成本连续碳纤维复合材料部件制造关键技术，并实现了部分装备的连续化、自动化生产，实现了连续碳纤维复合材料片材、板材及部分部件的连续自动化制备，初步建立了车用复合材料部件生产示范线。但是，由于缺乏与国产碳纤维匹配、满足汽车生产节拍的快速固化树脂，尚未形成研究、设计、开发、制造、装备、检测、应用评价与推广应用一条龙产业链，同时碳纤维复合材料部件及整车验证、装配技术、质量控制等方面急需进行进一步技术攻关。

汽车工业的发展日新月异，复合材料的研究也是一日千里，各种新车型和新材料不断地涌现。可以预测在不久的将来，更高性能的复合材料将更大范围地应用在汽车领域中。

 思考题 2

1. 我国汽车轻量化发展的趋势是什么？
2. 汽车车身用高强度钢有哪些特性？
3. 目前采用全铝车身架构的车型有哪些？请举例说明。
4. 汽车车身用复合材料都有哪些？目前应用的程度是什么？

 拓展阅读 2

轻量化车身材料——推动新能源汽车轻量化新发展

汽车轻量化研究是现代汽车设计制造的一大主流。汽车轻量化，是在保证汽车强度和安全性的前提下，尽可能降低汽车的整备质量，从而提高汽车的动力性，减少能源消耗，降低排气污染。目前，汽车车身轻量化主要有两个研究方向：一是采用轻质材料；二是优化结构。结构优化潜力空间已很小，逐步采用轻质新材料是当前车身轻量化的主要途径。

近年来，随着冶金技术的进步，在高强度钢的基础上，以超低碳为基本特征，逐步形成了具有深拉伸性、高强度、烘烤硬化等性能的汽车新型高强度钢。目前，汽车车身使用的高强度钢主要是板材和管材。实践证明，当钢板厚度分别减小 0.05mm、0.10mm、0.15mm

时，车身减重分别为 6%、12%、18%。就发展趋势而言，车身采用新型高强度钢板在不断减薄，而车身强度却提高了，同时增加了汽车的安全性，降低了噪声和振动，提高了燃油效率，降低了汽车总质量。不论从成本角度还是从性能角度分析，新型高强度钢板是满足车身轻量化、提高碰撞安全性的最佳材料。但钢板高强度化易引起塑性下降，成形性变差，增加了形状的不稳定性。

汽车用轻合金材料是一种重要的汽车轻质材料。对于车身结构件来说，其要求优异的强度与塑性，对材料要求较为严格。然而目前的车身零件仍以钢和铁制件为主，工艺以锻造和冲压为主，而铝合金车身结构件需满足"三位一体"的性能要求。铝材是汽车轻量化最理想的选择，具有资源广、轻量化、再生利用、节约资源、吸收冲击能、耐腐蚀等优势，是综合性能最佳的基本材料。铝合金车体结构主要采用以铝挤压型材为主体的空间框架结构，一般用中强铝材便可满足要求。轻量化且高强度的铝制车身比传统钢制车身更坚固，且不用担心腐蚀造成的强度降低。另一种汽车用轻合金材料——镁合金具有密度小、比强度高、比刚度高、吸振降噪、电磁屏蔽、容易回收等多个优点，汽车上可采用镁合金的零部件可达 60~100 个，从变速器外壳、气缸盖，到仪表板、转向架。镁合金广泛应用于传动、发动机、车体、底盘等系统的多个部件。

工程塑料和复合材料是另一类重要的汽车轻质材料。与通用塑料相比，工程塑料具有优良的力学性能、耐化学性、耐热性、耐磨性、尺寸稳定性等特点，比被取代的金属材料轻且成型时能耗少。目前，工程塑料大多应用在车身的内外饰件上，如车身翼子板、后围板、仪表板、车门内板、顶棚、侧围内衬板、车门防撞条、扶手、车窗、散热器罩、座椅支架等。工程塑料相比金属可减重 40%，且能耐侵蚀和轻微碰撞，在低速碰撞的情况下无需维修，从制造角度看，相比金属有更大的造型自由度，也便于零件集成，从满足行人保护方面考虑，也是较理想的材料。工程塑料在汽车中的应用范围正在由内饰件向外装件、车身及结构件扩展，今后的重点发展方向是开发结构件、外装件用的增强塑料复合材料、高性能树脂材料及塑料，并会更加重视材料的可回收性。

目前，国内外汽车新材料的发展与应用已取得显著成效，并在汽车轻量化中发挥着越来越重要的作用。汽车轻量化新材料及其应用技术的不断发展，必将有助于推动汽车产业的可持续发展。

第 2 篇
车身冲压工艺

第 **3** 章

冲压工艺概论

在现代工业生产中，冲压技术具有生产率高、材料利用率高、产品一致性好、易于实现机械化与自动化等独特的优点，被广泛应用于机械、电子、汽车、航空、航天、通信、仪表、家电、医疗、生物、能源等制造领域。在我国模具总产值中，冲模占 40% 以上，处于主导地位。近几年来，产品更新换代的速度加快，模具产业迎来了高速增长时期。

扫码观看　蔚来汽车
车身制造宣传片

在国内经济高质量发展的总体要求下，我国未来的经济发展需要更强的内生动力，传统的要素成本优势已不可持续。在此背景下，党中央审时度势，提出构建以国内大循环为主体、国内国际双循环相互促进的新发展格局这一重大战略构想。

当前，国内关键基础材料、核心基础零部件、先进基础工艺、产业技术基础等核心技术仍受制于人，已成为制约我国经济高质量发展的瓶颈。习近平总书记指出，关键核心技术是要不来、买不来、讨不来的。只有把关键核心技术掌握在自己手中，才能从根本上保障国家经济安全、国防安全和其他安全。

目前，我国模具设计制造专业人员短缺 100 多万人，特别是缺少既有扎实的理论又有丰富的实践经验的技术人员。鉴于此，模具设计与制造方面人才的培养成为我国高等教育的紧迫任务之一。

3.1　冲压工艺特点及分类

3.1.1　冲压工艺的特点

冲压工艺是一种先进的金属加工工艺方法，它是建立在金属塑性变形的基础上，在常温条件下利用模具和冲压设备对板料施加压力，使板料产生塑性变形或分离，从而获得具有一定形状、尺寸和性能的零件（冲压件）。

扫码观看　冲压技术

冲压与其他金属加工方法相比，具有下述优点：

1）生产率高，操作简便，对操作者操作技艺的要求相对较低，便于实现机械化与自动化，适用于较大批量生产。

2）冲压加工零件的尺寸精度是由模具保证的，一般不需要再进行机械切削加工，所以加工零件质量稳定，具有较高的尺寸精度。

3）冲压工艺能制造出其他金属加工方法所不能或难加工的、形状复杂的零件。

4）冲压加工一般不需要加热毛坯，也不像切削加工那样需要切除大量金属，所以它不仅节能，而且材料利用率高，能获得强度高、刚度大且质量小的零件，适合进行汽车车身零件的加工。

5）冲压所用原材料多为轧制板料或带料，在冲压过程中材料表面一般不会被破坏，所以加工零件表面质量较好，为后续表面处理工序（如电镀、喷漆）提供了方便条件。

6）冲压件有较好的互换性，稳定性较好，同一批冲压件，可相互交换使用，不影响装配和产品性能。

总之，冲压生产是一种优质、高产、低消耗和低成本的加工方法，但冲压生产也有一定的局限性。模具多为单件生产，精度要求高，制造难度大，制造周期长，因此，模具制造费用高，不宜用于单件和批量小的零件生产。

板料、模具和冲压设备是冲压生产的三大要素。为了获得质优价廉的冲压零件，必须提供优质的板料，还应该掌握板料的成形性能和变形规律，设计并制造出各种精密的复杂模具，生产出各种满足工艺要求的通用和专用冲压设备。目前世界各国不断研制出冲压性能良好的板料，研究板料的冲压成形性能，不断改善模具加工设备，生产出了对冲压生产具有关键作用的高效率、高精度和长寿命的大型复杂模具，从而使冲压生产与模具工业进入了一个崭新的阶段。

3.1.2 冲压工序的分类

1. 按变形性质分类

（1）分离工序

分离工序的目的是使板料的一部分与另一部分沿一定的轮廓线发生断裂而分离，从而形成一定形状和尺寸的零件。分离工序主要包括落料、冲孔、切断、切舌、切口、切边、剖切等基本冲压工序，见表 3-1。

表 3-1 分离工序

工序名称	简图		模具简图	特点
	冲压前	冲压后		
落料				沿封闭轮廓曲线冲切，落下来的部分是制件
冲孔				沿封闭轮廓曲线冲切，落下来的部分是废料
切断				沿不封闭轮廓曲线冲切，使板料分离

（续）

工序名称	简图		模具简图	特点
	冲压前	冲压后		
切舌	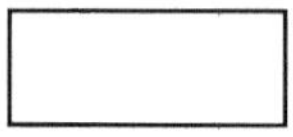		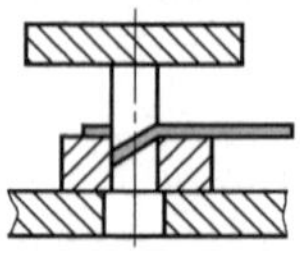	沿三边冲切，保持一边与板料相连
切口		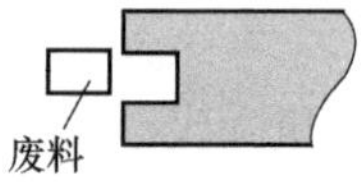 废料	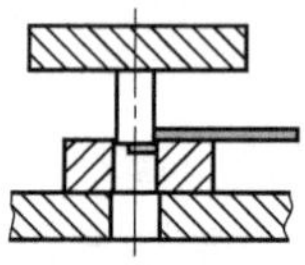	从毛坯或半成品制件的内外边缘上，沿不封闭的轮廓曲线分离，冲下来的部分是废料
切边	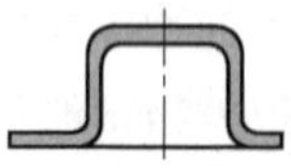	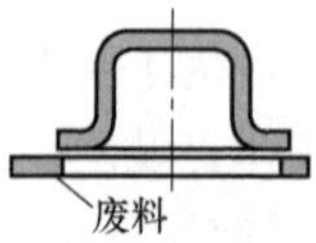 废料	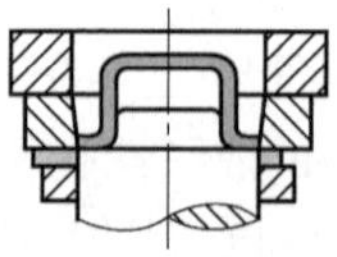	切去成形制件多余的边缘材料，使成形制件的边缘呈一定形状
剖切			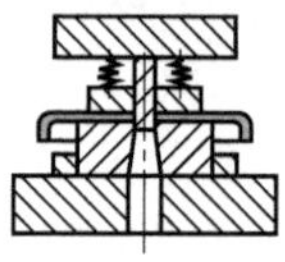	沿不封闭轮廓曲线将半成品制件切离为两个或数个制件

（2）成形工序

成形工序的目的是使板料在不被破坏的前提下仅产生塑性变形，制成所需形状和尺寸的零件。成形工序主要包括弯曲、拉深、翻孔、胀形、缩口等基本冲压工序，见表3-2。

表 3-2　成形工序

工序名称	简图		模具简图	特点
	冲压前	冲压后		
弯曲	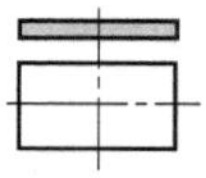			将毛坯或半成品制件弯成一定的角度和形状
拉深	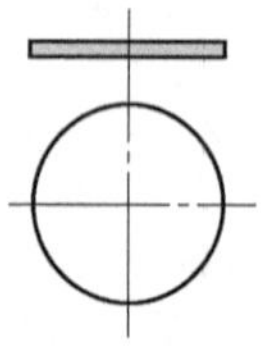	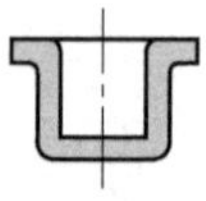	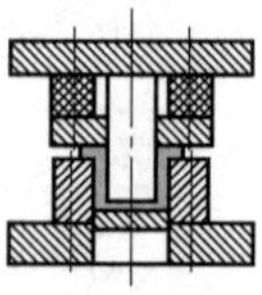	把毛坯拉压成空心体，或者把空心体拉压成外形更小而板厚没有明显变化的空心体
变薄拉深	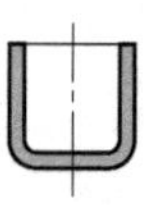	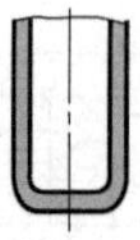	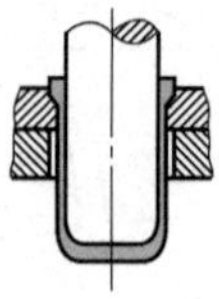	凸、凹模之间间隙小于空心毛坯壁厚，把空心毛坯拉压成侧壁厚度小于毛坯壁厚的薄壁制件

（续）

工序名称	简图		模具简图	特点
	冲压前	冲压后		
翻孔	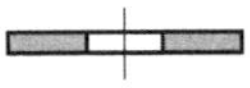	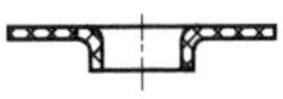	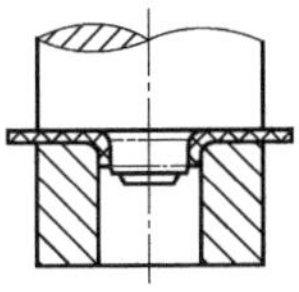	在预先制好孔的半成品上或未先制孔的板料上冲制出竖立孔边缘
卷边	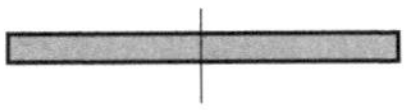	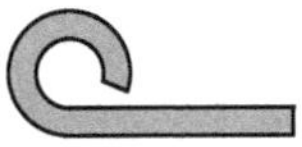	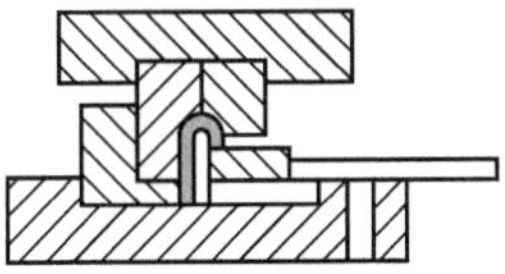	把板料端部弯曲成接近封闭圆筒形状
胀形	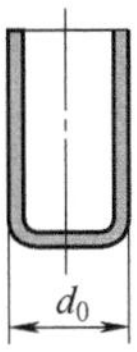 d_0	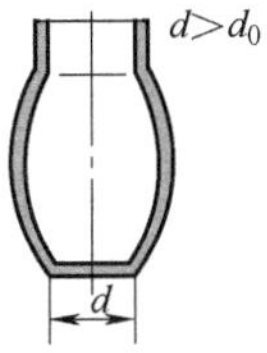 $d > d_0$　d	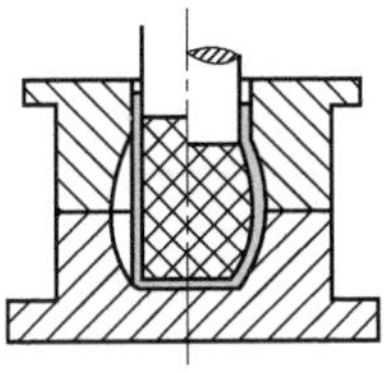	使空心毛坯内部在双向拉应力作用下，产生塑性变形，制得凸肚形制件
压筋、凸包		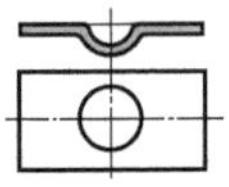	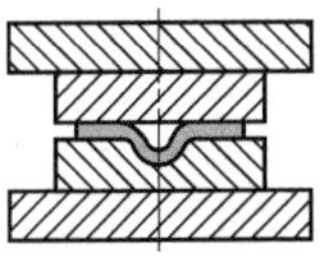	在毛坯上压出凸包或筋
缩口	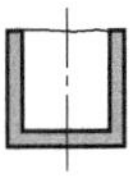	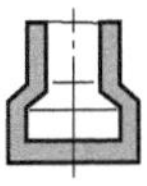	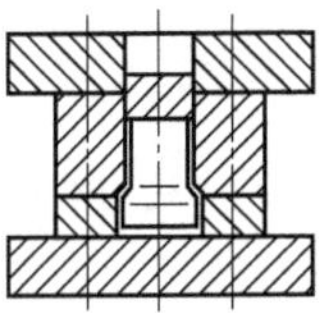	使空心毛坯或管状毛坯端部的径向尺寸缩小

2. 按变形区受力性质分类

（1）伸长类成形

变形区最大主应力为拉应力，其破坏形式为拉裂，特征是变形区材料厚度减小，如胀形。

（2）压缩类成形

变形区最大主应力为压应力，其破坏形式为起皱，特征是变形区材料厚度增大，如拉深。

3. 按基本变形方式分类

按基本变形方式，冲压工序可分为冲裁、弯曲、拉深、成形。

4. 按工序组合形式分类

按工序组合形式，冲压工序可分为单工序冲压、复合冲压和级进冲压，见表 3-3。

表 3-3　工序组合形式

工序组合形式	定义	应用举例	模具数量	简图
单工序冲压	在压力机的一次行程中，只能完成一道冲压工序的冲压		2	第一道工序：落料 第二道工序：冲孔
复合冲压	在压力机的一次行程中，同时完成两种或两种以上冲压工序的单工位冲压	工件名称：垫圈 基本冲压工序：落料、冲孔	1	同一工位：落料和冲孔
级进冲压	在压力机的一次行程中，在送料方向连续排列的多个工位上同时完成多道冲压工序的冲压		1	送料方向 第一工位：冲孔 第二工位：落料

3.2 冲压成形理论基础

冲压成形是金属塑性成形加工方法之一，是建立在金属塑性变形理论基础上的材料成形技术。要掌握冲压成形加工技术，就必须先了解金属塑性变形理论的基础知识。本节主要介绍塑性变形的基本概念、基础知识、基本规律。

3.2.1 塑性成形的基本概念

为掌握金属塑性变形理论的基础知识，需要先了解以下几个基本概念。

（1）变形

变形是对固体施加力，引起固体形状和尺寸发生变化的现象。例如，桥式起重机的变形如图 3-1 所示。变形分为弹性变形和塑性变形两种。

图 3-1　桥式起重机的变形
a）桥式起重机　b）载重变形

（2）弹性变形

若作用于物体的外力去除之后，由外力引起的变化随之消失，物体能完全恢复到自己原来的形状和尺寸，则称为弹性变形。

（3）塑性变形

若作用于物体的外力去除之后，物体不能完全恢复到自己原来的形状和尺寸，则称为塑性变形。

（4）塑性

塑性是指固体材料在外力作用下发生永久变形而不破坏其完整性的能力。通常用塑性表示材料塑性变形能力。塑性提高预示着金属具有更好的塑性成形能力，允许产生更大的塑性变形。如果材料没有塑性，则塑性成形就无从谈起。塑性不仅与材料固有性质（晶格、成分、组织等）有关，也与变形条件（变形方式、变形温度、变形程度、变形速度等）有关，见表 3-4。

表 3-4　影响金属塑性的主要因素

影响因素	影响规律
材料组织结构	面心立方结构的金属塑性好于体心立方，密排六方最差；单相组织（纯金属或固溶体）比多相组织的塑性好，固溶体比化合物的塑性好；多相组织的晶粒越细小、组织分布越均匀，则塑性越好
应力状态	主应力状态中的压应力个数越多，数值越大，金属的塑性越好；反之，拉应力个数越多，数值越大，其塑性越低
变形温度	就大多数金属和合金而言，一般随着温度的升高，塑性将会增加。但在升温过程中的某些温度区间，塑性会降低，出现脆性区
变形速度	变形速度对塑性的影响有正、反两个方面，对于大多数金属来说，塑性随着变形速度变化的一般趋势是先降低后增加

（5）超塑性

金属在一定的温度下以适当的速度拉伸，其拉伸长度可以是原来长度的几倍甚至十几倍。目前已有近百种金属具有这种超塑性能，如图 3-2 所示。

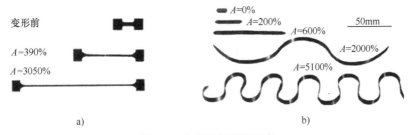

图 3-2　金属的超塑性现象

a）纳米陶瓷　b）纳米铜

（6）变形力

塑性变形时，使金属产生变形的外力称为变形力，如图 3-3 所示。

（7）变形抗力

金属塑性变形时，抵抗变形的力称为变形抗力，如图 3-3 所示。变形抗力与变形力大小相等、方向相反，一般用反作用在运动着的工具表面上的单位压力来表示。变形抗力大，则冲压设备功率需要增大，而且模具负载变大、磨损加剧、寿命缩短。与塑性

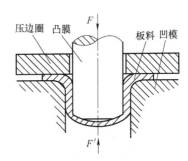

图 3-3　拉深中的变形力 F 及变形抗力 F'

类似，变形抗力不仅与材料的固有性质有关，也与变形条件有关。

3.2.2　塑性力学基础

1. 点的应力与应变状态

（1）点的应力状态

金属在塑性变形时，应力状态非常复杂。为了研究变形金属各部位的应力状态，通常在变形物体中任意取一点，以该点为中心截取一个微小的单元六面体，并在六面体的各面上画出所受的应力和方向，这种图称为应力状态图，如图 3-4a 所示。如果按适当的方向截取正六面体，可以使该六面体的各个面上只有正应力 σ 而无切应力 τ，则此应力状态图称为主应力图，如图 3-4b 所示。根据主应力方向及组合不同，主应力图共有 9 种，如图 3-5 所示。

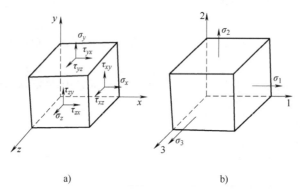

图 3-4　点应力状态图

a）任意坐标系中　b）主轴坐标系中

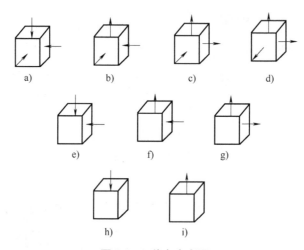

图 3-5　9 种主应力图

当三个方向主应力的大小都相等，即 $\sigma_1 = \sigma_2 = \sigma_3$ 时，称为球应力状态。深水中的微小物体所处的就是这样一种应力状态，习惯上常将三向等压应力称为静水压力。在静水压作用下的金属，其塑性将提高，承受较大的塑性变形也不会被破坏，且静水压越大，塑性提高越多，这种现象称为静水压效应。静水压效应对塑性加工很有利，应尽量利用它。

（2）点的应变状态

物体受到外力后，其内部质点要产生相应的变形。应变是表示变形大小的一个物理量，与主应力状态对应的是主应变状态。尽管金属材料在塑性变形时会产生形状和尺寸的改变，但体积几乎不发生变化，因此可以认为金属材料塑性变形时体积保持不变，即满足

$$\varepsilon_1 + \varepsilon_2 + \varepsilon_3 = 0 \tag{3-1}$$

式中　ε_1、ε_2、ε_3——三个方向的主应变值。

由式（3-1）可知，不可能出现 3 个同向的主应变和单向应变，于是主应变状态图只能画出 3 种，如图 3-6 所示。

2. 金属塑性变形条件

当质点处于单向应力状态时，只要该点应力达到某一数值，质点就进入塑性状态即屈服。例如，标准试样拉伸时，若拉伸应力达到

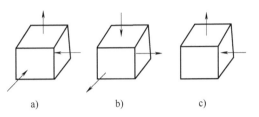

a)　　　　b)　　　　c)

图3-6　3种主应变状态图

屈服强度（即 $\sigma = R_{eL}$），则试样就由弹性变形状态转为塑性变形状态。在复杂应力状态下，判断质点是否进入塑性变形状态必须同时考虑所有的应力分量。研究表明，只有当各应力分量之间符合一定的关系时，质点才能进入塑性变形状态，这种关系称为屈服准则，也称为塑性条件或塑性方程。屈服准则是求解塑性成形问题必要的补充方程。

（1）屈雷斯加屈服准则

1864 年，法国工程师屈雷斯加（H. Tresca）提出：任意应力状态下，只要最大切应力达到某临界值，材料就开始屈服。该临界值取决于材料在变形条件下的性质而与应力状态无关。因此，屈雷斯加屈服准则又称为最大切应力准则，当 $\sigma_1 > \sigma_2 > \sigma_3$ 时，其表达式为

$$\tau_{max} = \frac{|\sigma_1 - \sigma_3|}{2} = \frac{R_{eL}}{2} \text{或} |\sigma_1 - \sigma_3| = R_{eL} \tag{3-2}$$

式中　τ_{max}——最大切应力；

　　　R_{eL}——屈服强度。

在事先不知道主应力的大小次序时，屈雷斯加屈服准则的普遍表达式为

$$\left. \begin{array}{l} |\sigma_1 - \sigma_2| = R_{eL} \\ |\sigma_2 - \sigma_3| = R_{eL} \\ |\sigma_3 - \sigma_1| = R_{eL} \end{array} \right\} \tag{3-3}$$

只要其中任意一式得到满足，材料即屈服。

（2）米塞斯屈服准则

1913 年，德国学者冯·米塞斯（Von Mises）提出另一个塑性条件，即米塞斯屈服准则，又称能量准则：当某点的等效应力 σ_i 达到某临界值时材料就开始屈服。同样通过简单拉伸试验，可以确定该临界值就是材料的屈服强度，米塞斯屈服准则的表达式为

$$\overline{\sigma} = \frac{1}{\sqrt{2}} \sqrt{(\sigma_1 - \sigma_2)^2 + (\sigma_2 - \sigma_3)^2 + (\sigma_3 - \sigma_1)^2} = R_{eL} \tag{3-4}$$

$$(\sigma_1 - \sigma_2)^2 + (\sigma_2 - \sigma_3)^2 + (\sigma_3 - \sigma_1)^2 = 2R_{eL}^2 \tag{3-5}$$

（3）屈服准则对比

屈雷斯加屈服准则未考虑中间应力 σ_2 对材料屈服的影响，但在米塞斯屈服准则中，中间应力 σ_2 对材料屈服是有影响的。当 $\sigma_2 = \sigma_1$ 或 $\sigma_2 = \sigma_3$（轴对称应力状态）时，两个屈服准则是一致的；当 $\sigma_2 = (\sigma_1 + \sigma_3)/2$（即平面应变状态）时，两个屈服准则的差别最大，达15.5%；在其余应力状态下，两个屈服准则的差别小于15.5%，视中间应力 σ_2 的相对大小而定。

3. 塑性变形时应力与应变的关系

在单向应力状态下，应力与应变关系可以用单向拉伸时得到的硬化曲线来表示。绝大多数冲压成形过程中，毛坯的塑性变形区都不处于单向应力状态，而是受到两向或三向应力的作用。在复杂应力状态下，处于塑性变形状态的毛坯变形区内应力与应变的关系（即本构关系）常用增量理论和全量理论来表述。

（1）增量理论（列维-米塞斯方程）

一般来说，在塑性变形状态下，应力与全量应变之间不存在对应关系，二者的主轴方向也不一致。为了建立物体受力和变形之间的联系，只有撇开整个变形过程，而取变形过程中的某一微小时间间隔 dt 来研究。在 dt 时间内，单元体的每个应变分量都将产生一个应变增量。列维-米塞斯提出：如果材料是理想的刚塑性材料，并且符合米塞斯屈服准则，则应力主轴与应变增量的主轴方向一致。

取整个加载过程中某个微小时间间隔 dt 来研究，每个应变增量的分量与对应的应力偏量成正比。这就是列维-米塞斯方程，或称为塑性变形的增量理论或流动理论。其表达式为

$$\frac{d\varepsilon_1 - d\varepsilon_2}{\sigma_1 - \sigma_2} = \frac{d\varepsilon_2 - d\varepsilon_3}{\sigma_2 - \sigma_3} = \frac{d\varepsilon_3 - d\varepsilon_1}{\sigma_3 - \sigma_1} = d\lambda \tag{3-6}$$

式中　　$d\lambda$——正值瞬时比例系数；

$d\varepsilon$——时间间隔 dt 内产生的应变。

（2）全量理论

在简单加载条件下（即在塑性变形发展过程中，只加载不卸载，各应力分量一直按同一比例系数增长，又称比例加载），应力与应变增量的主轴方向不会发生变化，而且与全量应变的主轴重合，全量应变与应力之间也存在类似的比例关系。因此可以将上述增量理论中的所有应变增量均改用对应的全量应变来代替，使应力应变关系得到简化，得到全量理论公式为

$$\frac{\varepsilon_1 - \varepsilon_2}{\sigma_1 - \sigma_2} = \frac{\varepsilon_2 - \varepsilon_3}{\sigma_2 - \sigma_3} = \frac{\varepsilon_3 - \varepsilon_1}{\sigma_3 - \sigma_1} = \text{const} \tag{3-7}$$

全量理论除用于简单加载的情况以外，一般用来研究小变形问题。对于非简单加载的大变形问题，只要变形过程中主轴方向的变化不是太大，应用全量理论也不会引起太大的误差。增量理论虽然比较严密，更接近于实际情况，但对于实际的变形过程要由每一瞬时的应变增量积分得到整个变形过程的应变全量是困难的，若要考虑冷作硬化，计算就更复杂了。

在板料成形中，严格满足简单加载条件是不现实的。实践证明，工程问题的分析计算，只要近似满足简单加载条件，使用全量理论是容许的，这将大大简化分析计算过程。利用全量理论可对某些冲压成形过程中毛坯的变形和应力的性质做出定性的分析和判断。利用全量理论分析可以得出：

1）应力分量与应变分量符号不一定一致，即拉应力不一定对应拉应变，压应力不一定对应压应变。

2）某方向应力为零，其应变不一定为零。

3）在任何一种应力状态下，应力分量的大小与应变分量的大小次序是相对的，即当 $\sigma_1 > \sigma_2 > \sigma_3$ 时，则有 $\varepsilon_1 > \varepsilon_2 > \varepsilon_3$。

4）若有两个应力分量相等，则对应的两个应变分量也相等，即若 $\sigma_1 = \sigma_2$，则有 $\varepsilon_1 = \varepsilon_2$。

举例说明：

当 $\sigma_1 > 0$，且 $\sigma_2 = \sigma_3 = 0$ 时，材料受单向拉应力，有 $\varepsilon_1 > 0$，$\varepsilon_2 = \varepsilon_3 < 0$，且 $\varepsilon_2 = \varepsilon_3 = -\varepsilon_1/2$。即单向拉伸时拉应力作用方向上的应变为伸长变形，其余两方向上的应变为压缩变形，且为伸长变形的一半。

当 $\varepsilon_2 = 0$ 时，称为平面应变状态（或称平面变形），必有 $\sigma_2 = (\sigma_1 + \sigma_3)/2$。当宽板弯曲时，在宽度方向的变形为零，即属于这种情况。

当 $\sigma_1 = \sigma_2 > 0$，而 $\sigma_3 = 0$ 时，必有 $\varepsilon_1 = \varepsilon_2 > 0$ 和 $\varepsilon_1 = \varepsilon_2 = -\varepsilon_3/2$。平板毛坯胀形中心部位即属于这种情况。

当 $\sigma_1 > \sigma_2 > \sigma_3 > 0$ 时，$\varepsilon_1 > 0$ 和 $\varepsilon_3 < 0$。

当 $0 > \sigma_1 > \sigma_2 > \sigma_3$ 时，$\varepsilon_3 < 0$ 和 $\varepsilon_1 > 0$。

3.2.3 塑性变形的基本规律

1. 加工硬化规律

（1）加工硬化现象

一般而言，冲压加工属于冷塑性变形。对于常用的金属材料，塑性变形对金属组织和性能有影响——金属受外力作用产生塑性变形后不仅形状和尺寸发生变化，而且金属内部组织也会发生变化，因而金属的性能也发生相应的改变。

1）最显著的变化是金属的力学性能。随着变形程度的增加，金属的强度和硬度逐渐增大，而塑性和韧性逐渐降低。

2）晶粒会沿变形方向伸长排列形成纤维组织，使材料产生各向异性。

3）由于变形不均匀，在材料内部会产生内应力，变形后作为残余应力保留在材料内部。在冷塑性加工中，材料表现出的强度指标（硬度 HBW、屈服强度 R_{eL}、抗拉强度 R_m）上升和塑性指标（伸长率 A，断面收缩率 Z）下降，以及进一步塑性变形抗力增加的现象称为加工硬化或冷变形强化。

材料不同，变形条件（变形方式、变形温度、变形程度、变形速度等）不同，其加工硬化的程度不同。

加工硬化是金属塑性变形的一个重要特性，也是强化金属的重要途径。在某些场合下，加工硬化对于改善板料成形性能有积极的意义。例如，伸长类成形工艺中的内孔翻边、胀形、局部成形等，加工硬化率高的板材能够减少过大的局部变形（减少厚度的局部变薄量），使变形趋向均匀，增大成形极限，尤其是对伸长类变形有利。但是，加工硬化对金属塑性成形也有不利的一面，因为它会使金属的塑性下降，变形抗力升高，继续变形困难，特别是对于高硬化率金属的多次成形更是如此，有时需要增加中间退火热处理工艺来消除硬化，以使成形加工能继续进行下去。其结果是降低了生产率，增加了生产成本。由此可见，在处理冲压生产中的许多实际问题时，必须掌握和研究材料的硬化规律及其主要影响因素，以便在工艺设计中合理运用。

（2）加工硬化曲线

材料的变形抗力随变形程度变化的曲线称为硬化曲线，也称为实际应力-应变曲线或真实应力-应变曲线。硬化曲线一般可以通过对材料进行单向拉伸、单向压缩或板材胀形试验等多种方法获得。真实应力-应变曲线与材料力学中所学的工程应力-应变曲线（也称假想应力-应变曲线或条件应力-应变曲线）是有所区别的，如表3-5及图3-7所示。真实应力-应变曲线不像工程应力-应变曲线那样在载荷达到最大值后转而下降，而是继续上升直至断裂，这说明金属在塑性变形过程中不断地发生加工硬化，从而使外加应力必须不断增大，才能使变形继续进行。即使在出现缩颈之后，缩颈处的真实应力仍在升高，这就排除了应力-应变曲线中应力下降的假象，即真实应力-应变曲线能如实反映变形材料的加工硬化现象。

表 3-5　两种应力-应变曲线的对比

硬化曲线	应力	应变	特点
条件应力-应变曲线	条件应力（或称假想应力、名义应力、工程应力）： $\sigma = F/A_0$	条件应变（或称假想应变、名义应变、相对应变、工程应变）： $\varepsilon = (l-l_0)/l_0$	1）应力是按试样的原始截面积计算的条件应力，而没有考虑变形过程中试样截面积的减小 2）应变是用的条件应变，只考虑变形前和变形后两个状态试样的尺寸
真实应力-应变曲线	真实应力（或称对数应力）： $S = F/A$	真实应变（或称对数应变）： $\varepsilon = \int_0^l \dfrac{dl}{l} = \ln \dfrac{l}{l_0}$	1）应力是按试样的瞬时截面积计算的真实应力，考虑了变形过程中试样截面积的减小 2）应变是用的真实应变，考虑了材料变形是一个逐渐积累的过程，即应变与材料变形的全过程有关
两者关系	$S = \sigma(1+\varepsilon)$	$\varepsilon = \ln(1+\varepsilon)$	1）根据真实应力 S 与真实应变 ε 做出的曲线称为真实应力-应变曲线 2）真实应力-应变曲线如实地反映出变形材料的加工硬化现象，更符合塑性变形的实际情况，故在塑性加工中被广泛采用

对于同一种材料，由于变形温度和变形速率的不同，其真实应力-应变曲线也不同。对于没有特别注明变形条件的真实应力-应变曲线是指材料在室温和准静载条件下的真实应力-应变曲线。图3-8所示为几种金属材料室温拉伸试验所得的真实应力-应变曲线。

加工硬化曲线虽然可由普通的拉伸试验方法求得，但因试验曲线的变化规律很复杂，试验工作必须十分精细。为了计算和使用上的方便，需要将试验所得的真实应力-应变曲线用某一数学表达式来近似描述。研究表明，很多金属材料的真实应力-应变曲线可以简化成幂函数强化模型，表示为

$$S = B\varepsilon^n \tag{3-8}$$

式中　B——强度系数，是与材料性能有关的系数；

　　　n——加工硬化指数，表示硬化的程度。

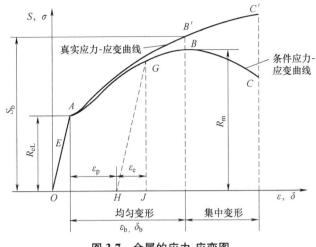

图 3-7　金属的应力-应变图

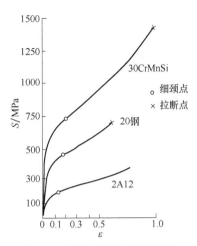

图 3-8　几种金属在室温下的
真实应力-应变曲线图

加工硬化指数 n 表征材料在变形过程中的加工硬化速率，反映材料在拉伸时抗局部变形（失稳）的能力。n 值大的材料，其均匀伸长的能力也强，这对于以伸长为主的冷塑性成形是有利的。常用材料的 B 和 n 值见表 3-6。

表 3-6　常用材料的 B 和 n 值

材料	B/MPa	n
低碳钢	710～750	0.19～0.22
黄铜（60/40）	990	0.46
黄铜（65/35）	760～820	0.39～0.44
磷青铜	1100	0.22
磷青铜（低温退火）	890	0.52
银	470	0.31
铜	420～460	0.27～0.34
硬铝	320～380	0.12～0.13
铝	160～210	0.25～0.27

注：表中数据均指退火材料在室温和低变形速度下试验求得的。

2. 卸载回弹和反载软化现象

物体受力产生变形，所以应力与应变之间一定存在着某种关系：在弹性变形阶段，应力与应变之间的关系是线性的、可逆的，是单值的关系，与变形的加载历史无关，弹性变形是可恢复的；在塑性变形阶段，应力与应变之间的关系是非线性的、不可逆的，不是单值关系，与变形的加载历史有关。

由图 3-7 所示的硬化曲线可知，在弹性变形范围内（OA 段），应力与应变的关系是线性函数关系 $\sigma = E\varepsilon$（E 为材料的弹性模量，为常数）。在弹性变形的范围内卸载，应力、应变仍然按照同一直线（AO 段）回到原点，变形完全消失，没有残留的永久变形，多次加载、卸载均如此，即变形是可逆的，弹性变形是可以恢复的。某点的应变状态仅取决于该点的应力状态，一定的应力对应一定的应变。反之亦然，与已经经历的变形过程无关，即应力与应变之间的关系是单值的关系，与变形的加载历史无关。

如果进入塑性变形范围，即超过屈服点 A，则显然应力与应变之间的关系是非线性的（AB 段）；当变形到达某点 $G(\sigma, \varepsilon)$ 时，逐渐减小外载荷，应力应变的关系就按另一条直线 GH 逐渐降低，不再重复加载曲线所经过的路线（OAG），卸载直线正好与加载时弹性变形的直线段 OA 相平行，直至载荷为零（$\sigma=0$）。于是，加载时的总变形（即 G 点处的变形）就分为两部分：一部分（ε_e）因弹性恢复而消失；另一部分（ε_p）则保留了下来，成为永久变形。因此总的变形为 $\varepsilon=\varepsilon_e+\varepsilon_p$。如果卸载后再重新同向加载，应力应变关系将沿直线 HG 逐渐上升，而与初始加载时所经历的路线（OAG）不同，因此变形过程是不可逆的；到达 G 点应力 σ 时，材料才开始屈服，随后应力应变关系继续沿着加载曲线 GB 变化。而且在同一个应力 σ 时，因为加载历史不同，应变也不同，即应力与应变不是单值关系，与变形的加载历史有关。

经过加载、卸载、再加载，到达 G 点应力 σ 时，材料才开始屈服，所以塑性加载曲线 AGB 上的任意点 σ 又可理解为材料在变形程度为 ε 时的屈服强度。由此可推导出，在塑性变形阶段，应力-应变曲线上每一点的应力值都可以理解为材料在相应的变形程度下的屈服强度。这种加载进入塑性变形后再卸载，塑性变形保留了下来，而弹性变形完全恢复的现象，称为卸载弹性恢复，简称回弹。如图 3-9 所示，板料弯曲后，回弹现象特别明显。

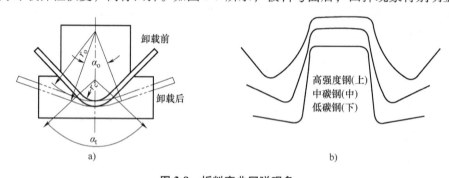

图 3-9　板料弯曲回弹现象

a）V 形件弯曲回弹　b）π 形件的回弹

试验表明，如果卸载后反向加载，即由拉伸改为压缩，材料的屈服应力较拉伸时的屈服应力就有所降低，即 $\sigma_s>\sigma'_s$，如图 3-10 所示，出现所谓的反载软化现象。反向加载，材料屈服后（过 A' 点），应力与应变之间基本按照加载时的曲线规律变化。

反向加载时屈服应力的降低量，因材料的种类和正向加载的变形程度不同而异。关于反载软化现象，有人认为可能是正向加载时材料中的残余应力而引起的。

3. 体积不变定律

实践证明，塑性变形时，物体主要是发生形状的改变，而体积的变化极小，可以忽略不计，这就是塑性变形的体积不变定律。即三个真实主应变的代数和为零，其表达式为

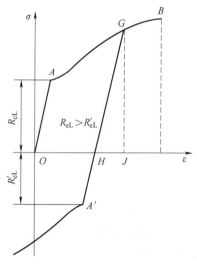

图 3-10　软化曲线

$$\varepsilon_1 + \varepsilon_2 + \varepsilon_3 = 0 \tag{3-9}$$

式（3-9）反映了三个正应变之间的关系。它常作为对塑性变形过程进行应力、应变分析的一个前提条件，也可用于工艺设计中计算毛坯的体积。该式还表明：三个正应变分量或三个主应变分量不可能全部同号，如果其中两个分量已知，则第三个正应变分量或主应变分量即可确定。

4. 最小阻力定律

在塑性变形过程中，金属的整体平稳性被破坏，金属被强制流动，当金属质点中有向几个方向移动的可能性时，它将向阻力最小的方向移动。换句话说，在冲压加工时，板料在变形过程中总是沿着阻力小的方向发展，这就是塑性变形中的最小阻力定律。例如，将一块方形板料拉深成圆筒形制件，当凸模将板料拉入凹模时，距凸模中心越远的地方（即方形料的对角线处）流动阻力越大，越不易向凹模洞口流动，拉深变形后，凸缘形成弧状而不是直线边，如图 3-11 所示。

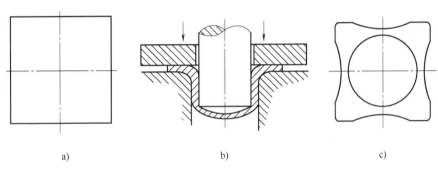

图 3-11　方板拉深试验——最小阻力定律试验
a）毛坯　b）拉深过程　c）拉深件

最小阻力定律说明了在冲压生产中金属板料流动的趋势，控制金属流动就可控制变形的趋势。影响金属流动的主要因素是材料本身的特性和应力状态，而应力状态与冲压工序的性质、工艺参数和模具结构参数（如凸模、凹模工作部分的圆角半径、间隙、摩擦等）有关。如图 3-11 所示的方形件拉深，若方形件直边与模具直边的间隙和方形件角点与模具角点的四角间隙值相同，则不是四角拉破就是直壁部分起皱，若直边采用较小间隙，四角采用较大间隙，或使凹模四角的圆角半径大于直边部分的圆角半径，则可消除上述现象。

 3.3　冲压成形性能及冲压材料

3.3.1　冲压成形性能

1. 冲压成形性能的概念

冲压成形加工方法与其他加工方法一样，都是以材料自身性能作为加工依据的。实施冲压成形加工的材料必须具有好的冲压成形性能。

材料对各种冲压加工方法的适应能力称为材料的冲压成形性能。材料的冲压成形性能好，就是指材料便于冲压加工，一次冲压工序的极限变形程度和总的极限变形程度大，生产率高，容易得到高质量的冲压件，模具的使用寿命长。由此可见，冲压成形性能是一个综合性的概念。

2. 成形极限

（1）两种失稳现象

板料在冲压过程中可能会出现如下两种失稳现象：

1）拉伸失稳：板料在拉应力的作用下局部出现缩颈和破裂的现象。

2）压缩失稳：板料在压应力的作用下出现的起皱现象。

（2）成形极限及其分类

板料发生失稳之前可以达到的最大变形程度称为成形极限。其值越高，表示板料的狭义冲压成形性能越好。成形极限分为总体成形极限和局部成形极限。

1）总体成形极限：反映材料失稳前总体尺寸可以达到的最大变形程度，如最小相对弯曲半径 $(r/t)_{min}$、极限拉深系数 m_{min}、最大胀形深度 h_{max} 和极限翻边系数 K_{fmin} 等。这些极限变形系数通常作为规则形状板料零件工艺设计的重要依据。对不同的成形工序，成形极限应采用不同的极限变形系数来表示。这些极限变形系数可以在各种冲压手册中查到，也可通过直接试验法求得。

2）局部成形极限：反映板料失稳前局部尺寸可达到的最大变形程度。如复杂零件在成形时，由于变形的不均匀性，板料各处变形差异很大，因此必须用局部成形极限来描绘零件上各点的变形程度。局部极限应变即属于局部成形极限。

（3）成形性极限图

如图 3-12 所示，在冲压成形时，金属薄板上局部缩颈区或破裂区的表面应变量称为表面极限应变量（即局部极限应变），在板平面二维应变坐标系中，用不同应变路径下的表面极限应变量连成的曲线或勾画出的条带形区域称为成形性极限曲线（FLC），表面极限应变量与成形性极限曲线共同构成了成形性极限图（FLD）。它全面反映了板材在单向和双向拉应力作用下的局部成形极限。

成形性极限图是判断和评定板材局部成形性能的最为简便和直观的一种定量描述方法，同时也是对冲压工艺成败的一种判断曲线，是解决板材冲压成形问题（破裂和起皱）的一个非常有效的工具。

成形性极限图的应用：根据绘制的成形性极限图，将金属板料的成形区域划分为安全区、破裂区和临界区三个区域，不同的冲压工艺和工艺参数都会导致板料表面应变量的不同，从而可以根据该工艺所处成形性极限图的位置，确定板材在冲压成形过程中抵抗局部缩颈或破裂的能力。

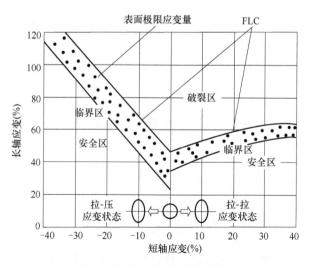

图 3-12　板料成形性极限图

3.3.2 冲压材料

1. 冲压材料的基本要求

冲压所用材料，不仅要满足产品设计的技术要求，还应当满足冲压工艺的要求和冲压后续的加工要求（如切削加工、焊接、电镀等）。冲压工艺对材料的基本要求如下：

1）具有良好的冲压成形性能。为了有利于冲压变形和制件质量的提高，材料应具有良好的冲压成形性能，而冲压成形性能与材料的力学性能有着密切的关系。例如，屈强比（R_{eL}/R_m）小、弹性模量（E）大、塑性指数（伸长率 A）高、塑性应变比（r）大、塑性应变比平面各向异性度（Δr）小的材料，有利于冲压的各种塑性变形。

2）具有较高的表面质量。材料表面应光滑，无氧化皮、裂纹、划伤等缺陷。表面质量高的材料，成形时不易破裂和擦伤模具，零件表面质量好。对优质碳素结构钢薄钢板，按国家标准 GB/T 711—2017 规定，钢板的表面质量分为普通级（FA）和较高级（FB）两种。

3）厚度公差应符合国家标准。在一些塑性变形工序中，凸、凹模的间隙是根据板料厚度来确定的，所以厚度公差必须符合国家标准。否则，不仅会影响零件的质量，还可能在校正、弯曲、整形等工序中，因厚度正偏差过大而引起模具或压力机的损坏。对厚度在 4mm 以下的轧制薄钢板，按国家标准 GB/T 709—2019 规定，钢板的厚度精度分为普通厚度精度（PT. A）和较高厚度精度（PT. B）两种。

2. 板料的质量对冲压性能的影响

（1）力学性能指标及其对冲压性能的影响

1）屈服强度 R_{eL}。屈服强度 R_{eL} 小，材料容易屈服，则变形抗力小，产生相同变形所需的变形力就小。并且屈服强度小，当压缩变形时，因易于变形而不易起皱。对弯曲变形而言，则变形后回弹小，即贴模性和定形性好。

2）屈强比 R_{eL}/R_m。屈强比对板料冲压成形性能有较大的影响。屈强比小，说明 R_{eL} 值小而 R_m 值大，即容易产生塑性变形而不易破裂。也就是说，从开始产生屈服至拉裂有较大的变形区间。尤其是对压缩类变形中的拉深变形而言，屈强比具有重大影响。当变形抗力小而强度高时，变形区的材料易于变形而不易起皱，而传力区的材料有较高强度而不易拉裂，有利于提高拉深变形的极限变形程度。如凸缘（法兰）加热拉深，利用凸缘和零件筒底的温差使屈强比大大下降，可以很大程度地提高拉深变形深度。

3）伸长率 A。拉伸试验中，试样拉断时的延伸率称为伸长率，它表示板料产生均匀的或稳定的塑性变形能力。

一般情况下，板料的成形都是在板料的均匀变形范围内进行的，即板料的拉应力大于或等于屈服极限而小于或等于强度极限。因此 A 对于冲压成形性能有更直接、实际的意义。A 值越高，板料的冲压成形性能越好。复杂曲面的车身覆盖拉延件要求板料具有较大的伸长率。

4）硬化指数（应变硬化指数）n。常用金属材料在常温下的塑性变形过程中会出现硬化效应，使材料力学性能的强度指标（R_{eL}、R_m）随变形程度的加大而增大，同时塑性指标（伸长率 A 和断面收缩率 Z）下降。

单向拉伸试验的硬化曲线可表示为

$$\sigma = C\varepsilon^n$$

式中 n——材料的应变硬化指数。

应变硬化指数 n 表示在塑性变形中材料的硬化程度。在伸长类变形中 n 值大的材料，由于加工硬化严重，变形抗力增大，从而使变形趋于均匀，变薄程度降低，厚度变化均匀，表面质量好，极限变形程度增大，零件不易产生裂纹，所以 n 值大的材料，冲压成形性能好。在具有复杂曲面的车身覆盖件的深拉深工序中，当板料毛坯中间部分的胀形成分较大时，n 值对冲压成形性能的这种影响尤为显著。

材料的硬化对冲压成形性能也有不利的影响。硬化的结果使需要的变形力增大，还限制了毛坯的进一步变形，例如孔边缘部分材料硬化后在翻边时引起开裂，所以有时需要在后续工序之前增加中间退火以消除硬化。

5）塑性应变比 r。由于钢板结晶和板材轧制时出现纤维组织等因素，板料的塑性会因方向不同而出现差异，这种现象称为板料的各向异性。各向异性包括厚度方向各向异性和板平面各向异性。而厚度方向的各向异性用塑性应变比表示。塑性应变比是指单向拉伸试样宽度应变和厚度应变的比值，其表达式为

$$r = \frac{\varepsilon_{\mathrm{b}}}{\varepsilon_{\mathrm{t}}} = \frac{\ln\left(\dfrac{b}{b_0}\right)}{\ln\left(\dfrac{t}{t_0}\right)} \tag{3-10}$$

式中　　r——塑性应变比；

　　　　ε_{b}——试样宽度应变；

　　　　ε_{t}——试样厚度应变；

　　b_0、b——试样变形前、后的宽度；

　　t_0、t——试样变形前、后的厚度。

根据各向异性板料的塑性理论可知：板料成形时，板料变形不仅与板料所处的应力状态有关，而且与塑性应变比 r 有关。r 值越大，板材抵抗变薄的能力越强。

塑性应变比可以说明在同样受力条件下板料厚度的变形能力。当 $r > 1$ 时，板料宽度方向比厚度方向容易产生变形，即板料不易变薄或增厚。在拉深变形中，加大 r 值，毛坯切向易于收缩而不易起皱，有利于提高变形程度和保证产品质量。同样，材料 r 值大，板料受拉时，厚度不易变薄，因而也不易产生拉裂现象。

6）塑性应变比平面各向异性度 Δr。板材经轧制后，在板平面也出现各向异性，因此，沿不同的方向，其力学物理性能均不同，冲压成形性能会受到影响，尤其是在沿轧制 45° 方向与轧制方向形成明显的差异。例如由于板平面各向异性，使拉深零件口部不齐，出现"凸耳"，方向性越明显，则"凸耳"的高度越大。塑性应变比平面各向异性度 Δr 可用塑性应变比 r 在 n 个方向上的平均差值来表示，即 $\Delta r = (r_0 + r_{90} + 2r_{45})/4$。式中，$r_0$、$r_{90}$、$r_{45}$ 分别表示沿轧制方向、垂直轧制方向和沿轧制 45° 方向的塑性应变比。

由于塑性应变比平面各向异性度会增加冲压成形工序的材料消耗等，影响冲压件质量，因此生产中应尽量降低 Δr 值。

（2）板料的尺寸精度和表面质量对冲压成形性能的影响

板料的尺寸精度对冲压成形性能影响最大的是板料的厚度公差。板厚公差的大小是钢板轧制精度的主要指标。一定的冲压模具凸、凹模间隙适用于一定的毛坯厚度。厚度超差则影响产品质量：板料过薄则回弹难以控制，或出现"压不实"现象；板料过厚会拉伤制件表

面，缩短模具寿命，甚至损坏模具或设备。特别是在同一张钢板上厚度不均、偏差过大，不利因素就更难消除。

板料的表面质量也是影响冲压成形性能的因素之一。一般对板料的表面状况有如下要求：

1）表面光洁。表面不应有气泡、缩孔、划痕、麻点、裂纹、结疤、分层等缺陷。否则，在冲压成形过程中，缺陷部位可能因应力集中而引起破裂。

2）表面平整。如果板料表面瓢曲不平，在剪切或冲压时容易因定位不稳而出现废品，在冲裁过程中会因板料变形展开而损坏模具，在拉深时可能使压料不均匀而影响材料的流向而引起开裂或起皱。

3）表面无锈。如果板料表面有锈，不仅对冲压不利，损伤模具，还影响后续的焊装、涂装工序的正常进行及质量。

3. 常用冲压材料

常用的冲压材料多为各种规格的板料、带料等，它们的尺寸规格均可在有关标准中查得。在生产中常把板料切成一定尺寸的条料或片料进行冲压加工。在大批量生产中，可将带料在滚剪机上剪成所需宽度，用于自动送料的冲压加工。

常用冲压材料如下：

1）黑色金属：普通碳素钢、优质碳素钢、碳素结构钢、合金结构钢、工模具钢、硅钢、电工用纯铁等。

2）有色金属：纯铜、无氧铜、黄铜、青铜、纯铝、硬铝、防锈铝、银及其合金等。在电子工业中，冲压用的有色金属还有镁合金、钛合金、钨、钼、镍合金、康铜、铁镍软磁合金（坡莫合金）等。

3）非金属材料：纸板、各种胶合板、塑料、橡胶、纤维板、云母等。

3.3.3 冲压加工的特点

1. 冲压加工的优点

冲压加工与切削加工方法相比，无论在技术方面，还是在经济方面，都具有独特的优点。

1）生产率高。冲压加工借助冲压设备和模具实现对板料毛坯的加工。一般冲压设备的行程次数为每分钟几十次，而高速压力机的行程次数则高达数百次，乃至数千次，所以冲压加工的生产率很高，特别适宜产品零件的大批量生产。

2）材料利用率高。冲压加工是一种少、无切屑加工方法，冲压加工的材料利用率一般可达70%~85%。冲压加工通常在室温下进行，冷作硬化提高了零件的强度。另外，在零件受力面上设置的加强筋可有效提高零件的刚度。因此，在耗材不大的情况下，可得到强度高、刚性足、质量小的零件。

3）节约环保。冲压加工属于冷加工，一般不需要加热毛坯，也不像切削加工那样大量切削金属而形成废屑，所以它不但节能，而且具有环保意义。

4）产品质量稳定。冲压件尺寸精度由模具保证，具有"一模一样"的特征，基本不受操作方法和其他偶然因素影响，一般不需要机械加工便可直接用于装配或制成产品零件。

5）可加工形状复杂的零件。如美观、流线型的轿车车身覆盖件大多由冷轧深冲钢板经落料、拉深、翻边、冲孔、修边等工序冲压而成，这是其他加工方法难以实现的。冲压加工可以制造其他加工方法所不能或难以制造的形状相当复杂的零件，如图 3-13 所示。

6）易于实现机械化与自动化。冲压件的质量依靠模具制造精度来保证，这使生产操作变得十分简单，为生产的机械化与自动化提供了十分有利的条件。2007 年济南二机床集团为荣成华泰汽车有限公司提供的一条大型机器人自动化冲压生产线，如图 3-14 所示。该生产线的压力机部分由一台多连杆 2000t 和三台 1000t 压力机组成。在自动化送料系统的关键环节上，首次采用国际上广泛应用的六轴冲压机器人，其运动精度高、柔性高、维护性更强、定位更准确。

图 3-13　冲压生产形状复杂的零件　　　　图 3-14　机器人自动化冲压生产线

2. 冲压加工的缺点

1）冲压加工多用机械压力机，其运行速度快，手工操作时劳动强度大。

2）冲压加工所用的模具一般比较复杂，其制造周期长、成本较高。

3）冲压加工必须具备相应的模具，故最适合批量较大的生产，对于单件、小批量生产有一定限制。

4）冲模设计偏重经典理论及经验，需要有较强的想象力和创造力，对模具的设计者和制造者要求较高。

3.4　冲压工艺的发展

3.4.1　冲压工艺的新技术

扫码观看　热冲压技术

1. 超高强度钢板热冲压工艺

出于安全性、经济性和节能环保等方面的考虑，冲压件轻量化逐渐成为工业产品生产制造的发展趋势之一。冲压件对金属薄板生产及成形技术提出了更高的要求，出现了很多新型的冲压板材，如镁铝合金、非金属合金及超高强度钢板等。汽车制造中大量使用轻量化材料使汽车（一辆汽车中有 2 万多个零件，其中 80% 的是冲压件）总重下降，从而降低了燃油的消耗，汽车的废气排放量减少，污染程度相应下降。随着人们对汽车的碰撞安全性要求越来越高，对汽车尾气排放量的限制越来越严格，获得一种质量较小、强度又较高的汽车车身覆盖件的生产工艺开始成为人们努力的方向。目前，超高强度钢板以其质量小、强度高的特点在汽车车身上的应用越来越广泛，并已成为减小车身质量和提高车身碰撞强度及安全性能的重要途径。

但是，由于超高强度钢板强度高，采用传统的冷冲压方式进行冲压加工时，所需的冲压力太大，而且容易导致零件开裂、回弹，甚至模具磨损。而在这种情况下产生的超高强度钢板的热冲压成形技术则能够解决上述问题。超高强度钢板热冲压成形技术是一种将抗拉强度在600MPa左右的硼钢板，经过950℃的高温加热，使其奥氏体化，然后对其冲压成形，并在热冲压模具中以大于27℃/s的冷却速度进行保压淬火处理，以获得具有均匀马氏体组织、抗拉强度在1500MPa左右的超高强度零件的新型成形技术。热冲压成形具有以下优点：得到的是超高强度的车身零件；可以减小车身质量；提高车身强度及安全性能；改善了冲压成形性能；提高了零件尺寸精度；可以提高零件的焊接性能、表面硬度、抗凹性和耐蚀性；降低了冲压机的吨位要求。

热冲压模具设计作为热冲压成形工艺的核心技术，在热冲压过程中，板料的成形和冷却淬火都是在热冲压模具内完成的，因此，热冲压模具在满足零部件成形需要的同时，还要具有优异的冷却能力，从而保证零部件获得良好的尺寸精度和力学性能。因此，模具内部的冷却系统起着至关重要的作用。在冷却系统中，冷却水管道的布置包含：管道直径、与上型面距离、与侧型面距离、两管道间距。这些因素都会影响冷却效果的好坏，也会影响热冲压模具受到热应力和产生热变形大小及分布。热冲压模具作为一种新兴的热作模具，其不同于传统热作模具，需要承受的温度更高，交替热应力更大，更容易产生金属热疲劳裂纹甚至热疲劳失效问题。

2. 汽车冲压模具中的智能设备

（1）模具温度采集系统

冲压拉伸模具长时间运行，在拉伸过程中板料与模具发生相对运动产生热量，使模具表面温度升高，模具表面温度升高造成压料面及凸凹模间隙过小，板料在成形过程中阻力过大，造成制件在拉伸过程中出现开裂或缩颈等质量问题。

模具上加装模具温度采集系统，可以实现对模具表面温度的实时监控，如图3-15所示，分析生产过程中生产数量、冲程次数与模具表面温度的关系，对模具的间隙、压边圈压力进行最佳调整。

（2）模具电动平衡块

冲压生产过程中，通过人工增减平衡块下方钢质垫片的数量及厚度，使压料面间隙合理及压料力更均匀，冲压生产更稳定，如图3-16所示。目前这种人工操作的传统方式已不适应自动化、智能化工厂的发展要求。模具电动平衡块是一种

图3-15 模具表面温度采集

利用电驱动进行调节的模具平衡块，代替目前人工增减平衡块垫片厚度的方式，实现模具平衡块的高精度微量调节，如图3-17所示。

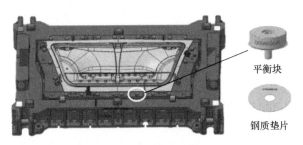

图3-16 传统平衡块的操作方式

图3-17 电动平衡块内部结构图

模具电动平衡块包含控制系统（图3-18）和机械结构两部分，其原理是：输入调整指令，控制器/PLC控制伺服电机驱动机械结构部分，使机械结构内部组件进行扩张/收敛运动，实现模具电动平衡块高度的增加/减少，如图3-19所示。

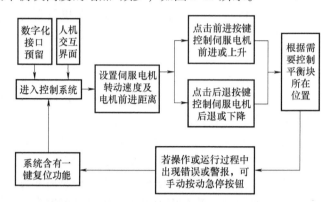

图3-18　模具电动平衡块控制系统工作流程图

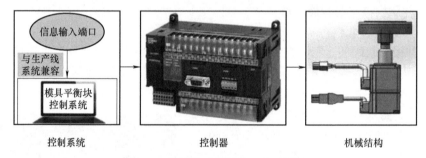

图3-19　模具电动平衡块工作过程图

实现功能：根据制件质量及其他因素（模具温度、板料性能、润滑以及收料线变化）对压料面间隙、压力实现实时调整，使间隙更合理、压力更均匀，实现压料面间隙的自动调节。

模具温度采集系统与模具电动平衡块结合使用，可以监控分析模具关键部位温度变化，通过模具电动平衡块自动补偿压料面间隙，降低了废品率。

（3）模具氮气缸压力无线检测

现在冲压模具大量使用各种型号的氮气缸。氮气缸位于模具型腔内部，如果不拆解模具就无法完成氮气缸的点检工作，这样给模具维修点检工作带来一定难度，浪费大量工时，而且点检氮气缸无专用工具，只能目视点检，存在一定误差。

模具氮气缸压力无线检测（图3-20和图3-21）是在氮气缸上安装无线压力传感器，无线压力传感器将氮气缸的压力信号传输至现场的显示器，显示器显示所有气压表的压力值，符合标准显示绿色，高于标准显示黄色，低于标准显示红色。模具

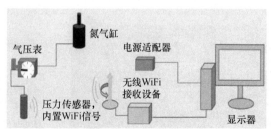

图3-20　模具氮气缸压力无线检测原理图

维修人员可以通过显示器直接判定哪些氮气缸压力存在问题，实现问题精准识别，快速维修。

（4）模具废料检测装置

模具自动化线生产需要废料排料通畅，废料单片滑入废料收集线或掉入废料收集盒中。当发生废料排料卡料时（图 3-22），由于单台机床的模具废料清理工作，会导致整条生产线被迫中断，严重影响生产率。废料排料不畅问题已成为影响模具自动化线生产率的重要部分，甚至成为部分手工线生产转为自动化线生产时要解决的首要问题。如果清理不及时，部分废料可能堆积在刃口或者堵塞废料通道，而造成模具刀刃压坏或其他自动化设备零件损坏，导致生产、安全、质量等事故的发生。

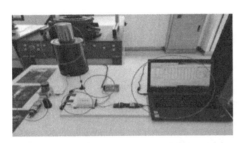

图 3-21　模具氮气缸压力无线检测简易连接图

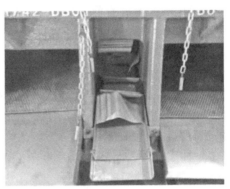

图 3-22　模具中废料排料卡料

模具废料检测装置能够减少因废料未及时排出带来的制件质量、模具或自动化设备损坏等问题，进而减少因设备、模具损坏带来的停台问题，如图 3-23 所示。

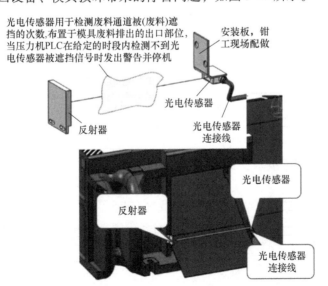

图 3-23　模具废料检测装置

（5）模具到位检测传感器

模具活动机构是否归位，板料是否投放到位，可以通过在模具上布置到位检测传感器，对模具冲压过程进行实时监控，避免造成模具事故。

3.4.2 冲压工艺的发展趋势

1. 向机械化、自动化发展

现代汽车冲压生产日益呈现生产规模化，多车型共线生产，车身覆盖件大型化、一体化的特征。传统的加工单一品种的刚性生产线显然已不适应这种特征和市场形势发展的要求。现代汽车工业生产的要求促进了冲压工艺不断向柔性化和自动化发展。同时，冲压成形技术正在向着高精度、多功能、节能减排、安全可靠及清洁生产的方向发展。

（1）冲压机械化和自动化的发展趋势

冲压生产大量采用卷料、带料，实现卷料开卷、校平、剪切或落料、堆垛；车身大型覆盖件生产线采用机械化或自动化生产，工序间配置机器人、机械手或横杆式传输装置；采用级进模生产中小冲压件；选用多工位压力机等。

（2）向机械化和自动化发展的主要特征

1）固定在单机和生产线上的零件品种少，生产批量大，是实现机械化和自动化的重要条件。生产纲领越大，固定的零件品种越少，机械化和自动化器械越少，更换品种的辅助时间越少，设备开动率越高。

2）冲压件工艺性好是实现机械化和自动化的有利条件。多数大量生产的车身覆盖件，形状趋于简化、拉深深度趋于浅拉深，从而简化工艺流程，减少自动化难度。

3）大型自动化冲压生产线与大型多工位压力机是当今大型冲压装备自动化技术发展的两大趋势。

2. 向伺服压力机冲压工艺发展

近年来，随着交流伺服电动机驱动成形装备技术的发展，出现了滑块运动曲线可调的各种交流伺服驱动压力机，使得压力机的工作性能和工艺适用性大大提高，设备朝着柔性化、智能化的方向发展，适应了快速冲压自动化生产线的需要。

大型伺服压力机将伺服电动机技术和CNC控制与压力机相结合，可以取消压力机的飞轮和制动器，可以根据冲压对象任意设置压力机滑块运行模式，采用伺服压力垫代替传统气垫，在生产率、成形性能、精度和设备稳定性等方面，远远超过原来的普通压力机，还具有节能、噪声低等特点。伺服压力机可以实现滑块行程曲线的数字化控制，更加适应不同产品的冲压生产，是今后压力机发展的方向。

3. 向内高压成形工艺技术发展

（1）超高压成形

为了适应成形件更复杂的结构形状和更高的精度、更大的壁厚和更高的材料强度（超高强度钢、钛合金和高温合金等），液体内压需要更高，将发展到600MPa，甚至1000MPa。

（2）热态内压成形

高性能铝合金、镁合金等轻合金材料，在室温下塑性低，成形困难，采用加热加压介质成形异形截面零件，是内高压成形发展的一个重要方向。目前，以耐热油作为介质可以达到温度300℃、压力100MPa，完全能满足铝合金和镁合金管材成形的需要。热态内压成形的主要问题是成形时间长、效率低。钛合金需要在温度600℃以上成形，目前的耐热油达不到这个温度，采用气体作为高温高压成形介质是一个很好的解决方案。

（3）超高强度钢成形

随着汽车对结构轻量化需求的进一步提高，车体上使用的钢材强度越来越高，材料塑性降低，例如，钢材的屈服强度由 250MPa 提高到 1000MPa，伸长率由 45% 降低到 12%。材料塑性降低导致开裂倾向严重，成形难度增大，需要对弯曲、预成形、内高压成形工艺、壁厚分布和润滑等进行深入研究。

（4）新成形工艺不断发展

拼焊管内高压成形，将不同厚度或不同材质的管材焊接成整体，然后再用内高压成形加工出结构件，可以进一步减轻结构质量。可以采用两端直径不同的锥形管，制造特殊结构零件，如轿车碰撞时吸收能量的结构；可以采用双层管内高压成形制造轿车双层排气管件，可提高轿车尾气三元催化和净化效果；可以采用初始截面形状为非圆形的型材管作为一种预制坯成形出设计要求的零件；也可将内高压成形与连接等工艺复合，把几个管材或经过预成形的管材放在内高压成形模具内，通过成形和连接工艺复合加工为一个零件，可进一步减少零件数量和提高构件整体性。

4. 向多件生产工艺发展

冲压件多件拼合冲压可以提高冲压效率、提高材料利用率和降低模具调试难度。双模冲压，是将车身左右件的两套模具安排在同一台压力机上进行冲压生产，比左右拼合一套模具冲压具有优势。四件同时冲压，是指在一次冲压工序中使用一模四件的冲压模具，可同时生产四件门外板。

"十四五"规划指出，要通过结构性调整和技术改造，提升传统产业技术能力，使发展重心转向高附加值的产业领域或产业链环节。作为传统汽车生产工艺的重要组成部分，冲压工艺向高精度、多功能、节能减排、安全可靠方向发展，不仅有利于增强汽车制造企业的市场竞争力，夯实工业实体经济，也会进一步加速我国迈向汽车强国之路的进程。

 思考题 3

1. 什么是塑性、塑性变形及变形抗力？

2. 塑性是金属固定不变的性能吗？变形条件可以改变塑性吗？

3. 什么是条件应力和条件应变？什么是真实应力和真实应变？它们之间有什么差别？

4. 什么是平均应力（静水压力）？它对塑性的影响规律是什么？

5. 什么是金属塑性变形时的体积不变定律？试写出其表达式。

6. 试画出金属塑性变形时各种可能出现的应力状态图、应变状态图。

7. 金属的屈服准则或塑性条件有哪两个？举例说明两者在什么情况下会一致，在什么情况下差别最大。

8. 试写出塑性变形时应力与应变的关系式。

9. 什么是金属的加工硬化现象？在冲压工艺中，加工硬化总是一个不利的因素吗？

10. 真实应力-应变曲线与条件应力-应变曲线，哪个更能真实反映变形材料的加工硬化现象？为什么？

拓展阅读3

新中国第一辆汽车——解放牌载货汽车

1956年7月13日，新中国第一辆汽车——解放牌载货汽车在吉林省长春市中国第一汽车制造厂（一汽集团前身）下线，这是新中国汽车工业甚至机械工业的一个重大里程碑，结束了我国不能制造汽车的历史。这款型号为CA10的载货汽车生产了30余年，于是解放牌汽车成为国人心中的国产汽车鼻祖。

新中国成立之初，百废待兴，发展工业成为重要任务。当时，在我国的公路上，行驶着130多种不同牌号的汽车，但是没有一种是我国制造的。中国人何时能开上自己制造的汽车，一度成为时代之问。1949年12月，毛主席启程前往莫斯科，在访苏期间参观了斯大林汽车厂，当看到一辆接一辆的汽车驶下装配线时，当即决定新中国也要有这样的汽车工厂。在与斯大林会谈两个月后，中苏两国政府签下了《中苏友好同盟互助条约》，同时商定由苏联援助中国建设第一个载货汽车厂。经过精心筹划，1951年1月3日，中央财经委员会批准在吉林省长春市建厂。1953年6月，毛主席签发《中共中央关于力争三年建设长春汽车厂的指示》，同时，建设新中国第一汽车制造厂被列入第一个五年计划中。1953年7月15日，第一汽车制造厂（以下简称一汽）奠基典礼举行，毛主席题词"第一汽车制造厂奠基纪念"。奠基仪式后，一汽工程正式上马，一场规模空前宏大的建设工程迅速展开。

为了建设一汽，全国人民给予了大力支持，不仅把最先进的机械设备、最优质的木材石料、无数的专家人才、学生志愿者汇集到了这里，有的人还自发捐款邮寄给一汽筹建工作组。在建厂时期，全国各地为一汽输送了大量干部和技术工人，培训了大批青年工人。以建筑五师、机电安装公司为代表的两万多名建设队伍，成为一汽建设工地的主力军。

为生产出新中国第一辆汽车，由一汽技术人员自制的汽车零部件有2335种，各种工装、非标图样达10多万张，描图员就有100多人。就是靠着工人们你追我赶不服输的干劲儿，1956年7月13日，在一汽建厂3周年的前两天，由中国人自己制造、被毛主席命名为"解放"牌的第一辆汽车——CA10型解放牌载货汽车终于驶下了装配线。C指的是中国，也是长春的首字母，而A代表第一的含义。

解放牌载货汽车是以苏联生产的吉斯-150型汽车为范本，根据我国实际情况改进部分结构后设计和制造出来的。初期的解放牌汽车有CA10、CA10B、CA10C等型号，为后桥驱动，6缸直列水冷四冲程汽油发动机，最大功率70kW，载重量为4t，可拖带4.5t重挂车，最高车速75km/h，每百千米耗油29L。以后又生产改进的CA15型（包括CA15K，CA15J等），外形与CA10相似，载重量为5t，发动机功率85kW，最高车速80km/h。

这种汽车具有发动机开动后均匀性好、制动系统安全可靠、结构坚固、使用寿命长等特点，更适应我国大规模建设和原材料、燃料供应情况及公路、桥梁负荷等条件。还可以根据需要把它改装成为各种用途的汽车，如公共汽车、加油汽车、运水汽车、倾卸汽车、起重汽车、工程汽车、冷藏汽车和闭式车厢载货汽车等。解放牌汽车在投产后的几年里，一汽广泛调查该车型在北方极寒及南方潮湿条件下的使用情况，并着手改进产品设计，解决了如改善驾驶室的通风和转向沉重等问题。过去，奔驰在华夏大地上的国产汽车，每两辆就有一辆是解放牌。解放牌汽车跑遍了全国，甚至登上了号称"世界屋脊"的青藏高原。

　　解放牌汽车的诞生，结束了我国不能自己制造汽车的历史，也初步奠定了我国汽车工业的基础。解放牌汽车问世后，迅速成为我国城乡交通和公路运输的主力军。从第一代汽车到1986年停产，解放牌汽车创造了1281502辆产量的历史，几乎占据当时全国汽车产量的一半。

　　自诞生之日起，解放牌汽车自主创新的脚步就从未停止，相继荣获包括国家科技进步奖一等奖在内的多项荣誉，走出了一条替代进口的"智造"之路。截至2018年底，解放牌汽车经历了七代更迭，产量突破了700万辆。解放品牌是中国共产党领导人民缔造的民族品牌，是新中国一路走来的亲历者、建设者、见证者。

第 **4** 章

冲裁工艺

扫码观看　冲裁工艺

　　冲裁工艺是利用模具使板料沿着一定轮廓形状产生分离的一种冲压工序。它包括冲孔、落料、修边、切口等冲压工序。冲裁既可以直接冲制出成品零件，也可为其他成形工序准备坯料或在已成形的零件上进行修边、切口和冲孔等工作。冲孔主要是指落料和冲孔工序。从板料上冲下所需的零件或毛坯称为落料（图 4-1a），在工件上冲出所需形状的孔称为冲孔（图 4-1b）。图 4-1c 所示为冲裁流程。在冲裁工艺中，按材料分离形式分类，冲裁可分为普通冲裁和精密冲裁。以裂纹破坏形式实现分离称为普通冲裁，以塑性变形方式实现分离称为精密冲裁。在汽车车身冲压成形中，一般为普通冲裁。

　　本章将介绍冲裁的变形过程、冲裁间隙、冲裁模刃口尺寸、冲裁力、冲裁件的工艺设计以及冲裁模具等内容。

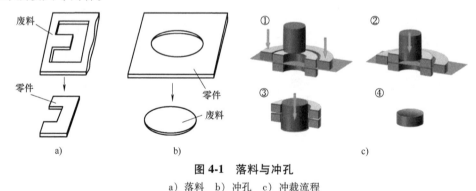

图 4-1　落料与冲孔

a）落料　b）冲孔　c）冲裁流程

④.1　冲裁的变形过程

4.1.1　冲裁分离过程

1. 分离过程

（1）弹性变形阶段

由于凸模加压于板料，使板料产生弹性压缩、弯曲和拉伸等变形，板料底部相应部分材料略挤入凹模洞口内。此时,凸模下的板料略有下弯,凹模上的板料略有上翘。间隙越大,下弯和上翘越严重。在这一阶段中,板料内部的应力没有超过弹性极限,当凸模卸载后,板料立即恢复原状。

(2) 塑性变形阶段

当凸模继续压入,板料内的应力达到屈服极限时,板料开始产生塑性剪切变形。凸模切入板料并将下部板料挤入凹模孔内,形成光亮的剪切断面。同时因凸模、凹模间存在间隙,伴随着弯曲和拉伸变形。随着凸模的继续压入,板料的变形程度不断增加,同时硬化加剧,变形抗力也不断上升,最后在凸模和凹模的刃口附近达到极限应变与应力值时,板料就产生上下微小裂纹。

(3) 断裂分离阶段

凸模继续对板料施压,上下微裂纹沿最大剪应变方向向材料内分别延伸,若间隙设计合理,则上下裂纹相遇重合,板料分离。由于开裂,断面上形成一个粗糙的区域。当凸模再下行时,凸模将冲落部分全部挤入凹模洞口,冲裁过程到此结束。冲裁变形过程见表 4-1。

表 4-1 冲裁变形过程

变形阶段	简图	板料应力状态
弹性变形	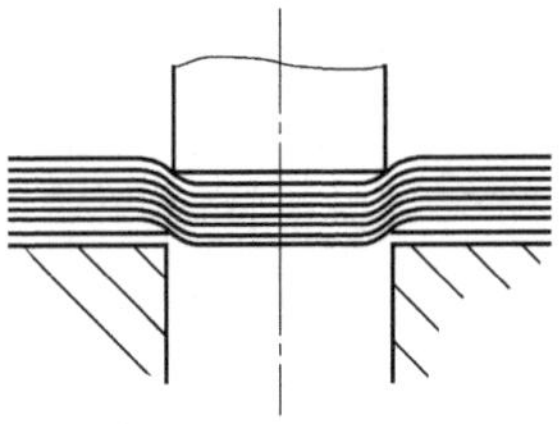	板料内应力未超过屈服极限
塑性变形	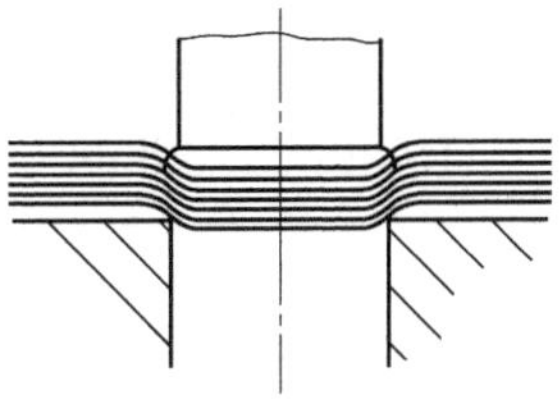	应力达到屈服极限,加压超过抗剪强度,微裂
裂纹延伸	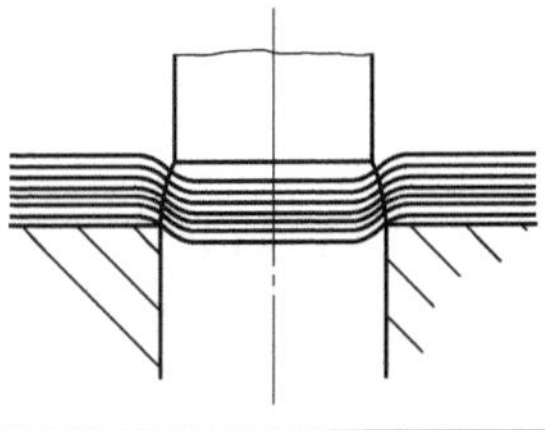	裂纹延伸
断裂	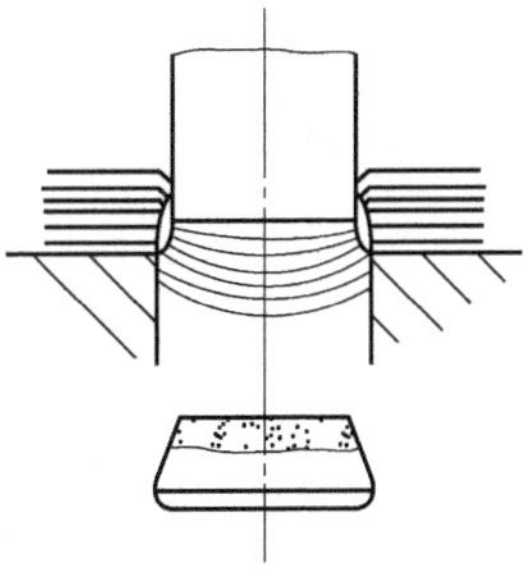	刃口处的裂纹不断向板料内部扩展,直至拉断分离

2. 冲裁力变化分析

图 4-2 所示为冲裁时冲裁力与凸模行程曲线。图中 *AB* 段是冲裁的弹性变形阶段，凸模接触材料后，载荷急剧上升。一旦凸模刃口挤入材料，即进入塑性变形阶段后，载荷的上升斜率就逐渐变小，如 *BC* 段所示。由于凸模挤入材料使承受冲裁力的材料受剪面积减小，但材料加工硬化的影响大于受剪面积减小的影响，冲裁力值仍继续上升，当两者影响达到相等的瞬间，冲裁力达最大值，即图中的 *C* 点。此后，由于受剪面积减小的影响超过了加工硬化的影响，冲裁力下降。凸模继续下压，材料内部的微裂纹迅速扩张，冲裁力急剧下降，如 *CD* 段所示，此为冲裁的断裂阶段。

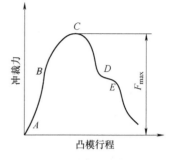

图 4-2 冲裁力与凸模行程曲线

4.1.2 冲裁件断面特征

由于冲裁分离的特点，冲裁出的工件断面明显地分为圆角带、光亮带、断裂带和毛刺，如图 4-3 所示。

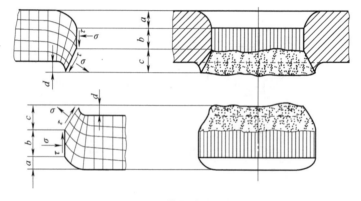

图 4-3 冲裁件的断面特征

a—圆角带　*b*—光亮带　*c*—断裂带　*d*—毛刺

1. 圆角带

圆角带的形成是凸模刃口压入板料时，刃口附近的材料产生弯曲和伸长变形，材料被带进模具间隙的结果。一般软材料比硬材料的圆角带大。影响圆角带大小的因素除材料外，还有工件轮廓形状以及凸模、凹模间隙等。

2. 光亮带

光亮带发生在塑性变形阶段，当刃口切入金属板料后，板料与模具侧面挤压而形成光亮垂直断面。通常光亮带占整个断面的 1/3，塑性好的材料光亮带大。光亮带的大小与凸模、凹模间隙及模具刃口的磨损程度等加工条件有关。

3. 断裂带

断裂带在断裂阶段形成，是由于刃口处产生的微裂纹在拉应力的作用下不断扩展而形成的撕裂面，其断面粗糙，具有金属本色，且带有斜度。塑性差的材料断裂带大。

4. 毛刺

毛刺的形成是由于塑性变形后期，凸模和凹模的刃口切入被加工的板料一定深度时，刃口正面材料被压缩，刃尖呈高静水压应力状态，使微裂纹的起点不会在刃尖处发生，而是在模具侧面距刃尖不远的地方发生。在拉应力的作用下，裂纹加长，材料断裂而产生毛刺。在普通冲裁中毛刺是不可避免的。

4.1.3 影响冲裁件断面质量的因素

1. 材料性能

塑性较好的材料，冲裁时出现裂纹的时刻较迟，材料剪切的深度较大，所以得到的光亮带所占比例大，圆角大，断裂带较窄。塑性差的材料，当剪切开始不久材料便被拉裂，光亮带所占比例小，圆角小，而且大部分是有斜度的粗糙断裂带。

2. 凸模、凹模间隙

当间隙合适时，上下出现的裂纹相互重合，故断面光洁，略带斜度，如图 4-4b 所示；当间隙过小时，上下两面裂纹不重合，隔着一定的距离，相互平行，最后在其间形成毛刺和层片，并产生两个光亮带，如图 4-4a 所示；当间隙过大时，对于薄料会使材料拉入间隙中，形成拉长的毛刺，对于厚料会形成塌角，如图 4-4c 所示；当间隙分布不均时，小的一边形成光亮带，大的一边形成很大的塌角。

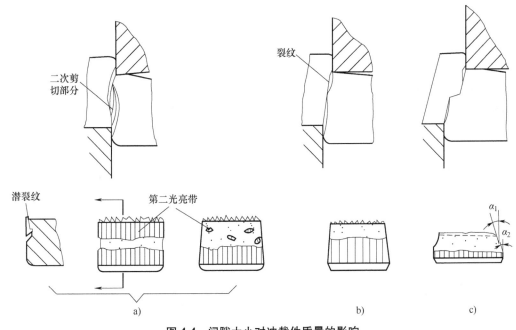

图 4-4　间隙大小对冲裁件质量的影响

a）间隙过小　b）间隙合适　c）间隙过大

3. 模具刃口状态

刃口状态对冲裁过程中的应力状态有较大影响。当模具刃口磨损成圆角时，挤压作用增大，则冲裁件圆角带和光亮带增大。钝的刃口，即使间隙选择合理，在冲裁件上也将产生较大毛刺。凸模钝时，落料件产生毛刺；凹模钝时，冲孔件产生毛刺。

4.2 冲裁间隙

冲裁间隙是凸模、凹模刃口工作部分尺寸之差，Z 表示双面间隙，C 表示单面间隙。冲裁间隙是保证合理冲裁过程中的重要工艺参数，它对冲裁件的断面质量、尺寸精度起着决定性的作用，对模具寿命、冲裁力、卸料力和顶件力等都有较大影响。

1. 对冲裁件质量的影响

若间隙合适，上下裂纹互相重合；若间隙过小，上下两面裂纹不重合；若间隙过大，对于薄料会形成拉长的毛刺，对于厚料会形成塌角；若间隙分布不均，则一边形成光亮带，一边形成塌角。

2. 对冲裁件尺寸的影响

间隙较小时，落料尺寸大于凹模尺寸，冲孔尺寸会小于凸模尺寸；间隙较大时，落料尺寸会小于凹模尺寸，冲孔尺寸会大于凸模尺寸。

3. 对冲模寿命的影响

冲裁时，板料对凸模和凹模刃口产生侧压力 N_1 和 N_2，如图 4-5 所示。

若间隙小，则侧压力加大，摩擦力 μN_1 和 μN_2 也增大，刃口磨损加剧，寿命下降；若间隙偏大，则坯料弯曲相应增大，刃口断面上的压力分布不均匀，容易崩刃或产生塑性变形，降低使用寿命。

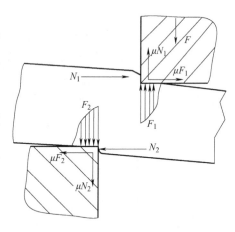

图 4-5　模具刃口受力状况

4. 对冲裁中各种力的影响

间隙增大时，冲裁力有一定程度的减小，卸料力和推料力也随之减小；反之，间隙减小时，各种力均随之增大。

4.3 冲裁模刃口尺寸

4.3.1 刃口尺寸确定的原则

1）明确设计基准。落料时，落料件的尺寸是由凹模决定的，因此应以落料凹模为设计基准。冲孔时的最小尺寸是由凸模决定的，因此应以冲孔凸模为设计基准。

2）凸模、凹模之间应保证有合理间隙。对于落料件，凹模是设计基准，间隙应通过减小凸模尺寸来取得。对于冲孔件，凸模是设计基准，间隙应通过增大凹模尺寸取得。

3）考虑磨损规律。凹模磨损后会增大落料件的尺寸，凸模磨损后会减小冲孔件的尺寸。为了提高模具使用寿命，在制造新模具时应把凹模尺寸做得趋于落料件的下极限尺寸，把凸模尺寸做得趋于冲孔件的上极限尺寸。由于间隙在模具磨损后会增大，所以在设计凸

模、凹模时均取最小合理间隙 Z_{min}。

4）凸模、凹模的制造公差应与冲裁件的尺寸精度相适应。

5）刃口尺寸确定要考虑模具制造方法。

4.3.2 刃口尺寸的计算

1. 凸模、凹模分别加工法

凸模、凹模分别加工，是指分别规定凸模、凹模的尺寸和公差，分别进行制造，由凸模和凹模的尺寸和制造公差来保证间隙要求。

这种加工方法必须把模具的制造公差控制在间隙的变动范围内，使模具制造难度增加。

它主要用于冲裁件形状简单、间隙较大、精度较低的模具或用线切割等精密设备加工凸模、凹模的模具。分别加工的凸模、凹模具有互换性，制造周期短，便于成批制造。

对落料模而言，先确定凹模尺寸。根据落料尺寸＝凹模尺寸，考虑凹模磨损后尺寸变大，落料凹模刃口尺寸取工件下极限尺寸（图 4-6a）：

$$D_{凹} = (D_{max} - x\Delta)_0^{+\delta_{凹}} \tag{4-1}$$

然后确定凹模尺寸。因间隙在模具磨损后会增大，凸模尺寸的确定要保证与凹模尺寸之间间隙最小：

$$D_{凸} = (D_{凹} - Z_{min})_{-\delta_{凹}}^0 = (D_{max} - x\Delta - Z_{min})_{-\delta_{凸}}^0 \tag{4-2}$$

对冲孔模而言，根据冲孔尺寸＝凸模尺寸及凸模磨损后尺寸变小，冲孔刃口尺寸取工件上极限尺寸（图 4-6b）：

$$d_{凸} = (d_{min} + x\Delta)_{-\delta_{凸}}^0 \tag{4-3}$$

$$d_{凹} = (d_{凸} + Z_{min})_0^{+\delta_{凹}} = (d_{min} + x\Delta + Z_{min})_0^{+\delta_{凸}} \tag{4-4}$$

式中　$D_{凸}$、$D_{凹}$——落料凸模、凹模的刃口尺寸；

　　　$d_{凸}$、$d_{凹}$——冲孔凸模、凹模的刃口尺寸；

　　　　D_{max}——落料件的上极限尺寸；

　　　　d_{min}——冲孔件的下极限尺寸；

　　　　Δ——冲裁件公差；

　$\delta_{凹}$、$\delta_{凸}$——凹模、凸模的制造公差；

　　　　x——磨损系数，其值在 0.5～1 之间，与冲裁件精度有关。当制件公差为 IT10 以下，取 $x=1$；当制件公差为 IT11～IT13，取 $x=0.75$；当制件公差为 IT14，取 $x=0.5$。

2. 凹模、凸模配合加工法

所谓凹模、凸模配合加工，即用凸模和凹模相互匹配的方法来保证合理间隙。加工后，凸模和凹模必须对号入座，不能互换。通常，落料件选择凹模为基准，即先加工凹模，然后在保证间隙 Z_{max}～Z_{min} 的基础上，加工凸模。这种方法多用于冲裁件形状复杂、间隙较小的模具，不仅容易保证凸模、凹模很小的间隙，还可以放大基准件的制造公差，使制造容易，降低模具制造成本。

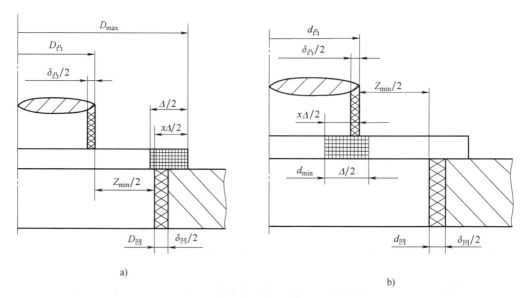

a)

b)

图 4-6　凸模、凹模刃口尺寸的确定

a）落料　b）冲孔

 **冲裁力**

4.4.1　冲裁力的计算

冲裁力是指在冲裁中为使材料分离所需的最大冲压力。

计算冲裁力是为了合理地选用压力机和设计模具。压力机的公称压力必须大于所计算的冲裁力，以适应冲裁的要求。

一般使用平刃口模具冲裁时，其冲裁力 $F_{\text{平}}$ 可按下式计算：

$$F_{\text{平}} = KA\tau = KLt\tau \tag{4-5}$$

式中　A——剪切断面面积，单位为 mm^2；

　　　L——冲裁件周长，单位为 mm；

　　　τ——材料抗剪强度，单位为 MPa；

　　　t——材料厚度，单位为 mm。

系数 K 是考虑到冲裁模间隙的波动和不均匀、刃口的钝化、板料的厚度及力学性能的波动等因素而给出的一个修正系数，一般可取 $K = 1.3$。对于钢板而言，一般 $\tau = 0.8R_{\text{m}}$（R_{m} 为材料的抗拉强度），因此冲裁力公式可简化为 $F_{\text{平}} = LtR_{\text{m}}$。

4.4.2　降低冲裁力的措施

1. 加热冲裁

把材料加热后冲裁，可以大大降低其抗剪强度。将材料加热到 700~900℃，冲裁力只有常温时的 1/3 甚至更小。

加热冲裁的优点是冲裁力降低显著。缺点是断面质量较差（圆角大、有毛刺），精度低，冲裁件上会产生氧化皮，加热冲裁时劳动条件也差，只用于精度要求不高的厚料冲裁。

2. 斜刃冲裁

用普通的平刃口模具冲裁时，其整个刃口平面都同时接触板料，故在冲裁大型零件或厚板料时，冲裁力很大。而采用斜刃冲裁，由于凸模或凹模刃口做成斜的，整个刃口与冲裁件周边不是同时接触，而是逐步切入，所以冲裁力可以减小，如图 4-7 所示。为了获得平整的冲裁件，落料时应将斜刃做在凹模上，冲孔时应将斜刃做在凸模上。

刃口倾斜程度 H 越大，冲裁力越小，但凸模需进入凹模越深，板料的弯曲较严重，所以一般 H 取值为：$t<3mm$ 时，$H=2t$；$t=3\sim10mm$ 时，$H=t$。

斜刃冲裁时，冲裁力 $F_{斜}$ 按下式计算：

$$F_{斜}=K_{斜}\,F_{平}=K_{斜}\,LtR_{m} \tag{4-6}$$

式中 $K_{斜}$——降低冲裁力系数。当 $H=t$ 时，$K_{斜}=0.4\sim0.6$；当 $H=2t$ 时，$K_{斜}=0.2\sim0.4$。

斜刃冲裁的优点是压力机能在柔和条件下工作，当冲裁件很大时，降低冲裁力很显著。缺点是模具制造难度提高，刃口修磨困难，有些情况模具刃口形状还要修正。冲裁时，废料的弯曲在一定的程度上总是影响冲裁件的弯曲，这一点在冲裁厚料时更严重。因此，它适用于形状简单、精度要求不高、料不太厚的大件冲裁，在汽车等大型覆盖件的落料中应用较多。

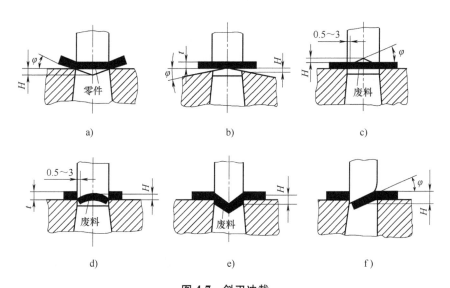

图 4-7 斜刃冲裁

a)、b) 落料凹模为斜刃 c)、d)、e) 冲孔凸模为斜刃
f) 用于切口或切断的单边斜刃

3. 阶梯冲裁

在多凸模的冲模中，将凸模做成不同高度，采用阶梯布置，可使各凸模冲裁力的最大值不同时出现，从而降低冲裁力，如图 4-8 所示。

各凸模间的高度相差量与板料厚度有关。对于薄料，取 $H=t$；对于厚料（$t>3mm$），取

$H=0.5t$。各层凸模的布置要尽量对称,使模具受力平衡。

阶梯冲裁不但可以降低冲裁力,还能适当减少振动,不影响工件精度,可避免与大凸模相距甚近的小凸模的倾斜或折断(当所有凸模等高时,与大凸模接近的小凸模在冲孔时受大凸模冲裁所引起的材料流动的影响,极易发生倾斜或折断)。其缺点是修磨刃口较麻烦。阶梯冲裁主要用于多个凸模且其位置又较对称的模具。

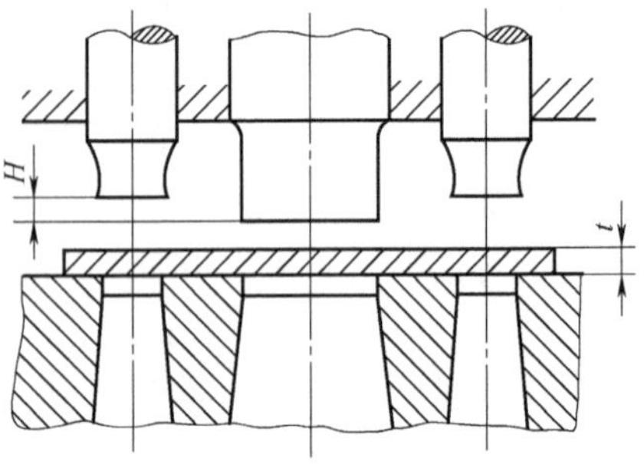

4.4.3　卸料力、推件力和顶件力

冲裁时材料在分离前存在弹性变形,在一般冲裁条件下,冲裁后材料的弹性恢复,使落料或冲孔废料梗塞在凹模内,而板料则紧箍在凸模上。为了使冲裁工作继续进行,必须将紧箍在凸模上的板料卸下,将梗塞在凹模内的工件或废料向下推出或向上顶出。从凸模上卸下板料所需的力称为卸料力 $F_{卸}$;从凹模内向下推出工件或废料所需的力称为推件力 $F_{推}$;从凹模内向上顶出工件或废料所需的力称为顶件力 $F_{顶}$。

$F_{卸}$、$F_{推}$ 和 $F_{顶}$ 与冲裁件轮廓的形状、冲裁间隙、材料种类、材料厚度、润滑情况,以及凹模洞口形状等因素有关。在实际冲压生产中常用经验公式计算:

$$\begin{cases} F_{卸}=K_{卸}\,F_{平} \\ F_{推}=nK_{推}\,F_{平} \\ F_{顶}=K_{顶}\,F_{平} \end{cases} \tag{4-7}$$

式中　$K_{卸}$——卸料力系数;

$\quad\quad K_{推}$——推件力系数;

$\quad\quad F_{顶}$——顶件力系数;

$\quad\quad n$——梗塞在凹模内的冲裁件数($n=h/t$,其中 h 为凹模直壁洞口的高度)。

图 4-9 所示为卸料力 $F_{卸}$、推件力 $F_{推}$ 和顶件力 $F_{顶}$ 在冲裁过程中的示意图。

4.4.4　压力机所需总冲压力的计算

在计算冲裁时所需要的总冲压力时,应根据模具结构的具体情况考虑 $F_{卸}$、$F_{推}$ 和 $F_{顶}$ 的影响。

采用弹性卸料装置和下出件模具时:

$$F_{总}=F_{平}(F_{斜})+F_{卸}+F_{推} \tag{4-8}$$

采用弹性卸料装置和上出件模具时:

$$F_{总}=F_{平}(F_{斜})+F_{卸}+F_{顶} \tag{4-9}$$

采用刚性卸料装置和下出件模具时:

$$F_{总}=F_{平}(F_{斜})+F_{推} \tag{4-10}$$

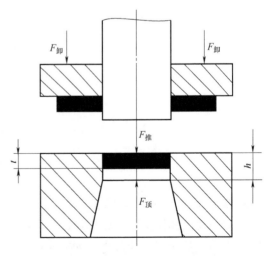

图 4-8　阶梯冲裁

图 4-9　卸料力、推件力和顶件力

4.5 冲裁件的工艺设计

4.5.1 冲裁件的工艺分析

冲裁件的工艺性是指冲裁件对冲裁工艺的适应性，即冲裁件的形状结构、尺寸大小及偏差是否符合冲裁加工的工艺要求。冲裁件的工艺性是否合理，对冲裁件的质量、模具寿命和生产率有很大影响。

1. 冲裁件的形状

冲裁件的形状应尽可能简单、对称，排样废料少。在许可的情况下，把冲裁件设计成少废料、无废料排样的形状。如图 4-10a 所示的冲裁件，若设计成图 4-10b 所示形状，便可采用无废料排样，使材料利用率提高，从而降低了工件成本。因此，改进后的冲裁件的工艺性比原工件的工艺性好。

2. 冲裁件的圆角

除在少废料、无废料排样或采用镶拼模结构时允许工件有尖锐的清角外，冲裁件的外形或内孔的交角处，应避免尖锐的清角，其交角处应用适当的圆角相连，如图 4-11 所示。不同零件、不同材料条件下，冲裁件最小圆角半径见表 4-2。

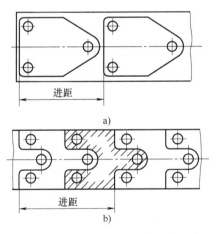

图 4-10 冲裁件形状对工艺性的影响

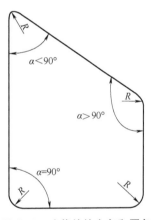

图 4-11 冲裁件的交角和圆角

表 4-2 冲裁件最小圆角半径 *R* （单位：mm）

零件种类			黄铜、铝	合金钢	低碳钢	备注
落料	交角	≥90°	0.18δ	0.35δ	0.25δ	≥0.25
		<90°	0.35δ	0.70δ	0.50δ	≥0.50
冲孔		≥90°	0.20δ	0.45δ	0.30δ	≥0.30
		<90°	0.40δ	0.90δ	0.60δ	≥0.60

注：δ 表示板厚。

3. 冲裁件切口或切槽的宽度和深度

冲裁件切口或切槽的宽度不能太小，应避免有过窄的切槽，如图4-12所示，否则会降低模具寿命和工件质量。一般情况下，$B>1.5\delta$；当工件材料为黄铜、铝、低碳钢时，$B\geqslant1.5\delta$；当工件材料为高碳钢时，$B\geqslant1.9\delta$；当材料厚度 $\delta<1mm$ 时，按 $\delta=1mm$ 计算，切口宽与切槽长的关系为 $L\leqslant5B$。

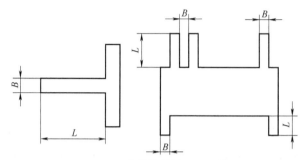

图4-12 冲裁件的切口和切槽

4. 冲裁件的孔径

冲裁件的孔径太小时，凸模易折断或压弯。冲孔的最小尺寸取决于材料的力学性能以及凸模强度和模具结构。用无保护套凸模冲孔的最小尺寸可参考表4-3。

冲小孔的凸模如果采用保护套，凸模则不易损坏，使稳定性提高，最小冲孔尺寸可以减小，参考表4-4。

表4-3 用无保护套凸模冲孔的最小尺寸

材料	圆孔直径 d	方孔宽 b	长方孔宽 b	长圆孔宽 b
钢 $\tau>685MPa$	$d\geqslant1.5\delta$	$b\geqslant1.35\delta$	$b\geqslant1.2\delta$	$b\geqslant1.1\delta$
钢 $\tau\approx390\sim685MPa$	$d\geqslant1.3\delta$	$b\geqslant2.2\delta$	$b\geqslant1.0\delta$	$b\geqslant0.9\delta$
铜 $\tau\approx390MPa$	$d\geqslant1.0\delta$	$b\geqslant0.9\delta$	$b\geqslant0.8\delta$	$b\geqslant0.7\delta$
黄铜、铜	$d\geqslant0.9\delta$	$b\geqslant0.8\delta$	$b\geqslant0.7\delta$	$b\geqslant0.6\delta$
铝、锌	$d\geqslant0.8\delta$	$b\geqslant0.7\delta$	$b\geqslant0.6\delta$	$b\geqslant0.5\delta$

注：δ 表示板厚度。

表4-4 带保护套凸模冲孔的最小尺寸

材料	圆孔直径 d	长方孔宽 b
高碳钢	$d=0.5\delta$	$b=0.4\delta$
低碳钢及黄铜	$d=0.35\delta$	$b=0.3\delta$
铝、锌	$d=0.3\delta$	$b=0.28\delta$

注：δ 表示板厚度。

5. 冲裁件孔与边之间的距离

冲裁件上孔与孔、孔与边缘之间的距离不应过小，否则会产生孔与孔之间材料的扭曲，或使边缘材料变形，如图4-13所示。复合冲裁时，因模壁过薄而容易破损；分别冲裁时，也会因材料被拉入凹模而影响模具寿命。特别是冲裁小孔距的孔时，经常会发生凸模弯曲变形而卡住模具的现象。

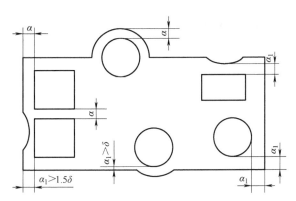

图 4-13 冲裁件的孔边距

6. 冲裁件的尺寸标注

冲裁件尺寸的基准应尽可能与制造及制模时的定位基准重合，并选择在冲裁过程中不产生变形的面或线上。图 4-14a 所示尺寸的标注不合理，因为模具磨损，要求尺寸 B 和 C 都必须有较大的公差，并造成孔心距不稳定，改用图 4-14b 所示的标注方法就比较合理，这样孔心距不受模具磨损的影响。

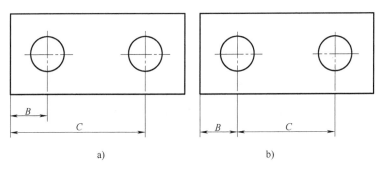

a)   b)

图 4-14 冲裁件的尺寸标注

a）不合理 b）合理

7. 冲裁件孔中心与边缘距离的尺寸极限偏差及两孔中心距极限偏差

冲裁件孔中心与边缘距离的尺寸极限偏差及两孔中心距极限偏差见表 4-5 和表 4-6。

表 4-5　孔中心与边缘距离的尺寸极限偏差　　　　（单位：mm）

材料厚度 δ	孔中心与边缘距离的尺寸			
	≤50	50~120	120~220	220~360
≤2	±0.5	±0.6	±0.7	±0.8
>2~4	±0.6	±0.7	±0.8	±1.0
>4	±0.7	±0.8	±1.0	±1.2

注：本表适用于先落料再进行冲孔的情况。

表 4-6 冲裁件两孔中心距极限偏差　　　　　（单位：mm）

材料厚度 δ	普通冲孔极限偏差			高级冲孔极限偏差		
	孔距公称尺寸					
	≤50	50~150	150~300	≤50	50~150	150~300
≤1	±0.1	±0.15	±0.2	±0.03	±0.05	±0.08
>1~2	±0.12	±0.2	±0.3	±0.04	±0.06	±0.1
≥2~4	±0.15	±0.25	±0.35	±0.06	±0.08	±0.12
≥4~6	±0.2	±0.3	±0.40	±0.08	±0.10	±0.15

注：表中所列孔距极限偏差，适用于两孔同时冲出的情况。

4.5.2 冲裁工艺方案的确定

1. 冲裁工序的组合

冲裁可分为单工序冲裁、复合冲裁和连续冲裁。组合的冲裁工序比单工序冲裁生产率高，加工精度高。组合冲裁方式由下列因素确定：

（1）生产批量

一般来说，小批量生产或试制采用单工序冲裁，中批量和大批量生产采用复合冲裁或连续冲裁。

（2）工件位置精度

复合冲裁所得到的工件位置精度较高，因为它避免了多次冲压的顶位误差，并且在冲裁过程中可以进行压料，所以工件比较平整。连续冲裁所得到的工件位置精度较复合冲裁低。

（3）对工件尺寸及形状的适应性

工件的尺寸较小，考虑到单工序上料不方便和生产率低，常用复合冲裁或连续冲裁。对于尺寸中等的工件，由于制造多副单工序模的费用比复合模昂贵，所以只宜用复合模冲裁。因连续冲裁可冲裁的材料厚度比复合冲裁时要大，而且连续冲裁受压力机工作台面尺寸与工序数的限制，冲裁工件尺寸不宜过大，所以连续冲裁可以加工形状复杂、宽度很小的异形工件，如图 4-15 所示。

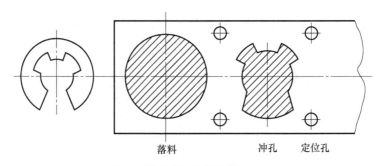

落料　　　　冲孔　定位孔

图 4-15 连续冲裁

（4）模具制造、安装调整和成本

对于形状复杂的工件，采用复合冲裁好于连续冲裁。因为复合冲裁的模具制造、安装和调整较容易，成本较低。

（5）操作方便性及安全性方面

复合冲裁的出件和清除废料较困难，工作安全性较差，连续冲裁较安全。

对于一个工件，可以得出多种工艺方案，但必须对这些方案进行比较。在满足工件质量与生产率要求的前提下，选取模具制造成本低、寿命长、操作方便及安全的工艺方案。

2. 冲裁顺序的安排

连续冲裁的顺序安排如下：

1）先冲孔或切口，最后落料或切断，将工件与条料分离。这样首先冲出的孔可作为后续工序定位用的工艺孔。

2）采用定距侧刃时，定距侧刃切边工序应与首次冲孔同时进行，以便控制送料步距。采用两个定距侧刃时，可以安排成一前一后。

3）多工序工件用单工序冲裁时的顺序安排，应先落料使毛坯与条料分离，再冲孔或冲缺口；后续各冲裁工序的定位基准要一致，以免产生定位误差和尺寸链换算。冲大小不同、相距较近的孔时，为了减少孔的变形，应先冲大孔，后冲小孔。

 冲模

4.6.1　冲模种类

冲模有多种分类方式：

1）按工艺性质分为冲裁模、弯曲模、拉深模和成形模等。

2）按工序组合分为单工序模、级进模和复合模。

3）按材料送进方式分为手动送料模、半自动送料模、自动送料模。

4）按适用范围分为通用模和专用模。

5）按导向方式分为无导向模、导板导向模和导柱导向模。

6）按冲模的材料可分为钢模、塑料模、低熔点合金模和锌基合金模等。

4.6.2　冲裁模设计

1. 简单模

简单模与级进模、复合模的区别在于它是单工序模，即在一次工作行程中，只完成一种工序（冲孔或落料）。简单冲裁模按凸、凹模的装配位置可区分为顺装式、倒装式；按工件出模方式又可分为上出件、下出件和打料出件；按卸料方式又分为刚性卸料和弹性卸料；按导向方式又分为无导向的简单模、导板导向的简单模以及导柱导向的简单模。

图 4-16 所示为无导向简单冲模，用于冲圆形制品。冲模无导向机构，在冲压时凸、凹模的间隙靠调整压力机控制。凸模 2、凹模 5 通过螺钉或销钉固定在模柄 1 及下模座 6 上，用定位板 7 定位。卸料由卸料板 3 完成。

这种模具结构简单，成本低廉，但由于凸模运动依靠压力机滑轨导向，故不易保证间隙。冲模安装调整不方便，不安全，制件精度低，只适用于生产批量不大、精度要求不高、形状比较简单的零件的冲裁。

2. 级进模

级进模能在压力机一次行程中在不同工位上连续冲出一个或多个制件，生产率高。对于一些无法在复合模上生产的小件，往往可采用级进模生产。在一般情况下，级进模的制件精度低于复合模。近年来，由于模具加工技术的提高，出现了高精度级进模，其制件可达到较高的精度。

图 4-17 所示为一垫圈类零件的落料冲孔级进模。该冲模有两个工步：第一工步冲一个大孔和两个小孔，第二工步落料。冲孔凸模 1 及 2 与落料凸模 7 之间的距离等于毛坯的送料步距。冲孔凹模与落料凹模做成一体。条料沿导尺 3 送进，由挡料销 5 粗定位，再由装于落料凸模前端的导正销 6 进行精确定位，以保证冲孔与落料的位置精度。初始挡料销 4 是在条料开始送进时用作初始限位。

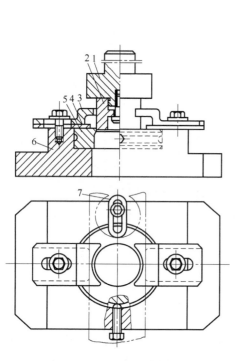

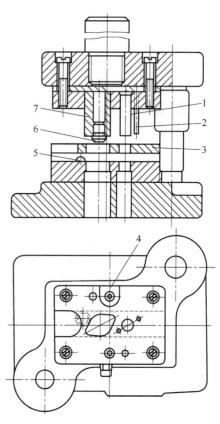

图 4-16　无导向简单冲模

1—模柄　2—凸模　3—卸料板　4—导料板
5—凹模　6—下模座　7—定位板

图 4-17　级进模

1、2—冲孔凸模　3—导尺　4—初始挡料销
5—挡料销　6—导正销　7—落料凸模

3. 复合模

几个工序能同时在一个工位上完成的冲模称为复合模。复合冲裁模是几个冲裁工序复合在一起的冲裁模。图 4-18 所示为同时冲孔、落料的复合模。复合模的结构特点是具有一个既是落料凹模又是冲孔凹模的所谓凸凹模的零件。利用复合模能够在模具的同一位置上同时完成制件的落料和冲孔工序，从而保证冲裁件内孔与外缘的相对位置精度和平整性，生产率

高，而且条料的定位精度要求比级进模低。模具轮廓尺寸也比级进模小。但是，这种模具结构复杂、不易制造、成本高，只适用于大批量生产。

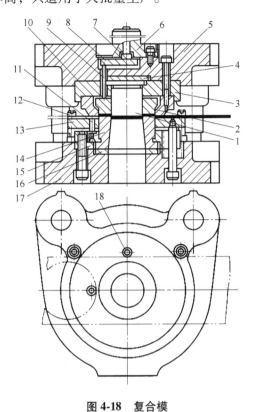

图 4-18　复合模

1—凸模　2—凹模　3—上模固定板　4—垫板　5—上模板　6—模柄　7—推杆
8—推块　9—推销　10—顶件块　11、18—活动挡料销　12—固定挡料销
13—卸料板　14—凸凹模　15—下模固定板　16—垫板　17—下模板

冲裁工艺在我国几代人深耕不辍的研究积累逐渐发展成熟。20 世纪 50 年代，我国致力于冲压件修整技术的研究。起初，我国只能进口瑞士的振动修边压力机，后来，上海第七机床厂研制出了国产凸轮式振动修边压力；20 世纪 70 年代，南京航空学院采用碟形弹簧或橡胶弹性体等弹性元件建立压边力和反向压力开展简易精密冲裁；1972 年，哈尔滨仪表机床厂研制出“YA99-25 型精密冲裁液压机”；1977 年，内江锻压机床厂研制 Y99-63/100 型精密冲裁液压机获得成功，该机的性能满足精密冲裁工艺的要求，符合我国国情，填补了我国在此项技术上的空白；1984 年，苏州东风精冲工程有限公司从国外引进精密冲裁技术及设备，标志着国内推广精密冲裁技术已进入汽车制造行业；2003 年，武汉华夏精冲技术有限公司与武汉理工大学联合成立技术中心，次年，首台 HFB6300A 全自动液压精密冲裁机总装完毕，投入试生产运行；2009 年，武汉华夏精冲技术有限公司正式投产，经过三年的成长期，基本完成了市场布点，形成了汽车座椅精密冲裁件、汽车门锁系列精密冲裁件、汽车发动机及变速器系列精密冲裁件三大业务板块，初步形成了自己的产品开发能力和开发路线；2012 年，黄石华力锻压机床有限公司展出了 KHF-500 液压式数控精密冲裁压力机，该机与国际先进水平已不存在代差，在硬件性能、软件控制、使用效能上已接近国际水平，整机性

能在国内已达领先水平。

进入 21 世纪以来，我国高校培养了一定规模的精密冲裁方向的硕士研究生。经过较长时间的锤炼成长，我国已能长期稳定地组织精密冲裁件大批量生产，在品质上完全符合有关技术要求。我国在精密冲裁技术领域基本已消化吸收了引进的国外技术，逐步完善了自主开发的技术，并且取得了较大的创新。相信在不久的将来，在国内技术人员数十年经验的积累下，我国的精密冲裁事业会有更快的发展，汽车工业和其他工业也将会有更大的受益。

 思考题 4

1. 简要说明冲裁时材料被切断分离的变形过程。
2. 请简述冲裁的断面特征并对断面特性的影响因素进行分析。
3. 请简述冲裁间隙的定义及其对冲裁的影响。
4. 简要分析降低冲裁力有哪些措施。
5. 冲裁件的工艺设计主要包括哪些内容？
6. 请比较简单模、级进模与复合模的优缺点。

拓展阅读 4

扫码观看　精冲
机工作过程

制造业变革下的发展契机——精密冲裁

一般压板精密冲裁原理如图 4-19 所示，在冲压前压板先将板料压紧。冲头和凹模模腔的间隙小，甚至为零（无间隙）、为负（冲头的直径大于凹模模腔直径），即冲头的外径尺寸等于或大于凹模模腔的内径。在冲裁过程中，板料不发生拱弯，板料被完全剪断，因而截面断口光洁。这样的冲裁称为精密冲裁。

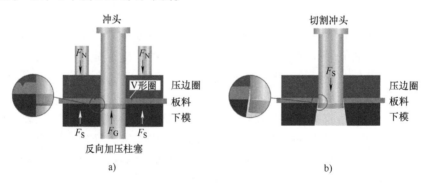

图 4-19　精密冲裁原理示意图

a）精密冲裁　b）常规冲裁

精密冲裁技术的应用行业有汽车、摩托车、计算机、录像机、通信设备、飞机制造业、家电产品、办公机械、光学元件、建筑业等。精密冲裁技术于 20 世纪 70 年代中期进入普及期，汽车制造业中大量采用精密冲裁技术。经过 50 多年的发展，该工艺已相当成熟。平均每辆轿车中精密冲裁件的数量有 250~300 件。国内有的单位精密冲裁压力机和精密冲裁模具的主要加工设备从国外引进，如苏州东风精冲工程有限公司和广州华冠精冲零件有限公司等，也有单位立足于自主开发，如武汉理工大学、北京机电研究所、中国兵器工业第五九研究所（重庆）、杭州武林机械有限公司等。简易精密冲裁的投资少、见效快，适用于生产批量不大的场合，适合于精密冲裁入门。其不足之处是当模具开启时，顶件和卸料同步，易发生将精密冲裁件顶回到废料框的情况，从而有可能使剪切面擦伤，影响下次送料。

20 世纪 80 年代前，我国进口的精密冲裁压力机有 30 多台，都是小吨位，大部分是 400kN，少量为 600kN、750kN、800kN、1600kN、2500kN，大部分从瑞士公司进口。1984 年，无锡模具厂接受"六五"国家科技攻关项目"精密冲裁新工艺"，用国产 Y99-25 型精密冲裁机和进口 Feitool GKP25/40 精冲机精冲电镀表 $m = 0.3550\text{mm}$ 的小模数片齿轮、照相机调焦凸轮等零件获得成功并通过国家鉴定，投入生产。基于中国汽车工业总公司"八五"行业发展规划重点技改项目，该公司筹建了苏州东风精冲工程有限公司，从国外成套引进精密冲裁技术及设备，标志着国内推广精冲技术已进入汽车制造行业。该公司具备设计与制造精冲模 50 套/年及各类精冲件 800 万件/年的能力，是国内较有实力的汽车精密冲裁零件加工中心。1987 年 2 月，四川省机械工业厅受国家机械委员会机床工业局的委托，在内江市召开了 Y26-100 型 1000kN 精密冲裁液压机技术鉴定会。

20 世纪 80 年代后期，我国技术工作者从复合挤压试验过程中发现冲裁变形这一事实出发，进一步分析了冲裁变形机理，指出冲裁变形开始阶段就是挤压，并且用试验说明了冲裁和挤压之间的差异和不可分割的联系。

从 20 世纪 90 年代开始，正在迅猛发展的世界经济一体化，反映在制造业中的巨大变革是由金字塔式多层组织模式向分散网络化制造的扁平模式转化，金字塔式企业向扁平式企业转化。扁平式企业就是一种"虚拟企业"。"虚拟企业"为了快速响应市场需求，将产品涉及的分散在各地的中场企业组建成一个没有围墙、超越时间约束、靠计算机网络联系、统一指挥的经济实体组合，完成既定的生产任务后这种组合自动解体，市场出现新的需求时，再进行新的组合。与传统的大而全的金字塔式企业相比，分散网络化制造可充分利用社会现有资源，避免重复投资，降低投资资金，新产品试制周期短，市场响应速度高，有利于组织柔性生产。

制造业在世界范围内的这种巨大变革正影响着我国，虽然全国性的制造信息网络尚未建成，仅仅是大而全的金字塔式的生产模式已不复存在。分散网络化制造的雏形正在国内形成。国外预测中场产业将成为制造业的核心。显然，作为中场产业中的一员，精密冲裁行业将以其独特的优势得到企业界的青睐而迅猛发展。

未来的精密冲裁工艺和精密冲裁设备必将迎来蓬勃发展！精密冲裁生产的零件必将越来越多，各种各样的复合精密冲裁工艺都将粉墨登场，大显身手。在国际精密冲裁舞台上必然有越来越多中国人的身影！

第 **5** 章

弯曲工艺

在冲压生产中，利用模具将平板毛坯、型材或管材弯成一定的曲率和角度，以形成一定形状零件的工序称为弯曲。弯曲是冲压加工的基本工序之一，属于成形工序，在冲压生产中应用广泛，可用于制造大型结构零件，如汽车大梁、飞机蒙皮等，也可用于制造精细零件，如各种连接端子等。弯曲所用的毛坯可以是板材、型材、管材或棒材。图 5-1 所示为几种典型的弯曲件。

根据弯曲成形所用的模具及设备的不同，弯曲方法可分为压弯、滚弯、折弯、拉弯等，如图 5-2 所示。最常见的是在压力机上进行压弯。本章主要介绍在压力机上进行压弯工艺，其弯曲变形基本原理同样适用于其他的弯曲工艺。

扫码观看　波纹板
弯曲过程

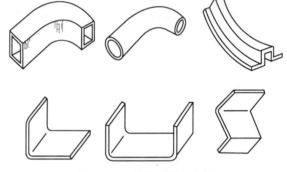

图 5-1　几种典型的弯曲件

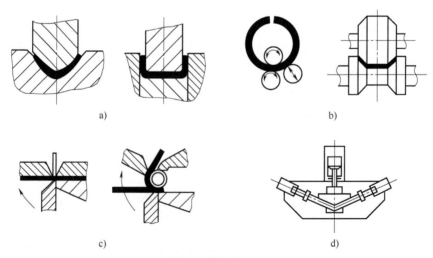

a)

b)

c)

d)

图 5-2　弯曲成形方法

a）压弯　b）滚弯　c）折弯　d）拉弯

5.1 弯曲变形分析

5.1.1 弯曲变形过程

弯曲件的形状有很多，如 V 形、U 形、口形、O 形以及其他形状。V 形弯曲是最典型的弯曲变形，变形区主要集中在其圆角部位。弯曲变形过程通常可分成弹性变形阶段、塑性变形阶段、校正弯曲阶段，其弯曲过程如图 5-3 所示。

扫码观看 V 形
弯曲过程

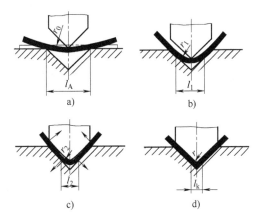

图 5-3 V 形弯曲过程

（1）弹性变形阶段

在凸模的压力下，板料受弯曲力矩的作用，坯料变形区应力最大的内、外表面上的应力分量不满足塑性条件，材料没有产生屈服，变形区内的材料仅产生弹性变形，且是自由弯曲，此时如果消除弯曲力矩，坯料恢复原态，如图 5-3a 所示。

（2）塑性变形阶段

坯料变形区内、外表面的应力分量满足塑性条件，进入塑性变形状态。此时如果消除弯曲力矩，坯料将不能恢复原状。随着凸模进一步下行，塑性变形由表面向中心逐步扩展。板料与凹模 V 形表面逐渐靠紧，同时曲率半径和弯曲力臂逐渐变小，即 $r_0 > r_1 > r_2 > r$，$l_A > l_1 > l_2 > l_k$。可见，弯曲变形的效果表现为板料的弯曲区域内曲率半径和两直边夹角的变化。这一阶段的弯曲仍然属于自由弯曲。

凸模、板料与凹模三者之间完全压合后，如果再增加一定的压力，对弯曲件施压，称为校正弯曲。

（3）校正弯曲阶段

到行程终了时，凸、凹模对弯曲件进行校正，使其直边、圆角与凸模全部靠紧。整个变形区的材料完全处于塑性变形较稳定的状态。此时如果消除弯曲力矩，坯料基本保持现状。

5.1.2 弯曲变形特点

为了观察板料弯曲时的金属流动情况，便于分析材料的变形特点，通常采用网格法对其进行分析，即用机械刻线或照相腐蚀等方法在板料侧面制作正方形网格，弯曲后用工具显微镜观察、测量弯曲前后网格的形状和尺寸变化情况，如图5-4所示。

根据试验结果，发现板料在长、厚、宽三个方向都产生了变形现象，得出弯曲变形的特点如下：

（1）变形区

弯曲变形主要发生在圆角区，在直边区基本不发生变化。

（2）长度方向

网格发生变化后，内层网格沿圆弧切向的距离变小，即板料内层纤维受到压缩；外层网格沿圆弧切向距离变大，即板料外层纤维受拉伸。由于材料的连续性，在伸长和缩短两个变形区域之间，必定有一层金属纤维材料的切向长度在弯曲前后保持不变，这一金属层称为应变中性层，如图5-4中的 O—O 层。当弯曲变形程度很小时，应变中性层的位置基本上处于板料厚度的中部；但当弯曲变形程度较大时，发现应变中性层向板料内侧移动，变形量越大，内移量越大。

（3）厚度方向

以变形区应变中性层为界分为内外两层，内层长度缩短，厚度增加；外层长度伸长，厚度变薄。加上弯曲变形时中性层会发生内偏移，这将导致整个变形区增厚量小于变薄量，因此材料厚度在弯曲变形区内有变薄现象。弯曲变形程度越大，弯曲区变薄越严重，应变中性层的内移量越大。

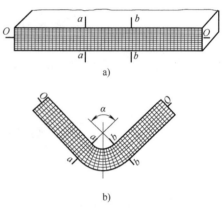

图5-4　板料弯曲前后的网格变化

（4）宽度方向

内层材料被压缩，宽度增加；外层材料受拉伸，宽度减小。根据板料的宽度不同，变形可分为两种，即宽板弯曲和窄板弯曲。板料弯曲后的断面变化如图5-5所示。

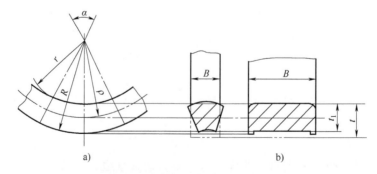

图5-5　弯曲时板料断面形状的变化

a）窄板（$B/t \leqslant 3$）　b）宽板（$B/t > 3$）

1）窄板（$B/t \leq 3$，B 是板料的宽度，t 是板料的厚度）弯曲时，横断面变成了内宽外窄的扇形。

2）宽板（$B/t > 3$）弯曲时，横断面几乎不变，基本保持为矩形。

由于窄板弯曲时变形区断面发生畸变，因此当弯曲件的侧面尺寸有一定要求或要与其他零件配合时，需要增加后续辅助工序。对于一般的板料弯曲来说，大部分属于宽板弯曲。

5.1.3　弯曲变形的应力与应变状态

由于板料的相对宽度 B/t 直接影响板料沿宽度方向的应变，进而影响应力，因而随着 B/t 的不同，具有不同的应力与应变状态。

1. 应变状态

（1）切向 ε_θ（长度方向）

弯曲变形区内侧纤维缩短，切向应变表现为压应变；而外侧纤维伸长，切向应变为拉应变。由于弯曲时，材料的主要表现为应变中性层内外纤维的伸长与缩短，故切向应变 ε_θ 为绝对值最大的主应变。

（2）径向 ε_ρ（厚度方向）

根据塑性变形体积不变条件可知，沿着板料的宽度和厚度方向，必然产生与 ε_θ 符号相反的应变。在弯曲变形的内侧，最大的主应变 ε_θ 为压应变，故径向 ε_ρ 为拉应变；在弯曲变形的外侧，最大的主应变 ε_θ 为拉应变，故径向 ε_ρ 为压应变。

（3）宽度方向 ε_t

根据相对宽度 B/t 的不同，分以下两种情况。

1）窄板（$B/t \leq 3$）弯曲时：材料在宽度方向可以自由变形，故外侧应变为和长度方向主应变 ε_θ 符号相反的压应变，内侧为拉应变。

2）宽板（$B/t > 3$）弯曲时：材料之间的变形相互制约，材料的流动受阻，可以近似认为无论外侧还是内侧，宽度方向的应变 ε_t 都为 0。

2. 应力状态

（1）切向 σ_θ（长度方向）

外侧受拉应力，内侧受压应力，其应力 σ_θ 为绝对值最大的主应力。

（2）径向 σ_ρ（厚度方向）

弯曲时变形区域曲率不断增大，以及金属各层之间的相互挤压作用，从而引起变形区内的径向压应力 σ_ρ，在材料表面 $\sigma_\rho = 0$，由表及里逐渐递增，至应变中性层处达到最大值。

（3）宽度方向 σ_t

根据相对宽度 B/t 的不同，分以下两种情况。

1）窄板（$B/t \leq 3$）弯曲时：窄板的宽度方向可以自由变形，因而无论内侧还是外侧，$\sigma_t = 0$。

2）宽板（$B/t > 3$）弯曲时：宽板的宽度方向受到材料的制约作用，内区由于宽度方向的伸长受阻，故 σ_t 为压应力；外区由于宽度方向的收缩受阻，故 σ_t 为拉应力。

板料弯曲的应力、应变状态如图 5-6 所示。对应变而言，窄板弯曲是立体的，宽板弯曲则是平面的；就应力而言，宽板弯曲是立体的，窄板弯曲则是平面的。

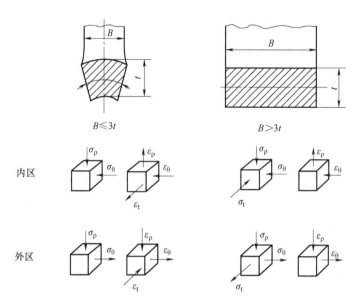

图 5-6 弯曲变形时的应力和应变

注：1. σ_θ、σ_ρ、σ_t 分别为长度方向（切向）、厚度方向（径向）、宽度方向（横截面）的应力。

    2. ε_θ、ε_ρ、ε_t 分别为长度方向（切向）、厚度方向（径向）、宽度方向（横截面）的应变。

5.2 弯曲件质量分析和控制

根据弯曲变形特点，弯曲件可能产生的质量问题通常有回弹、弯裂和偏移等。为了提高弯曲件的成形精度，需要具体分析弯曲件在弯曲成形过程中产生回弹、弯裂和偏移的原因，并采取相应的措施，提高弯曲件质量。同时，在学习弯曲件质量分析与控制的具体案例时，也要学习精益求精的科学探索精神，提高工程意识。

5.2.1 回弹

塑性弯曲时伴随有弹性变形，当外载荷去除后，塑性变形保留下来，而弹性变形会完全消失，使弯曲件的形状和尺寸变得与模具形状和尺寸不一致，这种现象称为回弹，如图 5-7 所示。

弯曲时内、外区切向应力与应变的性质不同，因此，弹性恢复方向相反，即外区缩短，内区伸长，这种反向的弹性恢复将引起弯曲件形状和尺寸的大小改变。如何减小和控制板料弯曲时的回弹量是研究和拟定弯曲工艺的主要内容之一。

1. 回弹的表现形式

（1）弯曲件角度的变化

卸载前弯曲角为 α_0（与凸模顶角相吻合），卸载后变化为 α。弯曲件角度的变化量为

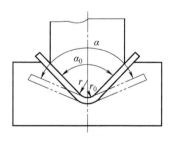

图 5-7 弯曲件的回弹

$$\Delta\alpha=\alpha-\alpha_0 \tag{5-1}$$

（2）弯曲半径的变化

卸载前板料的内半径 r_0，在卸载后增加至 r。弯曲半径的增加量为

$$\Delta r=r-r_0 \tag{5-2}$$

当弯曲件角度变化量 $\Delta\alpha>0$ 时，称为正回弹，此时回弹后工件的实际角度大于模具的角度；反之，称为负回弹，即回弹后工件的实际角度小于模具的角度。回弹量的大小通常以角度变化量 $\Delta\alpha$ 的大小来衡量。

2. 影响回弹的因素

（1）材料的力学性能

材料的屈服强度 R_{eL} 越大，硬化指数 n 越大，弹性模量 E 越小，则回弹量越大，如图 5-8 所示。

1）当 E 和 n 一定时，屈服强度 R_{eL} 大的材料（$R_{eL}^2>R_{eL}^1$）产生的弹性变形较大，故产生的回弹也较大，即 $\varepsilon_e^2>\varepsilon_e^1$，如图 5-8a 所示。

2）当 R_{eL} 和 n 一定时，与弹性模量 E 大（$E_2<E_1$）的材料相比，弹性模量 E 小的材料受力变形后，弹性变形占总变形的比重较大。当外力撤销后，其回弹量较大，即 $\varepsilon_e^2>\varepsilon_e^1$，如图 5-8b 所示。

3）当 R_{eL} 和 E 一定时，硬化指数 n 越大，材料屈服后应力上升越快（$n_2>n_1$），由于材料加工硬化后塑性下降，外力使之变形时，弹性变形严重，故外力消失后，回弹也较严重，即 $\varepsilon_e^2>\varepsilon_e^1$，如图 5-8c 所示。

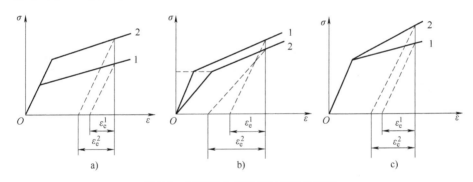

图 5-8 材料的力学性能对回弹的影响

a）E、n 相同，R_{eL} 不同　b）R_{eL}、n 相同，E 不同　c）R_{eL}、E 相同，n 不同

（2）相对弯曲半径 r/t

相对弯曲半径 r/t 的不同，反映了材料弯曲时变形程度的不同。对于给定的弯曲成形薄板，其弹性弯曲变形量是一定的，随着弯曲变形程度的改变，弹性弯曲变形量在总的弯曲变形量中的比例是不断变化的。相对弯曲半径越大，弯曲变形程度就越小，塑性变形在总变形中所占的比重就越小，而弹性变形在总变形中所占的比重就越大，弯曲结束后，回弹量就越大。因此，相对弯曲半径 r/t 越大，回弹就越大；反之，相对弯曲半径 r/t 越小，则回弹也越小。

（3）弯曲角

弯曲角越小，变形区的长度越长，回弹积累值也越大，故回弹越大。

（4）弯曲力及弯曲方式

增大弯曲力，会减小弯曲零件的回弹。当对毛坯施加的弯曲力超过弯曲变形所需的力时，就对毛坯有一个校正作用。采用校正弯曲比自由弯曲的回弹量小，校正力越大，回弹量越小。

（5）弯曲件形状

一般而言，弯曲件越复杂、一次弯曲成形角的数量越多，回弹量就越小。如 U 形件的回弹量一般小于 V 形件的回弹量。

（6）模具间隙

弯制 U 形件时，模具凸、凹模之间的间隙大小会影响回弹量。间隙大，材料处于松动状态，回弹就大；间隙小，材料被挤紧，回弹就小。

3. 控制回弹的措施

塑性弯曲成形零件时，不可避免地存在回弹现象。回弹的存在，造成弯曲成形零件精度差、外形尺寸不符合要求等，是在设计弯曲成形工艺和模具时必须予以考虑并采取相应措施加以解决的主要问题。减少回弹的措施可以归纳为如下几个方面：

（1）合理选材

选用屈服极限小、硬化指数小、弹性模量大的材料可以减小回弹量。

（2）改进零件的结构设计

在弯曲零件的变形区设计合适的加强筋或用成形边翼（图 5-9），以改变变形区材料应力、应变分布，不仅可以增加零件的刚度，而且可以减小弯曲回弹量。

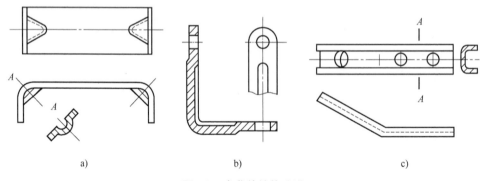

图 5-9 弯曲件结构改进

（3）从工艺上采取措施

1）采用热处理工艺。对一些硬材料和已经冷作硬化的材料，弯曲前先进行退火处理，降低其硬度以减少弯曲时的回弹，待弯曲后再淬硬。在条件允许的情况下，甚至可使用加热弯曲。

2）增加校正工序（图 5-10）。运用校正弯曲工序，对弯曲件施加较大的校正力，可以改变其变形区的应力应变状态，以减小回弹量。通常，当弯曲变形区材料的校正压缩量为板厚的 2%～5% 时，就可得到较好的校正效果。

3）采用拉弯工艺（图 5-11）。在板料弯曲的同时沿长度方向施加拉力，使整个变形区均处于拉应力状态，以消除弯曲变形区内外回弹加剧的现象，达到减小回弹量的目的。生产中通常采用这种方法弯曲 r/t 很大的弯曲件，如飞机蒙皮的成形。

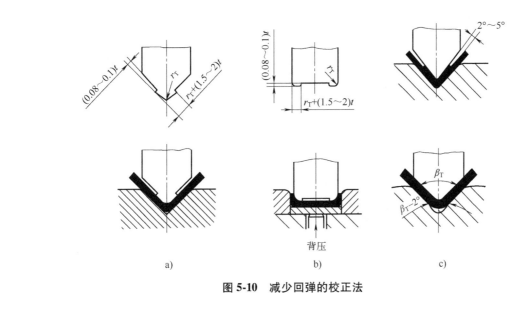

图 5-10　减少回弹的校正法

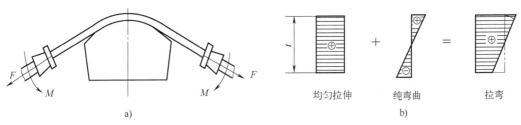

图 5-11　拉弯工艺

a）拉弯工艺　b）拉弯的切向应力分布

（4）改进模具结构

1）补偿法。预先估算或试验出工件弯曲后的回弹量，在设计模具时，根据回弹量的大小对模具工作部分进行修正，保证获得理想的形状和尺寸。单角弯曲时，根据估算的回弹量将模具的角度减小（图 5-12a）。双角弯曲时，可在凸模两侧做出回弹角并适当减小间隙（图 5-12b）或将模具底部做成弧状（图 5-12c）进行补偿。这种方法简单易行，在生产中被广泛采用。

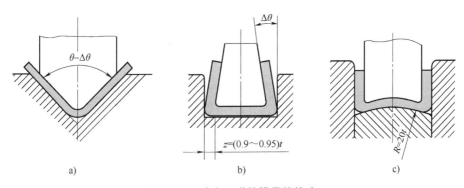

图 5-12　减少回弹的模具补偿法

2）纵向加压法。在弯曲过程完成后，利用模具的凸肩在弯曲件的端部纵向加压（图 5-13），使弯曲变形区横断面上都受到压应力，卸载时工件内外侧的回弹趋势相反，使回弹大为降低。利用这种方法可获得较精确的弯边尺寸，但对毛坯精度的要求较高。

3）软凹模弯曲法。采用橡胶或聚氨酯软凹模代替刚性金属凹模进行弯曲，如图 5-14 所示。通过调节弯曲凸模压入软凹模的深度，可以控制弯曲件的回弹量。

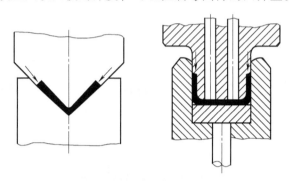

图 5-13　减少回弹的纵向加压法

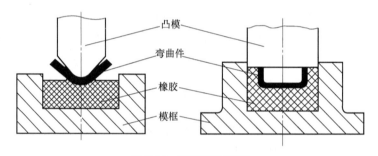

图 5-14　聚氨酯软凹模

5.2.2　弯裂

弯曲破裂是指弯曲件外侧表面出现裂纹的现象，如图 5-15 所示。产生弯裂的主要原因是弯曲变形程度超出被弯材料的成形极限。因此，只要限制每次弯曲时的变形程度，就可以避免弯裂。

1. 弯曲变形程度

弯曲变形区材料沿切向变形量最大，因此可以用切向变形量来表示弯曲变形程度的大小。如图 5-16 所示，在变形区外侧任意取一层金属，则该层金属在弯曲过程中所产生的切向应变为

$$\varepsilon_\theta = \frac{(\rho+y)\alpha - \rho\alpha}{\rho\alpha} = \frac{y}{\rho} \tag{5-3}$$

式中　ε_θ——切向应变；

ρ——板料应变中性层曲率半径；

α——弯曲中心角；

y——该层金属距应变中性层的距离。

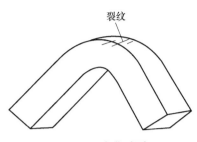

图 5-15 弯曲破裂

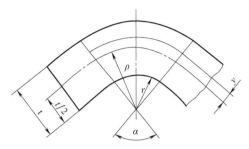

图 5-16 板料弯曲时的变形程度

由式（5-3）可以看出，切向应变值的大小与该层金属与应变中性层的距离成正比，因此在内、外层表面 $y=t/2$ 处，切向应变值达到最大。将 $\rho=r+t/2$ 代入式（5-3），并整理得

$$\varepsilon_{\theta max}=\frac{1}{2r/t+1} \tag{5-4}$$

式中　$\varepsilon_{\theta max}$——最大切向应变；

　　　r——弯曲半径；

　　　t——板料厚度。

由式（5-4）可知，可以用相对弯曲半径 r/t 来表示弯曲的变形程度：该值的大小与 $\varepsilon_{\theta max}$ 呈反比关系，r/t 值越小，表示弯曲变形程度越大，即弯曲变形区外表面所受的拉应力和拉应变越大。

板料弯曲时，外层切向受拉伸。如果弯曲变形程度较大，在外层就极易出现破裂现象。相对弯曲半径 r/t 值越小，则弯曲变形程度越大。当 r/t 的值小到某一最小值 r_{min} 时，$\varepsilon_{\theta max}$ 将超出板料允许的变形极限而导致弯裂，此时弯曲变形达到极限状态。r_{min}/t 用于限制弯曲变形的极限程度，是弯曲工艺中的重要工艺参数。

2. 最小相对弯曲半径及其影响因素

（1）最小相对弯曲半径

最小相对弯曲半径是在保证弯曲变形区外表面纤维不发生破裂的条件下，弯曲件内表面能够弯成的最小圆角半径与弯曲材料厚度的比值，用 r_{min}/t 表示。

（2）最小相对弯曲半径的影响因素

最小相对弯曲半径越小，允许的弯曲变形极限越大，因此，该值越小越有利于弯曲变形。影响因素主要有以下几点：

1）材料的力学性能：材料的塑性越好，材料的伸长率 A 或断面收缩率 Z 越大，则 r_{min}/t 越小。在实际生产中，可采用退火、正火等热处理方法来提高材料的塑性。

2）弯曲线方向：顺着轧制后纤维方向的塑性指标大于垂直纤维方向的塑性指标，因此，弯曲件的弯曲线与板料纤维方向垂直时，r_{min}/t 最小；弯曲线与板料纤维方向平行时，r_{min}/t 最大。如果弯曲件具有两条弯曲线且相互垂直，应使弯曲线与纤维方向保持 45°，如图 5-17 所示。

3）板料的热处理状态：冲裁后的制件有加工硬化现象，若未经退火就进行弯曲，则最小相对弯曲半径就应大些；若经过退火后已恢复冷变形硬化材料的塑性，再进行弯曲，则最小相对弯曲半径可小些。

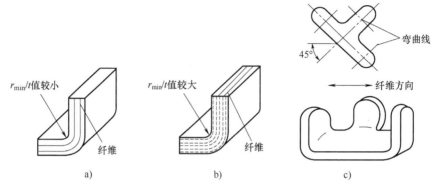

图 5-17　板料的纤维方向与弯曲线

a）弯曲线与纤维方向垂直　b）弯曲线与纤维方向平行　c）弯曲线与纤维方向成 45°

4）板料表面和侧面的质量：弯曲件所用毛坯多为剪板机剪切或落料所得，断面粗糙且有毛刺，并有冷作硬化层。当将有毛刺的一端置于弯曲变形区外侧，或毛坯的外侧表面有划伤、裂纹等缺陷时，弯曲时易于开裂，必须采用较大的最小相对弯曲半径值。

5）板料宽度的影响：弯曲件的相对宽度 b/t 越大，材料沿宽度方向流动的阻碍越大；相对宽度 b/t 越小，则材料沿宽度方向流动越容易，可以改善圆角变形区外侧的应力应变状态。因此，相对宽度 b/t 较小的窄板，其 r_{min}/t 数值可以较小。

6）板料厚度的影响：在相同条件下，板料厚度越小，切向应变在厚度方向上的变化梯度越大。厚度较小时，与切向变形最大的外表面相邻的部分变形较小，可以起到阻止板料外表面产生局部不稳定变形的作用。因此，可以允许较大的弯曲变形，板料厚度越小，r_{min}/t 就越小。板料厚度对最小弯曲半径的影响如图 5-18 所示。

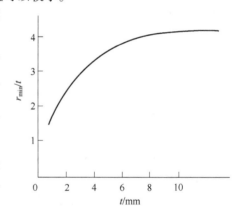

图 5-18　板料厚度对最小弯曲半径的影响

7）弯曲角：弯曲角越大，最小相对弯曲半径 r_{min}/t 越小。这是因为在弯曲过程中，板料的变形并不仅局限在圆角变形区。由于材料的相互牵连，其变形影响到圆角附近的直边，实际上扩大了弯曲变形区范围，分散了集中在圆角部分的弯曲应变，对圆角外层纤维濒于拉裂的极限状态有所缓解，使最小相对弯曲半径减小。弯曲角越大，圆角中段变形程度降低得越多，许可的最小相对弯曲半径 r_{min}/t 越小。

3. 控制弯裂的措施

1）选择塑性好的材料进行弯曲，对冷作硬化的材料在弯曲前进行退火处理。

2）在设计弯曲件时，应使工件弯曲半径大于其最小弯曲半径（$r_{件}>r_{min}$），防止弯曲时由于变形程度过大产生裂纹。若需要 $r_{件}<r_{min}$，则应两次弯曲，最后一次以校正工序达到工件圆角半径的要求。

3）弯曲时，应尽可能使弯曲线与材料的纤维方向垂直。对于需要双向弯曲的工件，应尽可能使弯曲线与纤维方向成 45°的角。

4）将有毛刺的一面朝向弯曲凸模一侧，或弯曲前去除毛刺。避免弯曲毛坯外侧有任何划伤、裂纹等缺陷。

5.2.3 偏移

偏移是指弯曲过程中毛坯在模具中发生移动的现象，如图 5-19 所示。偏移会使弯曲件两直边的长度不符合图样要求，因此必须消除偏移。

1. 产生偏移的原因

1）弯曲件毛坯形状左右不对称，弯曲时毛坯两边与凹模表面的接触面积不相等，导致毛坯滑进凹模时两边的摩擦力不等，使毛坯向接触面积大的一边移动。

2）毛坯定位不稳，压料效果不理想。

3）模具结构左右不对称。

此外，模具间隙两边不相同、润滑不一致时，都会导致偏移现象发生。

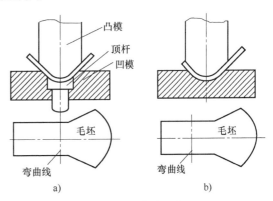

图 5-19 偏移现象

a）无偏移现象　b）产生偏移现象

2. 控制偏移的措施

1）采用压料装置，使毛坯在压紧的状态下逐渐弯曲成形，从而防止毛坯的滑动，而且能得到较平的工件，如图 5-20a、b 所示。

2）利用毛坯上的孔或设计工艺孔，用定位销插入孔内再弯曲，使毛坯无法移动，如图 5-20c 所示。

3）将不对称形状的弯曲件组合成对称弯曲件进行弯曲，然后再切开，使板料弯曲时受力均匀，不容易产生偏移，如图 5-20d 所示。

4）模具制造准确，间隙调整对称。

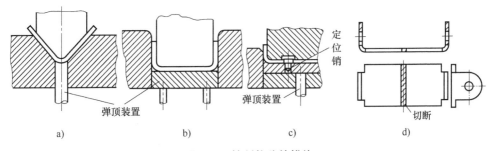

a）　　　　b）　　　　c）　　　　d）

图 5-20 控制偏移的措施

5.3 弯曲工艺计算

弯曲工艺计算包括弯曲工艺力的计算和弯曲件毛坯尺寸的计算。计算是弯曲工艺的关键一环。工程计算的科学性相当重要，准确无误的计算可以保证弯曲件的尺寸精度，降低弯曲件失效的概率。

5.3.1 弯曲工艺力的计算

弯曲工艺力是指弯曲工艺过程中所需要的各种力，通常包括弯曲力、压料力或顶件力。弯曲力是指压力机完成预定的弯曲工序需施加的压力。为选择合适的压力机，必须计算各种力。

弯曲力的大小不仅与毛坯尺寸、材料力学性能、凹模支点间的间距、弯曲半径及凸凹模间隙等因素有关，而且与弯曲方式也有很大关系，生产中常用经验公式进行计算。

1. 自由弯曲力的计算

下面介绍常见的弯曲件在自由弯曲时弯曲力的经验计算公式。

V 形件弯曲力

$$F_z = \frac{0.6KBt^2R_m}{r+t} \tag{5-5}$$

U 形件弯曲力

$$F_z = \frac{0.7KBt^2R_m}{r+t} \tag{5-6}$$

式中　F_z——自由弯曲力，单位为 N；

　　　B——弯曲件的宽度，单位为 mm；

　　　t——弯曲件的材料厚度，单位为 mm；

　　　r——弯曲件的内表面圆角半径，单位为 mm；

　　　R_m——弯曲件材料的抗拉强度，单位为 MPa；

　　　K——安全系数，一般 $K=1.3$。

2. 校正弯曲力的计算

校正弯曲时，由于校正力远大于压弯力，故一般只计算校正力，计算公式为

$$F_j = qA \tag{5-7}$$

式中　F_j——校正弯曲力，单位为 N；

　　　q——单位投影面积上的校正力，单位为 MPa，其值可参考表 5-1 选取；

　　　A——工件被校正部分在垂直于凸模运动方向上的投影面积，单位为 mm^2。

表 5-1　单位校正力 q 值

材料	材料厚度 t/mm			
	≤1	>1~3	>3~6	>6~10
铝	10~20	20~30	30~40	40~50
黄铜	20~30	30~40	40~60	60~80
10、15、20 钢	30~40	40~60	60~80	80~100
25、30 钢	40~50	50~70	70~100	100~120

3. 顶料力和压料力的确定

如果弯曲模设有顶件或压料装置，在弯曲过程中由凸模及顶杆或顶板将材料夹紧，其顶

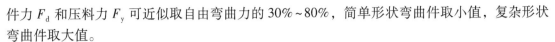

件力 F_d 和压料力 F_y 可近似取自由弯曲力的 $30\% \sim 80\%$，简单形状弯曲件取小值，复杂形状弯曲件取大值。

$$F_d = F_y = (0.3 \sim 0.8) F_z \tag{5-8}$$

式中　F_d——顶件力；

　　　F_y——压料力；

　　　F_z——自由弯曲力。

4. 冲压设备的选择

对于有压料的自由弯曲，压力机公称压力 F_g 的选择需要考虑自由弯曲力 F_z 和压料力 F_y 的大小，即

$$F_g \geqslant F_z + F_y \tag{5-9}$$

对于校正弯曲，其校正弯曲力比自由弯曲力大得多，且校正弯曲与自由弯曲两者不是同时存在，因此在校正弯曲时，选择压力机吨位时可以只考虑校正弯曲力，即

$$F_g \geqslant F_j \tag{5-10}$$

5.3.2　弯曲件毛坯尺寸的计算

弯曲加工时，弯曲件毛坯尺寸是否准确，直接关系到工件的尺寸精度。根据弯曲时应变中性层在弯曲前后长度不变的特点，计算弯曲件毛坯尺寸时应先确定弯曲应变中性层的位置，然后计算出应变中性层的长度，由此得出毛坯的长度尺寸。

1. 应变中性层位置的确定

设板料弯曲前的长度、宽度和厚度分别为 l、b 和 t，弯曲后板料应变中性层曲率半径为 ρ、内侧半径为 r、厚度为 t，如图 5-21 所示。根据应变中性层的定义，弯曲件的坯料长度应等于应变中性层的展开长度，应变中性层位置用曲率半径 ρ 表示，即

$$\rho = r + xt \tag{5-11}$$

式中，x 为与变形程度有关的应变中性层位移系数，其值按表 5-2 选取。

图 5-21　弯曲应变中性层半径

表 5-2　弯曲应变中性层位移系数 x 值

r/t	0.1	0.2	0.3	0.4	0.5	0.6	0.7	0.8	1.0	1.2
x	0.21	0.22	0.23	0.24	0.25	0.26	0.28	0.30	0.32	0.33
r/t	1.3	1.5	2.0	2.5	3.0	4.0	5.0	6.0	7.0	$\geqslant 8.0$
x	0.34	0.36	0.38	0.39	0.40	0.42	0.44	0.46	0.48	0.50

2. 弯曲件毛坯展开长度的计算

确定了应变中性层位置后，就可以进行弯曲件毛坯长度的计算了。弯曲件的形状不同、弯曲半径不同、弯曲方法不同，其展开长度的计算方法也不一样。

（1）有圆角半径的弯曲

圆角半径 $r > 0.5t$ 的弯曲件，变形区的变薄相对不严重，可采用板料总长度等于弯曲件（应变中性层）直边部分和圆弧部分长度之和的原理来获得，如图 5-22 所示。

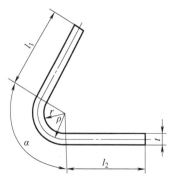

图 5-22 $r>0.5t$ 的弯曲

$$L = l_1 + l_2 + \frac{\pi\alpha}{180°}\rho = l_1 + l_2 + \frac{\pi\alpha}{180°}(r + xt) \tag{5-12}$$

（2）无圆角半径或圆角半径较小的弯曲

这类弯曲件的毛坯尺寸是根据弯曲前后板料体积不变的原则进行计算。由于弯曲时弯曲处材料严重变薄，按体积不变的原则计算的毛坯尺寸还需进行修正。具体计算方法请查找有关冲压手册。

5.4 弯曲件工艺性分析

弯曲件的工艺性是指弯曲件对弯曲工艺的适应性。应深入分析弯曲件的形状尺寸、精度、材料以及技术要求等是否符合弯曲加工的工艺要求，保证良好的工艺性，从而达到在生产过程中节约原材料、简化工艺过程、提高工件质量和降低废品率的目标。

1. 对弯曲件形状的要求

1）为防止弯曲时产生偏移，要求弯曲件形状和尺寸尽可能对称，如图 5-23 所示。

2）在局部弯曲某一段边缘时，为避免弯曲根部撕裂，应在弯曲部分与不弯曲部分之间切槽（图 5-24a）或在弯曲前冲出工艺孔（图 5-24b）。

3）增添连接带和定位工艺孔。在弯曲变形区附近有缺口的弯曲件，若在毛坯上先将缺口冲出，弯曲时会出现叉口现象，严重时无法成形，这时应在缺口处留连接带，待弯曲成形后再将连接带切除（图 5-25a）。为保证毛坯在弯曲模内准确定位，或防止在弯曲过程中毛坯的偏移，最好能在毛坯上预先增添定位工艺孔（图 5-25b）。

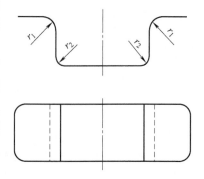

图 5-23 弯曲件形状对称

2. 对弯曲件尺寸的要求

（1）弯曲半径

弯曲件的圆角半径不能小于最小弯曲半径，否则会产生裂纹。如果零件要求的弯曲半径比最小弯曲半径还小时，可分为两次弯曲，第一次采用较大的弯曲半径，然后退火，第二次

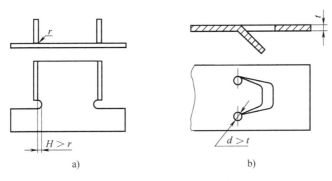

图 5-24　防止裂纹的结构

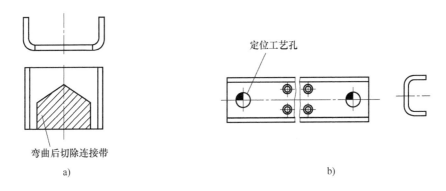

图 5-25　增添连接带和定位工艺孔

再按零件要求的弯曲半径进行弯曲。圆角半径也不宜过大，否则回弹严重，不易保证形状和尺寸精度。

（2）弯曲件弯边高度

弯曲件弯边高度不宜过小，其值应为 $h>r+2t$。当 h 较小时，弯边在模具上支持的长度过小，不容易形成足够的弯矩，很难得到形状准确的工件。若 $h<r+2t$ 时，则须预先压槽，再弯曲，或增加弯边高度，弯曲后再切掉。如果所弯直边带有斜角，则在斜边高度小于 $r+2t$ 的区段上不可能弯曲到要求的角度，而且此处也容易开裂，因此必须改变工件的形状，加高弯边尺寸，弯曲后再切除。

（3）弯曲件孔边距离

弯曲有孔的工序件时，如果孔位于弯曲变形区内，则弯曲时孔会发生变形，为此必须使孔分布在变形区之外（图 5-26a）。当弯曲直角时，$l_{min}=r+2t$。

如果孔边至弯曲半径 r 中心的距离过小，为防止弯曲时孔变形，可在弯曲线上冲工艺孔或切槽，如图 5-26b、c 所示。如对孔的精度要求较高，则应弯曲后再冲孔。

3. 对弯曲件精度的要求

弯曲件的精度受毛坯定位、偏移、翘曲和回弹等因素影响，弯曲的工序数目越多，精度越低。弯曲件的尺寸公差符合 GB/T 13914—2013，角度公差符合 GB/T 13915—2013，形状和位置未注公差符合 GB/T 13916—2013，未注公差尺寸极限偏差符合 GB/T 15055—2021。

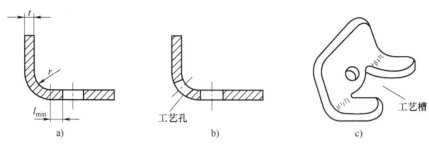

图 5-26　弯曲件孔边距离

4. 对弯曲件材料的要求

弯曲件的材料要具有良好的塑性、较小的屈强比、较大的弹性模量，如低碳钢、黄铜和铝等材料的弯曲成形性能好。而脆性较大的材料，如磷青铜、铍青铜等，其最小相对弯曲半径大，回弹大，不利于成形。

5. 对尺寸标注的要求

尺寸标注对弯曲件的工艺性有很大的影响。例如，曾发生过的堪萨斯凯悦酒店大堂的悬挂走廊垮塌事件，造成 114 人死亡，而造成此次事件的真正原因竟然是设计图样的尺寸标注出错。这种细小却又极易被忽略的标注问题极为重要，是每个工程师必须注重的细节。图 5-27 所示为弯曲件孔的位置尺寸的三种标注法。对于第一种标注法，孔的位置精度不受毛坯展开长度和回弹的影响，将大大简化工艺设计。因此，在不要求弯曲件有一定装配关系时，应尽量考虑冲压工艺的方便来标注尺寸。

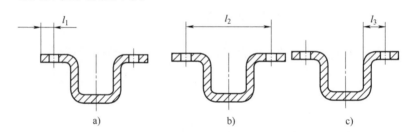

图 5-27　弯曲件孔的位置尺寸标注

5.5 现代弯曲工艺

5.5.1 液体填充弯曲成形

液体填充弯曲成形利用水或者油等各种黏性流体作为传压介质，通过在管材内部施加一定压力的液体介质作为支撑。液体的压力会垂直作用于管材表面，并且液体介质作用于管材内壁的压力各向均相同，既能保证成形质量，又可以防止缺陷的产生。管材充液弯曲有多种方式，例如充液压弯、充液剪切弯曲以及充液胀弯等。在充液弯曲工艺中，管端部密封问题是较难解决的，因此，上述液体填充弯曲工艺制作弯管成形件时大多采用先充入液体，然后

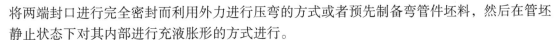

将两端封口进行完全密封而利用外力进行压弯的方式或者预先制备弯管件坯料，然后在管坯静止状态下对其内部进行充液胀形的方式进行。

管材充液压弯是管材压弯和液压成形复合的一种工艺，既具有压弯的一般特点，又具有自身的特殊性。

1. 管材充液压弯的原理

管材充液压弯原理如图 5-28 所示。首先从管端充入液体，在管材内建立起内压作为柔性支撑，然后在模具中进行弯曲，并随模具压下的过程控制内压保持在一定数值，利用液压的支撑作用避免起皱和截面畸变，在合模后，可提高内压进行整形，使管材贴模定形。

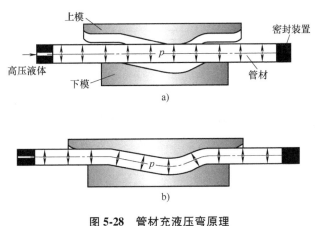

图 5-28　管材充液压弯原理

a）初始状态　b）压弯

2. 管材充液压弯的特点

管材充液压弯可分为管端无约束和管端约束两种类型。管端约束方式下的成形过程采用压板固定管材两端，对竖直方向的位移进行约束。与管端无约束方式相比，管端约束方式限制了两端的上翘变形和轴向移动，使三个弯同时弯曲成形。

压弯过程中管材弯曲内侧受到轴向压应力作用，外侧受到轴向拉应力作用，轴向压应力导致弯曲内侧壁增厚，当压应力达到临界值，垂直于管材轴向会发生失稳起皱；轴向拉应力导致弯曲外侧壁减薄，当拉应力达到临界值将导致管材开裂。此外，在上述应力产生的相反合力的共同作用下，管材截面发生畸变。

在管材内加入一定压力的液体介质后，管材内受内压的作用，产生与合力相反的支撑力，从而使管材截面畸变受到抑制，同时管材在内压的作用下，通过管端密封装置产生一定轴向拉应力，抵消内侧一部分压应力，有效地减小弯曲内侧发生起皱的趋势。对于一定的弯曲半径，内压存在一个临界值，超过该值时，可以完全消除皱纹。

5.5.2　激光弯曲成形

金属板料的激光弯曲成形是通过激光束加热金属板料产生的热应力梯度来实现弯曲变形的，如图 5-29 所示。在激光照射的区域与未照射到的区域形成了极不均匀的温度场，这样，产生的热应力就会强迫金属材料发生不均匀的变形。当金属内部的热应力超过材料的屈服极限时，材料就会发生塑性变形。

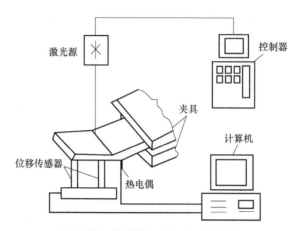

图 5-29　板材激光弯曲成形示意图

整个变形过程可以分为加热和冷却两个阶段，激光照射到的区域经历了从固态到液态再从液态到固态的过程。加热区的冷却可以采用空冷也可采用液体或气体冷却，冷却的目的是控制金属的变形。

1. 激光弯曲成形机理

根据激光弯曲成形过程中的工艺条件和成形温度场分布的不同，可以将成形机理分为温度梯度、屈曲、增厚和弹性膨胀四种，如图 5-30 所示。

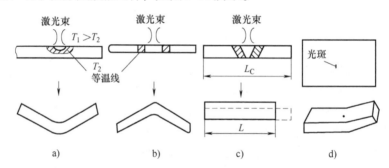

图 5-30　激光弯曲成形机理

a）温度梯度机理　b）屈曲机理　c）增厚机理　d）弹性膨胀机理

（1）温度梯度机理

当金属板料的一侧受到激光的照射时，在照射区域的厚度方向会产生很大的温度梯度。由于温度的不同，在靠近光源的区域金属材料容易受热产生膨胀变形，使板料弯向反向区域，但弯曲量会很小；在背向光源的区域由于没有受到激光的照射温度变化不大，而受热膨胀区域会受到周围区域的约束而产生压应变。在冷却时，热量流向周围的材料，变形区的材料收缩，它们会对压缩区的材料产生拉应力，但是变形区的材料难以恢复原来的形状，从而使板料弯向靠近光源的方向。

（2）屈曲机理

如果加热区过大，材料的热导率高且厚度过小时，在板料厚度方向上的温度梯度就会很小。由于周围材料的约束会使加热区板料产生压应力，当压应力超过材料的屈服应力时，加热区的材料产生局部失稳，产生弯曲。在进行冷却时，周围材料对变形区的约束力减小，从而使板料产生更大的弯曲变形。

（3）增厚机理

加热区的材料受热膨胀后，由于受到周围材料的约束，因此在厚度方向上材料就会产生较高的内部压应力使材料堆积，这样就会使材料厚度方向增加而长度或宽度减少，在冷却过程中，加热区的材料不能恢复从而产生增厚。通过选择正确的加热路径，可以实现零件的加工。

（4）弹性膨胀机理

当激光仅照射一个局部区域时，在板料加热区导致的热膨胀要比温度梯度机理大，同时热膨胀表现在局部，会使板料产生纯的弹性变形而产生小的弯曲，但是这种弯曲是有限的。因此，可以通过对邻近区域进行点或块的照射方式来增大变形。

2. 激光弯曲成形特点

板料的激光弯曲技术是通过各项参数的优化来精确控制板材的弯曲程度，它具有传统的塑性成形方法无可比拟的优点。

1）可以实现无模具加工，具有生产周期短、柔性大的优点，因此特别适用于大型单件及小批量生产。

2）加工过程中无外力接触，所以不会出现回弹和由此带来的诸多问题，因而加工精度高，适用于精密仪器的制造。

3）激光弯曲成形属于热态累积成形，总的变形量由激光束的多次扫描累积而成，这就使得一些硬而脆的难变形材料的塑性加工易于进行，可用于许多特种合金和铸铁件的弯曲变形。

4）借助红外测温仪及形状测量仪，可在数控激光加工机上实现全过程闭环控制，从而保证工件质量，改善工作条件。

5）激光束良好的方向性和相干性使得激光弯曲技术能够应用于受结构限制、传统工具无法接触或靠近的工件加工。

 思考题 5

1. 弯曲变形过程分为几个阶段？各有什么特点？

2. 板料的弯曲变形有哪些特点？

3. 什么是应变中性层？金属板料弯曲时，应变中性层位置会怎样变化？

4. 试归纳出板材弯曲时变形区的应力、应变情况。

5. 板料弯曲时，用什么参数来表示弯曲的变形程度和极限变形程度？

6. 什么是最小相对弯曲半径 r_{min}/t？影响最小相对弯曲半径 r_{min}/t 的因素有哪些？

7. 简述防止弯曲弯裂和弯曲偏移的措施。

8. 确定弯曲件毛坯长度的原则是什么？

9. 弯曲回弹的表现形式是什么？影响回弹的因素有哪些？试述减少弯曲件回弹的措施。

10. 如何计算自由弯曲时的弯曲力？

拓展阅读 5

冷弯成形设备的起源与发展

冷弯型钢起源于 1838 年，俄罗斯、美国和英国使用压力机或冷拔机来生产个别钢材。1910 年，美国率先建成冷弯型钢机组，产生了连续的冷弯成形工艺，冷弯型钢开始形成工业化生产。我国近年来一直注重环保设备的发展，在环保设备的发展趋势中，冷弯成形设备无疑就成为整个市场的主流，同时也带动了冷弯型钢设备的发展。

冷弯成形是通过顺序配置的多道次成形轧辊，把卷材、带材等金属板带不断地进行横向弯曲，以制成特定断面的型材。采用冷弯成形工艺可以生产多种规格、形状的开口与空心断面冷弯型钢产品，它是一种节材、节能、高效的金属板料成形新工艺、新技术。冷弯型钢产品具有表面光洁、尺寸精度高、单位质量的断面性能优于同型热轧产品的优点且具有节材和节能的双重效果，体现了现代社会对材料轻型化、合理化、功能化的使用要求，而且能够缩短产品开发的周期、提高生产率，从而提高企业的市场竞争力。因此，冷弯成形产品作为重要的结构件在钢结构建筑、汽车制造、农机制造、船舶制造和交通运输、石油化工、电子工业、机械制造业及日常用品制造等许多领域得到了广泛的应用，在我国国民经济中起着很重要的作用。

冷弯成形产品从普通的导轨、门窗等结构件到一些为特殊用途而制造的专用型材，类型极其广泛。使用冷弯型钢代替热轧型钢可以取得既节约钢材又节省能源的双重效果，而作为冷弯型钢的生产设备，冷弯成形机制造工艺的进步和质量的提高对于我国钢铁及其下游行业具有重要意义。

冷弯成形设备，有三个阶段性的发展：

第一阶段（1838—1909 年）是探索和试制阶段。这阶段辊弯成形理论和冷弯型钢的研究工作进展缓慢。随着工业运输业的迅速发展，辊弯成形工艺生产的冷弯型钢已不能满足用户要求。

第二阶段（1910—1959 年）是创立和逐步推广冷弯成形工艺的阶段。冷弯型材设备的生产制造开始逐步推广，首先是美国创新性地完成了辊式冷弯成形工艺，并制造了史上第一套专业的辊式冷弯钢机组。但是冷轧、热轧带材生产技术落后给冷弯型材的进一步使用与发展带来了一定的影响。

第三阶段（1960 年至今）是冷弯型材设备制造产业迅速发展的阶段。这一时期，由于世界钢材品种有了重大进步，带钢与板材的比重与质量显著提高，使冷弯型钢生产应用得到了极大发展。

我国的冷弯设备制造业起步较晚，一直到 20 世纪 80 年代才得到较快的发展。在国内健全强大的冷弯设备供应链配套体系下，在行业工艺技术、产品开发方面，也逐渐取得了巨大的进步，受到国内外众多冷弯设备用户的青睐，在全球冷弯设备中，有着设计精良、工艺高效、经济实惠的发展优势。与此同时，国内冷弯设备制造商不断提高技术装备水平，各企业根据自身工厂条件，通过自主研发或引进国外先进设备，不断提高设备水平、生产工艺和技术能力。现今国内的冷弯成形工艺的主要技术和设备水平，都已进入全球主流冷弯成形工艺领先行列，成为全球冷弯设备行业发展的世界级制造工厂，设备出口海外，遍布欧美、南非、东亚各地。

第 **6** 章

拉深工艺

拉深是冲压成形的主要工序之一，拉深件随处可见。本章介绍拉深的工艺设计基础。在分析拉深变形过程及拉深件质量的基础上，介绍拉深工艺中一些重要的计算内容及计算方法，重点介绍圆筒形件的拉深系数、拉深次数、拉深件尺寸等参数的确定，并对其他多种形状工件，如盒形件、锥形件、球形件和抛物线形件的拉深过程进行介绍。

6.1 拉深变形过程分析

扫码观看 拉深变形
过程及特点

6.1.1 拉深变形过程及特点

拉深是利用拉深模将已冲裁好的平面毛坯压制成各种形状的开口空心零件，或将已压制的开口空心毛坯进一步制成其他形状、尺寸的开口空心零件的冲压成形工序。拉深又称拉延或压延。

拉深时所用的模具与冲裁模不同，其凸模与凹模没有锋利的刀口，而是具有较大的圆角半径，并且凸、凹模之间的间隙一般稍大于板厚。拉深工艺的主要特征在于拉深时金属有较大的流动，要求凸、凹模采用较大的圆角及较大的间隙就是为了利于金属的流动。

采用拉深工艺可以将毛坯压制成圆筒形、阶梯形、球形、锥形以及其他不规则形状的开口空心零件，如图 6-1 所示。如果与其他成形工艺配合，还可制成形状极其复杂的零件。拉深件的尺寸范围很大，小至几毫米，大至几米；拉深件的精度也较高，可达到 IT10 级精度。因此，拉深成形方法在汽车、飞机、军工产品、电子仪表以及日用品等工业部门的冲压生产中，应用十分广泛。

图 6-2 所示为以直径为 D、厚度为 t 的圆形平板毛坯经过拉深得到内径为 d、高度为 h 的开口圆筒形空心件的拉深过程。从图 6-2 可以看出，拉深的过程就是随着拉深凸模不断下行，留在凹模表面上的 $(D-d)$ 圆环部分的毛坯被凸模逐渐拉入凹模的过程。因此，拉深过程的实质是板料塑性流动的过程。

为了进一步了解毛坯金属材料在拉深模作用下的流动情况，可以通过网格试验进行验证，即拉深前在圆形毛坯上划上等间距的同心圆和等角度的辐射线（图 6-3a），根据拉深后网格尺寸和形状的变化来判断金属材料的流动情况。

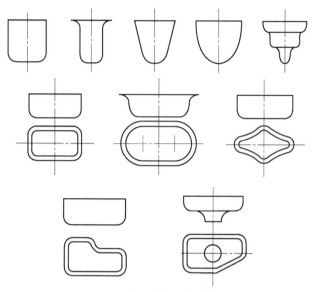

图 6-1　拉深成形的各种零件

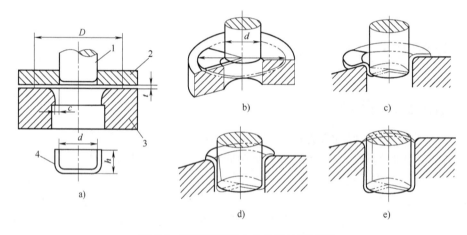

图 6-2　开口圆筒形空心件的拉深过程

a）拉深示意图　b）凸模与毛坯接触　c）凸模下行，毛坯被拉入凹模

d）更多的材料被拉入凹模　e）拉深结束，圆环（$D-d$）部分被全部拉入凹模

1—凸模　2—压边圈　3—凹模　4—拉深件

由图 6-3b 可以看出，拉深后网格发生了如下变化：

1）位于凸模下的筒底部分（直径为 d 的中心区域）的网格基本保持不变。

2）筒壁部分（由 $D-d$ 的环形区域转变而来）的网格发生了明显变化，由扇形变成了矩形。

① 原来等距离的同心圆变成了筒壁上不等距的水平圆筒线，越靠近口部间距增加越大，即 $a_5>a_4>a_3>a_2>a_1>a$。

② 原来等角度的辐射线在筒壁上成了相互平行且等距（间距为 b）的垂直线，即 $b'_5 = b'_4 = b'_3 = b'_2 = b'_1 = b$。

综上所述，拉深变形过程可以归纳如下：

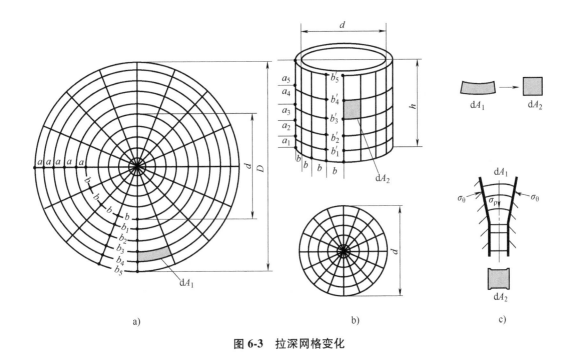

图 6-3 拉深网格变化

1） 在拉深过程中，处于凸模底部的材料几乎不发生变化，变形主要集中在处于凹模端面上的凸缘部分。

2） 由于金属材料内部的相互作用，金属各单元体之间产生了内应力，在径向产生拉应力 σ_ρ，在切向产生压应力 σ_θ。在 σ_ρ 和 σ_θ 的共同作用下该处金属材料沿径向伸长且越到口部伸长得越多；沿切向被压缩，且越到口部压缩得越多。毛坯凸缘区的材料在发生塑性变形的条件下不断地被拉入凹模内成为圆筒形零件的直壁。

3） 拉深时，凸缘变形区内各部分的变形是不均匀的。图 6-4 为拉深件的材料厚度和硬度变化示意图。一般是底部厚度略有变薄（一般忽略不计），且筒壁由底部向口部逐渐增厚。此外，沿高度方向零件各部分的硬度也不同，越到零件口部硬度越高。这些特点说明在拉深变形过程中坯料由于所承受的应力、应变不同产生了不均匀变形。

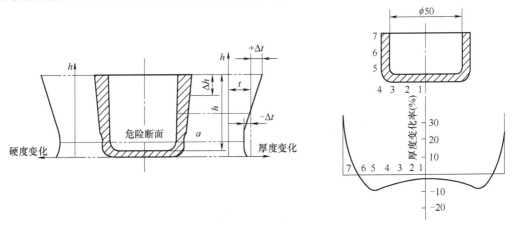

图 6-4 拉深件材料厚度和硬度的变化

6.1.2 拉深时毛坯应力和应变状态及分布

1. 变形区域分析

在拉深过程中，材料的变形程度由底部向口部逐步增大，故平板坯料各部分的加工硬化程度有所不同，应力与应变状态相差很大。且随着拉深的继续进行，凸缘部分的材料不断被拉入凸、凹模间的间隙中而形成直壁，即使是变形区同一位置的材料，其应力和应变状态也在时刻变化。而在实际生产中，拉深工艺出现质量问题的形式主要有以下两点：

1）凸缘变形区发生起皱并出现板料有所增厚的现象，其主要原因是切向压应力引起板料失稳。

2）传力区的拉裂并出现板料有所变薄的现象，其主要原因是径向拉应力超过抗拉强度而引起板料断裂。

要解决上述问题，必须研究拉深过程中坯料内各区的应力与应变状态。现以带压边圈的直壁圆筒形件的首次拉深为例，分析在拉深过程中的某一时刻，毛坯处于图6-5所示的不同区域的应力与应变状态。

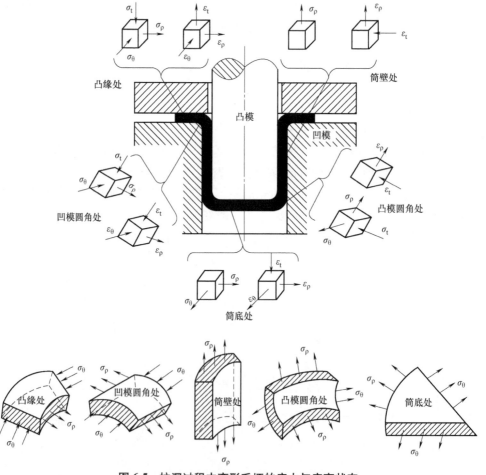

图6-5 拉深过程中变形毛坯的应力与应变状态

σ_ρ、ε_ρ——毛坯的径向应力与应变 σ_t、ε_t——毛坯的厚度方向应力与应变

σ_θ、ε_θ——毛坯的切向应力与应变

根据圆筒形件在拉深时各部分的受力和变形性质的不同，可将拉深毛坯件划分为以下五个区域，如图 6-6 所示。

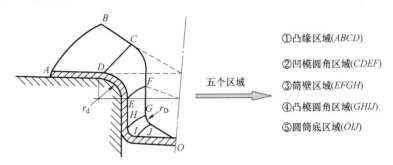

①凸缘区域(ABCD)

②凹模圆角区域(CDEF)

五个区域 ③筒壁区域(EFGH)

④凸模圆角区域(GHIJ)

⑤圆筒底区域(OIJ)

图 6-6　圆筒形拉深件各成形区域

（1）凸缘区域（变形区）

凸缘区域的应力与应变如图 6-7 所示。材料在径向拉应力 σ_ρ 和切向压应力 σ_θ 的共同作用下产生切向压缩与径向伸长变形并逐步被拉入凸、凹模间的间隙中而形成直壁。在厚度方向，由于压料圈的作用，产生压应力 σ_t，一般情况 σ_ρ 和 σ_θ 的绝对值比 σ_t 大得多。材料产生切向压缩与径向伸长变形，与此同时厚度有所增大，越接近外缘，增厚越多。如果不压料（$\sigma_t = 0$）或压料力较小（σ_t 小），这时板料增厚比较大。当拉深变形程度较大，板料又比较薄时，则在坯料的凸缘部分，特别是外缘部分，在切向压应力 σ_θ 的作用下可能失稳而拱起，形成所谓起皱。该区域的应力状态为一拉二压，即径向拉应力 σ_ρ、压料圈产生的压应力 σ_t 和切向压应力 σ_θ。

（2）凹模圆角区域（过渡区）

凹模圆角区域的应力与应变如图 6-8 所示。凹模圆角区域上的材料，切向受压应力而压缩，径向受拉应力而伸长，厚度方向受到凹模圆角的弯曲作用产生压应力。切向压应力值 σ_θ 不大，而径向拉应力 σ_ρ 最大，且凹模圆角越小，弯曲变形程度越大，弯曲引起的拉应力越大，所以有可能出现破裂。该区域也是变形区，但是变形次于凸缘区域的过渡区。该区域的应力状态也为一拉二压，即径向拉应力 σ_ρ、凹模圆角的弯曲作用产生的压应力 σ_t 和切向压应力 σ_θ。

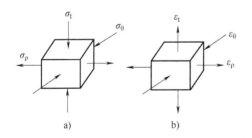

图 6-7　凸缘区域的应力与应变

a）应力　b）应变

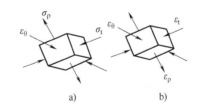

图 6-8　凹模圆角区域的应力与应变

a）应力　b）应变

（3）筒壁区域（传力区）

筒壁区域的应力与应变如图 6-9 所示。拉深时形成的直壁部分是已经结束了塑性变形阶段的已变形区，且已经发生了加工硬化，其变形抗力较大，所以几乎不再变形。在继续拉深过程中，该区域起着将凸模的拉深力传递到凸缘变形区的作用，因此该区域也称为传力区。该区域的应力状态为单向拉应力，变形是拉伸变形。

（4）凸模圆角区域（变形区）

凸模圆角区域的应力与应变如图 6-10 所示。这一区域是筒壁和圆筒底部的过渡区。材料承受径向拉应力 σ_ρ 和切向压应力 ε_θ 的作用，同时，在厚度方向上由于凸模的压力和弯曲作用而受到压应力 σ_t 的作用，使这部分材料的变薄最为严重，故此处最容易出现拉裂现象。一般而言，变薄最严重的地方发生在筒壁直段与凸模圆角相切的部位，此处称为危险断面。该区域为平面应变状态，径向 ε_ρ 为伸长应变，厚向 ε_t 为压缩应变。

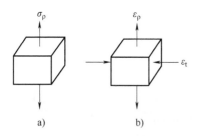

图 6-9　筒壁区域的应力与应变

a）应力　b）应变

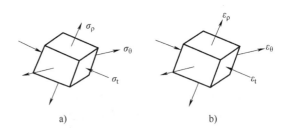

图 6-10　凸模圆角区域的应力与应变

a）应力　b）应变

（5）圆筒底区域（不变形区）

这部分材料处于凸模下面，直接承受凸模施加的轴向拉应力并由它将力传给圆筒底部，在拉深一开始就被拉入凹模，并始终保持平面状态，因此该区域也是传力区。此处材料承受双向拉应力 σ_ρ 和 σ_θ 的作用（平面应力状态），其应变为平面方向的拉应变 ε_ρ 和 ε_θ 及厚度方向的压缩应变 ε_t。由于受到凸模端面和圆角摩擦的制约，圆筒底部材料的应力与应变均不大，拉深前后的厚度变化甚微，可视为不变形区。

2. 主要变形区域应力分布

凸缘区域为圆筒形零件拉深的主要变形区域。为简化计算，假定由压边力引起的压边应力为零，则拉深主要变形区主要承受径向拉应力和切向压应力的平面应力作用，在不考虑加工硬化影响的情况下，由塑性变形条件和受力平衡条件可得到径向拉应力 σ_ρ 和切向压应力 σ_θ 的计算公式：

$$\sigma_\rho = 1.1\overline{\sigma}_m \ln \frac{R_t}{R} \tag{6-1}$$

$$\sigma_\theta = -1.1\overline{\sigma}_m \left(1 - \ln \frac{R_t}{R}\right) \tag{6-2}$$

式中　$\overline{\sigma}_m$——变形区材料的平均抗力，单位为 MPa；

　　　R_t——拉深中某时刻凸缘半径，单位为 mm；

　　　R——凸缘区内任意点的半径，单位为 mm。

把变形区内不同点的半径 R 代入式（6-1）和式（6-2）就可以算出各点的应力，它是按对数曲线规律分布的（图 6-11）。从分布曲线可看出，在变形区内边缘即 $R=r$ 处径向拉应力 σ_ρ 最大，其值为

$$\sigma_{\rho max} = 1.1\bar{\sigma}_m \ln\frac{R_t}{r} \tag{6-3}$$

而 $|\sigma_\theta|$ 最小，为 $|\sigma_\theta| = 1.1\bar{\sigma}_m\left(1-\ln\frac{R_t}{r}\right)$。在变形区
外边缘 $R=R_t$ 处压应力 $|\sigma_\theta|$ 最大，其值为

$$|\sigma_\theta|_{max} = 1.1\bar{\sigma}_m \tag{6-4}$$

而拉应力 σ_ρ 最小，其值为零。从凸缘外边向内边
径向拉应力 σ_ρ 由低到高变化，$|\sigma_\theta|$ 则由高到低变
化，在凸缘中间必有一交点存在（图 6-11），在此
点处有

$$|\sigma_\rho| = |\sigma_\theta| \tag{6-5}$$

即

$$1.1\bar{\sigma}_m\ln\frac{R_t}{R} = 1.1\bar{\sigma}_m\left(1-\ln\frac{R_t}{R}\right) \tag{6-6}$$

解得

$$R = 0.6R_t \tag{6-7}$$

即交点在 $R=0.6R_t$ 处。用 R 所做出的圆将凸缘分
成两部分，由此圆到凹模入口部分拉应力占优势，
拉应变 ε_ρ 为绝对值最大的主应变，厚度方向的变形
ε_t 是压缩应变。由此圆向外到毛坯边缘部分，压应
力占优势，压应变为绝对值最大的主应变，厚度方
向上的变形 ε_t 是拉伸应变（增厚）。交点处就是变
形区厚度方向变形是增厚还是减薄的分界点。

　　上述计算的 σ_ρ 和 σ_θ 是拉深到凸缘半径等于 R
时刻的应力值，随着拉深的不断进行，因加工硬化

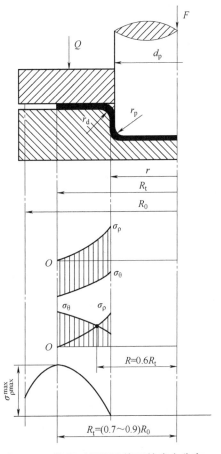

图 6-11　拉深时平面凸缘区的应力分布

导致 $\bar{\sigma}_m$ 逐渐增大，而 R_t/r 逐渐减小，由式（6-3）可知，$\sigma_{\rho max}$ 在不断变化，在拉深进行到
$R_t = (0.7\sim0.9)R_0$ 时，$\sigma_{\rho max}$ 出现最大值 $\sigma_{\rho max}^{max}$，以后随着拉深的继续进行，由于 R_t/r 的减小
占主导地位，$\sigma_{\rho max}$ 也逐渐减小，直到拉深结束时 $\sigma_{\rho max}$ 减小为零。而由式（6-4）可知，
$|\sigma_\theta|_{max}$ 仅取决于 $\bar{\sigma}_m$，即只与材料有关。随着拉深的进行，变形程度增加，硬化程度加大，
$\bar{\sigma}_m$ 增加，则 $|\sigma_\theta|_{max}$ 也增加。$|\sigma_\theta|_{max}$ 的变化规律与材料的硬化曲线相似。$|\sigma_\theta|_{max}$ 增加会使毛
坯有起皱的危险。

6.2　拉深件的质量分析与控制

6.2.1　起皱

1. 起皱现象

在拉深过程中，凸缘部分特别是凸缘外边部分的材料可能会失稳而沿切向形成高低不平

的皱折（拱起）现象称为起皱。

拉深时凸缘变形区的每个小扇形块在切向均受到 σ_θ 压应力的作用。若作用力 σ_θ 过大，扇形块又较薄，σ_θ 超过此时扇形块所能承受的临界压应力时，扇形块就会失稳弯曲而拱起，如图 6-12 所示。起皱在拉深薄料时更易发生，且首先在凸缘的外缘开始，因为此处的 σ_θ 值最大。

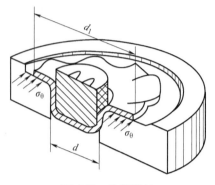

图 6-12　凸缘起皱

变形区一旦起皱，对拉深的正常进行是非常不利的。因为毛坯起皱后，拱起的皱折很难通过凸、凹模间隙被拉入凹模，如果强行拉入，则拉应力迅速增大，容易使毛坯受过大的拉力而导致断裂报废。即使模具间隙较大，或者起皱不严重，拱起的皱折能勉强被拉进凹模内形成筒壁，但皱折也会留在工件的侧壁上，从而影响工件的表面质量。同时，起皱后的材料在通过模具间隙时与模具间的压力增加，导致与模具间摩擦加剧，磨损严重，使得模具的寿命大为降低。因此，应尽量避免起皱。

实践证明，在带压边圈的无凸缘圆筒形件首次拉深中，失稳起皱的规律与 σ_{pmax} 的变化规律相似，最易起皱的时刻为 σ_{pmax}^{max} 出现的时刻，即 $R_t = (0.7 \sim 0.9)R_0$ 时。起皱通常发生在拉深的初期。

2. 影响起皱的因素

拉深变形区是否失稳起皱，与该处材料所受的切向压应力大小和几何尺寸有关。影响因素如下：

（1）凸缘部分材料的相对厚度

凸缘部分的相对料厚，即 $t/(D_t - d)$ ［或 $t/(R_t - r)$］，其中，t 为料厚，D_t 为凸缘外径，d 为工件直径，r 为工件半径，R_t 为凸缘外半径。凸缘相对料厚越大，则说明 t 较大而 $(D_t - d)$ 较小，即变形区较窄较厚，因此抗失稳能力强，稳定性好，不易起皱。反之，材料抗纵向弯曲能力弱，就容易起皱。

（2）切向压应力 σ_θ 的大小

拉深时 σ_θ 的值取决于变形程度，变形程度越大，需要转移的剩余材料越多，加工硬化现象越严重，则 σ_θ 越大，越容易起皱。

（3）材料的力学性能

板料的屈强比小，则屈服极限小，变形区内切向压应力也相对减小，因此，板料不容易起皱。当塑性应变比 r 大于 1 时，说明板料在宽度方向上的变形易于厚度方向，材料易于沿平面流动，因此也不容易起皱。

（4）凹模工作部分几何形状

与普通的平端面凹模相比，锥形凹模允许拉深较薄的毛坯而不致起皱。

生产中可用下述公式概略估算是否会起皱。

平端面凹模拉深时，毛坯首次拉深不起皱的条件是

$$\frac{t}{D} \geqslant 0.045\left(1 - \frac{d}{D}\right) \tag{6-8}$$

用锥形凹模首次拉深时，材料不起皱的条件是

$$\frac{t}{D} \geqslant 0.03\left(1-\frac{d}{D}\right) \tag{6-9}$$

式中　D——毛坯直径，单位为 mm；

　　　d——工件直径，单位为 mm；

　　　t——板料的厚度，单位为 mm。

也可利用表 6-1 进行判断。

表 6-1　采用或不采用压边圈的条件

拉深方法	第一次拉深		以后各次拉深	
	$(t/D) \times 100$	m_1	$(t/D) \times 100$	m_n
用压边圈	<1.5	<0.6	<1.0	<0.8
可用可不用	1.5~2.0	0.6	1.0~1.5	0.8
不用压边圈	>2.0	>0.6	>1.5	>0.8

3. 防止起皱的措施

在生产中常采用增加压边圈下摩擦力，以增加径向拉应力和减小切向压应力的方法来防止起皱。

根据上述分析，拉深过程中，在 $R_t = (0.7 \sim 0.9) R_0$ 时刻起皱最严重，故压边力 Q 最好能随起皱规律（σ_{pmax}）而变化，即按图 6-13 所示的合理压边力变化，但要做到这一点是很困难的。

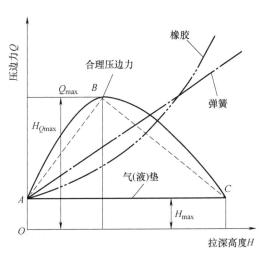

图 6-13　拉深时的压边力曲线

（1）控制压边装置

目前，在模具上设置压边装置主要有以下几种：

1）弹簧式压边装置（图 6-14a）：采用弹簧作为弹性介质对板坯进行压边，压边力的增加与拉深行程成正比关系，随行程的增加而增加，且压边力数值可估算，成本低，压边效果好，实际生产中应用较广，一般只能用于浅拉深。

2）橡胶式压边装置（图6-14b）：采用橡胶作为弹性介质对板料进行压边，结构简单，使用方便，能够产生足够的压边力。但橡胶的柔性较差，在拉深后期压边力会急剧上升，使材料径向流动困难，甚至因无法流动而拉裂，效果比弹簧差，一般只能用于浅拉深。

3）气垫式压边装置（图6-14c）：采用气垫作为弹性介质对板料进行压边，整个拉深过程中可以通过调节气垫的气压来改变压边力大小，甚至可以将压边力设置成一恒定值。该方法压边效果较好，可以用于深拉深，但结构相对较复杂，成本较高。

4）刚性压边装置（图6-14d）：效果好，用于双点压力机。

固定式压边圈（图6-15a、b）：压边间隙（限位距离）s为一恒定值的压边结构，通常s略大于板坯厚度t。该结构一般只适用于某一厚度的板料拉深。

调节式压边圈（图6-15c）：为了便于在同一套模具上拉深不同厚度的板料而设置的一种压边结构。通常是通过调节螺纹来控制压边间隙的。

根据拉深件的形状及材料限位距离，s的大小会有变化。

拉深带凸缘的工件时：$s=t+(0.05\sim0.1)\text{mm}$。

拉深钢件时：$s=1.2t$。

拉深铝合金工件时：$s=1.1t$。

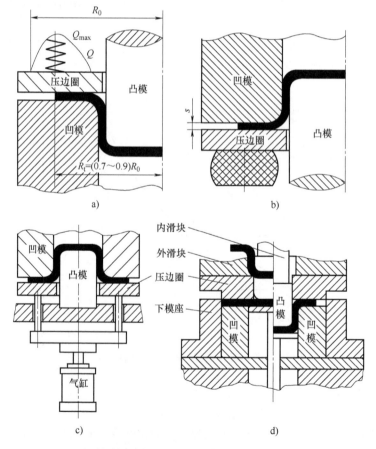

图 6-14 几种典型的压边装置

a）弹簧式压边装置　b）橡胶式压边装置　c）气垫式压边装置　d）刚性压边装置

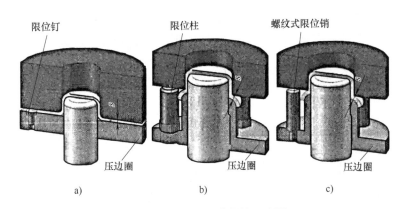

图 6-15　带限位装置的压边圈

a）带限位平面式　b）中间工序限位固定式　c）中间工序限位可调式

（2）采用锥形凹模

如图 6-16 所示，将凹模设计成锥形，板坯拉深初期就处于锥形面上，具有较大的刚度和较强的失稳抗力。同时，锥形凹模有利于材料的切向压缩变形，材料流经凹模圆角处时，圆角对材料的压应力和弯曲作用力也相对较小，材料径向流动效果显著提高，拉深力明显下降。故采用锥形凹模可以有效地改善板坯成形性能。

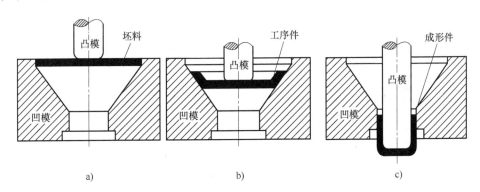

图 6-16　拉深用锥形凹模

a）拉深前　b）拉深中　c）拉深后

（3）采用拉深筋

设置在拉深模压料面上凸起的筋状结构即为拉深筋，拉深筋的剖面呈半圆弧形状，如图 6-17 所示。设置拉深筋结构能够增大径向拉应力 σ_ρ，减少板坯与压边圈间的摩擦，改善材料的径向流动性，并能很好地防止起皱现象的产生，从而改善板坯的成形性能。

（4）采用反拉深

反拉深也称反拉延，是把空心工序件内壁外翻的一种拉深工序，如图 6-18 所示。

反拉深能减缓起皱是与其变形特点有关的：

1）反拉深材料流动方向与正拉深相反，有利于相互抵消拉深过程中形成的残余应力。

2）反拉深时，坯料的弯曲与反弯曲次数较少，冷作硬化也少，有利于成形。

3）反拉深时，坯料与凹模的接触面较正拉深的大，材料流动阻力也大，增大了径向拉

应力 σ_ρ，减小了切向压应力 σ_θ，可有效地防止起皱倾向。

4）反拉深将原有的外表面内翻，故原有外表面拉深时的划痕将不会影响外观。

反拉深凹模的壁厚尺寸一般受拉深系数的限制，因此，反拉深一般用于坯料相对厚度 $(t/D)<0.003$，相对高度 $h/d=0.7\sim1$，以及工件的最小直径 $d=(30\sim60)\,\mathrm{mm}$ 的拉深。

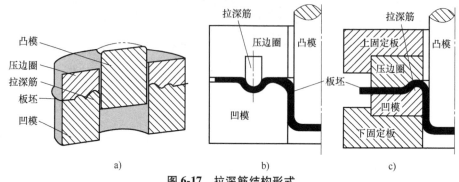

图 6-17 拉深筋结构形式

a）波浪式 b）可拆卸式 c）固定式

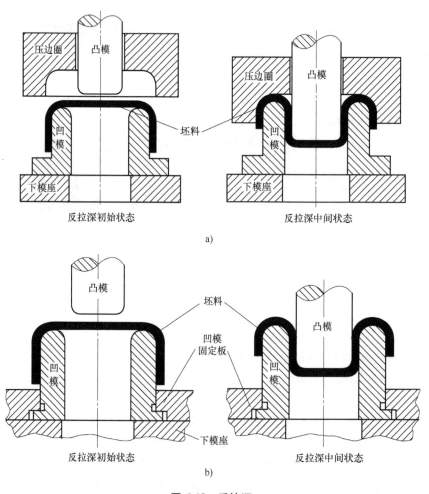

a)

b)

图 6-18 反拉深

a）有压边圈 b）无压边圈

6.2.2 拉裂

1. 拉裂现象

根据前面的分析，拉深后工件壁厚分布不均匀，口部增厚最多，约为30%；筒壁与底部转角部位壁厚最小，减少了将近10%，是拉深时最容易被拉断的地方，即危险断面，如图 6-19 所示。

此处成为危险断面的原因如下：

1）该处的断面面积较小，因而当传递的拉深力恒定时，其拉应力 σ_ρ 较大。

2）该处需要转移的材料较少，因而变形小，冷作硬化较低，材料强度小。

3）与凸模圆角部位相比，摩擦阻力小，难于阻止材料变薄。

4）筒壁和筒底材料无法向凸模圆角区域补给材料。

凸缘上拉应力 σ_ρ 在凹模入口处达到最大值 $\sigma_{\rho max}$，当 $R_t = (0.7 \sim 0.9)R_0$ 时，$\sigma_{\rho max}$ 达到最大值 $\sigma_{\rho max}^{max}$。如果 $\sigma_{\rho max}^{max}$ 大于危险断面的材料抗拉强度值时，拉深件通常就会在危险断面处发生破裂。

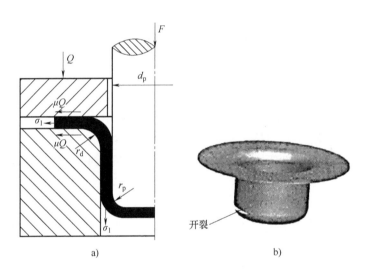

a)　　　　　　　　　　　　　b)

图 6-19　拉深时危险断面受力情况

a）拉深断面受力　b）开裂工件

2. 影响拉裂的因素

（1）材料方面

1）材料的力学性能：一般若屈强比小、抗拉强度大、伸长率大、硬化指数大、塑性应变比大，则板坯不易被拉裂。

2）材料的相对厚度：板坯的相对厚度 t/D 越大，凸缘部位的起皱抵抗能力越强，压边力可以降低，压边圈和凹模对板坯的摩擦减小，对成形有利。

3）材料的表面粗糙度：拉深过程中，材料表面粗糙度值越小，润滑条件越好，则越有利于材料的径向流动，材料越不容易破裂。

（2）模具方面

1）模具间隙：凸、凹模间隙 Z 越大，凸缘部位材料越容易流入其内，有利于板坯成形，不容易破裂，如图 6-20a 所示。

2）凸、凹模圆角半径：凸模圆角半径 r_p 和凹模圆角半径 r_d 越小，弯曲变形越大，金属的流动阻力也越大，材料的变薄量增加，严重时同样会产生破裂，如图 6-20b 所示。

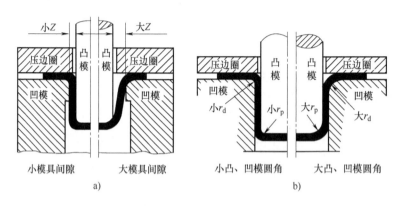

图 6-20　拉深模间隙及圆角

a）模具间隙　b）凸、凹模圆角半径

3）模具表面粗糙度：凹模表面和压边圈对凸缘处的摩擦阻碍材料的径向流动，不利于成形；而凸模对板坯的摩擦阻碍侧壁危险区材料的流动，有利于成形。

4）凹模形状：采用锥形凹模结构，有利于材料的切向压缩变形，流经凹模圆角处的材料受到较小的压应力和弯曲作用力，有利于板坯成形，不容易破裂，如图 6-16 所示。

（3）拉深条件

1）压边条件：采用压边圈时，能有效防止起皱的产生，利于成形；相反，不采用压边圈时，容易起皱，严重的起皱同样会导致工件破裂。但压边力越大，压边圈、凹模与板坯间的摩擦力越大，材料成形越困难，拉深件越易发生破裂。

2）拉深次数：板坯经过拉深变形后会产生加工硬化现象，塑性降低，以致再变形难度增大，使拉深件越易发生破裂。

3）润滑情况：拉深过程中，板坯与凹模和压边圈之间的润滑条件越好，材料的变形阻力越小，越有利于成形。然而，凸模表面应较凹模粗糙，且不宜采取润滑措施。

4）变形程度：板坯的变形程度越大，发生破裂失效的可能性也越大。

（4）工件形状

工件形状不同，则变形时应力与应变状态不同，极限变形量也就不同。工件形状越复杂，工件的局部加工硬化越严重，材料成形越困难，拉深件越易发生破裂。

从上述分析可知，拉深过程中经常遇到的主要问题是起皱和破裂。一般情况下，起皱不是主要难题，因为只要采用压边圈即可得到控制，而破裂将会直接导致工件的报废，是主要的问题。掌握了拉深工艺的这些特点后，在制定生产工艺、设计模具时就要考虑如何在保证

最大的变形程度下避免板坯起皱和工件破裂，使拉深能顺利进行。

3. 防止拉裂的措施

（1）合理选用材料

工件材料的选用除应满足工件需要外，还应考虑工艺的要求。一般说来，选用材料应考虑下列几个指标：

1）屈强比要小：屈强比小，屈服强度小，凸缘材料易变形；强度极限高，材料不易破裂。

2）塑性应变比 r 要大：r 值变大，壁厚应变小，筒壁变薄量小，不易破裂。

（2）正确确定凸、凹模圆角半径

凸、凹模圆角半径对拉深成形极限的影响已在前面叙述，它对筒壁的拉裂影响极大。通常凹模圆角半径 r_d 可取 $r_d = (6 \sim 10)t$。薄料取上限，厚料取下限。

凸模圆角半径 r_p 可取：$r_p = (0.7 \sim 1.0)r_d$。

（3）合理选取拉深系数

拉深系数取得过小，虽可加大变形程度，减少拉深次数，但却大大增加拉深力，使工件筒壁严重变薄，甚至导致拉裂。例如：用同样的凹模圆角半径、同样的润滑条件，对板厚1mm 的 10 钢进行拉深，采用拉深系数 m 为 0.656 时，筒壁危险断面处变薄量为 5.7%，而 m 为 0.175 时，变薄量增至 13.5%。

因此，在选取拉深系数时，应全面考虑，不要片面追求过小的拉深系数。

（4）正确进行润滑

拉深时，采用必要的润滑，有利于拉深工艺的顺利进行，筒壁变薄得到改善，但必须注意润滑剂只能涂在与凹模压料圈接触的毛坯表面上，而在与凸模接触的毛坯表面上千万不要润滑，因凸模与毛坯表面的摩擦是属于有利的摩擦，它可防止工件滑动、变薄。

6.2.3　学科交叉解决拉深缺陷难题

拉深缺陷是拉深工艺中不可避免的问题。在设计拉深模具和工艺时，传统方法通过设计—试制—试验—发现问题—设计的流程来解决产品缺陷问题，这样不仅耗时，而且成本极高。随着计算机技术的发展，一种冲压理论与数字模拟技术相结合的技术应运而生——冲压模具成形数值模拟技术，从根本上解决了这一难题。

冲压模具成形数值模拟技术又称冲压成形计算机辅助工程即 CAE，它以计算机软件的形式为用户提供一种有效的辅助工具，使工程技术人员能借助计算机对模具结构、成形工艺、生产加工等进行设计和优化。在模具设计过程中，使用 CAE 软件对设计方案实施性能和可靠性能分析，然后进行成形数值模拟，能够预测板料在成形过程中的缺陷，使工程人员能够借助模拟结果简化和优化成形参数，使得成形更加趋于完善，从而提高冲压模具产品的质量和模具寿命，缩短生产周期，降低生产成本。

数值模拟技术在冲压模具中的应用研究起始于 20 世纪 60 年代，到 70 年代就成为冲压界的流行技术。我国在冲压模具数值模拟成形研究方面起步较晚，开始于 20 世纪 80 年代后期，通过广大科研工作者几十年的不懈努力，在某些方面已经达到了世界一流水平。如吉林大学的胡平教授等采用非经典的弹塑性拟流动理论和非二次形的面内各向异性屈服函数对各向异性板料冲压成形进行了分析，开发出了具有自主版权的 KMAS 板料成形模拟分析软件；湖南大学的徐康熙对板料成形过程的显示有限元分析程序进行了开发和研究，采用基于动态坐标系的程序已在柳州微型汽车厂及长沙市梅花车身厂获得应用，成功解决了拉深件拉裂和失稳起皱等难题。在实际应用方面，一汽集团公司经过几年的努力，取得了可观的成果，他们对 CA488-4 油底壳进行了拉延成形数值模拟，成功预测出现的缺陷及原因，并在此基础上提出了解决方案，使得最后油底壳一次拉延成功。上海大众汽车公司与上海交大产研结合，完成了汽车外侧围板、行李舱盖等零件的数值分析，在改进工艺、零件选材方面提出了有效的建议，数值模拟结果与实际试验结果吻合度达到 80% 以上。

总之，数值模拟技术的研究和应用，为我国冲压工业带来了翻天覆地的变化，使手工操作升级为机械自动化，使成形缺陷由不可预知变成了可预测，不但减小了工人的工作强度，更重要的是提高了冲压件的质量，缩短了生产周期，降低了企业的成产成本。因而数值模拟技术的出现被称为冲压界的一个里程碑。

数字模拟技术与冲压技术相结合是一个典型的学科交叉案例，在解决拉深缺陷这一棘手问题上达到了非常不错的效果。学科交叉往往就是科学新的生长点、新的科学前沿，这里最有可能产生重大的科学突破，使科学发生革命性的变化。同时，交叉科学是综合性、跨学科的产物，因而有利于解决人类面临的重大复杂科学问题、社会问题和全球性问题。新时代背景下，我国正从"制造业大国"迈向"制造业强国"，未来的冲压及其相关产业将呈现出更多的技术交叉融合、产品关联度高等新型业态，冲压行业将迎来数字化、自动化、智能化的全面提升，并带动制造业产业链上其他节点的效能变革。因此，我们必须重视学科交叉在解决科学难题时的重大意义。

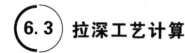 **6.3** **拉深工艺计算**

6.3.1　圆筒形件的拉深工艺计算

1. 毛坯形状尺寸确定

确定旋转体拉深件毛坯形状的原理如下：

1）体积不变原理。拉深前和拉深后材料的体积不变。对于不变薄拉深，因假设变形中材料厚度不变，则拉深前毛坯的表面积与拉深后工件的表面积近似相等。

2）相似原理。毛坯的形状一般与工件断面形状相似。如工件的断面是圆形的，则拉深前毛坯的形状基本上也是圆形的，并且毛坯的周边必须制成光滑曲线，无急剧的转折。

据此可知旋转体零件的展开毛坯即为圆形。

求解毛坯尺寸的步骤如下：

（1）确定修边余量

由于材料的各向异性以及拉深时金属流动条件的差异，拉深后工件口部不平，通常需要修边，因此计算毛坯尺寸时应在工件高度方向上增加修边余量 Δh。Δh 值可根据工件的相对高度查表 6-2。

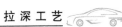

表 6-2　无凸缘圆筒形件的修边余量 Δh（JB/T 6959—2008）　　　（单位：mm）

工件高度 h	工件相对高度 h/d				附图
	>0.5~0.8	>0.8~1.6	>1.6~2.5	>2.5~4.0	
≤10	1.0	1.2	1.5	2.0	
>10~20	1.2	1.6	2.0	2.5	
>20~50	2.0	2.5	3.3	4.0	
>50~100	3.0	3.8	5.0	6.0	
>100~150	4.0	5.0	6.5	8.0	
>150~200	5.0	6.3	8.0	10.0	
>200~250	6.0	7.5	9.0	11.0	
>250	7.0	8.5	10.0	12.0	

（2）计算工件表面积

为了便于计算，把工件分解成若干个简单几何体，分别求出其表面积后相加。图 6-21 所示的工件可看成由圆筒部分（A_1）、圆弧旋转而成的球台部分（A_2）以及底部圆形平板（A_3）三部分组成。

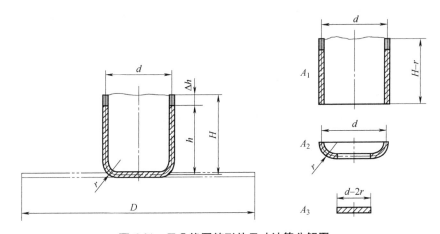

图 6-21　无凸缘圆筒形件尺寸计算分解图

圆筒部分的表面积为

$$A_1 = \pi d(H-r) \tag{6-10}$$

式中　d——圆筒部分的中径，单位为 mm；

　　　H——包含修边余量的拉深件的总高度，单位为 mm；

　　　r——工件中线在圆角处的圆角半径，单位为 mm。

圆角球台部分的表面积为

$$A_2 = \frac{\pi}{4}\left[2\pi r(d-2r)+8r^2\right] \tag{6-11}$$

底部表面积为

$$A_3 = \frac{1}{4}\pi(d-2r)^2 \tag{6-12}$$

工件的总面积为 A_1、A_2 和 A_3 三部分之和，即

$$A = A_1 + A_2 + A_3 = \pi d(H-r) + \frac{\pi}{4}\left[2\pi r(d-2r) + 8r^2 \right] + \frac{1}{4}\pi(d-2r)^2 \tag{6-13}$$

（3）求出毛坯尺寸

设毛坯的直径为 D，根据毛坯表面积等于工件表面积，则

$$\frac{1}{4}\pi D^2 = \pi d(H-r) + \frac{\pi}{4}\left[2\pi r(d-2r) + 8r^2 \right] + \frac{1}{4}\pi(d-2r)^2 \tag{6-14}$$

解出

$$D = \sqrt{d^2 - 1.72dr - 0.56r^2 + 4d(h+\Delta h)} \tag{6-15}$$

注意：对于式（6-15），若毛坯的厚度 $t < 1\mathrm{mm}$，以外径和外高或内部尺寸来计算，毛坯尺寸的误差不大。若毛坯的厚度 $t \geq 1\mathrm{mm}$，则各个尺寸应以工件厚度的中线尺寸代入进行计算。其他复杂形状零件的毛坯计算可查有关资料。

复杂旋转体拉深件的尺寸仍然采用表面积相等的原则求出，而其表面积可采用久里金法则计算，具体公式可查阅相关手册。

2. 拉深系数与拉深次数

制定拉深工艺时，为了提高生产率，节约成本，希望用最少的拉深次数（冲模套数）、最大的变形程度来尽快获得成形件，但过大的变形量却会导致产生起皱或破裂现象。因此，为了在生产率和降低废品率之间寻找一个平衡，确定合理的拉深系数和拉深次数是非常有必要的。

（1）拉深系数

拉深系数是指拉深后工件直径（侧壁周长）与拉深前板坯直径（外边缘周长）之比，是用来表示板坯拉深前后变形程度的参数。对于圆筒形件来说，拉深系数为

$$m = \frac{\pi d}{\pi D} = \frac{d}{D} \tag{6-16}$$

拉深比 k 与拉深系数呈倒数关系，即 $k = 1/m$，k 同样用来表示板坯的拉深变形程度。

1）如果板坯需要多次拉深，则首次拉深系数为

$$m_1 = \frac{d_1}{D} \tag{6-17}$$

2）之后各次拉深系数（图 6-22）为

$$m_2 = \frac{d_2}{d_1}, m_3 = \frac{d_3}{d_2}, \cdots, m_n = \frac{d_n}{d_{n-1}} \tag{6-18}$$

3）总拉深系数为

$$m_{\text{总}} = \frac{d_n}{D} = \frac{d_1}{D}\frac{d_2}{d_3}\cdots\frac{d_{n-1}}{d_{n-2}}\frac{d_n}{d_{n-1}} = m_1 m_2 \cdots m_{n-1} m_n \tag{6-19}$$

式中 $m_1, m_2, m_3, \cdots, m_n$——各次拉深系数；

$m_{\text{总}}$——总拉深系数；

D——坯料直径，单位为 mm；

$d_1, d_2, d_3, \cdots, d_n$——各次半成品拉深件的直径，单位为 mm，其中，$d_n = d$。

拉深系数 m 表示拉深前后坯料（工序件）直径的变化率，其值小于 1；拉深系数 m 越

小，则板坯直径变化越大，即变形程度越大，需要转移的"多余扇形"面积越大，如图 6-23 所示。

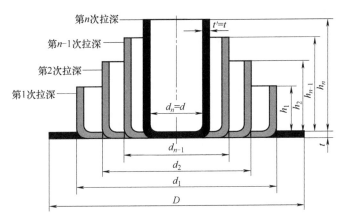

图 6-22 圆筒形件的多次拉深

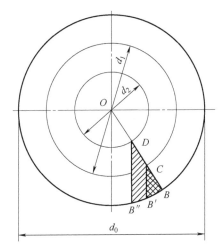

图 6-23 拉深时需要转移的材料

（2）极限拉深系数

如果拉深系数太大，则拉深次数及冲模套数将会增加，不经济；如果拉深系数太小，则变形程度太大，易拉裂。生产上为了减少拉深次数，在保证质量的前提下，一般采用较小的拉深系数。但拉深系数的减小应该有一个极限值。极限拉深系数 m_{min} 就是在保证获得不破裂拉深件的前提下，所能取到的最小拉深系数。极限拉深系数的大小反映出材料的拉深性能。

凡是能提高拉深凸缘部位材料的径向流动性、减小变形区的变形阻力、增加传力区内危险断面强度、降低破裂可能性的因素，均有利于板坯成形，使极限拉深系数减小。

（3）拉深系数的确定

拉深时采用的拉深系数 m 不能太大，也不能太小，但其值必须大于极限拉深系数 m_{min}。生产上采用的极限拉深系数是在一定条件下用试验方法求出的，通常 $m_1 = 0.46 \sim 0.60$，$m_2 = 0.70 \sim 0.86$。

一般情况下，用压边装置的拉深系数小于不用压边装置的拉深系数。多次拉深时，后一道工序所允许的 m_{min} 要比前一道的大，拉深次数越多，后续的 m_{min} 将越大。

　　各次拉深的极限拉深系数可查表 6-3~表 6-5。

表 6-3　无凸缘圆筒形件极限拉深系数（用压边圈）

拉深系数	坯料相对厚度（t/D）（%）					
	<2~1.5	<1.5~1.0	<1.0~0.6	<0.6~0.3	<0.3~0.15	<0.15~0.06
m_{1min}	0.48~0.50	0.50~0.53	0.53~0.55	0.55~0.58	0.58~0.60	0.60~0.63
m_{2min}	0.73~0.75	0.75~0.76	0.76~0.78	0.78~0.79	0.79~0.80	0.80~0.82
m_{3min}	0.76~0.78	0.78~0.79	0.79~0.80	0.80~0.81	0.81~0.82	0.82~0.84
m_{4min}	0.78~0.80	0.80~0.81	0.81~0.82	0.82~0.83	0.83~0.85	0.85~0.86
m_{5min}	0.80~0.82	0.82~0.84	0.84~0.85	0.85~0.86	0.86~0.87	0.87~0.88

注：1. 表中数据适用于 08 钢、10 钢和 15Mn 钢等普通拉深钢及黄铜 H62。对拉深性能较差的材料，如 20 钢、25 钢、Q235 钢及硬铝等应比表中数值大 1.5%~2.0%；而对塑性较好的 05、08、10 钢及软铝应比表中数值小 1.5%~2.0%。

　　2. 表中数据运用于未经中间退火的拉深。若采用中间退火，表中数值应小 2%~3%。

　　3. 表中较小值适用于大的凹模圆角半径 $r_d = (8~15)t$，较大值适用于小的圆角半径 $r_d = (4~8)t$。

表 6-4　无凸缘圆筒形件极限拉深系数（不用压边圈）

拉深系数	坯料相对厚度（t/D）（%）				
	≤1.5	>1.5~2.0	>2.0~2.5	>2.5~3.0	>3.0
m_{1min}	0.65	0.60	0.55	0.53	0.50
m_{2min}	0.80	0.75	0.75	0.75	0.70
m_{3min}	0.84	0.80	0.80	0.80	0.75
m_{4min}	0.87	0.84	0.84	0.84	0.78
m_{5min}	0.90	0.87	0.87	0.87	0.82
m_{6min}	—	—	0.90	0.90	0.85

注：此表适合于 08 钢、10 钢及 15Mn 钢等材料，其余各项目同表 6-3。

表 6-5　圆筒形件其他金属板坯的拉深系数

材料名称	牌号	首次拉深系数	以后各次拉深系数
铝及铝合金	8A06，1035，3A21	0.52~0.55	0.70~0.75
硬铝	2A12，2A11	0.55~0.58	0.75~0.80
黄铜	H62	0.52~0.54	0.70~0.72
	H68	0.50~0.52	0.58~0.72
纯铜	T2，T3	0.50~0.55	0.72~0.80
无氧铜		0.50~0.58	0.75~0.82
镍，镁镍，硅镍		0.48~0.53	0.70~0.75
康铜（铜镍合金）		0.50~0.56	0.74~0.84
白铁皮		0.58~0.65	0.80~0.85
酸洗钢板		0.54~0.58	0.75~0.78

（续）

材料名称	牌号	首次拉深系数	以后各次拉深系数
	06Cr13	0.52~0.56	0.75~0.78
不锈钢	06Cr19Ni10	0.50~0.52	0.70~0.75
	06Cr23Ni13	0.52~0.55	0.78~0.80
镍铬合金	Cr20Ni80Ti	0.54~0.59	0.78~0.84
合金结构钢	30CrMnSi	0.62~0.70	0.80~0.84
可伐合金		0.65~0.67	0.85~0.90
钼铱合金		0.72~0.82	0.91~0.97
钽		0.65~0.67	0.84~0.87
铌		0.65~0.67	0.84~0.87
钛及钛合金	TA2, TA3	0.58~0.60	0.80~0.85

（4）拉深次数的确定

确定拉深次数是为了计算出各次拉深形成的半成品的直径和高度，以此作为设计模具和选择压力机的依据。不少拉深件往往需要经过几次拉深才能达到最终的尺寸形状。如果已知每道工序的拉深系数或拉深比的数值，就可以通过计算获得各道工序中工件的尺寸。

板坯拉深工艺中，拉深次数与拉深系数有必然的联系，由于实际的拉深系数应大于极限拉深系数，所以采用拉深系数计算公式计算出来的拉深系数只要大于表 6-3～表 6-5 中所列的数值时，工件便可以一次拉深成形，否则必须多次拉深。多次拉深时，假设总的拉深系数 $m_{总}=d/D$，其拉深次数可以按下列方法来确定。

1）推算法。查得各次的极限拉深系数 m_{min}；依次计算出各次拉深直径（最大变形程度），即 $d_1=m_1D$，$d_2=m_2d_1$，…，$d_n=m_nd_{n-1}$；当 $d_n \leq d$ 时，计算的次数 n 即为拉深次数。

2）计算法。

拉深次数

$$n=1+\frac{\lg d-\lg(m_1D)}{\lg m_{均}} \qquad (6-20)$$

式中　d——拉深件直径，单位为 mm；

　　　D——坯料直径，单位为 mm；

　　　m_1——第一次拉深系数；

　　　$m_{均}$——第一次拉深后各次拉深的平均拉深系数。

3）查表法。根据拉深件的相对厚度 t/D 直接查表 6-6 获得拉深次数。

表 6-6　无凸缘筒形件拉深的相对厚度 t/D 与拉深次数的关系（材料 08、10）

拉深次数	坯料相对厚度 $(t/D)\times 100$					
	0.08~0.15	0.15~0.30	0.30~0.60	0.60~1.00	1.00~1.50	1.50~2.00
1	0.38~0.64	0.45~0.52	0.50~0.62	0.57~0.71	0.65~0.84	0.77~0.94
2	0.70~0.90	0.83~0.96	0.90~1.13	1.10~1.36	1.32~1.60	1.54~1.88
3	1.10~1.30	1.30~1.60	1.50~1.90	1.80~2.30	2.20~2.80	2.70~3.50
4	1.50~2.00	2.00~2.40	2.40~2.90	2.90~3.60	3.50~4.30	4.30~5.60
5	2.00~2.70	2.70~3.30	3.30~4.10	4.10~5.20	5.10~6.60	6.60~8.90

3. 半成品尺寸确定

半成品尺寸确定包括半成品直径 d_n、筒底圆角半径 r_n 和筒壁高度 h_n 的确定。

1）半成品直径 d_n 的确定。拉深次数确定后，再根据计算直径 d_n 应等于工件直径 d，对各次拉深系数进行调整，使实际采用的拉深系数大于推算拉深次数时使用的极限拉深系数。

设实际采用的拉深系数为 $m_1, m_2, m_3, \cdots, m_n$，应使各次拉深系数依次增加，即通常遵循以下规则：

$$m_1 < m_2 < m_3 < \cdots < m_n \tag{6-21}$$

且

$$[m_1] - m_1 \approx [m_2] - m_2 \approx [m_3] - m_3 \approx \cdots \approx [m_n] - m_n \tag{6-22}$$

2）半成品高度的确定。各次拉深直径确定后，紧接着是计算各次拉深后半成品的高度。计算高度前，应先定出各次半成品底部的圆角半径。

计算各次半成品的高度可由求毛坯直径的公式推出，即

第一次

$$h_1 = 0.25\left(\frac{D^2}{d_1} - d_1\right) + 0.43 \frac{r_1}{d_1}(d_1 + 0.32 r_1) \tag{6-23}$$

第二次

$$h_2 = 0.25\left(\frac{D^2}{d_2} - d_2\right) + 0.43 \frac{r_2}{d_2}(d_2 + 0.32 r_2) \tag{6-24}$$

……

第 n 次

$$h_n = 0.25\left(\frac{D^2}{d_n} - d_n\right) + 0.43 \frac{r_n}{d_n}(d_n + 0.32 r_n) \tag{6-25}$$

式中 d_1、d_2、d_n——各次拉深的直径（中线值）；

  r_1、r_2、r_n——各次半成品底部的圆角半径（中线值）；

  h_1、h_2、h_n——各次半成品底部圆角圆心以上的筒壁高度；

  D——毛坯直径。

4. 圆筒形件尺寸计算举例

【例】 拉深件如图 6-24 所示，材料为 10 钢，厚度为 1mm，试计算确定板坯尺寸、拉深次数及半成品尺寸。

解：解题步骤如下：

1）圆筒形拉深件工艺性分析。工件为无凸缘圆筒形件，对外形尺寸有要求，没有厚度不变的要求，满足拉深工艺要求，故可用普通拉深加工。工件底部圆角半径 $r = r_p = 3.5\text{mm} \geq t$，满足再次拉深对圆角半径的要求。$\phi 21_{-0.1}^{0}$mm 为 IT14 级，满足拉深工序对工件的公差等级要求。

由于板坯厚度 $t \geq 1$mm，故按厚度中线尺寸计算，则 $d = 20$mm，$h = 67.5$mm，$r = 4$mm。

2）确定修边余量。由 $h/d = 67.5/20 = 3.375$，再查表 6-2 可得

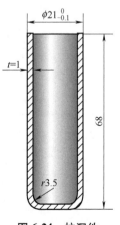

图 6-24 拉深件

$\Delta h = 6$mm。

3）确定板坯直径 D。由式（6-15）得

$$D = \sqrt{d^2 - 1.72dr - 0.56r^2 + 4d(h + \Delta h)}$$
$$= \sqrt{20^2 - 1.72 \times 20 \times 4 - 0.56 \times 4^2 + 4 \times 20 \times (67.5 + 6)}\ \text{mm}$$
$$\approx 78\text{mm}$$

4）初步确定拉深次数。由 $(t/D) \times 100 = 1.3$，$m = d/D = 20/78 = 0.256$，按有压边圈来进行设计，查表 6-3 可得

$$m_{1\min} = 0.50, \quad m_{2\min} = 0.75, \quad m_{3\min} = 0.78, \quad m_{4\min} = 0.80$$

比较 $m_{总}$ 和 $m_{1\min}$，可得

$$m_{总} = \frac{d}{D} = \frac{20}{78} = 0.256 < m_{1\min} = 0.50$$

可见，需多次拉深。

由 $d_i = m_{i\min}d_{i-1}$ 得

$$d_{1\min} = m_{1\min}D = 0.5 \times 78\text{mm} = 39\text{mm}$$
$$d_{2\min} = m_{2\min}d_{1\min} = 0.75 \times 39\text{mm} = 29.3\text{mm}$$
$$d_{3\min} = m_{3\min}d_{2\min} = 0.78 \times 29.3\text{mm} = 22.9\text{mm}$$
$$d_{4\min} = m_{4\min}d_{3\min} = 0.80 \times 22.9\text{mm} = 18.3\text{mm} < d = 20\text{mm}$$

故初步确定至少需要 4 次拉深。

5）调整拉深系数，确定各次拉深直径。现已知 $d_4 = 20$mm，故可用反推法求合理拉深系数。为了避免可能产生拉裂现象，所取的拉深系数应大于最小拉深系数，即 $m_i \geqslant m_{\min}$，取 $m_1 = 0.53$，$m_2 = 0.76$，$m_3 = 0.79$，$m_4 = 0.82$，则由 $d_i = m_id_{i-1}$ 可得

$$d_4 = 20\text{mm}, d_3 = 24.4\text{mm}, d_2 = 30.9\text{mm}, d_1 = 40.7\text{mm}$$

为了便于模具的设计与制造，应将各次拉深后的直径取整数，故得

$$d_4 = 20\text{mm}, d_3 = 25\text{mm}, d_2 = 31\text{mm}, d_1 = 41\text{mm}, D = 78\text{mm}$$

6）确定凸、凹模圆角半径。选取凸模圆角半径 r_p 时，应呈现从大到小的规律。为了便于模具的设计与制造，各次的 r_p 值应取整数。最后一次拉深时，凸模圆角半径为最终拉深件的底部圆角半径，且不能小于 $2t$，如果设计时要求最终的圆角半径小于 $2t$，应再加一道整形工序。由于本例中板厚 $t = 1$mm，最终圆角半径 $r_4 = 4$mm，故不需要增加整形工序。各次拉深时的凸模圆角半径值可取为

$$r_{1p} = r_1 = 7\text{mm}, r_{2p} = r_2 = 6\text{mm}, r_{3p} = r_3 = 5\text{mm}, r_{4p} = r_4 = 4\text{mm}$$

相应各次拉深的凹模圆角半径 r_{id} 可按 $r_{ip} = (0.6 \sim 1.0)r_{id}$ 来确定。确定 r_{id} 值时应遵循的规律与确定 r_p 值的规律相同，可分别取为

$$r_{1d} = 8\text{mm}, r_{2d} = 7\text{mm}, r_{3d} = 6\text{mm}, r_{4d} = 5\text{mm}$$

7）确定拉深后半成品高度。根据式（6-25）计算各次拉深后半成品高度为

$$h_1 = 0.25\left(\frac{D^2}{d_1} - d_1\right) + 0.43\frac{r_1}{d_1}(d_1 + 0.32r_1) = 30.0\text{mm}$$

$$h_2 = 0.25\left(\frac{D^2}{d_2} - d_2\right) + 0.43\frac{r_2}{d_2}(d_2 + 0.32r_2) = 44.1\text{mm}$$

$$h_3 = 0.25\left(\frac{D^2}{d_3} - d_3\right) + 0.43\frac{r_3}{d_3}(d_3 + 0.32r_3) = 57.9\text{mm}$$

$$h_4 = 0.25\left(\frac{D^2}{d_4} - d_4\right) + 0.43\frac{r_4}{d_4}(d_4 + 0.32r_4) = 72.9\text{mm}$$

6.3.2 非直壁旋转件拉深分析

1. 球形件的拉深变形特点

对于球形、抛物线及锥形等非直壁类拉深件，其变形区除凸缘环形部分外，在凹模口内的毛坯材料也参与变形。在很多情况下，凹模口内的材料反而成为这类拉深的主要变形区。现以球形件为例，分析其拉深过程的应力与应变状态（图6-25）。图6-26所示是球形件拉深后壁厚的变化。球形件拉深时，其凸缘部分与圆筒形件相似：径向受拉，切向受压，厚向受到压料力作用，而凹模口内的毛坯的受力情况与圆筒形件大不相同。

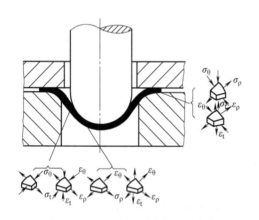

图6-25 球形件拉深的应力与应变

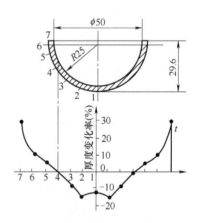

图6-26 球形件拉深后壁厚的变化

在开始拉深时，凹模口内毛坯与凸模只有小区域接触，径向应力和切向应力都较大，使接触区的材料屈服而变薄，并紧紧地贴合凸模，很明显，这部分材料处于切向、径向两向受拉，厚向受压的应力状态，为胀形应力状态，故称这一区域为胀形变形区。随着拉深变形的进行，凸模贴模区逐渐增大，作用到贴模区的单位压力逐渐减小，毛坯变薄量也减小。因而毛坯的变薄量是从球形件顶端往外逐渐减小。

在凹模口内，有一部分材料既不与凹模接触也不与凸模接触，称为悬空状态的毛坯。这部分毛坯也和凸缘一样，径向受拉，切向受压。由于切向压力的作用，材料也要增厚，材料的增厚量从凹模口起，向内逐渐减小。因而在凹模口内，接近贴模处，必然存在着这样一环材料，这环材料既不增厚也不减薄，可称为变形过渡环。变形过渡环以外为拉深变形区，变形过渡环以内为胀形变形区。应该指出的是，变形过渡环是在贴模区以外，即胀形变形区略大于贴模区。

按应力应变状态，可将球形件分为三个区域。

（1）胀形变形区

从球形件顶端到变形过渡环部分，是胀形变形区。这部分材料受两向拉伸，一向压缩。

其应力：σ_ρ、σ_θ为拉应力，σ_t为压应力；其应变：ε_ρ、ε_θ为伸长应变，ε_t为压缩应变。

（2）拉深变形区

从凹模口到变形过渡环的圆环部分，是拉深变形区。这部分材料径向受拉，切向受压，厚向不受力，且材料与凸、凹模都不接触，处于悬空状态，抗失稳能力比凸缘部分差，起皱可能性更大（内皱）。因而这个区域材料的起皱，是球形件等非直壁拉深件存在的主要问题。其应力：σ_ρ为拉应力，σ_θ为压应力，而σ_t为零，是平面应力状态；其应变：ε_ρ为拉伸应变，ε_θ为压缩应变，ε_t为压缩应变。

（3）凸缘变形区

压料圈下的圆环部分，是凸缘变形区，与圆筒形件凸缘一样，其径向受拉，切向受压。

2. 抛物线形件拉深

抛物线形件的拉深，其应力与变形特点都与球形件的拉深相似。但由于抛物线形件曲面部分的高度与口部直径之比，即高径比 h/d 比球形件大，故拉深难度更大。

在生产中将抛物线形件分为两类：

1）高径比 $h/d \leqslant 0.6$ 的浅抛物线形件，这类工件的高径比与球形件一致，因而其拉深方法也与球形件一致。

2）高径比 $h/d > 0.6$ 的深抛物线形件，这类工件拉深的主要问题是防止起皱。通常要采用多次拉深或反拉深方法进行。

在顶部圆角半径较大时，仍可采用有两道拉深筋的模具，以增加径向拉应力的方法，直接拉出，如汽车灯罩的拉深（图 6-27）。但在工件深度大，顶部圆角半径又较小时，单纯增加径向拉应力会导致坯料顶端开裂，因而必须采用多道工序逐步成形的方法进行拉深。其主要特点是：第一道工序采用正拉深法拉出深度较小而顶端圆角较大的中间坯件，在以后的工序中采用正拉深或反拉深的方法，再逐渐增加深度和缩小顶端圆角半径，直到最后成形。为了保证工件的精度及表面质量，在最后一道工序时，要使中间坯件的面积略小于最后成形工件的面积，以获得胀形效果。

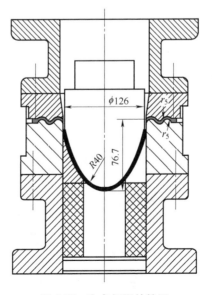

图 6-27 汽车灯罩的拉深

6.3.3 盒形件拉深分析

1. 盒形件的拉深变形特点

盒形件的拉深成形与圆筒形件的拉深成形相比，在变形性质上是一致的，变形区的材料都是在拉、压应力状态下产生塑性变形。它们之间的差异在于，盒形件拉深变形时，沿变形区周边的应变分布是不均匀的，并随工件的几何参数、坯料形状及拉深成形条件的不同，这种不均匀变形程度也不相同。因此，盒形件的拉深成形比圆筒形件拉深成形的变形情况要复杂得多。

盒形件可以划分为长度分别为 4 个直边部分和 4 个圆角部分（图 6-28）。若直边部分和圆角部分的变形没有联系，则盒形件的拉深就是由直边部分的弯曲和圆角部分的拉深所组成。但二者是一个整体，必然有相互的作用和影响——协调变形。

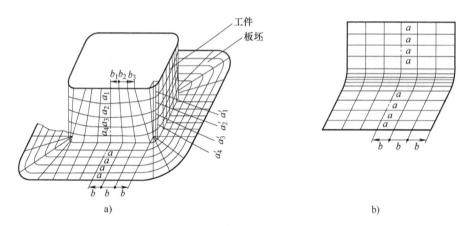

图 6-28　盒形件拉深试验

a）盒形件拉深变形特点　　b）曲变形特点

注：$a=b$；$a_1>a_2>a_3>a_4>a$；$b>b_1>b_2>b_3$；$a'_1>a_1$，$a'_2>a_2$，$a'_3>a_3$，$a'_4>a_4$

盒形件拉深的变形特点可以归纳为下面几点：

1）盒形件拉深时，圆角部分变形基本与圆筒形件拉深相似，只是由于金属向直边流动，使得径向应力 σ_ρ 及切向应力 σ_θ 在圆角部位的分布是不均匀的，圆角中部最大，逐渐向两边减小，如图 6-29 所示。

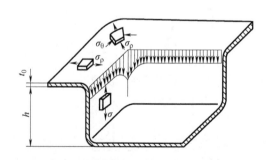

图 6-29　盒形件拉深时应力分布

2）直边部分上的网格发生了横向压缩和纵向伸长，且直边部分的变形是不均匀的。横向压缩变形的情况为：中间部分变形最小，靠近圆角部分变形最大；纵向拉伸的变形情况为：靠近底部部分变形最小，靠近上口部分变形最大。可见，此处的变形不同于纯粹的弯曲成形。

圆角部分的网格不是与底面垂直的等距离平行线，而是上口处距离大、底部距离小的斜线。因此，此处的变形不同于纯粹的拉深成形。

3）盒形件拉深时，圆角部分的径向拉应力是分布不均匀的，而其平均拉应力比相同半径的圆筒形件径向拉应力要小得多。因而盒形件的极限变形程度可相应加大，拉深系数可相应减小。

4）盒形件的最大应力出现在圆角部分，因而破裂、起皱等现象也多在圆角部分产生。在远离圆角部分的直边部分一般不会产生起皱。

5）盒形件变形时，圆角与直边相互影响的大小取决于其相对圆角半径 r/B 的值。r/B 值越小，两者的变形相互影响越显著，圆角部分的变形情况与圆筒形件的变形情况差别越大。当 $r/B = 0.5$ 时，盒形件就变成圆筒形件了。

6）盒形件拉深时，容易出现拉裂的现象，除在圆角侧壁底部与凸模圆角相切处发生的拉裂外（拉深拉裂），还会因凹模圆角半径过小等原因，引起盒形件凸缘根部圆角附近侧壁产生拉裂——侧壁破裂。

2. 盒形件拉深的极限变形程度

由于盒形件初次拉深时圆角部分的受力和变形比直边大，起皱和拉裂的可能性易在圆角部分发生，故盒形件初次拉深时的极限变形程度由圆角部分传力的强度确定。

拉深时圆角部分的变形程度仍用拉深系数表示：

$$m = d/D \tag{6-26}$$

式中　d——与圆角部分相应的圆筒体直径，单位为 mm；

　　　D——与圆角部分相应的圆筒体展开毛坯直径，单位为 mm。

把圆角部分看成是半径为 r、高度为 H 的圆筒件，则展开的毛坯半径为

$$R = \sqrt{r^2 + 2rH - 0.86r_p(r + 0.16r_p)} \tag{6-27}$$

当 $r_p = r$ 时，与圆角部分相应的圆筒体毛坯直径为

$$D = 2\sqrt{2rH} \tag{6-28}$$

$$m = \frac{d}{D} = \frac{2r}{2\sqrt{2rH}} = \frac{1}{\sqrt{\dfrac{2H}{r}}} \tag{6-29}$$

式中　r——工件底部和角部的圆角半径，单位为 mm；

　　　H——工件的高，单位为 mm。

由式（6-29）可知初次拉深的变形程度可用盒形件相对高度 H/r 来表示。H/r 越大，表示变形程度越大。首次拉深的最大相对高度 H/r 取决于盒形件的相对圆角半径 r/B 和相对厚度 t/B 等参数。

r/B：反映盒形件角部与直边相互影响的大小，r/B 越小，圆角部分的材料向直边部分流得越多，所允许的 H/r 也越大。

t/B：反映盒形件抗失稳能力的强弱，t/B 越大，抗失稳能力越强，允许的 H/r 也越大。若工件的 H/r 小于允许值，则可一次拉成，否则，必须采用多次拉深。

思考题 6

1. 用自己的语言说明拉深变形的特点。

2. 圆筒形件拉深后，其硬度和厚度怎样变化？

3. 试画出圆筒形件拉深时各区域的应力、应变状态图。

4. 多次拉深的总拉深系数总是能小于一次拉深的极限拉深系数，但生产实际中往往尽量减少拉深次数，为什么？

5. 拉深件毛坯尺寸的计算应遵循什么原则？

6. 简述圆筒形件拉深时起皱、拉裂的原因以及防皱、防裂措施。

7. 为什么有时采用反拉深？反拉深的特点是什么？

8. 拉深筋的作用是什么？通常在什么情况下使用？

9. "一种板材不止一个极限拉深系数"，这句话为什么正确？

10. 试比较圆筒形件、盒形件、非直壁旋转件的拉深特点和拉深极限。

11. 什么是极限拉深系数？影响极限拉深系数的因素有哪些？

12. 拉深系数的含义是什么？多次拉深时，各次拉深系数的关系是什么？

13. 常用的压边装置有哪些？各有何特点？

14. 如何判定是否需要采用压边圈？压边力的理想变化规律是什么？

15. 带凸缘圆筒形件的拉深系数 m 与哪三个几何参数有关？哪个参数的影响最大？

16. 如图 6-30 所示圆筒形拉深件，大批量生产，材料为黄铜 H62，修边余量 $\Delta h = 2.5\text{mm}$，已知各次拉深的极限拉深系数分别为：$m_{1\min} = 0.53$，$m_{2\min} = 0.76$，$m_{3\min} = 0.79$，$m_{4\min} = 0.81$，$m_{5\min} = 0.84$。试计算：（1）毛坯尺寸；（2）总的拉深系数 $m_{总}$；（3）需要几次拉深？（4）各次拉深系数及直径取多少较为合理？

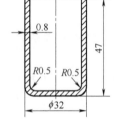

图 6-30　思考题 6-16

拓展阅读 6

智能拉深工艺设计系统中的关键技术

目前，我国在拉深基础理论及成形工艺、模具标准化、模具设计、模具制造工艺及设备等方面还需要加速发展，以提升我国模具各方面的参数，如寿命、效率、加工精度、生产周期等。随着工业产品质量的不断提高，拉深产品生产正呈现多品种、少批量、复杂、大型、精密、更新速度快等特点，拉深模具正向高效、精密、长寿命、大型化方向发展。随着计算机技术和制造技术的迅速发展，且为了适应市场变化，冲压模具设计与制造技术正由手工设计、依靠人工经验和常规机械加工技术向计算机辅助设计、计算机辅助制造技术转变。

近些年来，研究人员开始把人工智能技术应用到工程设计中，试图建立起具有一定智能水平、能够完成部分设计工作的智能设计系统，目前已取得了有价值的研究成果。在拉深工艺设计中，材料的变形是工件得以成形的基础，因此要充分考虑材料的变形特性。影响材料变形有多方面的因素，这些因素相互影响、相互约束，极大地制约了人工智能技术在拉深工艺设计中的应用。现在国内研发人员将特征技术引入拉深工艺设计之中，以特征为桥梁，把人工智能技术应用到拉深类零件的工艺设计系统中。

特征是近些年来为了表达产品的完整信息而提出的一个新概念，在不同的应用中，特征可以推广为形状特征、工艺特征、制造特征、公差特征等不同的概念。在采用特征技术的拉深类零件 CAD/CAPP 系统中，考虑到拉深类零件的局部几何特征，分别设计出各个局部几何特征的工艺，再根据零件整体进行综合，得到拉深类零件的工艺方案。

拉深成形工艺是通过使材料变形、流动形成成品零件的，由于金属材料在压力作用下变形复杂，影响成形质量的因素众多，很难对成形过程实施精确控制，因此对这一类零件的工艺设计极大地依赖于经验。借助于特征技术和人工智能技术的主要目的如下：

1) 特征技术可以建立起连接 CAD 和 CAPP 的桥梁：成形加工的方法与切削加工显著不同，因此拉深类零件中的特征必须结合成形工艺的特点，与切削加工中的特征技术有着显著的不同。

2) 人工智能技术在拉深类零件工艺设计中担负着两个任务：①借助人类工程师的经验，模拟人类进行工艺设计，提高设计自动化水平；②确定、优化某些重要的工艺参数，提高工艺设计水平。

人工神经网络在塑性加工领域已取得了初步成果，例如用于拉深工艺中的压边力自适应控制、成形过程的缺陷诊断以及锻造工艺中建立应力应变的本构关系等。研究人员采用 BP 神经网络模型建立起成形过程中材料物理特性和几何特性之间的非线性映射关系，为拉深类零件毛坯外形的预测提供了一条新思路。确定理想毛坯外形就是由拉深类零件的几何形状、材料的变形特征等来确定毛坯合理的外形，使得毛坯在拉深过程中不会出现起皱、破裂等现象，而且用料最省，其关键技术在于建立起拉深类零件几何形状、材料变形特性和其他工艺参数（如摩擦系数等）与毛坯合理外形的映射关系。

利用人工智能技术建立面向拉深类零件的工艺设计知识库，支持基于特征的拉深件工艺设计，把多种人工智能技术应用到拉深件关键工艺参数的计算上，显著提高了工艺设计自动化水平。由于工艺设计知识中包括一些经验知识，这些经验存在较大的误差，降低了工艺设计的有效性。我国以后的发展方向是研究新的关键工艺参数计算方法，提高关键工艺参数的计算精度，与有限元分析方法结合起来，提高工艺设计的精确性。

第 **7** 章

局部成形工艺

减轻结构重量以节约材料和降低能耗是现代汽车先进制造技术发展的趋势之一。进入21世纪，面对资源与环境问题的严峻挑战，继续推进汽车轻量化以降低油耗依然是汽车工业的重要研究课题之一。在《中国制造2025》中关于汽车发展的整体规划中也强调了"轻量化仍然是重中之重"。"轻量化"已然成为国家的重要战略之一，越来越多的研究机构和汽车行业将其研究工作的重点放在汽车轻量化上。

虽然在20世纪的最后30年，汽车工业在应用工程塑料与高强度钢板等方面为实现汽车轻量化已取得了可喜的成绩，但汽车轻量化的进程仍需继续推进。实现汽车轻量化，除通过设计尺寸紧凑的汽车结构件外，更重要的途径是采用新型的材料和先进的制造技术。

用各种不同变形性质的局部变形改变毛坯（或由冲裁、弯曲、拉深等方法制成的半成品）的形状和尺寸的冲压成形工序称为局部成形。或者说除弯曲和拉深以外的使板料产生塑性变形的其他冲压成形工序都可称为局部成形，主要有胀形、翻边、缩口、校平、整形和旋压等工序。应用这些工序可以加工许多复杂零件。

根据塑性变形特点，局部成形工艺可以分为：①伸长类成形，如胀形、内孔翻边、内凹外缘翻边和扩口等，主应力为拉应力，产生伸长变形，易被拉裂而破坏；②压缩类成形，如外凸外缘翻边和缩口等，受压应力而产生压缩变形，易起皱而破坏；③拉压类成形，如变薄翻边和旋压等。

本章主要介绍汽车车身制造中应用广泛的胀形、翻边、校平和整形工序。

 ## 7.1 胀形工艺

7.1.1 胀形工艺概述

扫码观看　胀形工艺

利用胀形模具，强迫板料厚度减薄和表面积增大，得到所需几何形状和尺寸的制件，这种冲压成形方法称为胀形。

在车身冲压生产中，胀形主要用于平板毛坯的局部成形，如在冲压件上压制凹坑、凸台、加强筋和文字等。作为一种基本的冲压变形形式，胀形也常常与其他变形形式一起出现在复杂形状零件的冲压过程中。对于曲率不大、比较平坦的车身覆盖件，常用胀形方法或带有很大胀形成分的拉深方法（如模具采用具有很强作用的拉深筋）来成形。胀形加工中，金属流动量小。因此，使坯料变形均匀以及控制整个成形工序中胀形变形量是决定制件质量的关键。

1. 胀形的变形特点

下面以图 7-1 所示的球形凸模与刚性平板毛坯为对象，研究其胀形特点。

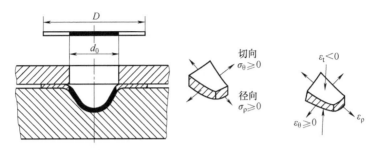

图 7-1　胀形的变形区及其应力应变分析

当坯料外径 $D>3d_0$ 时成形，坯料的环形部分不能产生切向收缩变形，变形只发生在凸模端面，作用在直径为 d_0 的圆面积内。胀形时，毛坯被带筋的压料圈压紧，变形区限制在筋以内的毛坯。在凸模作用下，与球头面接触的板料处于两向受拉的应力状态（忽略板厚向的应力），沿切向和径向产生伸长变形，使板料厚度减薄，表面积增大，得到与凸模球头面形一致的凸包。

通过上述分析，可知胀形变形特点如下：

1）胀形变形在板面方向处于双向伸长的应力状态，变形主要是由材料厚度方向的减薄量支持板面方向的伸长量而完成的，变形后材料厚度减薄表面积增大。

2）胀形变形时由于毛坯受到较大压边力的作用或由于毛坯的外径超过凹模孔直径的 3~4 倍，使塑性变形仅局限于一个固定的变形范围，板料不向变形区外转移，也不从变形区外进入变形区。

3）胀形为伸长类变形，变形时板料处于双向受拉的应力状态，变形区的毛坯一般不会产生失稳起皱现象，成品零件表面光滑，质量好。

4）由于胀形时板料处于双向拉应力状态，成形极限主要受伸长破裂的限制。

5）由于胀形时在板料厚度方向上的拉应力分布比较均匀，内、外表面上的拉应力之差较小，因而制件形状稳定，回弹很小，容易得到尺寸精度较高的零件。

2. 胀形的极限变形程度

胀形的极限变形程度是指零件在胀形时不产生破裂所能达到的最大变形。胀形的极限变形程度主要取决于材料的塑性。塑性越好，伸长率越大，极限变形程度就越大。此外，材料的硬化指数 n 较大、凸模圆角半径较大或模具表面摩擦较小时，都有利于板料的变形均匀，可使胀形的极限变形程度提高。

3. 胀形的分类

常用的胀形有平板毛坯的胀形、空心毛坯的胀形和圆柱形毛坯（或管形毛坯）的胀形。胀形可采用不同的方法来实现，如刚性模胀形（图 7-2）、橡皮模胀形（图 7-3）和液压凸模胀形（图 7-4）。

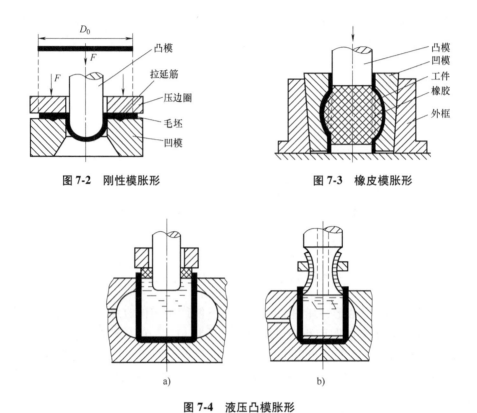

图 7-2　刚性模胀形

图 7-3　橡皮模胀形

图 7-4　液压凸模胀形

a) 圆筒形件胀形　b) 管形件胀形

7.1.2　平板毛坯胀形

在平板毛坯上进行胀形加工的通俗名称很多，例如压窝、压加强筋、打包、凸起、起伏成形等，但它们的变形力学特点是相同的，同属于胀形。平板毛坯胀形可以用于压制加强筋、凸包、凹坑、花纹图案和标记等。图 7-5 所示是平板毛坯的局部胀形实例。

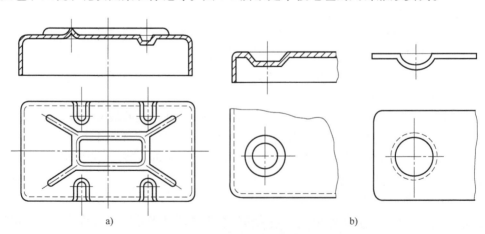

图 7-5　平板毛坯胀形件

a) 加强筋　b) 局部凹坑

1. 平板毛坯胀形的变形过程和应力应变状态

根据图 7-6，分析平板毛坯胀形的变形过程。凸模下降与毛坯接触时，在弯矩和拉应力作用下，凹模圆角处坯料发生弯曲变形。与此同时，凸模底部少量毛坯承受了全部胀形变形力，应力达到屈服强度时，便产生了变形。与凸模底部接触坯料屈服后产生硬化，变形向外扩展，贴模坯料逐渐增加，表面积增大，厚度减小，直至坯料全部包裹凸模，完成加工。胀形变形是通过弯曲、局部胀形及加工硬化使贴模面积增加，而胀形向外扩展的过程。

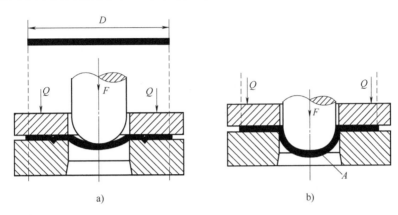

图 7-6 平板毛坯胀形的变形过程

a）弯曲、局部胀形 b）胀形扩展

下面分析胀形变形区及其应力应变状态。如图 7-6 所示，胀形变形过程中，毛坯被带凸筋的压边圈压紧，外部材料无法流入，变形被限制在凸筋或凹模圆角以内的局部区域。图 7-7 所示是平板毛坯胀形中的应变分布状态。由图中可见，变形区内径向应变 ε_ρ 和切向应变 ε_θ 全部大于零，而厚度方向的应变 ε_t 小于零，坯料变薄。图 7-8 显示了平板毛坯局部胀形成形时，变形区内的应力、应变状态。在变形区内，坯料在双向拉应力作用下，沿切向和径向产生伸长变形，厚度变小，表面积增大。与拉深不同，胀形时变形区是在不断扩大的。由于加工硬化，胀形变形力-行程曲线是单调增曲线，产生破裂时胀形力达到最大值。

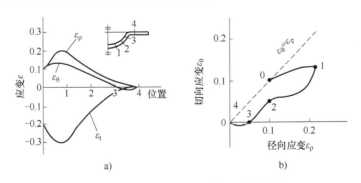

图 7-7 平板毛坯胀形中的应变分布状态

a）应变分布 b）板面内拉应变比例

2. 平板毛坯胀形工艺

在平板毛坯上进行局部胀形的极限深度受材料的塑性、凸模的几何形状和润滑等因素的

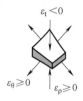

图 7-8　变形区内的应力、应变状态

影响。简单几何形状的胀形成形极限可用胀形极限深度表示。用球形凸模（$r = d_0/2$）对低碳钢和软铝进行胀形的极限深度 $h \approx d_0/3$，用平端面凸模胀形时的极限深度见表 7-1。

表 7-1　平板毛坯胀形极限深度

材料	胀形极限深度 h
低碳钢	$\leqslant (0.15 \sim 0.20) d_0$
铝	$\leqslant (0.10 \sim 0.15) d_0$
黄铜	$\leqslant (0.15 \sim 0.22) d_0$

材料的塑性越好，成形极限越高。另外，变形区变形越均匀，越能充分发挥各处材料的变形能力，可使成形极限提高。因此，应尽可能加大凸、凹模圆角半径，并尽量减小摩擦。

用刚体凸模时，平板毛坯胀形力可按下式估算：

$$F = KLtR_m \tag{7-1}$$

式中　K——考虑胀形程度大小的系数，一般取 $K = 0.7 \sim 1$；

　　　L——胀形区周边的长度，单位为 mm；

　　　t——板料的厚度，单位为 mm；

　　　R_m——板料的强度极限，单位为 MPa。

软模胀形时，即用液体、橡胶、聚氨酯或气体的压力代替刚性凸模的作用，所需的单位压力 p 可从胀形区内板料的平衡条件求得。球面形状的零件胀形过程中所必需的压力 p 之值，可按下式做近似的计算（不考虑材料的硬化和厚度变小等因素）：

$$p = \frac{2t}{R} R_{eL} \tag{7-2}$$

式中　R——球面零件的曲率半径，单位为 mm；

　　　R_{eL}——板材的屈服极限，单位为 MPa。

当很长的条料件胀形时，其所需的单位压力可按下式计算：

$$p = \frac{t}{R} R_{eL} \tag{7-3}$$

除以上所说的在平板上胀压凸包和加强筋的局部胀形外，还有平板毛坯整体胀形的成形工艺。例如，为了提高某些盒形件的成形精度，常采用带拉深筋的模具将板坯凸缘（法兰）四周紧紧压住，使材料在成形时不流入凹模，即利用胀形方法进行成形。但此时零件的成形深度受到限制，其极限成形深度可通过试验测定或利用有关经验公式求取。

如图 7-9 所示，如果凸包深度大于最大胀形深度，则应增加工序。与拉深加工不同，由于胀形时材料变薄严重,工序数不会太多。前道工序的主要目的是使变形均匀,为后道工序准备材料。

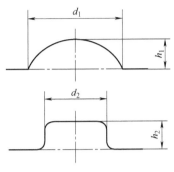

图 7-9 两次胀形示意图

7.1.3 空心毛坯胀形

空心毛坯胀形俗称凸肚,它是使材料沿径向伸长、将空心工序件或管状坯料向外扩张、胀出所需曲面的一种加工方法。

下面介绍以软性凸模胀形法加工空心毛坯时的胀形工艺,如图 7-10 所示。

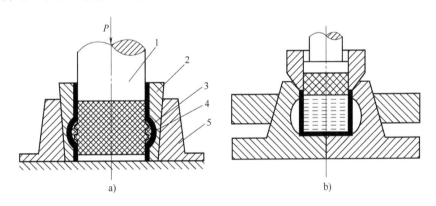

图 7-10 空心坯料软性凸模胀形

1—凸模 2—分块凹模 3—橡胶 4—液体 5—侧楔

1. 空心毛坯胀形的应力状态

由图 7-11 所示应力图可知,胀形区材料径向、切向均受拉应力,厚度变小。液压胀形是在无摩擦状态下成形,与其他胀形方法相比,极少出现变形不均匀现象。因此,液压胀形法多用于生产表面质量和精度要求较高的复杂形状零件。

2. 空心毛坯胀形的胀形系数

胀形系数表示胀形时板料的变形程度,其值为最大变形处胀形前后尺寸之比。常用 K 表示空心毛坯的变形程度,即

$$K = \frac{d_{max}}{d_0} \tag{7-4}$$

式中　K——胀形系数；

　　　d_0——毛坯直径；

　　　d_{max}——胀形后工件的最大直径。

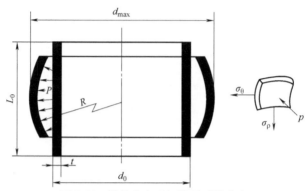

图 7-11　圆柱空心毛坯胀形时的应力

胀形系数与工件切向延伸率的关系为

$$\delta = \frac{d_{max} - d_0}{d} = K - 1 \tag{7-5}$$

或

$$K = 1 + \delta \tag{7-6}$$

3. 空心毛坯胀形的胀形力

采用刚性凸模对平板毛坯进行胀形时所需的胀形力按式（7-7）估算：

$$F = KLtR_m \tag{7-7}$$

式中　F——所需胀形力；

　　　L——胀形区周边长度（mm）；

　　　t——板料厚度（mm）；

　　　R_m——板料抗拉强度（MPa）；

　　　K——考虑变形程度大小的系数，一般取 $K = 0.7 \sim 1$。

4. 胀形毛坯尺寸计算

毛坯长度可按下式近似计算：

$$L_0 = L\left[1 + (0.3 \sim 0.4)\delta\right] + \Delta h \tag{7-8}$$

式中　L——工件的素线长度；

　　　δ——工件的切向延伸率；

　　　Δh——修边余量，一般为 $5 \sim 20\mu m$。

（7.2）翻边工艺

扫码观看　翻边工艺

7.2.1　翻边工艺概述

翻边是将毛坯或半成品的外边缘或孔边缘沿一定的曲线翻成竖立的边缘的冲压方法。

1. 翻边工艺分类

根据工艺特点的不同，翻边可分两种基本形式，即内孔翻边和外缘翻边。它们在变形性质、应力状态及在生产上的应用都有所不同。内孔翻边是在预先制好孔的毛坯上（有时也可不预制孔）依靠材料的伸长，沿一定的曲线翻成竖立凸缘的冲压方法。外缘翻边是沿毛坯的曲边，依靠材料的伸长或压缩，形成高度不大的竖边。

根据变形性质的不同，翻边可分为伸长类翻边和压缩类翻边。伸长类翻边的坯料为双向拉应力状态，沿切向作用的拉应力为最大主应力，切向变形是伸长变形，翻边后的板料边缘轮廓变长；压缩类翻边的坯料变形区为切向受压、径向受拉的应力状态，沿切向作用的压应力为最大主应力，切向变形是压缩变形，翻边后的板料边缘轮廓变短。

当翻边是在毛坯的平面部分上进行时，称为平面翻边；当翻边是在毛坯的曲面部分上进行时，称为曲面翻边。此外，按竖边壁是否有强制变薄，可分为变薄翻边和不变薄翻边。

图 7-12 所示为各类翻边示意图，图 7-12a、b 所示类型为圆孔翻边；图 7-12c、f 所示类型为外缘翻边；图 7-12a~d 所示类型属于伸长类翻边；图 7-12e、f 所示类型为压缩类翻边。

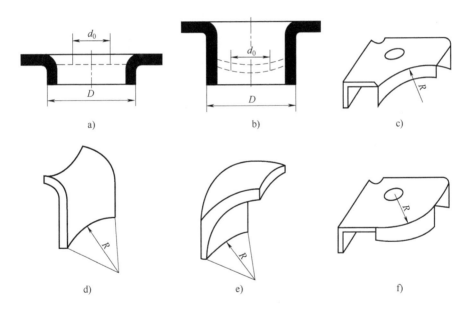

a)　　　　　　　b)　　　　　　　c)

d)　　　　　　　e)　　　　　　　f)

图 7-12　各类翻边示意图

2. 翻边工艺的应用

翻边可以代替某些复杂零件的拉深工序，改善材料的塑性流动以免破裂或起皱。用翻孔代替先拉后切的方法制取无底零件，可减少加工次数，节省材料。

用翻边方法可以加工形状较为复杂且有良好刚度的立体零件，能在冲压件上制取与其他零件装配的部位，如客车中墙板翻边、客车脚蹬门压铁翻边、汽车外门板翻边、金属板小螺孔翻边等。车身冲压件常用翻边作为焊接和装配面，用翻边来增加零件的刚度，用翻边使覆盖件边缘光滑、整齐和美观。

7.2.2 内孔翻边

内孔翻边是在模具作用下将内孔翻成竖立的直边，是冲压成形生产中的一种常用工序。圆孔翻边和常见的非圆孔内凹曲线翻边属于伸长类翻边。

1. 圆孔翻边

圆孔翻边是指把预先加工在平面上的圆孔周边翻起扩大，使其成为具有一定高度的直壁孔部，是一种拉深类平面翻边。

（1）圆孔翻边的特点

图 7-13 所示为圆孔翻边及其应力应变分布示意图。翻边时，带有圆孔的环形毛坯被压料圈压紧，变形区限制在凹模圆角以内（凸模下的区域）的环状区域内。与拉深成形通过将板料沿圆周方向压缩来形成侧壁相反，圆孔翻边是在板料向凹模圆角弯曲的同时，通过将板料沿圆周方向拉长形成侧壁的过程。当压力机滑块下行时，板料在凸模作用下产生弯曲的同时，毛坯中心的圆孔不断扩大，凸模下面的材料向侧面转移，直到完全贴靠凹模侧壁形成直立的竖边。因此，圆孔翻边的变形过程实质上是弯曲、扩孔和翻边的复合变形过程。

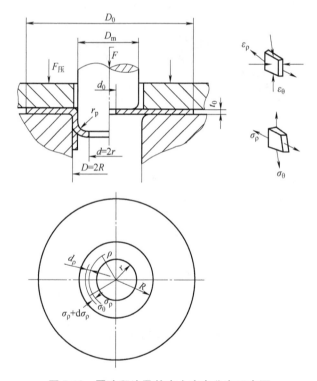

图 7-13　圆孔翻边及其应力应变分布示意图

翻边过程中，变形区受切向拉应力和径向拉应力——两向拉应力作用。切向拉应力 σ_θ 是最大主应力，产生切向拉应变 ε_θ；径向拉应力值较小，它是由于毛坯与模具之间的摩擦而产生的。变形区在拉应力的作用下要变薄，这一点与胀形相同。但不同于胀形变形时板平面的双向伸长变形，圆孔翻边成形时，在双向拉应力作用下，板料沿圆周方向伸长，$\varepsilon_\theta > 0$，沿径向收缩，$\varepsilon_\rho < 0$。

在内孔边缘，由于径向材料可以自由变形，σ_ρ 为零，σ_θ 和 ε_θ 达到最大值，为单向应力状态。根据屈服准则可以判定孔边是最先发生塑性变形的部位，变薄最严重，因而也最容易产生裂纹。因此，主要危险在于孔缘拉裂。

（2）圆孔翻边时的成形极限

如图 7-14 所示，圆孔翻边的变形程度用翻边系数 K 表示：

$$K = d/D \tag{7-9}$$

式中　d——毛坯上圆孔的初始直径；

　　　D——翻边后竖边的中径。

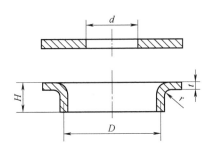

图 7-14　圆孔翻边变形程度示意图

翻边系数 K 值越大，变形程度越小；K 值越小，变形程度越大。圆孔翻边的成形极限是根据孔边缘是否发生破裂来确定的。翻边时孔不致破裂所能达到的最小翻边系数称为极限翻边系数 K_{min}。

极限翻边系数与许多因素有关：材料的塑性越好，极限翻边系数越小；材料的相对厚度越大（t/d），极限翻边系数越小；凸模工作边缘的圆角半径越大，极限翻边系数越小；毛坯孔边缘表面质量高，无撕裂、毛刺、硬化等现象时，极限翻边系数较小。低碳钢的极限圆孔翻边系数可按表 7-2 选取。

表 7-2　低碳钢的极限圆孔翻边系数 K_{min}

凸模形式	孔的加工方法	比值 d_0/t										
		100	50	35	20	15	10	8	6.5	5	3	1
球形凸模	钻孔并清理	0.70	0.60	0.52	0.45	0.40	0.36	0.33	0.31	0.30	0.25	0.20
	冲孔	0.75	0.65	0.57	0.52	0.48	0.45	0.44	0.43	0.42	0.42	—
圆柱形凸模	钻孔并清理	0.80	0.70	0.60	0.50	0.45	0.42	0.40	0.37	0.35	0.3	0.25
	冲孔	0.85	0.75	0.65	0.60	0.55	0.52	0.50	0.50	0.48	0.47	—

（3）圆孔翻边工艺

圆孔翻边时板料主要是切向伸长变形，厚向变薄，而径向变形不大。因此，圆孔翻边的毛坯计算可按弯曲件应变中性层长度不变的原则，用翻边高度计算翻边圆孔的初始直径 d 或用 d 和翻边系数 K 计算可以达到的翻边高度。采用先拉深后翻边的方法时，还要计算出翻边前的拉深高度 h_1。

1) 一次翻边成形 h_1：翻边高度不大时，可将平板毛坯一次翻边成形。如图 7-15 所示，一次翻边成形时，翻边圆孔的初始直径 d、翻边高度 h 和翻边系数 K 之间的关系为

$$\begin{cases} d = D - 2(h - 0.43r - 0.72t) \\ h = D(1-K)/2 + 0.43r + 0.72t \end{cases} \tag{7-10}$$

必须指出，$K \geqslant K_{min}$，否则不能一次翻边成形。

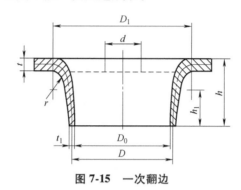

图 7-15 一次翻边

2) 先拉深后翻边：若制件要求的翻边高度较大，可采用先拉深、冲底孔后翻边的方法。这时，先确定翻边高度 h_2，再确定翻边圆孔的初始直径 d_0 和拉深高度 h_1，如图 7-16 所示。

$$h_2 = 0.5 D_m (1-K) + 0.57r$$
$$d_0 = D_m + 1.14r - 2h_1 \tag{7-11}$$
$$h_1 = h - h_2 + r + t_0$$

对于翻边高度较大的制件，除采用先拉深后翻边的方法外，也可以采用多次翻边方法成形，但在工序间需要退火，且每次所用的翻边系数应比前次增大 $15\% \sim 20\%$。

2. 非圆孔翻边

非圆孔的翻边线是曲率变化的曲线（图 7-17）。在变形区内，翻边线的曲率半径越大，切向拉应力和切向伸长变形越小。在直线上则仅在凹模圆角处产生弯曲变形，没有切向伸长变形。但由于曲线部分和直线部分是一个整体，曲线部分上的翻边变形在一定程度上扩展到直线部分，使直线部分也产生一定的切向伸长，从而使曲线部分的切向伸长变形程度得以减轻。

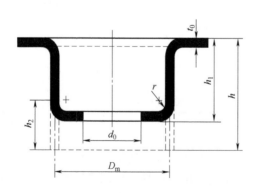

图 7-16 先拉深后翻边

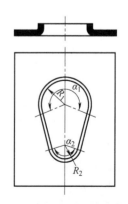

图 7-17 非圆孔翻边

因此，非圆孔的极限翻边系数 K' 比 K 小一些，其值可按下式近似计算：

$$K' = \frac{K\alpha}{180°} \tag{7-12}$$

式中　K'——非圆孔翻边的极限翻边系数；

　　　K——圆孔翻边的极限翻边系数；

　　　α——曲线部分的中心角度。

当 α 大于 180°时，直线部分的影响已很不明显，此时应按圆孔翻边来确定极限翻边系数。

7.2.3　外缘翻边

外缘翻边有伸长类翻边，也有压缩类翻边。图 7-18 所示的沿不封闭内凹曲线的平面翻边和图 7-19 所示的曲面翻边是伸长类翻边，图 7-20 所示的沿外凸曲线的平面翻边和图 7-21 所示的曲面翻边是压缩类翻边。

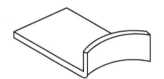

图 7-18　伸长类平面翻边

图 7-19　伸长类曲面翻边

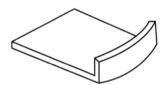

图 7-20　压缩类平面翻边

图 7-21　压缩类曲面翻边

伸长类外缘翻边变形区内的应力状态与变形特点与圆孔翻边是相同的，但与圆孔翻边的不同之处是外缘翻边的应力和变形沿翻边线的分布是不均匀的。在翻边曲线的中间部分切向拉应力和切向伸长变形最大，而在曲线两端的边缘上切向拉应力和切向伸长变形都为零。切向伸长变形对毛坯在翻边高度上变形的影响，使翻边后的竖边高度中间小、两端大，而且竖边的端线不垂直，向内倾斜成一定角度。为了得到平齐一致的翻边高度，应对毛坯两端的轮廓线做必要的修正，采用图 7-22 中所示的形状，修正量视 r/R 和 α 的大小而定。若翻边高度不大，翻边曲线曲率半径很大，也可以不修正。

在压缩类翻边过程中，在毛坯变形区内除靠近竖边根部圆角半径附近的部分产生弯曲变形外，其竖边部分受到切向压应力和径向拉应力的作用，产生切向压缩和径向伸长变形，而且是以受切向压应力和产生切向压缩变形为主。实质上，压缩类翻边的应力状态和变形特点与拉深是相同的。压缩类翻边可看作是沿不封闭曲线进行的非轴对称的拉深变形。其极限变形程度主要受变形区毛坯失稳起皱的限制。

压缩类外缘翻边变形区的切向压应力和径向拉应力沿翻边线的分布是不均匀的，在曲率半径越小的部位或是越靠近曲线中间位置的部位，切向压应力和径向拉应力都越大，而在翻边线的两端则最小。如果采用等宽的毛坯翻边边缘，翻边后会形成中间高两端低的竖边，两端的竖边边缘线向外倾斜，这个情形正好与伸长类外缘翻边相反。为了得到竖边高度平齐而两端边缘垂直的零件，需要按图7-23中虚线所示形状对毛坯做必要的修正。

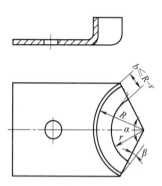 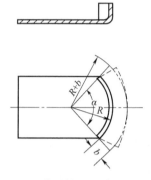

图7-22　伸长类外缘翻边的毛坯形状修正　　　　图7-23　压缩类外缘翻边的毛坯形状修正

7.3 校平和整形

校平和整形属于修整形的成形工序，两者的目的均为使冲压件获得高精度的平面度、圆角半径和形状尺寸。这种工序大多数在冲裁、弯曲、拉深之后进行。校平和整形允许的变形量都很小，因此必须使坯件的形状和尺寸相当接近制件。校平和整形后制件精度较高，因而对模具成形部分的精度要求也相应提高。

7.3.1 校平

将毛坯或冲裁件压平，即所谓的校平。校平工序多用于冲裁件，以消除其拱弯造成的不平。

根据板料的厚度和对表面要求的不同，校平可以分为光面模校平或齿形模校平两种。对于薄料质软且表面不允许有压痕的制件，一般应采用光面模校平，如图7-24所示。

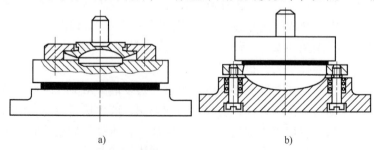

a)　　　　　　　　　　　　　b)

图7-24　光面模校平
a）上模浮动式　b）下模浮动式

光面模对改变材料内部应力状态的作用不大，校平的效果较差，特别是对于高强度材料的零件校平后仍有较大回弹。

　　在实际生产中，有时将工序件正反面交错堆叠起来校平，以提高校平的效果。为了使校平不受压力机滑块导向精度的影响，校平模最好采用浮动式结构。

　　当制件平直度要求比较高、材料比较厚或者强度极限比较高、材质比较硬时，通常采用齿形校平模进行校平。齿形模有细齿和粗齿两种，齿形尺寸如图 7-25 所示，图 7-25a 为细齿，图 7-25b 为粗齿。上齿与下齿相互交错布置。

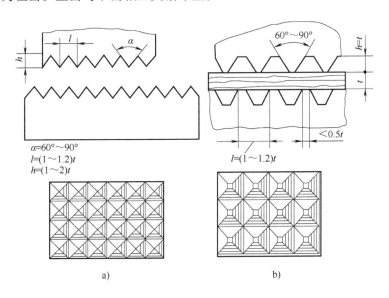

图 7-25　用齿面校平

a）细齿　b）粗齿

7.3.2　整形

　　将弯曲、拉深或其他成形件校正成最终的形状，即所谓的整形。整形是利用模具使弯曲或拉深后的冲压件局部或整体产生少量塑性变形以得到较准确的尺寸和形状，常在弯曲、拉深、成形工序之后。

　　整形时，工件在上下表面受到压应力作用的同时还在长度方向因变形受到模具凸肩的限制而产生纵向压力。由于整个横截面上都是比较均匀的压应力，有利于减少弯曲回弹变形，因此整形后弯曲件的形状和尺寸精度较高。但是对于带大孔的工件或宽度不等的弯曲件，不能用这种方法进行整形。

　　整形模和前一道预成形工序所用的模具大体相似，只是要求工作部分精度更高，表面粗糙度值更低，圆角半径和凸、凹模间隙更小。

　　弯曲件的整形方法主要有压校（图 7-26）和镦校（图 7-27）两种形式。

　　弯曲件的镦校所得到的制件尺寸精度较高，是目前常采用的一种校形方法，但是对于带有孔的弯曲件或宽度不等的弯曲件，不宜采用，因为镦校时易使孔产生变形。

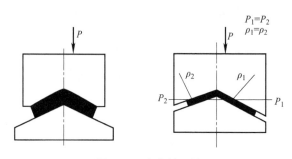

图 7-26　弯曲件压校

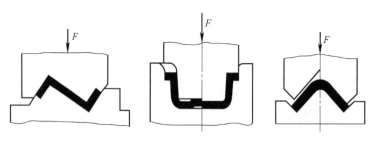

图 7-27　弯曲件镦校

7.3.3　校平、整形力的计算

用模具校平与整形时的压力主要取决于材料的力学性能、板料厚度等因素。校平、整形力可按下式计算：

$$P = Fq \tag{7-13}$$

式中　P——校平、整形力，单位为 N；

　　　F——校平面积，单位为 mm^2；

　　　q——单位压力，单位为 MPa，查相关冲压手册。

思考题 7

1. 试述胀形工艺的变形特点。

2. 试述圆孔翻边的变形力学特点。

3. 简述校平和整形的工艺特点。

4. 试分析、比较胀形、拉深、翻边工艺的不同之处。

5. 采用哪些工艺措施可以提高翻边的极限变形程度？

6. 试分析不同工艺条件下的工艺类型。（图 7-28 中，D_0 是毛坯直径，d_0 是毛坯上圆孔的初始直径，d_T 是凸模直径。）

（1）D_0/d_T 略大于 1（小于 4），d_0/d_T 远小于 1。

（2）D_0/d_T 较大（大于 3），d_0/d_T 较大但小于 1。

（3）D_0/d_T 较大（大于 3），d_0/d_T 远小于 1。

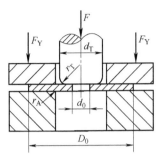

图 7-28　思考题 7-6

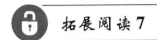

旋压技术

扫码观看　汽车
排气管旋压加工

　　旋压技术是一项具有悠久历史的传统技术，据文献记载最早起源于我国唐代，由制陶工艺发展出了金属的旋压工艺。到 20 世纪中叶，随着工业的发展和宇航事业的开拓，普通旋压工艺大规模应用于金属板料成形领域，从而促进了该工艺的研究与发展。在 20 世纪中叶以后，普通旋压有了以下三个方面的重大进展：①普通旋压设备逐渐机械化与自动化，在 20 世纪 50 年代出现了模拟手工旋压的设备，即采用液压助力器等驱动旋轮往复移动，以实现进给和回程，因而降低了劳动强度；②在 20 世纪六七十年代出现了能单向多道次进给的、电气液压程序控制的半自动旋压机；③由于电子技术的发展，于 20 世纪 60 年代后期，国外在半自动旋压机的基础上发展了数控和录返式旋压机。这些设备的快速发展将旋压工艺带进了中、大批量化的生产中。

　　强力旋压是 20 世纪 50 年代在普通旋压的基础上发展起来的，最早是在瑞典、德国被用于民间工业（例如加工锅皿等容器）。由于旋压工艺的先进性、经济性和实用性，且该工艺具有变形力小、节约原材料等特点，在近 40 年中，旋压技术得到了长足的发展，不仅在航空航天领域，而且在化工、机械、轻工等民用工业中都得到了广泛应用。目前，旋压技术已日趋成熟，已经成为金属压力加工中一个新的领域。

　　我国科技工作者一直致力研究旋压产品种类、尺寸精度、设备能力和自动化程度，以及工艺理论等，近 20 年来取得了较大发展，许多产品精度和性能都接近或达到了国外先进水平。国内少数高等院校，如哈尔滨工业大学、北京航空航天大学、西北工业大学等，以及一些有实力的研究所已在研制 CNC 旋压机，并进行理论探讨和开发新工艺。国内许多研究所（如北京航空航天大学现代技术研究所、黑龙江省旋压技术研究所、中国兵器工业集团第五五研究所等）已经研制出了较稳定可靠的多种类型的旋压机，在国内市场已有一定份额。

　　因此，加强旋压技术的理论研究，建立系统的基础性资料，是我国旋压技术发展中的一项重要内容。

第 8 章

汽车覆盖件冲压工艺

在我国汽车行业的快速发展进程中，汽车覆盖件一直是汽车的重要组成部分。随着人们对汽车外观的完美追求以及对汽车性能提升的需求，现阶段，汽车覆盖件冲压工艺设计受到了汽车产业链的广泛关注，这给相关技术行业带来了新的挑战，同样也是新的机遇。对于汽车覆盖件冲压工艺的设计，我国不断地突破技术难关，通过创新工艺、提高技术以保证设计内容的完整性与可扩充性，并朝着多元化发展。

覆盖件是冲压加工难度最大的零件。与一般的冲压件相比较，覆盖件具有材料薄、形状复杂、结构尺寸大、表面质量高等特点，因此对覆盖件的冲压工艺编制、冲模制造要求较高。

本章将介绍汽车覆盖件分类、汽车覆盖件冲压成形特点、冲压生产方式、基本工序及工艺方案制定等内容。

 8.1 汽车覆盖件的冲压特点

8.1.1 汽车覆盖件概述

汽车覆盖件是指覆盖汽车的发动机、底盘，构成驾驶室和车身的表面零件。它包括外部覆盖件和内部覆盖件。货车的车前板和驾驶室、轿车的车前板和车身等都是由覆盖件和一般冲压件组成的。

汽车覆盖件通常采用薄钢板冲压而成，但它与一般冲压件相比，具有形状复杂（多为空间曲面）、轮廓尺寸大、材料薄、表面质量要求高等特点。因此，汽车覆盖件的冲压工艺被认为是板料冲压中技术难度最大的工艺。

汽车覆盖件由于形状复杂，用一般的平面图无法准确表达。因此，通常除覆盖件图外，还需要有主模型（或从主模型上用三坐标测量机扫描得出的数据）作为加工的依据。由于当代先进技术的发展，可用 CAD 和 CAM 系统模拟产品设计软件数据，直接作为加工的依据。

在汽车覆盖件图上，为了表示其在汽车上的位置和便于尺寸标注，通常每隔 100mm 或 200mm 画出三个方向的坐标线，三个坐标基准如下：

前后方向——以前轮中心为零,往后是正、往前是负。

上下方向——对于轿车:以前轮中心为零,往上是正、往下是负;对于货车:以纵梁上表面为零,往上是正、往下是负。

左右方向——以汽车对称中心为零,左右不分正负。

8.1.2 汽车覆盖件分类

1. 按覆盖件作用分类

覆盖件组装后构成了车身或驾驶室的全部外部和内部形状,它既是外观装饰性的零件,又是封闭薄壳状的受力零件,依照作用不同,可以分为外表面覆盖件和内部覆盖件。

1)外表面覆盖件:简称外覆盖件,通常包括侧围板、前翼子板、车顶、前盖、后盖和车门内外板等零件。

2)内部覆盖件:简称内覆盖件,通常包括门内板、前后盖内板以及底板等零件。

2. 按覆盖件结构特征分类

1)对称于一个平面的零件:如前、后盖,内、外板,车顶等零件,俗称中轴线零件。这些零件形状比较规则,在模具结构上一般左右对称。

2)不对称零件:如车门内、外板,侧围以及翼子板等(但左右件对称)。对于这种零件,如果不是采用一模双件的成形工艺,则通常要考虑模具的侧向力等因素。

3)覆盖件本身有凸缘面的零件:如车门内板和前、后盖内板等,这些零件尽管多数不是外覆盖件,但是由于零件的局部轮廓尺寸变化比较大,模具结构通常很复杂。

汽车覆盖件如图 8-1 所示。

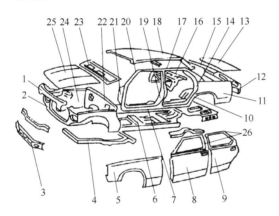

图 8-1 汽车覆盖件

1—发动机舱盖前支撑板 2—散热器固定框架 3—前裙板 4—前框架 5—前翼子板 6—地板总成 7—门槛
8—前门 9—后门 10—车轮挡泥板 11—后翼子板 12—后围板 13—行李舱盖 14—后立柱
15—后围上盖板 16—后窗台板 17—上边梁 18—顶盖 19—中立柱 20—前立柱
21—前围侧板 22—前围板 23—前围上盖板 24—前挡泥板 25—发动机舱盖 26—门窗框

8.1.3 汽车覆盖件冲压成形特点

汽车覆盖件的要求和结构特点决定了其冲压成形特点,下面进行介绍。

1. 一次拉深成形

对于汽车覆盖件来说，由于其结构复杂、变形复杂，其规律难以定量把握，以目前的技术水平还不能确定汽车覆盖件多次拉深工艺参数，也不能控制多次拉深的毛坯变形。因此，汽车覆盖件成形都是采用一次拉深成形的方法。

2. 拉胀复合成形

汽车覆盖件成形过程中的毛坯变形并不是简单的拉深变形，而是拉深和胀形变形同时存在的复合成形。一般来说，除内凹形轮廓（如 L 形轮廓）对应的压料面外，压料面上的毛坯的变形为拉深变形（径向为拉应力，切向为压应力），而轮廓内部（特别是中心区域）毛坯的变形为胀形变形（径向和切向均为拉应力），如图 8-2 所示。

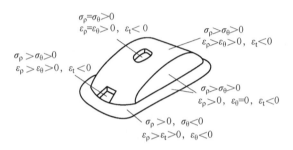

$$\sigma_\rho = \sigma_\theta > 0$$
$$\varepsilon_\rho = \varepsilon_\theta > 0, \ \varepsilon_t < 0$$

$$\sigma_\rho > \sigma_\theta > 0$$
$$\varepsilon_\rho > \varepsilon_\theta > 0, \ \varepsilon_t < 0$$

$$\sigma_\rho > \sigma_\theta > 0$$
$$\varepsilon_\rho > \varepsilon_\theta > 0, \ \varepsilon_t < 0$$

$$\sigma_\rho > \sigma_\theta > 0$$
$$\varepsilon_\rho > 0, \ \varepsilon_\theta = 0, \ \varepsilon_t < 0$$

$$\sigma_\rho > 0, \ \sigma_\theta < 0$$
$$\varepsilon_\rho > \varepsilon_t > 0, \ \varepsilon_\theta < 0$$

图 8-2 汽车覆盖件不同部位的变形性质

3. 局部成形

轮廓内部有局部形状的零件冲压成形时，当凸模下行到一定深度时，局部形状才开始成形，并在成形过程的最终时刻全部贴模。所以，局部形状外部的毛坯材料难以向该部位流动，成形主要靠该部位毛坯在双向拉应力下的材料变薄来实现面积的增大，即这种内部局部成形为胀形成形。

4. 变形路径变化

汽车覆盖件冲压成形时，内部的毛坯是随着冲压过程的进行而逐步贴模的。这种逐步贴模过程，使毛坯保持塑性变形所需的成形力不断变化，毛坯各部位板面内的主应力方向与大小、板平面内两主应力之比（σ_1/σ_2）等受力情况不断变化，毛坯（特别是毛坯内部）产生变形的主应变方向与大小、板平面内两主应变之比（$\varepsilon_1/\varepsilon_2$）等变形情况也随之不断地变化。即毛坯在整个冲压过程中的变形路径（$\varepsilon_1/\varepsilon_2$）不是简单加载下的变形过程，而是变路径的。

汽车覆盖件拉深工艺设计

8.2.1 覆盖件拉深工艺设计原则

在进行覆盖件的拉深工艺设计时，应遵循以下的设计原则：

1）尽可能用一道拉深工序成形出覆盖件形状。因为二次拉深经常会发生拉深不完整的情况，造成覆盖件表面质量恶化。

2）覆盖件的拉深深度应尽可能平缓均匀，使各处的变形程度趋于一致。在多道工序成形时，需要预先很好地考虑前后各工序间的相互协调，并保证各个工序的成形条件达到良好状态。

3）拉深表面较为平坦的覆盖件时，其主要变形方式应为胀形变形，因此，适当地设置拉深筋和设计合适的压料面，以调整各个部位的材料变形流动状况，达到良好的效果。

4）覆盖件主要结构面上往往有急剧的凸凹折曲和较深的鼓包等局部形状，在形状设计时，应尽可能满足合理拉深成形条件的要求。在制定拉深工艺时，可以通过加大过渡区域和过渡圆角、预加工工艺切口等办法，改善材料的流动和补充条件。

5）覆盖件的焊接面不允许存在皱褶、回弹等质量问题。

6）覆盖件上的孔应在零件拉深成形后冲出，以预防预先冲制的孔在拉深过程中发生变形。如果孔位于零件上不变形或变形极小的部位时，也可在零件拉深前制出。

7）覆盖件拉深的压料圈形状设计，应以材料不发生皱折、翘曲等质量问题为原则，保证压料面材料变形流动顺利。同时，压料面的形状还应保证坯料定位的稳定性、送料的可靠性、取件的方便性和安全性。

8）覆盖件经拉深工序后，一般为翻边、修边等工序，在进行拉深工序的坯料形状尺寸和拉深工艺设计时，应充分考虑为后续翻边、修边等工序提供良好的工艺条件，包括变形条件、模具结构、零件定位、送料和取料等。

9）坯料的送进和拉深件的取出装置应安全、方便，有利于覆盖件的自动化、流水线生产。当拉深模具的内表面与坯料发生干涉时，有必要在模具内设置导向装置。

8.2.2　拉深方向确定

拉深方案首先要解决的问题是确定工件在模具中的三向坐标位置，即确定拉深方向。拉深方向不但决定覆盖件能否顺利成形，而且影响到工艺补充面和后续各工序（如整形、修边、翻边）。拉深方向主要取决于覆盖件的结构。有对称面的覆盖件，其拉深方向是以垂直于对称面的轴进行旋转来确定；无对称面的覆盖件，拉深方向则是绕汽车位置互相垂直的两个坐标面进行旋转来确定。下面介绍拉深方向应满足的要求。

1. 保证凸模能够进入凹模

工件相对于拉深方向应该没有负角部分，否则凸模直线运行不能进入凹模，如图 8-3 和图 8-4 所示。最好是工件侧边（不包括工艺补充面）与拉深方向能构成 $\alpha > 10°$ 的拔模角。不过，有时满足了上述要求后也会出现其他问题，如凸模开始拉深时与板料接触面积小，或过多地增加了工艺补充面而使材料的消耗增加，这时就应从整个形状的拉深条件考虑。

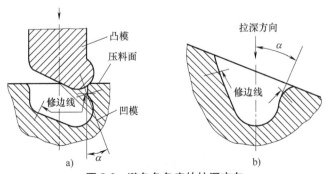

图 8-3　避免负角度的拉深方向

a）旋转前　b）旋转后

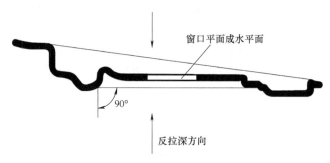

图 8-4　反拉深的拉深方向

2. 保证凸模开始拉深时与拉深毛坯的接触状态

1）接触面要尽量大且平。接触面过小或尖，易产生应力集中现象，引起毛坯接触处产生破裂。如图 8-5a 所示，右图比左图的冲压方向更好。

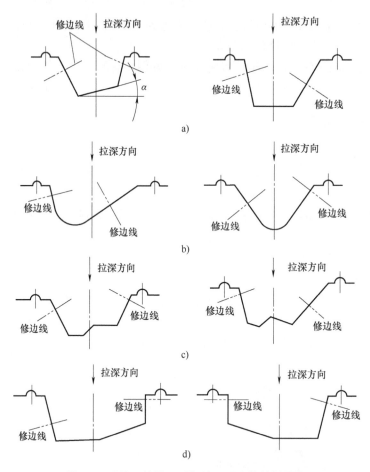

图 8-5　凸模开始拉深时与拉深毛坯的接触状态

2）接触的位置应靠近中间，一方面可有效避免起皱和破裂，另一方面可防止拉深毛坯可能经凸模顶部窜动而加快凸模顶部磨损，影响覆盖件表面质量。如图 8-5b 所示，右图比

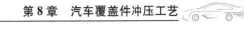

左图冲压方向更好。

3）接触点要多、要分散，且同时接触。如果不同时接触，那么拉深时，毛坯可能经凸模顶部窜动，使拉深件棱线不清晰，表面质量不高。如图 8-5c 所示，右图比左图冲压方向更好。

如图 8-5d 所示，左、右图相比较，右图中凸模开始拉深时与拉深毛坯的接触面积加大了，同时更靠近中间，而且工艺补充部分余料也较少，所以该冲压方向更好。

3. 压料面各部位进料阻力要均匀

在拉深过程中，如果压料面各部位进料阻力不均匀，毛坯就有可能经凸模顶部窜动，影响表面质量，甚至会产生起皱和破裂。尽量保证进料阻力均匀的途径有以下两方面：

1）材料各处的拉深深度均匀。均匀的拉深深度是保证压料面各部分进料阻力均匀的主要条件。图 8-6b 所示的拉深深度较图 8-6a 所示的更均匀。

2）使凸模相对两侧的拉入角相等，材料流入凹模的速度相近，从而保证压料面各部分进料阻力趋于一致。图 8-7b 所示的拉入角较图 8-7a 所示的更均匀。

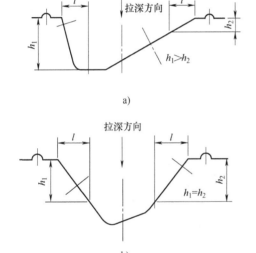

图 8-6　拉深深度均匀程度的比较

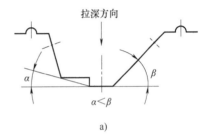

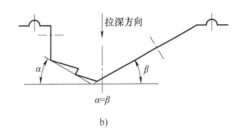

图 8-7　拉入角均匀程度的比较

4. 压料面尽量为平面

使压料面尽量为平面，以便于坯料的定位和模具加工。

8.2.3　工艺补充部分

有些覆盖件在展开边缘后，其结构难以满足拉深工艺的要求，为了弥补工艺上的缺陷，使加工容易成形，需要事先在工件以外增加部分材料，如封闭窗口、孔洞开口，补充拉深筋、压料面等，而在后续工序中又将其切除，这些增补的材料称为工艺补充部分，如图 8-8 所示。

1. 工艺补充部分的主要作用

（1）改善拉深条件

使覆盖件在拉深过程中，材料紧贴凸模成形，这样可以减少和消除拉深过程中的起皱，

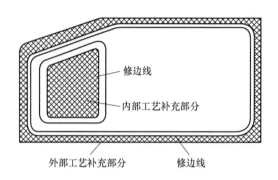

图 8-8　工艺补充示意图

增加工件的刚度。如图 8-9b 所示，增加直壁段 *AB* 面，使材料更紧贴凸模，进料阻力加大，利于拉深成形，其拉深效果比无工艺补充的（图 8-9a 所示）结构更好。

（2）防止压料起皱

如图 8-9 所示，在压料平面上增加压料凸缘，保证压边圈对坯料的压料阻力，利于拉深顺利进行，并防止拉深过程中的起皱。

（3）保证拉深深度均匀

如图 8-10 所示，增加局部侧壁高度使工件拉深深度均匀，促使材料各处的变形均匀、一致。

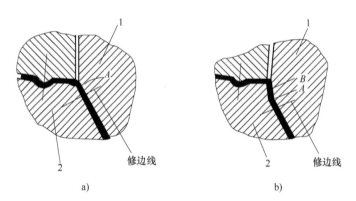

a)　　　　　　　　　　　　　　　　　　　b)

图 8-9　工艺补充部分与拉深条件

a）无直壁　b）有直壁

1—凸模　2—凹模

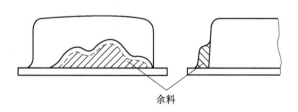

图 8-10　增加局部余料使深度均匀的工艺补充面

工艺补充面是拉深件不可缺少的组成部分，但在后续修边工序中要被切除，成为工艺废料。所以，在保证覆盖件能顺利成形的前提下，应尽量减小工艺补充面，以提高板料利用率。若工艺补充面过大，不仅浪费材料，而且牵制了坯料的流动，增加了变形阻力，使得制件成形时破裂的可能性加大。

2. 工艺补充的常见形式

工艺补充面的组成部分及常用形式如图 8-11 所示，各部分的作用和合理的几何尺寸见表 8-1。

表 8-1　工艺补充面各部分作用及尺寸

名称	含义	作用	尺寸/mm	说明
凸缘面 A	压边面	① 控制拉深时进料阻力大小 ② 布置拉深筋和定位	$A = 40 \sim 50$ $A_1 = (1 \sim 1.5)$ 拉深筋	由于压边要经常调整，拉深筋磨损后要打磨。为了不因此而影响到修边线，一般拉深筋距修边线的距离 $A' = 25mm$
底面 B	工件修边线到凸模圆角	① 调整时不致因 R_T 修磨变大而影响工作尺寸 ② 保证修边刃口的强度要求如图 8-12a 所示 ③ 满足定位器的结构要求如图 8-12b 所示	修边时用拉深筋定位，则 $B \geqslant 8$ 修边时用侧壁定位，则 $B \geqslant 5$	有些工件较浅，或工件形状复杂，为增加材料变形量及简化模具压边面形状，而将修边线放在拉深件底部
凸模圆角面 C	凸模圆角的弧面	减小变形阻力	一般拉深件 $R_T = (4 \sim 8)t$ 复杂拉深件 $R_T \geqslant 10t$	设计时 R_T 偏小，调整时逐渐磨大
侧壁面 D	拉深件沿凹模周边部分	① 控制工件有足够的拉应力 ② 调节拉深件深度，配置较简化的压边面 ③ 满足定位和取件要求； ④ 满足修边刃口强度要求	$C = 10 \sim 20$ $\beta = 6° \sim 10°$	① 对于深度较浅或平坦的拉深件，如果由于压边面上进料阻力小，在拉深过程中斜壁已形成波纹，虽然凸模和凹模最后是压紧的，如图 8-13a 所示，也不可将波纹压平 ② 如图 8-13b 所示，在凹模上增加侧壁 D，使凸模有一个坯料拉入凹模的过程，从而消除波纹，同时，提高工件刚度
凹模圆角面 E	拉深材料流动面	影响材料流动变形阻力，R_{AO} 大，阻力小，易拉深，R_{AO} 小则反之	$R_{AO} = (4 \sim 10)t$ 深度大时取大值，一般在调整中要变化	如果压边面本身就是覆盖件凸缘面，则 R_{AO} 要根据具体情况而定，一般覆盖件要求的圆角半径较小，直接用来作为 R_{AO} 是不妥的，必须加大，拉深完成后，再整形到较小的圆角
棱台面 F		使水平修边改为垂直修边，简化冲模结构	$F = 3 \sim 5$ $\alpha \geqslant 6°$	α 过小，切面过尖，刃口易变钝，修边处容易产生毛刺
侧壁面 G		便于配置较简单的压边面，简化冲模结构	G 由修边凹模强度决定，一般不小于 8，$\alpha \geqslant 50°$	① 倾斜或水平修边，侧壁上一般都有孔存在，修边和冲孔同时完成 ② α 过小，切面过尖，刃口易变钝，修边处容易产生毛刺

注：当覆盖件修边线较复杂，而压边面较简单时，尺寸 F、G 等往往只用于控制最小处。

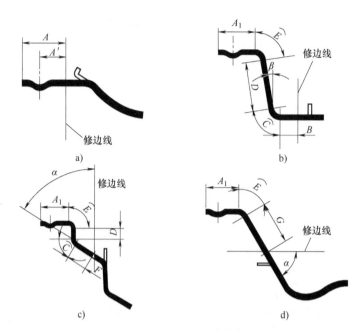

图 8-11 工艺补充面的组成部分及常用形式

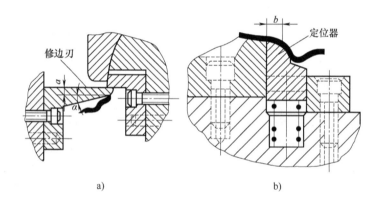

a)   b)

图 8-12 从工件修边线到凸模圆角的工艺补充余量 ($a \geqslant 8mm$，$\alpha \geqslant 15°$)

a) 保证修边刃口强度要求 b) 满足定位器结构要求

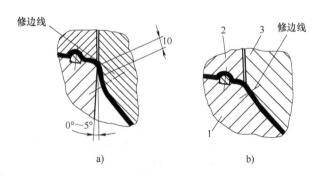

a)   b)

图 8-13 侧壁形状的影响

a) 较差 b) 较好

1—凹模 2—压边圈 3—凸模

3. 工艺补充实例

图 8-14 所示为某汽车顶盖中段的零件图和拉深件图。由于该零件要与顶盖前段、后段搭接，所以其前端和后端为敞开的不封闭状态。为使零件以拉深方式而不是拉弯方式成形，将前、后两端进行工艺补充，增添侧壁，使其成为盒形件轮廓。图 8-15 所示为某汽车车门外板的工艺补充，图 8-16 所示为窗口周围产生波纹时的工艺补充。

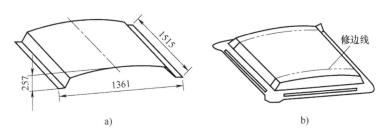

图 8-14　某汽车顶盖中段的零件图和拉深件图

a）零件图　b）拉深件图

图 8-15　某汽车车门外板的工艺补充

a）零件示意图　b）拉深件示意图

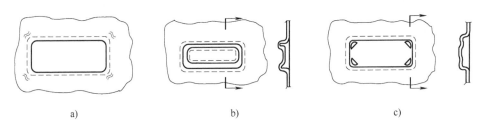

图 8-16　窗口周围产生波纹时的工艺补充

a）出现波纹区域　b）环状台阶补充　c）局部凸包补充

8.2.4　压料面

1. 压料面的作用与对拉深成形的影响

压料面是指凹模上表面与压料圈下表面起压料作用的那一部分表面，其位置在凹模圆角部分以外。压料面是工艺补充部分的一个重要组成部分，它对汽车覆盖件的拉深成形起着重要作用。有的拉深件的压料面全部为工艺补充部分（最后全部要切掉），有的拉深件的压料面则由零件的法兰部分和工艺补充部分共同组成（最后只切去工艺补充部分，留下法兰部分）。

在拉深开始前，压料圈首先将板料压紧在凹模压料面上，被压住的部分即是压料面。拉深开始后，压料面上的材料逐渐被拉入凹模，变为覆盖件形状所需的材料，实现拉深成形过程。通过压料面的压力，可以使拉深件的深度均匀，板料流动阻力合理分布，满足拉深成形的需要。通过合理的压料面设计，控制压料面板料向凹模内流动的方向与速度，避免板料破裂起皱等问题。

2. 压料面设计原则

如上所述，压料面有两种情况：一种是压料面的一部分就是拉深件的法兰面；另一种情况是压料面全部属于工艺补充部分。无论哪种情况，都是以保证良好的拉深成形条件为主要目的进行压料面的设计。对第二种情况要考虑到这部分材料在拉深工序后将在修边工序被切除，所以应尽量减少这种压料面的材料消耗。

对于第二种情况，设计压料面应遵循的基本原则有以下几方面：

1）压料面形状应简单化，压料面最好呈水平方向。因为采用平面压料面不但使拉深板的定位和放置最为方便，而且其拉深条件也最为优越。与此同时，模具的加工工艺性也最佳。在保证良好的拉深条件的前提下，为减少材料消耗，也可设计成斜面、平滑曲面或平面曲面组合等形状。要避免设计成平面大角度交叉和高度变化剧烈的形状，这些形状的压料面会造成材料流动困难和塑性变形分布极不均匀，在拉深成形时，在角度交叉处产生堆积、起皱、破裂等现象。图 8-17a 所示为水平压料面，是最有利于拉深成形的压料面位置。图 8-17b 所示为向内倾斜的压料面，一般控制压料面倾斜角 $\alpha<50°$。图 8-17c 所示为向外倾斜的压料面，倾斜角 φ 太大，其材料流动阻力最大，易产生破裂，而且凹模表面磨损严重，应尽量少选用。

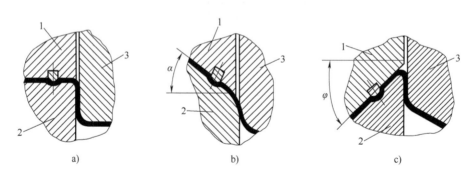

图 8-17　压料面与冲压方向的关系

1—压力圈　2—凹模　3—凸模

2）压料面本身形状不能起皱。压料面的任一断面曲线长度 l_0 应小于拉深件内部断面曲线长度 l_1，即满足 $l_0<0.97l_1$，才能保证拉深过程中板料处于张紧状态，防止皱折的产生，如图 8-18 所示。在图 8-19 中，要保证压料面形状不起皱的条件是：压料面的仰角 α 大于凸模仰角 β。若不能满足这一条件，可在拉深件底部设置筋类或反成形形状以吸收余料，如图 8-20 所示。当覆盖件的底部有反成形形状时，压料面必须高于反成形形状的最高点，如图 8-21 所示。

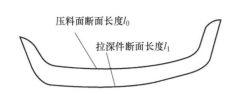

图 8-18　压料面断面长度 l_0 与
拉深件断面长度 l_1 的关系

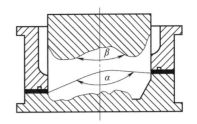

图 8-19　压料面仰角 α 与凸模仰角 β 的关系

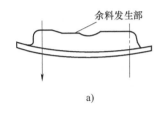

a)

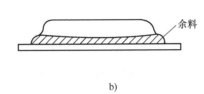

b)

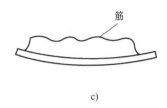

c)

图 8-20　防止余料的措施

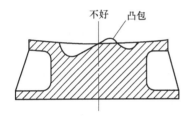

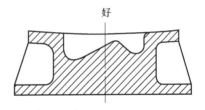

图 8-21　底部有反成形形状时的压料面

3）压料面应降低成形深度，并且各部分深度应接近一致，使板料不产生褶皱、扭曲等现象。

4）压料面应使板料在拉深成形和修边工序中具有可靠的定位，并考虑送料和取件的方便性，不在某一方向产生很大的侧向力。

在实际工艺设计中，若上述各项原则不能同时满足，应根据具体情况进行分析、取舍。

8.2.5　工艺孔和工艺切口

1. 工艺切口作用

当需要在覆盖件的中间部位冲出某些深度较大的局部凸起或鼓包时，在一次拉深中，不能从毛坯的外部得到材料的补充而导致零件的局部破裂，这时可考虑在局部变形区的适当部位冲出工艺切口或工艺孔，使容易破裂的区域从变形区内部得到材料的补充。

2. 工艺切口位置

在容易破裂的区域附近设置工艺切口，但这个切口又必须处在拉深件的修边线以外，以便在修边工序中切除，例如车门内板和上后围的玻璃口部位，如图 8-22 和图 8-23 所示。

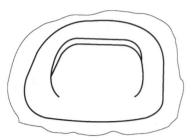

图 8-22 车门内板成形部位工艺切口布置

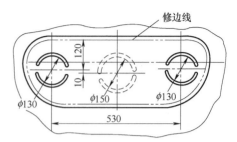

图 8-23 上后围成形部位工艺切口布置

3. 工艺切口制法

1）落料时冲出：用于局部成形深度较浅的场合，如工艺孔。

2）拉深过程中切出：充分利用材料的塑性，即在拉深开始阶段利用材料的径向延伸，切出工艺切口，这样成形深度可以深一些。

在拉深过程中冲切工艺切口，并且切割材料与工件本体不完全分离，切口废料可在以后的修边工序中一并切除；否则，将产生从冲模中清除废料困难的问题。

4. 工艺切口布置原则

工艺切口的大小和形状要视其所处的区域情况和其他向外补充材料要求而定。一般需注意如下几点：

1）切口应与局部凸起周缘形状相适应，以使材料合理流动。

2）切口之间应有足够的搭边，以使凸模胀紧材料，保证成形清晰和避免波纹等缺陷，而且修边后可获得良好的窗口翻边孔缘质量。

3）切口的切断部分（即开口）应邻近凸起部位的边缘或容易破裂的区域。

4）切口的数量应保证凸起部位各处材料变形趋于均匀，否则，不一定能防止裂纹产生。如原来上后围只有左右两个工艺切口，结果中间仍产生裂纹，后来添加了中间切口，才完全避免破裂现象，如图 8-23 所示。

8.2.6 拉深筋

拉深工艺设计的关键，除选择好拉深方向、工艺补充面、压边面等因素外，适当地控制压边面下的进料阻力，调节坯料的流动，也是需要重点解决的问题。调节压边面各部位进料阻力的方法如下：

1）调节外滑块 4 个角的高低，使其向某个方向倾斜，造成压边面上各部位压边力不同。此方法应用较广泛，但只能粗略地调节压边力，不能完全控制各局部的进料量恰好符合工作需要，因此有局限性。

2）改变拉深坯料的局部形状，以增减压边面积。增加压边面积的方法较费料，只能作为调试拉深模时的一种辅助方法，局部采用。

3）采用拉深筋（槛）。拉深筋（槛）是在压边面上设计的凸出筋条，通过调整拉深筋（槛）槽的松紧，增加或减小压边面上各部分的进料阻力，调节金属沿变形区周边的径向流动，扩大压边力调节范围。此方法最有效、最常用，且最灵活。

1. 拉深筋（槛）的作用

1）增加进料阻力。拉深筋阻力是由坯料通过拉深时弯曲反弯曲变形力、摩擦力，以及因变形硬化引起增量的再变形抗力三部分组成。弯曲反弯曲变形所需要的变形力构成了拉深筋阻力的主要部分，压边面之间的坯料除受径向拉应力外，还受反复弯曲应力的作用，因此增加了进料阻力。

拉深槛是拉深筋的一种，由于其弯曲更剧烈，因此其进料阻力大得多，更适用于曲率较小、平坦的或深度小的覆盖件，使坯料靠材料本身的塑料变形伸展来成形，而不靠压边圈外材料的流入与补充。

2）调节材料的流动情况。通过对拉深筋的位置、根数和形状的合理设计，使拉深过程中各部分流动阻力均匀，坯料流入模腔的量适合制造各处的需要，有效避免"多则皱、小则裂"的情况。

3）降低对压边面表面粗糙度的要求。不用拉深筋时，压边面的表面精度要求较高，即要求平整、光滑、贴合和均匀。使用拉深筋后，压边面之间的间隙可适当增加，略大于料厚，表面精度可适当降低，从而降低了大型拉深模的制造工作量。同时，压边面的磨损减少，由于拉深筋磨损后可以更换，模具使用寿命得到延长。

4）纠正坯料的不平整缺陷，消除产生滑带的可能性。因为坯料在通过拉深筋流入凹模时，产生了起伏变化，相当于校平的作用。

2. 拉深筋（槛）的种类及应用

拉深筋（槛）可设置在压边圈或凹模上，其作用是一样的。调试拉深模时，拉深筋（槛）一般不打磨，因此拉深筋（槛）一般设置在压边圈上，而拉深筋（槛）槽做在下面的凹模上，便于研配和打磨。倒装的模具则将拉深筋（槛）槽做在下面的压边圈上。

（1）拉深筋

拉深筋在采用的数量、形式上都比拉深槛更灵活，因此，应用比较广泛。拉深筋的常用结构有半圆形嵌入筋、圆形嵌入筋、方形嵌入筋、整体筋等。

半圆形嵌入筋的结构如图 8-24 所示。圆形嵌入筋的结构如图 8-25 所示。对于板厚为 0.6~1.2mm 的低碳钢板，目前多使用 $\phi 6 \sim \phi 8$mm 的圆形嵌入筋。切削出来的整体筋结构如图 8-26 所示。一般只做单根，用于小批量生产，且压边面形状为简单规则的平面。部分拉深筋结构常用尺寸见表 8-2。

表 8-2　部分拉深筋结构常用尺寸　　　　　　　　（单位：mm）

名称	W	$d \times p$	d_1	l_1	l_2	l_3	h	K	R	l_4
圆形嵌入筋	12	M6×1.0	6.4	10	15	18	12	6	6	15
	16	M8×1.25	8.4	12	17	20	16	8	8	17
	20	M10×1.5	10.4	14	19	22	20	10	10	19
半圆形嵌入筋	12	M6×1.0	6.4	10	15	18	11	5	6	15
	16	M8×1.25	8.4	12	17	20	13	6.5	8	17
	20	M10×1.5	10.4	14	19	22	15	8	10	19
方形嵌入筋	12	M6×1.0	6.4	10	15	18	11	5	3	15
	16	M8×1.25	8.4	12	17	20	13	6.5	4	17
	20	M10×1.5	10.4	14	19	22	15	8	5	19

注：拉深筋及紧固螺栓材料均为 45~55 钢。

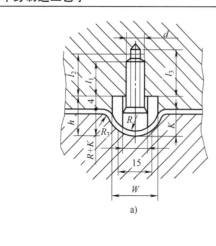
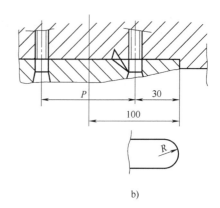

a)

b)

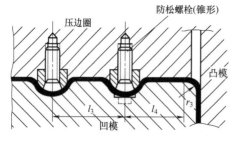
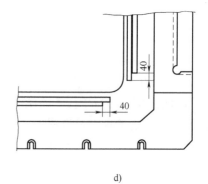

c)

d)

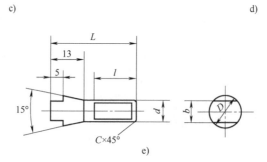

e)

图 8-24　半圆形嵌入筋的结构

a）横向剖面　b）纵向剖面　c）双拉深筋　d）嵌入式筋的末端尺寸　e）紧固螺栓

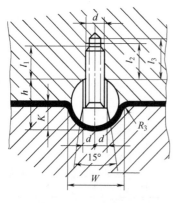
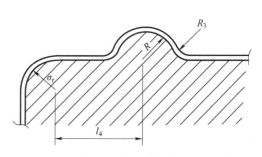

图 8-25　圆形嵌入筋　　　　**图 8-26　切削出来的整体筋**

（2）拉深槛

拉深槛的流动阻力比拉深筋大，主要用于拉深浅、外形平坦的覆盖件。拉深槛的常用结构有镶块式、整体式和嵌入式三种，如图 8-27 所示。

1）镶块式。镶块式拉深槛的结构有两种，如图 8-27a 所示。图 8-27a 左边结构用于拉深深度小于 25mm 的覆盖件，图 8-27a 右边结构用于拉深深度大于 25mm 的覆盖件。

2）整体式。切削出来的整体式拉深槛的结构如图 8-27b 所示。主要用于生产批量小的场合。

3）嵌入式。对于有凸缘的浅拉深件，采用嵌入式拉深槛较方便，如图 8-27c 所示。

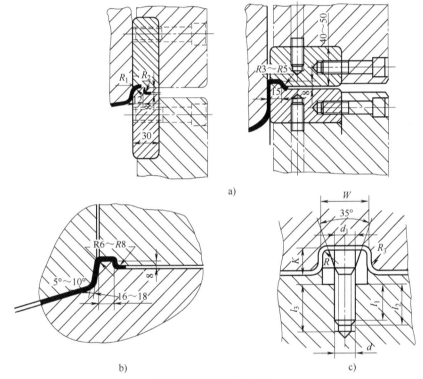

图 8-27　拉深槛的结构

a）镶块式　b）整体式　c）嵌入式

拉深筋（槛）的选用情况见表 8-3。

表 8-3　拉深筋（槛）的选用情况

拉深筋		使用场合	使用图例
圆形切削成形嵌入式	单筋	在拉深成形中使用最多（整体或局部）	压边圈　凸模　凹模　打料机构
	双筋	在单筋的抗张力不足时采用（整体或局部）	

（续）

拉深筋		使用场合	使用图例
方形切削成形嵌入式	单筋（槛）	① 比单个圆形筋抗张力强 ② 比圆形筋节省材料	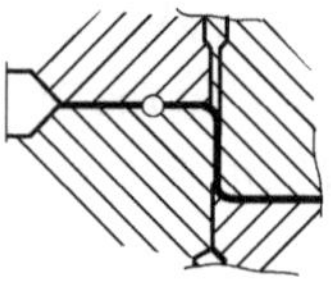
	双筋（槛）	在胀形成形、整形等工序中，用于完全控制材料的流入时	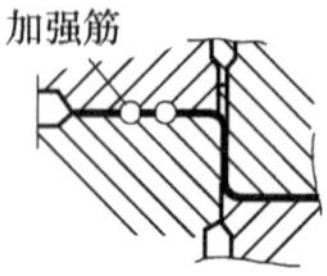 加强筋
阶梯形	L形单筋（槛）	① 较嵌入槛更省材料 ② 由于阶梯槛是在模具工作阶段设置的，所以只有了解形状、尺寸和抗张力效果后，才可采用	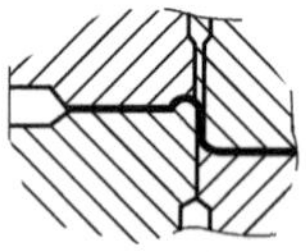
	U形双筋（槛）		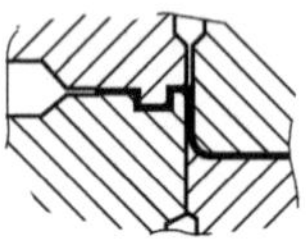

3. 拉深筋（槛）的布置

拉深筋（槛）的数目和位置取决于拉深筋（槛）的作用、覆盖件的外形、起伏特点及拉深深度。除此之外，还应该借鉴已成功使用的设计方案。

（1）按作用设置拉深筋（槛）

按作用设置拉深筋（槛）的布置原则见表8-4。

表8-4 按作用设置拉深筋（槛）的布置原则

序号	要求	布置原则
1	增加进料阻力，提高材料变形程度	沿工件轮廓整圈（或间断）设置1条拉深槛或1~3根拉深筋
2	增加径向拉应力，降低切向压应力，防止坯料起皱	在容易起皱的部位设置1~3根拉深筋
3	调整进料阻力和进料量	① 拉深深度大的直线部位设置1~3根拉深筋 ② 拉深深度大的圆弧部位不设置拉深筋 ③ 拉深深度相差较大时，深的部位不设置拉深筋，浅的部位设置拉深筋
4	降低压边要求，扩大调压范围，提高拉深稳定性	在容易起皱的部位适当设置拉深筋

（2）按工件轮廓几何形状布置拉深筋（槛）

按工件轮廓几何形状不同设置拉深筋（槛）的方法见图8-28和表8-5。拉深筋（槛）走向一定要与坯料流动方向垂直。

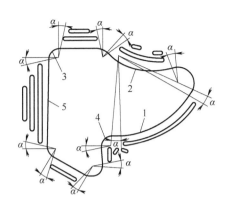

图 8-28　按工件轮廓几何形状不同设置拉深筋（槛）的方法

表 8-5　按工件轮廓几何形状不同设置拉深筋（槛）的方法

序号（同图 8-28）	形状说明	要求	设置方法
1	曲率小的凸圆弧	补偿变形力不足	设置 1 条筋
2	曲率小的凹圆弧	① 补偿变形力不足 ② 避免相邻两侧凸圆部分多余的材料挤过来形成皱纹	沿轮廓设置 1 条筋，另在两端部各设置 1 条筋
3	曲率大的凸圆弧	① 进料阻力大 ② 利于较多的坯料适当地向较小部位（如直线段）转移	① 不设拉深筋 ② 相邻筋的位置应退让 8°～12°
4	曲率大的凹圆弧	利于相邻两侧坯料延展，保证压边面坯料处于良好状态	① 凹模口不设筋 ② 在离凹模口较远处设置 2 段短筋
5	直线	补偿变形力不足	根据长度设置 1～3 条拉深筋或拉深槛，长度越大设置越多

　　根据前面所述的设置原则，发动机油底壳拉深筋（槛）的设计方案如图 8-29 所示。油底壳拉深度相差较大，在需要进料少的部位设置拉深筋，以控制该部分不要向凹模内流入过多的材料；而在拉深深度大的部位不设拉深筋，以便于该部位能有较多的材料流入凹模内，达到成形要求。

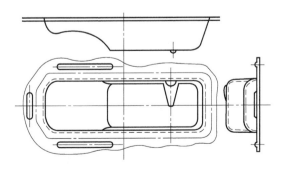

图 8-29　油底壳拉深件上的拉深筋（槛）设计方案

　　根据前面所述的设置原则，某车驾驶室内前底板拉深筋设计方案如图 8-30 所示。

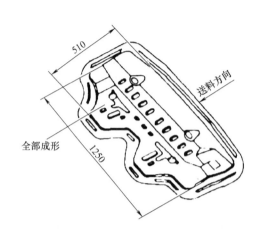

图 8-30　某车驾驶室内前底板拉深筋设计方案

8.3 汽车典型覆盖件冲压工艺实例

扫码观看　汽车典型
覆盖件冲压工艺实例

　　发动机舱盖（又称发动机罩）是最醒目的车身构件，是买车者经常要察看的部件之一。对发动机舱盖的主要要求是隔热隔声、自身质量小、刚性强。发动机在结构上一般由外板和内板组成，中间夹以隔热材料。发动机舱盖内板起到增强刚性的作用，基本上是骨架形式；发动机舱盖外板作为汽车重要的外覆盖件之一，与左右翼子板、前照灯、前保险杠、前风窗等零件搭接，对搭接区域有严格的要求。本节以发动机舱盖外板为例，介绍汽车覆盖件的冲压工序。

　　从零件结构上看，发动机舱盖外板整体造型平坦，外观面以不同曲率面片相连，一般存在 2~5 条不等的棱线，除此之外，大部分区域面的曲率较小，易产生棱线滑移、刚性不足和回弹等缺陷。

　　发动机舱盖外板的实体如图 8-31 所示，零件材料选择 B180H1 FD，零件尺寸为 1520mm×1027mm，深度为 77.7mm，料厚为 0.7mm。

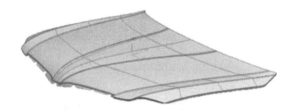

图 8-31　发动机舱盖外板的实体

　　车身覆盖件从板料到制成成品零件的过程中，生产工艺方案应该尽量选择工序数少且又能满足覆盖件性能要求的方案。工序数的多少会直接影响到工厂加工时使用的压力机数量、传送装置数量、车间大小、加工人员数量和设备维护工作量等，所以当用于工厂大批量生产时，应尽量减少工序数。能够把多道工序合并为一道工序时尽量合并，工序数越少，其技术经济效益越好。

由于发动机舱盖外板尺寸比较大，因此制定发动机舱盖外板的生产工艺步骤为：落料→拉深→修边→翻边→侧翻边。其冲压工艺的工序内容如图 8-32 所示。

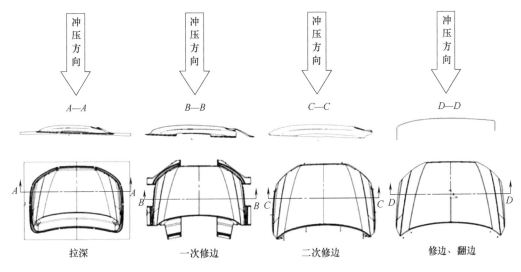

图 8-32　发动机舱盖外板冲压工艺的工序简图

1. 落料工序工艺分析

落料工序是为了获得拉深工序所需的毛坯外形。大型覆盖件的冲压，大多采用方料或是普通落料模生产，材料利用率和生产率较低。所以该发动机舱盖板落料工艺设计采用开卷落料模的生产方式。开卷落料模生产方式具有生产率高、落料件的表面质量好、无划伤和磕碰等缺陷、人工工作量较小、材料利用率较高等优点。

一般情况下，在设计落料尺寸时须在零件单边增加 100～200mm 的工艺补充量。根据发动机舱盖外板的实物尺寸 1520mm×1027mm，考虑到其拉深深度较小，单边增加 100mm 左右工艺补充量，则落料尺寸设定为 1730mm×1220mm。由于发动机舱盖外板前端和后端存在弧度，为了保证压料面宽度一致性，将料片设计为圆弧形，圆弧半径为 2300mm，如图 8-33 所示。

2. 拉深工序工艺分析

拉深工序是发动机舱盖外板生产工艺设计的第一道工序，是覆盖件冲压工艺的关键工序，它关系到零件能否顺利制造出来，直接影响到产品质量、材料利用率、生产率和制造成本，所以研究覆盖件的工艺主要是研究拉深工艺。

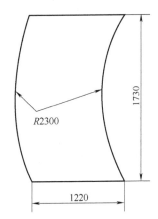

图 8-33　发动机舱盖外板落料尺寸

（1）冲压方向的确定

对于发动机舱盖外板的拉深设计，首先需要确定冲压方向，冲压方向不但决定能否拉出满意的拉深件，而且影响到工艺补充部分的多少和压料面形状。要想拉深成形过程顺利实现，拉深过程中板材的性能充分发挥，并且不出现裂纹和变形等质量问题，就必须选择合理的冲压方向。确定拉深冲压方向，应满足如下方面的要求：

1）保证拉深件凸模能够顺利进入拉深凹模，不应该出现凸模接触不到的死区，所有需要拉深的部位要在一次冲压中完成。

2）拉深开始时，凸模和拉深毛坯要有大的接触面积。

3）压料应该尽量保证毛坯平放，压料面各部位进料阻力应该均匀。拉入角相等，才能有效地保证进料阻力均匀，避免产生破裂和皱纹。

4）拉深方向有利于防止产生表面缺陷。

根据上述的要求，确定的发动机舱盖外板拉深方向如图 8-34 所示。

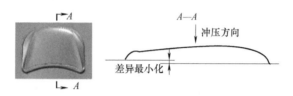

图 8-34　发动机舱盖外板拉深方向

（2）拉深筋的设计

在发动机舱盖外板拉深成形过程中，拉深筋起着非常重要的作用。由于在冲压过程中，压料面上需要很大的流动阻力，然而只靠压边力的作用模具与材料之间的摩擦力不能满足要求，所以需要在压料面上设置拉深筋。

拉深筋设置在压料面上，通过不同数量、不同位置、不同的结构尺寸以及拉深筋与槽之间松紧的改变，以调节压料面上各部位的阻力，控制材料流入，提高制件的刚度，防止拉深时起皱和开裂。

拉深筋种类较多，如 8.2.6 节所述，有整体筋、圆形嵌入筋、半圆形嵌入筋、方形嵌入筋、双筋等，对于汽车覆盖件拉深模，使用圆形嵌入筋、半圆形嵌入筋、方形嵌入筋较多，其材料通常为 45 或 55 钢，紧固螺钉用 45 钢，淬火硬度为 45HRC 以上。为了保证坯料拉深过程中塑性变形充分，产品刚性较好，发动机舱盖外板的拉深筋采用方筋形式，其具体结构如图 8-35 所示。方筋能够增加材料流动阻力，阻止或减

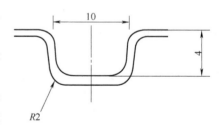

图 8-35　方筋

少外部材料流入，使得材料充分延展开，保证变形充分，达到更高的刚性要求。

（3）压边力的确定

压边力是影响发动机舱盖外板拉深的重要因素之一，可以通过改变压边力来调整约束力大小，控制发动机舱盖外板板料拉深效果。发动机舱盖外板在拉深成形过程中，压边力过小或过大都会诱发起皱或破裂的危险。因此，需要选取一个大小合适的压边力，在保证成形尺寸精度的同时，使板料产生充分的塑性变形，减小成形后的回弹量。压边力数值确定，一般可使用数值模拟分析软件 Autoform。利用 Autoform 软件中的参数优化功能对压边力数值进行优化运算，找到符合要求的较为合理的压边力数值。首先可根据加工经验，设定初始压边力为 140t，最大压边力为 280t，Autoform 软件会自动根据设置的数值区间进行多次运算，并且

从中选出毛坯成形状态最好的数值。当压边力为 160t 时，坯料成形的效果图如图 8-36 所示。然后对比其他数值压边力下的坯料成形情况，如果整个罩板区域板面成色均匀，则可说明成形性能较好，所以 160t 压边力合理，最终确定压边力为 160t。

图 8-36　坯料成形的效果图

3. 修边工艺

修边的实质是剪切分离，用于将拉深件的工艺补充部分和压料凸缘多余部分切除，为翻边和整形准备条件。冲孔工序合并在修边工序中进行，对修边模的结构影响不大，只需增加相应的凸模和凹模就可以，所以为节省模具、提高生产率，设计时尽量将两工序合并，成为修边冲孔工序。修边常用形式有如下三种：

1）垂直修边：修边刃口随压力机滑块做垂直运动，这种模具结构简单、操作方便，应优先采用。

2）斜楔修边：修边刃口做水平或倾斜运动。这种修边需采用斜楔机构（一种改变冲压方向的机构），模具结构较为复杂。

3）垂直、斜楔修边：这种修边方法将前两种方法组合在一起，模具结构更为复杂。必须精心设计好垂直运动部分和斜楔（水平或倾斜）运动部分的交接，慎重处理废料的分块。

根据上述常用形式的优缺点，发动机舱盖外板的修边采用结构较为简单的垂直修边形式。

修边工艺设计时还需要考虑铁屑的处理。由于发动机舱盖外板属于外板件，废料刀处易产生铁屑，铁屑容易将舱盖板碴伤影响美观，所以在设计生产过程中一定要把铁屑消除。目前常用的解决方法有两种：一种是更改修边刀块与板料的夹角，在必要位置使用斜锲修边；另一种是在废料处采用浮动切刀结构（新结构，冲裁模具浮动式废料切刀装置）。考虑到后续的模具设计，发动机舱盖外板修边设计采用前一种方式，即更改修边刀块和舱盖板的夹角。一般情况下，垂直修边时修边刀块与板料的夹角呈 90°左右，考虑铁屑处理，将该角度适当减小，最终确定修边刀块的布置位置和角度如图 8-37 所示。

4. 翻边/侧翻边工艺设计

在覆盖件中，几乎每个零件都有翻边结构，除焊接和装配的需要外，翻边结构还能增加覆盖件的刚性和强度，使其边缘光滑、整齐和美观。翻边是在成形毛坯的平面部分或曲面部分利用模具使板料沿一定的曲线（翻边线）翻成竖立边缘的冲压成形方法。用翻边方法可以加工形状较为复杂、具有良好刚度和合理空间形状的立体制件，还能在冲压件上制取与其他零件装配的部位（如螺纹底孔等）。一般来说，翻边是对轮廓形状和配合部分尺寸的最后加工，在汽车覆盖件的生产中应用广泛。

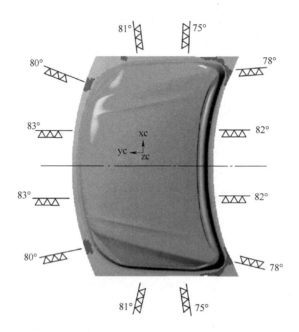

图 8-37　修边工艺布置图

　　翻边是整个工艺设计中较为复杂的一道工序，覆盖件的翻边线就是主模型轮廓线，将翻边展开时必须考虑到修边方向和修边以后的翻边工序，即尽可能采用垂直修边，并使翻边易于进行。为了保证发动机舱盖外板翻边质量及后期的包边品质，翻边内容分两侧完成。由于使用的包边机翻边的极限角度是 130°，如果大于这个角度就需要进行侧翻，使四边角度减小。如果发动机舱盖外板底部只采用正翻边，则翻边后的夹角为 132°，大于四边极限角度 130°，影响四边质量，所以还需要采用侧翻边。因此，最终选择在前后两侧进行翻边，左右两侧侧翻边，设计效果如图 8-38 所示。

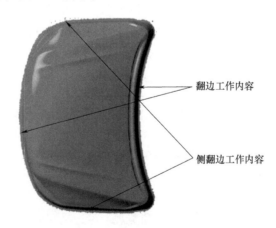

图 8-38　翻边工艺布置图

5. 模具结构分析

冲压工序中所用模具如图 8-39 所示。

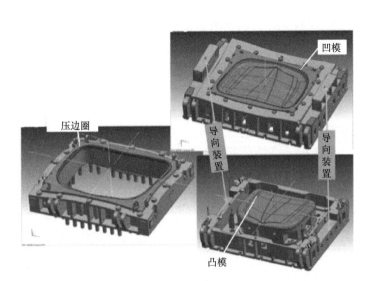

图 8-39　冲压工序所用模具

6. 压力机的选择

压力机的选择也是发动机舱盖外板工艺设计的一个重要内容。压力机选择是否合适，会影响到产品的加工质量、模具的使用寿命、生产设备的合理使用与安全、生产率和成本等一系列重要问题。

选用压力机时，首先，需要根据工艺性质、批量大小、工件的几何尺寸和精度等选定其类型，然后，进一步根据变形力的大小、制件尺寸和模具尺寸来确定设备的规格。对于复杂的大型汽车覆盖件，通常会选用闭式双动机械压力机，它有内、外两套滑块，外滑块通常有4个力点，可调整压边圈的压力，特别适用于拉深成形。发动机舱盖外板制件形状较为简单，为了降低单件工序数，提高生产率，可以选择使用气垫或液压垫在单动压力机上进行拉深，而不用双动压力机。

随着技术的发展，采用多工位压力机生产覆盖件已经成为提高生产率、降低生产成本的重要途径和发展方向，发动机舱盖外板的生产也采用多工位压力机。多工位自动送料压力机是一种连续、高效、紧凑的自动化冲压设备，相当于一种高效率的传送性冲压自动线，可同时安装落料、拉深、局部成形、修边、冲孔、弯曲等多套模具，并可在一次动作中完成这几道工序。多工位压力机是将一个覆盖件的全部工序所需装置及其工序间的自动送料装置组装在一台压力机上，它具有很多优点，如生产率高，避免非流水线生产造成的工序质量问题，减少工序间半成品堆放和运输问题，并且由于连续进行多次成形工序，坯料或半成品的温升可代替中间局部退火，从而提高了材料的塑性，利于加工。

 8.4　汽车覆盖件加工新工艺

8.4.1　铝合金的热冲压工艺

随着能源的短缺和环境的恶化，汽车行业正在经历着重大的产业升级与转换。研究表明，如果车辆的总质量减小 10%，那么燃油效率可提高 6% ~ 8%，其排放量也可降低 4%。汽车轻量化技术已成为美国、德国和日本等世界汽车强国研究的热点。目前，实现汽车轻量化的方法主要有以下 3 种：采用轻质高强材料、结构优化设计和先进的成形工艺。

扫码观看　铝合金的热冲压工艺

铝合金作为一种典型的轻量化材料，目前已广泛应用于航空航天领域，以达到其苛刻的减重目标。随着材料成本的降低，良好的减重效果使得铝合金已经成为中、高端传统燃油动力汽车和新能源电动汽车车身应用中增长最快的轻量化材料。铝合金的成形工艺包括冷成形和热成形。铝合金在室温下冷成形的塑性差、成形性能低、回弹难以控制、尺寸精度不易掌握，但在较高的温度范围内（一般在 200~450℃之间），铝合金板材的成形性会随着温度的增加而提高，有利于车身覆盖件的成形。因此，对于形状复杂、高强度、高精度的车身覆盖件多采用热成形的工艺方式。近年来，铝合金热冲压成形技术已成为学术界和工程界的研究热点。

目前，铝合金热冲压构件已代替了一部分传统钢构件，广泛应用于车身的 A 柱、B 柱和发动机舱盖等关键部位。奥地利金属公司采用热冲压技术，以 AA7075 铝合金为原材料生产了宝马 i8 的防撞梁；路虎的 L405 车型使用 6XXX 系铝合金结合热冲压技术制造出截至 2015 年最大的一款一体式侧围（图 8-40）；阿斯顿马丁使用热成形-淬火一体化技术（Solution Heat Treatment，Forming and Cold-die Quenching，HFQ）制造出其 DB11 车型上复杂 A 柱加强构件（图 8-41）；摩根在其 Aeno8 车型上应用了第一款使用 HFQ 技术成形的发动机舱盖（图 8-42）；武汉理工大学对经过搅拌摩擦焊的拼焊板进行热冲压成形，得到成形精度高、力学性能好的汽车 B 柱（图 8-43）。

a)　　　　　　　　　　　　　　　b)

图 8-40　路虎 L405 铝合金一体式车身侧围

a）冲压后成形件　b）切边整形后成形件

图 8-41　阿斯顿马丁 DB11 车型 A 柱加强构件

图 8-42 摩根 Aeno8 车型发动机舱盖

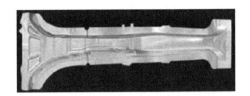

图 8-43 拼焊板热冲压 B 柱

8.4.2 充液拉深工艺

充液拉深工艺是近年来发展起来的一种冲压成形新工艺。充液拉深工艺是刚性凹模被高压液体代替，液体压力作用在板材上，使之贴靠凸模以实现金属板材零件成形的技术。它不仅适合成形结构复杂的零件以及低塑性材料，如铝合金等，还具有成形极限高、表面质量好及尺寸精度高等优点。

板材充液成形模具基本结构主要有凸模、凹模、压边圈、液压室、液压溢流阀等。首先，将液体充满液压室后放置板料，压边圈下行将板料压紧在凹模上，然后，凸模下行，将板材向下压入液压室，此时在由溢流阀调整的液压力的作用下，板材与凸模紧紧贴合，在板材与凸模间产生有利的摩擦保持效果，且液体在板料与凹模之间产生了流体润滑作用，减少了两者之间的摩擦，提高了零件的表面质量和成形极限。

将充液拉深工艺的技术原理和成形过程与普通拉深工艺相比较，如图 8-44 所示，分析可以得出充液拉深工艺有以下几个优点：

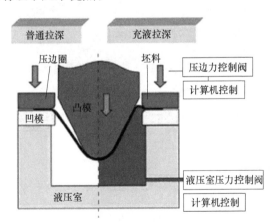

图 8-44 普通拉深和充液拉深原理对比图

1）降低模具的制造成本，缩短生产周期。充液拉深工艺中由高压液体代替凸模或凹模，因此只需要凹模或凸模其中一个即可完成生产制造。

2）尺寸精度高，表面质量好。由于法兰与凹模间的液体润滑作用，成形过程中法兰部位的划伤大大降低。

3）成形极限高。由于摩擦保持效应、溢流润滑效应及初始反胀的影响，充液拉深工艺可以有效减小凸模圆角破裂及零件悬空区起皱的趋势，从而显著提高板材拉深比，进一步降低成形道次，降低成本。

4）适合形状复杂的成形件，对结构或形状复杂的成形件能实现一次拉深成形，节省生产时间，提高材料利用率。

5）厚度分布更均匀。成形过程中建立有益的摩擦保持效果，可降低径向拉应力，使板料流动更加均匀，减小零件减薄与应力集中，提高壁厚均匀性。

6）节省材料，减少加工费用。

8.4.3 一体压铸工艺

扫码观看
一体压铸工艺

2020年以来，新能源车企特斯拉采用一体压铸的创新技术实现了后车身70余个零件的集成压铸，挑战了传统的冲压、焊接工艺，带来了汽车车身制造工艺的变革。

与其他制造工艺相比，压铸成形工艺生产率高、尺寸精度高、力学性能优良、材料利用率高、批量化生产经济效益较佳。一体压铸即一次成形，没有传统车身制造先冲压后焊接的复杂过程，由于只有一个零件，因此不需要开发过多的工装设备，不需要排查各个零件的制造状态，消除了大量零件连接带来的累积误差。同时，一体压铸只有一种材料，回收时可将废料熔化，直接制造其他产品。

Model Y是特斯拉首次尝试使用一体压铸工艺的车型，其后底板总成为一体压铸成形构件，如图8-45所示。相较于特斯拉的Model 3，Model Y零件数量减少79个，焊点由700~800个减少至50个，制造时间由传统工艺的1~2h缩减至3~5min。

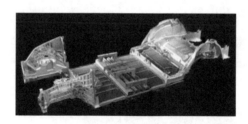

图8-45 特斯拉Model Y一体压铸后底板总成

思考题8

1. 举例说明覆盖件冲压成形的基本工序和冲压方式。
2. 阐述覆盖件冲压成形工艺方案设计的步骤和内容。
3. 覆盖件冲压毛坯材料的选择需要注意什么？
4. 覆盖件拉深成形的工艺补充的作用是什么？
5. 修边废料的处理方式有哪些？
6. 覆盖件翻边的形式有哪些？
7. 举例说明拉深筋在覆盖件成形过程中的作用。
8. 怎样确定拉深方向？

9. 图 8-46 所示为轿车后围板双动拉深模结构，试标出凸模、凹模、压边圈、拉深槛、顶料器、定位键所在位置。

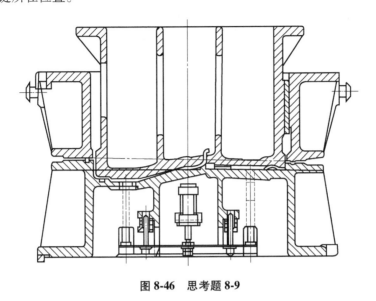

图 8-46　思考题 8-9

拓展阅读 8

亨利·福特——汽车生产流水线的鼻祖

在 20 世纪初美国轰轰烈烈的科学管理运动浪潮中，亨利·福特（Henry Ford）的生产流水线作业则可以说是实践的丰碑。

福特生于美国密歇根州的一座农庄，幼年时便喜欢摆弄机械，拆卸、修理、装配成了他独特的爱好，同时，他对各种东西的工作原理总是很感兴趣。这些兴趣爱好是他传奇人生的起点。福特创建福特汽车公司的时候，已届不惑之年，这已是他开创的第三家公司。第一家破产了，第二家则是以他被资助者扫地出门而终结。福特汽车公司建立后，福特醉心于研发新产品，并于 1908 年推出了福特 T 型车。T 型车推出后热卖，火热程度超乎预期。尽管福特汽车公司一再公告生产排程已满，无法交付更多的订单，但仍挡不住订单像雪花般涌过来。需要说明的是，在流水线之前，汽车工业完全是手工作坊式的，会装配的师傅是稀缺资源，其他工人负责找零件，协助完成装配，效率比较低，每装配一辆汽车要 728 个工时，这个速度难以满足火热的市场需求。

供需悬殊，倒逼了生产模式的变革。关于汽车生产流水线的产生（世界上第一条流水装配线出现在 1913 年 4 月 1 日的福特汽车工厂），福特称是从屠夫杀牛中得到的启发。在芝加哥屠宰场，工人们依次加工横杆上剥下动物的毛皮，继而取出内脏、肢解动物的各个不同部位，把一个个整体分解成各个不同的部分，每个工人只是负责其中部分。而福特则反其道而行之，从零件到部件再到成品，逐步从小变大，就像许多支流最终汇聚成一条大河一样，各个部件装配的支流汇合起来，到最后进入总装配线，汽车整车就像流水一样，源源不断地涌下生产线，流出车间，走向市场，交到消费者手中。流水线式生产并不是一蹴而就的，最开始是装配汽车底盘，再逐渐过渡到整车装配。

生产流水线上马后，生产率倍增。1913—1914 年，福特汽车的产量翻倍有余，但工人数量不增反降，从 1.4 万多人减少到 1.28 万人。效率提高，成本下降，汽车开始进入寻常百姓家。神奇的流水线生产，从汽车工业逐渐推广到其他行业，成为制造业的标配，演变成一次工业革命，开创了科学管理的新时代，后世称之为"福特制"。

第 **9** 章

冲压设备

针对新能源汽车这一国家相关扶持政策推动下的重点发展领域，《中国制造2025》明确提出形成从关键零部件到整车的完整工业体系和创新体系。冲压设备是汽车工业的重大技术装备，它的技术水平直接影响和制约汽车工业的发展。压力机是一种最常用的冲压设备，适用于薄板零件的冲裁、成形、弯曲、校正、浅拉深等各种冲压工艺。

现代汽车工业生产的主要特点是：生产规模化、车型个性化、车型变化快、多车型共线生产、车身覆盖件大型化一体化。为了能更好地适应汽车行业发展需求，全自动换模系统、功能完善的自动监控系统和良好的人机操作界面、高生产率所必需的高行程次数、高质量冲压件所必需的高精度、压力机多连杆技术等一系列新技术在压力机上得到了较好的应用。

目前，我国压力机的生产门类齐全，品种较多，完全可以满足汽车等工业发展的需要。近几年，随着压力机生产的发展，各类监控装置、检测装置、安全保护装置的水平也随之提高，生产线上所需要的辅助设备，如上下料机械手、换模装置、开卷落料线、校平机、清洗机、码垛机、废料输送线等，都得到相应规模的开发，基本满足生产需要。

9.1 压力机的分类

按连接器的数量可将压力机分为单点压力机和多点压力机；按床身结构型式可将压力机分为闭式压力机和开式压力机；按滑块数量可将压力机分为单动压力机和双动压力机；按传动系统可将压力机分为机械压力机、液压机和伺服压力机，分类如图9-1所示。

9.1.1 曲柄压力机

大多数冲压用机械压力机都是用传动系统的旋转运动通过曲柄连杆使滑块产生往复运动而进行工作的一种冲压设备。曲柄压力机如图9-2所示。

1. 分类

曲柄压力机的类型很多，按工艺用途可分为以下几类：

（1）板料冲压压力机

1）通用型板料冲压曲柄压力机：包括可倾式和固定台式开式压力机，闭式单、双、四点压力机，主要用于冲裁、弯曲、成形和部分浅拉深工艺，是冲压工艺采用较多的设备。

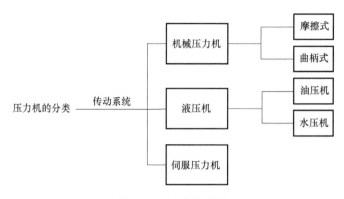

图 9-1　压力机的分类

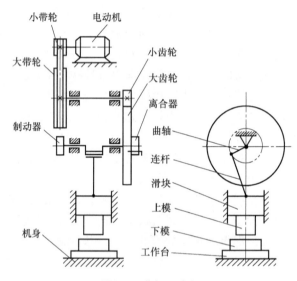

图 9-2　曲柄压力机

2）拉深压力机：主要用于复杂零件的深拉深工艺。一般具有多连杆机械驱动滑块，能使行程保持一个较低的均匀速度，在返程时速度加快，从而缩短了滑块的行程循环时间，提高了生产率。

3）板料冲压多工位压力机：主要用于连续级进送料的多工位冲压工艺。压力机上备有自动上料、工位间夹钳送料等机构，压力机每次行程可获得一个成品零件，工作效率高。

4）板料冲压高速精密压力机：是一种自动、精密、高效地生产多种冲压零件的设备。高效自动、高精度和高刚度是高速精密压力机的最基本特征。高速精密压力机的传动系统为无级调速，利用板料的搭边完成工位间的送料，备有高精度自动辊式送料机构和开卷校平机构。

（2）体积模锻压力机

1）精压机：主要用于工作行程小而压力大的工艺过程，台面一般较小，驱动系统采用肘杆式增力机构。

2）自动冷镦机：是一种多工位多工序整体卧式金属成形设备，集开卷校直、坯料送

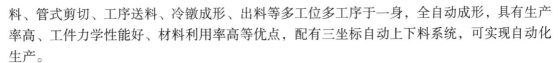

料、管式剪切、工序送料、冷镦成形、出料等多工位多工序于一身，全自动成形，具有生产率高、工件力学性能好、材料利用率高等优点，配有三坐标自动上下料系统，可实现自动化生产。

3）冷挤压机：是一种用于各种锻件的冷挤压成形或平面精压等冲压工艺的设备，多采用钢板焊接整体闭式机身，采用曲柄连杆肘杆式动力机构系统、高强度偏心套式装模高度调整机构，带有刚性下料及气动吹料装置。

4）多工位冷挤压机：适用于小型锻件的多工序冷挤压体积成形工艺，动力系统采用曲柄连杆肘杆式结构，并带有三坐标自动上下料装置和凸轮式刚性顶料装置，工作行程速度较低，整机刚性较好，抗偏载能力强。

2. 原理和工作参数

曲柄压力机一般用曲柄连杆机构使曲轴或偏心齿轮的转动变为滑块的往复运动，从而完成工作行程。要想正确地选用曲柄压力机，必须熟知曲柄压力机的运动特性和工作特性。

（1）曲柄压力机的运动原理

曲柄压力机的运动学原理如图 9-3 所示。在 $\alpha = 0°$ 和 $\alpha = 180°$ 时，滑块在上下死点，速度 $v = 0$。在 $\alpha = 90°$ 和 $\alpha = 270°$ 时，滑块速度达最大值，滑块最大速度 $v_{max} \approx \omega R = 0.105nR$（$n$ 为滑块行程次数）。当压力机主要用于拉深时，滑块的最大速度应该小于板料的最大允许拉深速度。

（2）曲柄压力机的工作参数

1）公称力与公称力行程。公称力是压力机在结构上能够安全承受的最大容许冲压力。在此必须提醒的是：实际工作时应充分考虑材料板厚以及材料强度的偏差、模具的润滑状态和磨损变化等条件，使冲压力保有一定的宽裕度。选择通用压力机时，为了满足冲压件的精度要求，提高模具和压力机的使用寿命，减低噪声，一般按公称力的1.2~1.5 倍来选择设备。在进行落料冲裁加工等产生冲击负荷的作业时，其工作压力必须限制在公称力的 60%以下。

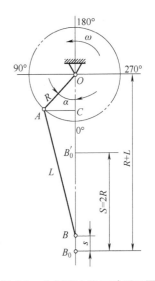

图 9-3 曲柄压力机运动原理图

公称力行程是指压力机发生公称力时滑块行程离下死点的距离。压力机在公称力行程以上的任何位置均不能承受公称力，否则，就会引起压力机曲轴部分的扭矩超载，导致部分传动件损坏。

2）做功能量：每次冲压所做出的功。飞轮所具有的能量和由主电动机输出的一次冲压的能量是有限度的。倘若超出做功能量使用压力机，飞轮速降加大，主电动机将因速降过大而严重发热，做功部件也会因超负荷而损伤。对于具有变速性能的压力机，其能量是不断变化的，当行程次数变化时，输出能量随行程次数的二次方而变化，故其输出功率的变化是很大的。

3）偏心载荷：合力作用线与压力机中心不一致的载荷。由于压力机能力是在载荷均匀分布于模座中央底部 60%面积的假设条件下进行计算的，故应避免作用于狭小面积的集中载荷或合力偏离中心的偏心载荷，否则会造成设备不能正常使用甚至损坏。

4）滑块行程最大允许断续行程次数：以单次行程运动或寸动运转时，断续地反复开动停止压力机操作时，每分钟的最大允许行程次数。频繁地进行开动停止压力机操作，将使离合器和制动器的工作条件恶化，给安全作业造成障碍，这是非常危险的。

5）滑块行程：滑块从上死点到下死点所经过的距离。

6）滑块行程次数：滑块每分钟往复运动的次数。

7）压力机的装模高度：滑块在下死点时，滑块底面到工作台上平面（垫板下平面）之间的距离。

3. 结构

（1）机身结构

曲柄压力机主要部件结构如图 9-4 所示，机身包括一个底座、四个立柱（或两个立柱），通过四个穿过机身四角的拧紧螺栓预紧后，组成一个足够承受冲压力的刚性整体，在它们的结合面上装有定位键，保证横梁、立柱、底座之间的装配关系，防止工作时可能出现的相互位移。

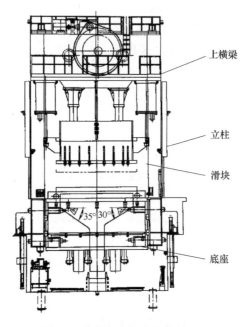

图 9-4　曲柄压力机主要部件结构

底座是压力机的基础构件，也是主要受力构件，具有足够的强度和刚度，其上面安装工作台板或移动工作台及其定位装置、导轨板。底座内部装有拉伸垫、拉伸垫顶冠。底座的四个角安装四个支腿，由螺栓加热预紧固定。立柱垂直竖放在底座的左右两侧，在立柱内侧装置了四条 45°可调导轨，每条导轨的下端有节油盒。

对四个立柱的压力机，通常布置为：左前立柱内装有组合阀控制板及空气管路，总气源的压缩空气经组合阀控制板分成若干支路到各执行部位；左后立柱内装有间歇润滑控制板（有拉伸时）、平衡器管路、横梁回油管、滑块回油装置等；右前立柱装有操纵站、吨位显示器；右后立柱内装有平衡器管路、横梁回油管路等。在左右立柱内侧各装有模具照明灯和一对模具安全栓。

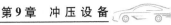

（2）移动工作台、液压夹紧器、导轨

移动工作台由工作台板、小车体、滚轮、驱动系统等组成。工作台板上有 T 形槽、顶料孔，它通过螺钉、固定销与小车体连成一体，具有足够的强度和刚度。工作台板为焊接结构，当工作台体内装有活动托板时，在托板上镶有耐磨板，用于支撑顶料杆。

小车驱动通常有气动和电动两种驱动方式：气动驱动由气动液压控制系统、顶起液压缸、气垫马达协调控制滚轮以达到驱动移动工作台的目的；电动驱动由电动机、减速机、齿轮、联轴器和电缆重锤等协调控制滚轮以达到驱动移动工作台的目的。为了使移动工作台与底座牢固地结合在一起，在底座的前后侧安装多个液压夹紧器，通过管路与装在底座左侧或底座节油盘上的移动工作台液压夹紧器控制站连成一个系统。当液压夹紧器夹紧时，夹紧液压缸上腔进入由气动泵供给的高压油，夹紧杆压紧移动工作台。在控制站进入夹紧器的液压管路上设有压力继电器，当夹紧压力低于 16MPa 时，工作台夹紧会不牢固（冲压时，可能会出现工作台移位而损坏模具与冲压零件），此时滑块不能开动。

移动工作台导轨由装在底座上的导轨和装在基础部件导轨支架上的导轨组成。平行的两条导轨中，一条是槽导轨。导轨由多段拼接而成。

（3）横梁、主传动

横梁安装在立柱上面，具有足够的强度和刚度，压力机的主传动齿轮、轴、偏心体、连杆、导柱等封闭在横梁体内，在横梁顶面安装主电动机支架，横梁后面装有飞轮支承、飞轮离合器、飞轮制动器，横梁前面装有制动器、微调装置、凸轮开关组件。它是压力机传递动力的重要部件。

主传动通常呈前后方向布置，一般分三级减速：第一级为 M 形多楔带传动；第二级为高速齿轮传动；第三级为低速齿轮传动。

传动机构是靠装在可调支架上的主电动机带动飞轮转动，然后通过离合器、两级齿轮传动，带动偏心连杆，实现滑块的上下往复运动。主电动机装在支架的可移动滑板上，拧转调节螺杆，能实现带的张紧、松开或更换。离合器、制动器采用气动连锁控制。飞轮制动器装在飞轮侧下方，用于主电动机停止后将飞轮快速停住。

大型压力机为模具调整方便而设置的微速调整机构安装在高速轴端的横梁侧板上，并在微调装置外侧安装制动器。当调整滑块模具时，开动微调电动机，通过蜗轮蜗杆带动主传动机构，使滑块缓慢运行，从而实现安全调整模具。

通常情况下，压力机具有固定的速度，随着在压力机上冲压工作的多样化，对可调速压力机的需要变得越来越多。可调速压力机传动的优点如下：

1）压力机速度能够变化，因而冲压工作可得到最佳的滑块运动速度。

2）具有调速功能的压力机，其速度可以与自动线中其他压力机保持同步。

3）具有调速功能的压力机，能在低速下寸动操作，以便提升模具调整的效率，同时取消微速调整传动，减少机构。

目前应用的调速传动是用交流变调速或直流调速电动机改变飞轮速度的办法来达到行程次数变化的目的。这种方法一定程度上限制了压力机可用的速度范围。因为压力机的飞轮是用在压力机行程的不工作期间储存能量，并在需要时释放能量，飞轮的能量与它旋转速度的二次方成正比。当飞轮速度降低时，它能量的输出会变化很大。

横梁前后安装的平台是在维修时使用的，不能放置重物。横梁顶面四周安装有护栏，护栏上安装了标高灯。

（4）离合器、制动器

离合器、制动器是机械压力机的重要部件，其性能好坏直接影响整个压力机的使用性能、操作安全性、工作可靠性、设备利用率和设备维修量。

常用的离合器、制动器为气动（干式）、液压（湿式）的，结构有以下几种型式：

1）组合式摩擦离合器、制动器：该结构型式在中小型压力机上广泛采用。其特点是结构紧，离合接合与脱开动作协调，没有干涉现象，缺点是难于调整，散热空间相对变小，制动转矩较小，从动惯量较大。

2）悬臂式摩擦离合器、制动器：为了减少摩擦离合器、制动器在接合及制动过程中的发热，降低摩擦表面的温升和提高摩擦片的寿命，主要措施就是减少离合器、制动器的从动部分的转动惯量。这种结构易于检查、调整、拆卸和更换摩擦片，飞轮是通过飞轮支承套固定在横梁上，清除了飞轮、离合器的重量对传动轴产生的弯曲载荷，结构刚性更好，安全性更高，制动器部分的冷却一般采用自然通风或采用电风冷却。

3）湿式摩擦离合器、制动器：在干式摩擦离合器、制动器中，转速过高往往出现离合器过热和摩擦块容易损坏等问题，湿式摩擦离合器和制动器弥补了这一不足。该制动器的特点：采用铜基粉末冶金摩擦片与淬火盘作为摩擦副并浸油润滑；气缸活塞均不在从动部分上，因而从动部分的转动惯量小；采用循环润滑，利用散热器进行冷却，压力机单次行程利用率高，而不致过热；摩擦片的使用寿命长；带有一套泵站控制系统，结构较复杂。

（5）滑块过载保护

大吨位压力机还配置了附加垫板模具夹紧、气动送料装置等。整个滑块通过固定在滑块体上的连接器与主传动机构的导柱（连杆）连接，使滑块在主传动的带动下，沿立柱侧面的导轨做上下往复运动。

滑块体由铸件或钢板焊接而成，具有足够的强度和刚度。

附加垫板用来快装模具，可减少换模时间，上面有T形槽和打料孔。

连接器的下部为液压垫，与液压保护系统连接，上部装有蜗杆副、转动调节螺杆来实现装模高度调整。

装模高度的数值是通过旋转编码器发出的，在立柱按钮站上以数码显示（或直接用计数器显示）。装模高度调整量的上下限值分别由装在滑块内侧板上的一对限位开关控制，使调整电机在调整到极限位置时自动停止。

模具夹紧器为气动控制，装置在滑块的前后两侧。每个夹紧器都配置了一对连锁限位开关，当采用液压控制时，通常选用手持夹紧器。

液压保护系统用于防止由于操作不慎或意外因素造成的设备过载，它主要由气动泵、卸荷阀、卸荷油箱、液压垫、控制阀及管路组成。

（6）空气管路、平衡器

压力机的空气管路系统主要由空气过滤器、分气器或组合阀、油雾器、压力继电器、电磁阀、手控阀、储气罐等元件组成，它为各需要压缩空气的部件提供气源（带有风压自动调整的压力机，一般不再有组合阀）。

平衡器的主要作用是通入压缩空气后平衡滑块部件、上模及连杆、导柱等重量，可以消除连杆系统、调节螺杆等受力部位的间隙，避免滑块上下行程中，因间隙换向而引起的附加冲击力，保证滑块运动平衡和压力机精度稳定，防止制动器失灵引起滑块因自重下滑而可能发生的事故，保证压力机的使用安全性，此外，还有助于飞轮能量的迅速恢复。

（7）润滑

压力机润滑系统主要由油箱、润滑控制板组成的泵站和各分油器等组成，它为各需要润滑的部位提供定量润滑油。

主油箱的润滑油通过滤油器经电动机带动的齿轮泵及润滑控制板上的滤油器、流量控制阀，由左后立柱内管路接到横梁顶面的主分油器，再由主分油器接至次分油器到各润滑部位。

4. 优点

曲柄连杆机构结构简单，它不属于多连杆机构。曲柄连杆压力机主要适用于金属板料的冲孔、落料和局部成形等。曲柄连杆压力机应用范围广，可以满足一般的产品精度要求。在工件设计要求不高的情况下选择曲柄连杆压力机可节约生产成本，生产率高，适合各类冲压。

9.1.2　液压机

1. 原理

液压机是根据帕斯卡原理制成的，它利用液体压力能来驱动机器工作。液压机的工作原理如图 9-5 所示。

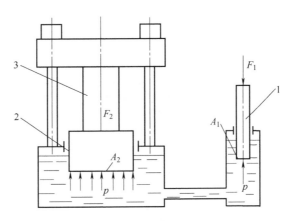

图 9-5　液压机的工作原理
1—小柱塞　2—大柱塞　3—制件

与机械压力机相比，液压机通常不带有能量储存系统，必须在成形过程的一瞬间提供全部的功率。所以液压机配备的驱动（装机）功率要比相应的机械压力机大。

2. 优点

1）容易获得最大压力。

2）容易获得大的工作行程。

3）容易获得大的工作空间。

4）压力与速度可以在大范围进行无级调节。

5）液压元件已通用化、标准化、系列化。

3. 主要参数

1）最大总压力。液压机最大总压力（吨位）是表示液压机压制能力的主要参数，一般用它来表示液压机的规格。

2）工作液压力。影响最大总压力的因素除工作缸径大小外，还有工作液压力。工作液压力不宜过低，否则不能满足液压机最大总压力的需求。反之，工作液压力过高，液压机密封难以保证，甚至损坏液压密封元件。

3）最大回程力。液压机活动横梁在回程时要克服各种阻力和运动部件的重力。液压机最大回程力为最大总压力的 20%～50%。

4）升压时间。升压时间也是液压机的一个重要参数，目前最大总压力 5000kN 以下的塑料液压机，其升压时间均要求在 10s 以内。

其他技术参数有最大行程、活动横梁运动速度、活动横梁与工作台之间最大距离等。

9.1.3 伺服压力机

扫码观看　伺服
冲压设备

1. 原理

伺服压力机主要组成如图 9-6 所示。伺服电动机的旋转运动通过减速机构（同步带或齿轮副）、滚珠丝杠副及连杆、肘杆等增力机构转换为滑块的直线运动，通过光栅尺等位移传感器检测滑块的运动来实现闭环控制。这种传动方式也可以制造较大吨位的压力机，但由于螺旋运动需要正反转，工作频率不能太高。

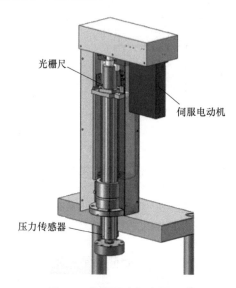

图 9-6　伺服压力机主要组成

2. 优点

1）超高精度，具有下止点自动补偿机能。通过高精度位移传感器，可始终保持下止点的高精度，偏载保证在 ±10μm 之内。在对薄板的冲裁及精密成形加工等方面发挥其超群的性能。

2）自由工作模式，生产率高。具有任意设定冲压曲线的功能，成形性、生产率得到大幅度的提高，是一种可选择最适合的加工模式来配合加工内容的压力机。可以在控制器中预存适应不同工艺及不同材料的特性曲线供用户选用。

3）低噪声，环保。可控制上、下模接触及分离的速度，近于无噪声精密成形。

4）简化传动环节，减少维修和节省能量。伺服压力机省去飞轮、离合器及制动器等，传动环节大大减少，维修工作量也相应减少，节省能量。

5）减少振动，提高模具寿命。由于可以设计特殊的工作特性曲线，控制冲裁时的冲头速度，从而减少冲裁的振动和噪声，提高模具寿命。据日本小松公司的研究结果，模具寿命可以提高 3 倍。

伺服压力机所具有的复合性、高效性、高精度、高柔性、低噪声、节能环保等优点，充分体现了锻压机床的未来发展趋势。伺服压力机可根据不同的生产需要设定不同的行程长度和成形速度，同时，能够始终保证下止点的成形精度，有效抑制了产品的毛刺等问题的出现。伺服压力机运行噪声超低，冲压工件时噪声也很小，大大优化了工作环境；同时，模具振动小，可大幅度提高模具寿命。由于没有传统机械压力机的飞轮、离合器、制动器部分，节省了电力和润滑油用量等，使机器使用成本大大降低。总之，伺服压力机已突破了常规机械压力机的概念，它的出现必将引起一场压力机的革命。

9.1.4　多工位压力机

1. 原理

多工位压力机是一种发展迅速的先进成形专用机械设备，利用多工位送料机构，可将工件从一个模具上成形后传送到另一个模具成形，传送距离短，实现了多个工序在一台压力机上完成。

2. 优点

多工位压力机系统采用模块式组合，同步自动冲压加工线与板料落料使用各自单独的滑块。这种结构不仅使车身覆盖件的加工质量和模具寿命明显提高，而且优化了传送运动过程，提高了冲程次数。

9.2 冲压生产的自动化

汽车车身钣金件冲压线是汽车生产过程中的重要设备，其生产质量和效率直接影响到汽车的质量和生产率。冲压生产自动化是提高劳动生产率和改善劳动条件的有效措施和主要方法。随着我国汽车、电器产品质量的不断提高和生产规模的不断扩大，我国金属冲压行业实现生产自动化势在必行。

9.2.1　冲压自动化生产线的分类

从产品质量的稳定性、人员劳动强度、生产安全、生产率各方面进行比较，自动化生产方式有较大优势，也是冲压生产方式的发展趋势。冲压自动化生产线分为机器人自动化生产线、单臂式自动化生产线、双臂式自动化生产线和多工位自动化生产线等，如图 9-7 ~ 图 9-10所示。

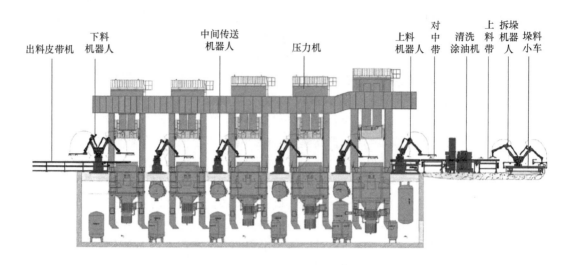

图 9-7　机器人自动化生产线

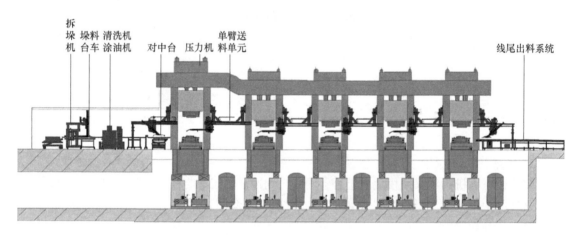

图 9-8　单臂式自动化生产线

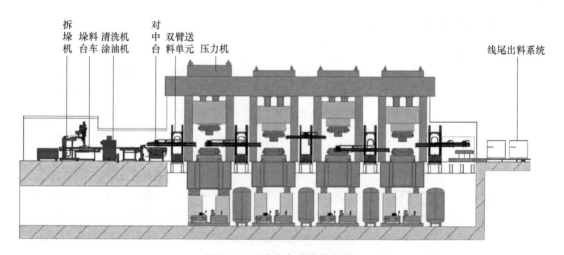

图 9-9　双臂式自动化生产线

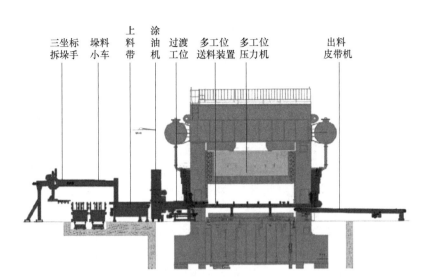

三坐标　垛料　上料带　涂油机　过渡工位　多工位送料装置　多工位压力机　出料皮带机
拆垛手　小车

图 9-10 多工位自动化生产线

9.2.2 冲压自动化系统构成

轿车覆盖件冲压生产线的自动化系统一般由拆垛系统、板料清洗涂油系统、板料对中系统、板料上料及工序零件传输系统和线尾零件传输系统组成。在国外，部分冲压自动化生产线配有零件自动装箱系统，实现零件生产过程的全自动化，但目前国内轿车行业应用还比较少。

扫码观看　汽车冲压车间自动化生产线模拟演示

按机械结构，冲压自动化生产线可分为刚性连接的自动线和柔性连接的半自动线。

（1）刚性连接的自动线

刚性连接的自动线由一个贯通全线的刚性滑架构成，整个滑架与压力机同步动作，分别完成包括夹紧、进给、松开、复位等动作在内的工作循环。这种自动线要求压力机间距离相等或压力机间距离与压力机间的零件工位成倍数。全线的压力机和自动传送装置以及出件器、翻转器等通过统一的动力系统，自动协调动作。这种自动线的自动化程度较高，通用性较差，要有很好的定位和可靠的保险装置。

（2）柔性连接的半自动线

与刚性连接的自动线相比，柔性连接的半自动线调整方便，机动灵活，通用性较好；压力机间距离不一定相等，也不一定要求压力机之间零件工位成倍数。这种自动线大致有两种类型：

1）人工上料、机械手取料；或部分人工上料，部分机械化上料，机械手取料。多数是压力机间采用传动带式运输机将各工序连接起来，除卸件（取件）用各种机械手外，上料和定位基本上靠人工操作或部分靠人工操作，部分机械化推进，人工定位。这种生产线由于自动化程度不同，生产率差别较大。

2）上、下料都用机械化装置，但未实现电气互锁和同步系统，仍需要依靠人工信号控制线尾零件传输系统。狭义冲压自动化传输系统主要指板料上料及工序零件传输系统。

1. 拆垛系统

拆垛系统采用可循环式双垛料台，导轨布置平行于压力机，冲压板料用行车或叉车放置在非工作垛料台上，然后通过有效信号确认上料完毕，系统将在一台拆垛完成后自动转换垛料台，保证连续生产；在拆垛小车上配备磁力分张器（每个拆垛小车上配备 4~8 个活动可调磁力分张器，通常为永磁铁，用于板料的分离），通过磁力将垛料自动拆垛成单张。在拆垛手（机械手、机器人、单臂机械手）上有双料检测以及双料处理装置，以保证每次为单张送料，拆垛手（机械手、机器人、单臂机械手）将板料放置在长度可调的磁性传送带上，板料送至清洗机（可选）、涂油机（可选），板料是否清洗、是否涂油及涂油位置可通过编程自行设定，板料涂油后，传送到对中台。

对中台采用机械对中或光学对中，可方便地进行移动和固定，保证板料的重复定位快捷、准确与牢固；上料手（机械手、机器人、单臂机械手）根据每个零件的对中位置，改变运行轨迹，将板料准确地搬运到压力机内；对不同的冲压制件进行机器人/机械手的模拟示教，离线编程，以适应多种制件的共线生产。线尾输送采用传送带机，在生产线的末端放置传送带机，保证最后一台压力机的机器人直接将零件放置到传送带机上，达到出件效果。

下面介绍常用的两种拆垛系统。

（1）机器人+拆垛小车

如图 9-11 所示，垛料放置在可移动的拆垛小车上；垛料高度不控制，拆垛时依靠计算的板料厚度自动调整机器人吸料高度；磁力分张器支架安装在拆垛小车上，支架可平移并具有多个可自由旋转的调整关节，更换垛料时人工将磁力分张器靠在垛料周边；拆垛用真空吸盘组及双料检测传感器安装在机器人端拾器上；拆成单张的板料由机器人放置在可伸缩过渡带上进行传输。

图 9-11　机器人+拆垛小车

（2）桁架式机械手+拆垛小车

如图 9-12 所示，垛料放置在可移动的拆垛小车上；垛料高度不控制，拆垛时依靠计算的板料厚度自动调整机械手送料高度；磁力分张器支架安装在拆垛小车上，支架可平移并具有多个可自由旋转的调整关节，更换垛料时人工将磁力分张器靠在垛料周边；拆垛用真空吸盘组及双料检测传感器安装在桁架式机械手端拾器上；拆成单张的板料由机械手放置在可伸缩过渡带上进行传输。

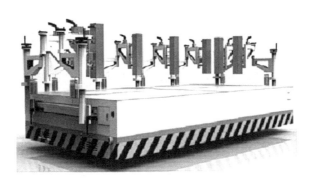

图 9-12 桁架式机械手+拆垛小车

2. 自动传输系统

经过几十年的发展，先后出现了多种用于轿车覆盖件生产的自动化传输方式。根据零件传输方式的不同，主要分为机器人传输方式和机械手传输方式。这两种传输方式在轿车覆盖件生产中都得到了广泛的应用。

机器人传输方式一般通过在标准工业机器人上加装辅助装置来实现，由于工业机器人关节较多，动作灵活性大，能完成比较复杂的零件搬运动作，特别适合用于轿车覆盖件的生产。机械手传输方式一般为冲压生产专用结构，具体结构型式很多，其中单臂传输方式和双臂传输方式是目前在轿车覆盖件生产中较为先进的两种传输方式。

（1）机器人传输方式

在机器人传输方式中，目前应用较多的是 6 轴机器人+旋转 7 轴结构型式，一般抓取零件的端拾器安装在第 7 轴的一端，通过机器人各关节的旋转实现第 7 轴的灵活运动。

随着轿车覆盖件生产对冲压自动化要求的不断提高，冲压生产线上的机器人传输方式在结构型式上也得到了不断改进。如 ABB 公司最近推出的 Flex Crossbar 机器人，采用 6 轴机器人+Flex CrossBar 结构型式，在 6 轴机器人上加装了平移运动机构，将旋转运动和线性运动结合起来，减少零件搬运过程中的曲线运动，以增加零件在传输过程中的平稳性，如图 9-13 所示。

图 9-13 机器人传输方式

（2）单臂传输方式

如图 9-14 所示，目前通用的单臂传输方式均为导轨+机械手结构型式。其中导轨安装在两台压力机之间，机械手安装在导轨上，通过机械手在导轨上的滑动实现直线运动，而零件在搬运过程中的旋转运动则通过机械手上的旋转轴来实现。这就保证了零件在传输过程中始终做线性运动。

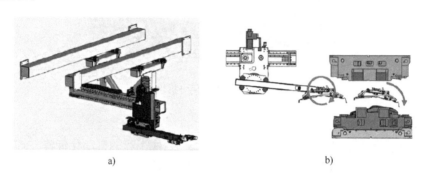

图 9-14　单臂传输方式

a）导轨　b）机械手

根据各自动化公司设计理念的不同，在机械手部分的结构会有所区别，有的甚至将工业机器人倒装在导轨上代替机械手，以实现零件在传输过程中的线性运动。

（3）双臂传输方式

双臂传输方式和单臂传输方式在结构上比较类似，但双臂传输方式由于采取了两端固定的结构，故在承载能力、运动速度及运动平稳性上表现较好，如图 9-15 所示。在目前的双臂传输方式中，主要有如下两种方式：

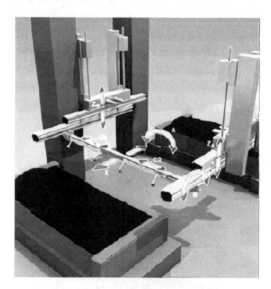

图 9-15　双臂传输方式

1）导轨固定在压力机立柱上，通过机械手在导轨上的滑动和各关节的转动实现零件搬运功能。

2）通过在压力机间地面安装导轨支架，将横杆两端安装在导轨上，端拾器安装在横杆上，通过横杆和导轨的相对滑动实现零件搬运。

（4）各种自动化传输方式的比较

机器人传输方式、单臂传输方式和双臂传输方式结构不同，表现出的性能也有较大的差异。轿车覆盖件具有生产批量较大的特点，因此轿车覆盖件生产比较注重冲压线的生产节拍和效率；同时，轿车覆盖件尺寸较大、易变形，且对外观质量要求较高，故在生产过程中对自动化传输的平稳性也有较高的要求。

3. 线尾出料系统

线尾出料系统由出料输送带、照明、工件检验台、人工或自动装箱机构及控制系统等构成，主要任务是将成品冲压件输送至合适的位置便于装箱（或自动装箱），并为冲压件检测提供条件。

 思考题 9

1. 曲柄压力机由哪几部分组成？各部分功能如何？
2. 曲柄压力机的分类有哪些？
3. 液压机的原理及优缺点是什么？
4. 简述冲压自动化系统的组成及各部分功能。

 拓展阅读 9

纵观汽车冲压技术进步，见证我国冲压行业发展

21 世纪的制造业，正从以机器为特征的传统技术时代，向着以信息为特征的技术时代迈进，即用信息技术改造和提升传统产业。作为衡量一个国家工业水平的标志之一的汽车工业，更是被当今世界主要工业发达国家和新兴工业国家列为国民经济支柱产业，其发展主导了冲压技术及装备的发展，冲压技术的发展和进步基本围绕汽车工业的发展而进行。

激烈的市场竞争促使汽车更新换代的速度明显加快，也带动了汽车冲压设备的快速发展，产品的市场寿命周期进一步缩短。传统的加工单一品种的刚性生产线显然已不适应市场形势发展的要求，其升级换代产品具有高柔性和高效率的自动化锻压设备，成为世界冲压技术及装备发展的主要潮流。与此同时，经济全球化和世界市场一体化加速发展，加剧了生产制造厂商之间的竞争，更是提出了快速反应市场的要求，冲压设备制造业对柔性自动化技术及装备的要求迫切而强烈，冲压工业的柔性自动化发展需要不断加快。微电子技术和信息通信技术为柔性自动化提供了重要的技术支撑。工业装备的数控化、自动化、柔性化呈现蓬勃发展的态势。

近几年来，国内中低档冲压设备产品的市场基本由国内厂家占领。随着新能源汽车、轻型车、轿车生产的进一步发展，国内通过引进产品、合资生产、委托国外开发设计车身等，使车身冲压技术基本达到了国外 20 世纪 90 年代先进水平，以此为契机，全面实现了压机化和模具化，完全摆脱了手工作业，机械化、自动化水平进一步提高。我国较大的汽车厂如上

海大众、一汽集团、东风汽车公司、南汽、北京吉普、北京轻型汽车有限公司、广州标致等都有一个相当规模的车身厂，这与国外大多数汽车厂相近。然而，由于国内在研发技术上普遍采取跟随策略，虽然与国外先进企业的差距在逐步缩小，极大地满足了国内中低端市场需求，但在机械化、自动化程度上还比较低，这与国外高端机型相比，仍有较大的差距，亟待发展。

目前，大型多工位压力机是高自动化、高柔性化的典型代表，是世界汽车制造业大型覆盖件冲压设备的最高级发展阶段，也是车身覆盖件冲压成形生产的发展方向。20世纪末到21世纪初我国也开始研制这类机床，并取得成功。20世纪80年代中期，国外冲压技术开始使用大型三坐标多工位压力机自动化连续冲压；20世纪80年代中期以后，美国通用汽车公司牵头，美国、德国、日本的汽车工业大规模地用多工位压力机改造原有的单机冲压线。我国济南二机床集团公司于1999年与德国万加顿公司合作制造了两台20000kN大型机械多工位压力机，2005年初又与世界最大的汽车零部件供应商——美国德纳公司签订了供货合同，为其提供一台50000kN的多工位压力机。至今，达到国际先进水平的国产数控冲剪复合柔性加工线有：济南捷迈数控机械有限公司制造的CI型柔性加工线，它由PS31250型数控冲剪复合机、板材立体仓库、吸盘式送料机、码垛分选装置及控制系统组成；江苏金方圆数控机床有限公司制造的APSS型柔性加工线，由一台冲剪复合机、定位台和自动上料机械手组成；等等。

高速度、高刚度和高精度是高速压力机最重要的三大特性，必须共同考虑，缺一不可。在追求高速化加工时，必须尽可能缩短生产辅助时间，以取得良好的技术经济效益。高速化、复合化相结合，是当前冲压设备提高生产率的重要技术途径。德国、美国、日本已相继开发出激光冲切复合机，将模具冲切与激光切割有机结合，工件一次上料即可完成冲孔、冲切、翻边、浅拉深、切割等多道工序，最大限度地节省了辅助时间。

目前，在国家政策导向和市场需求拉动的联合作用下，我国冲压设备的发展目前正处于一个转型期。转型成功后的国内冲压设备行业，依据具有自主知识产权的核心技术和产品的性价比优势，将具备一定的国际市场竞争力，达到一个新的高度。

第 3 篇
车身装焊工艺

第10章

车身装焊方法

在汽车工业中，汽车车身装焊技术占有重要地位，车身焊接的质量将直接影响零部件装配的稳定性及整车的安全性能。且车身装焊具有实用性、关联性和广泛性等特点，因此，必须不断提高和更新焊接技术，才能进一步满足市场不断变化的需求。现代汽车在功能、结构等方面都在不断升级，这使得车身装焊技术和相关工艺正面临着更大的挑战。当前汽车车身相较于老式汽车而言，更多采用新型材料，并且应用了更加先进的装焊技术。

近些年来，社会各界对能源短缺、节能减排等问题愈发关注，这对汽车制造业提出了新的要求，不但要求汽车向车身轻量化方向发展，还要求车身装焊技术有所提高。然而提高现代汽车车身装焊技术始终是汽车制造业的一大挑战，因此，汽车制造业注重车身装焊的每一个细节，以实现装焊的目标。在这一大背景下，除了目前应用较多的电阻焊和二氧化碳气体保护焊技术，许多新型的装焊技术、工具应运而生，如搅拌摩擦焊、电子束焊、超声波焊、一体式焊接钳、焊接机器人等，这些新的发明和创造无疑推动了汽车车身装焊技术的发展。与此同时，随着轻质材料的应用，机械连接、胶黏剂连接等连接工艺也更多地应用在电动汽车上。其中，机械连接工艺主要有自冲铆连接、螺栓连接、无铆钉铆接、热熔自攻丝铆接等工艺。实际上，一辆电动汽车的车身会用到各种连接工艺，具体选择哪种连接工艺主要取决于整车性能要求以及制造工艺。本篇重点讲述汽车车身装焊这种连接工艺。

10.1 汽车装焊基础

在金属结构和机器制造中，经常需要将两个或两个以上的零件按一定的形式和位置连接在一起，焊接就是连接金属的方法之一。连接金属的方法很多，通常可根据这些连接的特点将其分为两大类：一类为可拆卸的连接，即不必毁坏零件就可以拆卸，如螺钉连接、键连接、楔连接等；一类为不可拆卸的连接，即其拆卸只有在破坏零件后才能实现，如焊接、铆接、粘接等。为了较好地掌握焊接这门技术，必须对焊接实质以及伴随焊接时所产生的各种过程做一定的了解。

1. 焊接的实质

焊接的实质是利用局部加热或加压，或既加热又加压的办法，使被连接处的金属熔化或达到塑性状态，促成两金属的原子相互渗合并接近 0.3~0.5nm 的金属晶格距离，完全依靠原子间的结合力把两个分离的金属构件连接起来。在焊接过程中，一般都把局部金属加热到熔化温度以上而后冷却结晶凝固。在此过程中，总会不同程度地发生各种冶金现象（金属的氧化、蒸发、脱氧和渗合金等）和热处理过程（引起焊缝及近缝区金属组织转变而产生淬火、回火和退火等），以及伴随有复杂的变形与应力发生，因此，焊接既是一个装配工艺过程，又是一个复杂的冶金过程、热处理过程和焊接变形与应力的产生过程。

2. 焊接的过程

焊接需要由外界提供足够的能量（热能或机械能）。若焊接时采用的能源和方式不同，那么各种焊接方法经历的过程也大有差异。钢材的熔化焊一般都要经历以下几个过程：加热—熔化—冶金反应—结晶—固态相变—形成接头。图 10-1 表示了这些局部过程之间的相互联系和所处的条件，可见熔化焊时经历的过程是很复杂的。为了便于分析，一般将其分为焊接热过程、化学冶金过程以及金属的结晶和相变过程。

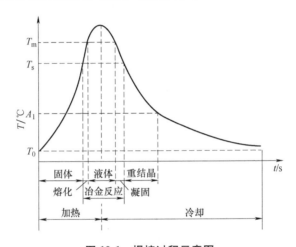

图 10-1　焊接过程示意图

T_m—金属溶化温度（液相线）　T_s—金属凝固温度（固相线）　A_1—钢的 A_1 变态点　T_0—初始温度

（1）焊接热过程

熔化焊时，被焊金属在热源的作用下将发生加热和局部熔化，因此，在被焊金属中必然存在着热量的传播和分布问题，通常称此为焊接热过程。

焊接热过程贯穿整个焊接过程的始终，因此可以说，一切焊接物理化学过程都是在热过程中发生和发展的。例如，焊接温度场决定了焊接应力场和应变场，它还与冶金、结晶、相变过程有着不可分割的联系，使之成为影响焊接质量和生产率的主要因素之一。

（2）焊接化学冶金过程

熔化焊时，焊接区各种物质在高温下相互作用，熔化金属、熔渣、气相之间进行着一系列化学冶金反应，如金属的氧化、还原、脱硫、脱磷、焊缝金属氮化、渗合金等。这些冶金反应直接影响焊缝金属的成分、组织性能，因此，控制冶金过程是提高焊接质量的重要措施。

（3）焊接时金属的结晶和相变过程

当热源离开时，熔化的金属开始结晶，金属由液态转变为固态。对于具有同素异构转变的金属，随着温度的下降，将发生固态相变，例如钢将发生 δ→γ→α 转变。由于焊接条件下是快速连续冷却，使焊缝金属的结晶和相变都具有各自的特点，并且可能产生偏析、夹杂、气孔、热裂纹、淬硬、脆化、冷裂纹等缺陷。因此，控制和调整焊缝金属的结晶和相变过程是保证焊接质量的又一关键环节。

（4）焊接热影响区

接近焊缝两侧的母材也受到焊接的热作用，如图10-2上的2、3区域，通常把这个区域称为热影响区。该区各点的最高温度都不超过母材的熔点，显然，在热影响区内各点所经受的温度不同，它们所发生的组织变化也不相同，在某种情况下有可能产生焊接缺陷或使接头性能变坏。因此，焊接时除必须保证焊缝金属的性能以外，还必须保证热影响区的性能。在焊接某些材料如高强度钢、铝合金、钛合金等时，热影响区出现的问题更为突出，解决起来也更困难一些。

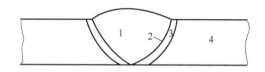

图 10-2 焊接接头示意图

1—焊缝　2—熔合区（线）　3—热影响区　4—母材

3. 焊接的分类

焊接的方法很多，按焊接过程的特点不同可分为熔化焊、压焊和钎焊三大类。

（1）熔化焊

利用焊接热源局部加热被连接处金属并使其熔化，而后冷却结晶形成一体，过程中不需要施加任何形式压力，这类焊接方法统称为熔化焊。按照焊接热源形式的不同，熔化焊可分为气焊、热剂焊、电弧焊、电渣焊、电子束焊和激光焊等若干种。实现熔化焊的关键是加热热源，其次是必须采取有效的措施隔离空气以保护高温焊缝。

（2）压焊

利用加压的物理作用克服两个连接表面的不平度，除去氧化膜及其他污染物，使两个连接表面上的原子相互接近到晶格距离，从而在固态条件下实现的连接称为压焊。压焊方法有电阻焊、螺柱焊、摩擦焊等。

（3）钎焊

将某些熔点低于被连接材料熔点的金属（钎料）作为连接的媒介物，利用其加热熔化后在连接界面上的流布润湿作用，冷却结晶后与被连接金属形成结合面的方法称为钎焊。显然，钎焊过程也必须采取加热（以使钎料熔化，但母材不熔化）和保护措施（以使熔化的钎料不与空气接触）。按照热源和保护方式不同，钎焊方法分为火焰钎焊、真空或充气感应钎焊、电阻炉钎焊、盐浴钎焊等若干种。

4. 焊接的优缺点

焊接与机械连接相比，优点可以概括为：节省金属材料，减小结构质量，经济效益好；简化加工与装配工序，生产周期短，生产率高；结构强度高，接头密封性好；为结构设计提供较大的灵活性；焊接工艺过程容易实现机械化和自动化。

但焊接也存在自身的缺点：焊接结构容易引起较大的残余变形和焊接内应力；焊接接头

中易存在一定数量的缺陷，如裂纹气孔、夹渣等；焊接接头具有较大的性能不均匀性；焊接过程产生高温、强光及有毒气体，对人体有害。

5. 车身焊接方法及其选择

车身是由数百个薄板冲压件经过焊接、机械连接或黏结等工艺连接而成的复杂的整体。车身装焊过程是先将整车分为总成进行焊接，再将这些总成装焊为白车身。车身焊装的特性如下：

1）车身的焊装面多数是沿空间分布的，施焊难度大，因此，要求夹具定位迅速、准确。

2）车身零件多是薄壁板件或杆件，其刚性很差，因此在焊接过程中采用多点定位夹紧的专用焊装夹具，以保证各零件或合件在焊接处的合理相互位置。

3）为满足工艺性的要求，车身设计时要将车身划分为前围、侧围、后围、顶盖、地板、车门等分总成，各分总成又划分为若干个合件，合件又由若干个零件组成，而焊装顺序则是上述分解过程的逆过程，如图 10-3 所示。

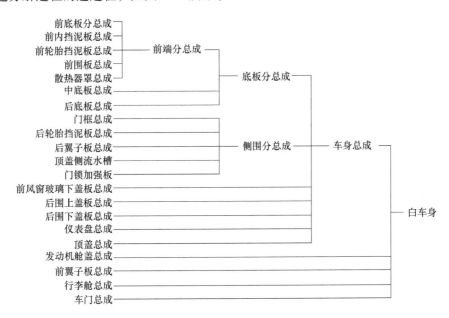

图 10-3　车身焊装流程图

 电阻焊

10.2.1　电阻焊概述

1. 电阻焊的概念

将被焊工件接合后通过电极施加压力，通以电流，利用电流流经工件接触面及邻近区域产生的电阻热将其加热到熔化或塑性状态，并在压力继续作用下断电冷却凝固而形成牢固的

接头，这种工艺过程称为电阻焊。

电阻焊是汽车装焊工艺中最主要的焊接方法之一，尤其是在汽车车身、厢体、轮圈等焊接时采用最多，如一辆轿车至少有5000多个电阻焊点，缝焊长达40m以上。现代化的汽车制造厂在装焊自动生产线上大量使用电阻焊机械手和机器人进行焊接。

电阻焊的种类较多，按接头形式分为搭接电阻焊和对接电阻焊。其中，搭接电阻焊可以分为点焊、缝焊和凸焊，对接电阻焊可以分为电阻对焊和闪光对焊，如图10-4所示。

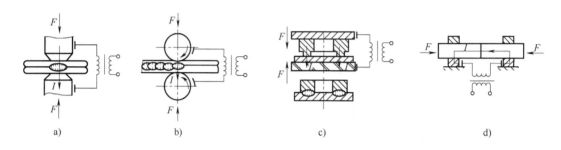

a)   b)   c)   d)

图10-4　电阻焊方法
a）点焊　b）缝焊　c）凸焊　d）对焊

点焊时，工件只在有限的接触面上，即所谓"点"上被焊接起来，并形成扁球形的熔核。点焊又可分为单点焊和多点焊。多点焊时，使用两对以上的电极，在同一个工序内形成多个熔核。

缝焊类似点焊，缝焊时工件在两个旋转的盘状电极（滚盘）间通过后，形成一条焊点前后搭接的连续焊缝。

凸焊是点焊的一种变形，在一个工件上有预制的凸点，凸焊时，一次可在接头处形成一个或多个熔核。

对焊时，两工件端面相接触，经过电阻加热和加压后沿整个接触面焊接起来。

2. 电阻焊的特点

电阻焊过程的物理本质是利用焊接区本身的电阻热和大量的塑性变形能量，使两个分离面的金属原子之间接近到晶格距离形成金属键，在结合面上产生足够量的共同晶粒而形成焊点、焊缝或对接接头。

它的热量不是来源于工件之外而是利用电流通过工件自身的电阻而产生，整个焊接过程中必须施加压力，且焊接处不需要加任何填充材料，也不需要任何保护剂。电阻焊的加热过程与金属材料的热物理性质，特别是材料的导电性和导热性关系密切。导电性、导热性良好的金属材料，如铝、铜合金等，由于析热少而散热快，其焊接性较差；而导热性较差的金属材料，如低碳钢等，则易于焊接。

电阻焊焊接质量好，生产率高；省材料，成本低；劳动条件好，不放出有害气体和强光；且操作简单，容易实现机械化和自动化。但是焊接设备费用较高，投资较大；需要电力网供电功率大，一般电阻焊机的功率为几十甚至上百千瓦，所以只适用于大批量的生产。除此之外，焊件的尺寸、形状和厚度也会受到设备的限制。

10.2.2 电阻点焊及工艺

1. 点焊的热源及加热特点

电阻焊是利用焊件的电流热效应来加热熔化的，根据焦耳定律，总发
热量 Q 为

扫码观看 电阻点焊

$$Q = \int_0^t i^2(t) R(t) \, \mathrm{d}t \tag{10-1}$$

式中 $i(t)$——通过焊件焊接区的瞬时电流值，单位为 A；

$R(t)$——两电极间的总电阻，是时间的函数，单位为 Ω；

t——通过焊接电流的时间，单位为 s。

如果以平均值表示，式（10-1）可简化为

$$Q = I_\mathrm{w}^2 R t_\mathrm{w} \tag{10-2}$$

式中 I_w——通过焊件焊接区的平均电流，单位为 A；

R——两电极间的平均总电阻，单位为 Ω；

t_w——通过焊接电流的时间，单位为 s。

（1）点焊电流及其对焊接加热的影响

焊接热量来自于焊接电流和电阻共同的作用，电流可视为内部的热源。由式（10-1）可
知电流对析热的影响要比电阻和时间两者的影响都大。调节焊接电流有效值的大小会使内部
热源的析热量发生显著的变化，影响着加热过程。一般来说，工频交流点焊时，焊接电流常
用其有效值表征，而在电容贮能点焊、直流点焊、三相低频点焊、直流冲击波点焊中，焊接
电流则用其电流脉冲幅值来表征。焊接电流有效值 I 与其脉冲幅值 I_M 间有如下关系：

1）电容式焊机或工频交流焊机在全相导通下焊接时，其焊接电流脉冲幅值为

$$I_\mathrm{M} = \sqrt{2} I \tag{10-3}$$

2）直流式焊机，其焊接电流脉冲幅值为

$$I_\mathrm{M} = \frac{I}{\sqrt{1 - \left(\dfrac{3}{2}\right) a_\mathrm{i} t}} \tag{10-4}$$

式中 a_i——指数值，与电路时间常数有关。

（2）点焊电阻及其对焊接加热的影响

点焊时的电阻是内部热源产生的一个重要因素，是形成焊接温度场的内在因素。点焊的
电阻可以分为接触电阻和内部电阻，而接触电阻包括焊件间接触电阻和电极与焊件间的接触
电阻。焊接区电阻如图 10-5 所示。

点焊时导电通路上的总电阻由焊件内部电阻、焊件间接触电阻、电极与焊件间接触电阻
组成，即

$$R = 2R_\mathrm{b} + R_\mathrm{c} + 2R_\mathrm{bj} \tag{10-5}$$

式中 R_b——焊件的内部电阻，单位为 Ω；

R_c——焊件间的接触电阻，单位为 Ω；

R_bj——电极与焊件间的接触电阻，单位为 Ω。

需要注意的是，电极与焊件间的接触电阻都是动态电阻，它们并不是固定的而是随时间

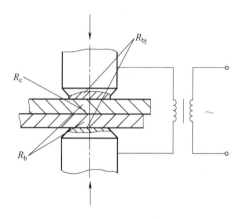

图 10-5 点焊的电阻

变化的。内部电阻 R_b 是形成熔核的热量基础，其析热量占内部热源 Q 的 $90\% \sim 95\%$。同时，内部电阻与其上形成的电流场，共同影响点焊时的加热特点及焊接温度场的形态和变化规律。接触电阻 R_c 的析热量占热源比例不大，占内部热源 Q 的 $5\% \sim 10\%$，并且在焊接开始后很快降低、消失，但这部分热量对建立焊接初期的温度场、促进电流场分布的均匀化是有重要作用的。

1）接触电阻。如图 10-6 所示，实际接触面因为凹凸不平及不良导体（表面氧化膜、油、锈以及吸附气体层等）的存在，两焊件只是在凸点接触。电流通过这些凸点时，由于导电面积突然减小，造成电流线弯曲与收缩，增强了带电粒子运动时的碰撞和阻尼，这样就产生了接触电阻。

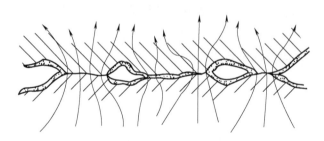

图 10-6 焊件的接触状态

焊件间接触电阻对焊点的形成起着极其重要的作用。在点焊时，两焊件接触面间的接触电阻的作用使焊件间接触表面的金属首先被加热到较高的温度，当继续加热时，接触电阻虽然随之消失，但该处金属却由于焊件金属内部电阻热继续作用而首先达到焊接温度，从而形成均匀分布在接触面两边的焊点。

从接触电阻产生的机理可以看出，接触电阻与导体物理接触点的分布和接触点的面积相关，即与电极压力、焊件材质、表面状态及温度等有关。

① 电极压力。随着电极压力的增大，电极间金属的弹性与塑性变形增大，焊件表面的凸出点被压溃，使接触点的数量和面积随之增加，进而导致接触电阻减小。图 10-7 所示为 $20℃$ 时低碳钢的接触电阻与电极压力的关系。

当电极压力减小时，接触电阻 R_c 虽然不再增大，但是一般生产中所使用的电极压力都超过材料的弹性极限，造成接触点的塑性变形，因而在加压后又重新减小压力时，由于塑性变形使接触点的数目与接触面积不可能再恢复原状，此时的接触电阻将小于未施加压力作用前的数值而呈现"滞后"现象，如图 10-8 所示。

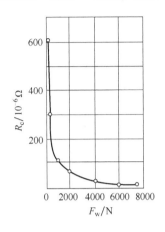

图 10-7　接触电阻与电极压力的关系

图 10-8　接触电阻与电极压力

② 焊件材质。不同的金属材料在加热过程中焊接区动态电阻的变化规律相差很大，如图 10-9 所示。不锈钢、钛合金等材料呈单调下降的特性；铝及铝合金在加热初期呈迅速下降后趋于稳定；而低碳钢的变化曲线上却存在一明显的峰值。动态电阻标志着焊接区加热和熔核长大的特征，因此可用来作为监控焊点质量的物理参数。

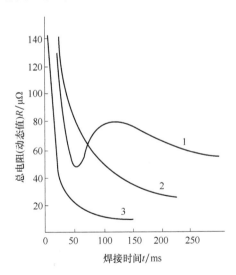

图 10-9　典型材料的动态电阻比较

1—低碳钢　2—不锈钢　3—铝及铝合金

③ 表面状态。影响焊件表面状态的主要原因是氧化物和污染物严重阻碍电流的通过，使得接触电阻显著增加，因此，焊接前要对焊件表面进行清理。

接触电阻的大小与清理方法和表面加工的光洁程度有关。显然，表面清理越干净，越光洁，接触电阻越小。经机械仔细清理的零件，比酸洗后生成均匀氧化膜的零件的接触电阻要小。经过清理的零件在大气中又会逐渐氧化，因此，其允许存放时间有一定限制。

④ 加热温度。一般情况下，在焊接温度增加时，接触点金属的压溃强度逐渐下降，接触点的数目与面积必然很快增加，所以接触电阻下降速度很快。图 10-10 所示为焊接低碳钢时焊件间的接触电阻与温度的关系。对常用的钢材，焊件在温度接近 600℃ 时，其接触电阻几乎完全消失，此时，接触电阻已可忽略不计。

电极与焊件之间的接触电阻 R_{bj}，因电极材料一般比焊件材料软，相互接触较好，故 R_{bj} 远小于 R_c。但当焊件表面过热和电极清理不良时，R_{bj} 将急剧增大。

焊件与电极间的接触电阻 R_{bj} 对焊接是不利的。R_{bj} 大容易使焊件和电极间过热而降低电极寿命，甚至使电极和焊件接触表面烧坏。因此，在焊前要尽可能减小接触电阻。此外，电极必须具有良好的冷却条件，使此处热量能够迅速导散。

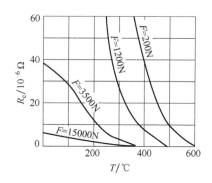

图 10-10　接触电阻与温度的关系

2）焊件的内部电阻。焊件内部电阻是加热的主要热源，其大小与焊件长度（或厚度）、截面（或电极与焊件的接触面）及材料的电阻率有关。假定加热时电流在电极直径 d_0 所限定的焊件金属圆柱中通过，则焊件电阻 R'_b 可按式（10-6）计算：

$$R'_b = \rho_T \frac{L}{A} \qquad (10\text{-}6)$$

式中　L——焊件长度（或厚度），单位为 mm；

　　　A——电极与焊件的接触面积，单位为 mm^2；

　　　ρ_T——温度为 T 时焊件金属电阻率，单位为 $\Omega \cdot m$。

除此之外，焊件的内部电阻还与电极压力、温度和焊件表面状态有关。

① 电极压力 F_w 对 R_b 的影响是通过电场几何尺寸的变化实现的。当电极压力 F_w 增大时，接触面上接触点数目与面积均相应增大，故 R_b 减小。

② 点、缝焊时，在电极压力一定的条件下，随着焊接区温度的升高，材料塑性抗力下降，电极-焊件、焊件-焊件接触面增大，使内部电阻 R_b 减小。

由于金属材料的电阻率是温度的函数，随着焊接区温度的升高，材料的电阻率增大，内部电阻值也相应增大。同时又由于焊接区局部加热的特点，各处的温度分布很不均匀。中心部位因温度高，R_b 大；周围因温度低，R_b 小。特别是当出现熔核后，中心部位电阻 R_b 急剧增大，使电流线向熔核边缘弯曲扩展，R_b 减小。这时，由于提高了贴合面周围的电流密度，有利于熔核向径向扩大。

③ 焊件表面状态、焊接规范特点、电极结构形状与尺寸以及分流程度等，都会引起电流场形状的变化，从而影响 R_b 的大小和熔核的形状与尺寸。

2. 点焊的热平衡

点焊时熔核形状与内部热源与电流场的分布有密切关系，但熔核形状与电流场之间并不完全吻合。虽然电极与板件接触面上电流线比较密集，但并未形成表面熔化；板件间接触面周边电流线最集中，但周边金属熔化量反而比焊接区中心部位少。那么，形成熔核的热过程究竟与哪些因素有关呢？为此，首先要分析点焊过程的热平衡，如图 10-11 所示。

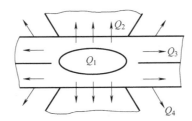

图 10-11　点焊热平衡的组成

点焊焊接区的温度场是由加热与散热两个过程共同作用的结果。内部电阻产生的热量一方面用来加热焊接区金属，形成足够尺寸的熔核，但同时也必须不断补偿向周围物质（空气、板件和电极金属等）传导、辐射的热损失，以形成焊接过程的动态热平衡，而使焊接区维持应有的温度。所以热源所产生的热量 Q 用于两方面，一方面是形成熔核的有效热量，另一方面是通过板件表面及内部，向板内、电极及周围大气中散去的损失热量，可写成

$$Q = Q_1 + Q_2 + Q_3 + Q_4 \tag{10-7}$$

式中　Q——焊接区总析出热量，单位为 J；

　　　Q_1——熔化母材金属形成熔核的热量，单位为 J；

　　　Q_2——通过电极热传导而损失的热量，单位为 J；

　　　Q_3——通过焊件热传导而损失的热量，单位为 J；

　　　Q_4——通过对流、辐射散失到空气介质中的热量，单位为 J。

Q 取决于焊接参数特征和金属的热物理性质。有效热量 Q_1 仅取决于金属的热物理性质及熔化金属量，而与热源种类和焊接参数特征无关，点焊时 $Q_1 = (10\% \sim 30\%)Q$。损失的热量 Q_2 主要与电极材料、形状及冷却条件有关，点焊时 $Q_2 = (30\% \sim 50\%)Q$，是主要的散热损失；Q_3 与板件厚度、材料的热物理性质以及焊接参数特征等因素有关，$Q_3 \approx 20\%Q$；$Q_4 \approx 5\%Q$，可以忽略不计。

有效热量 Q_1 与焊接时间无关，而损失热量 Q_2 则随加热时间的增长而增加，因此，焊接时间 t_w 越长，完成焊接所需的总热量 Q 也越多，焊接影响区也越大。

焊接所需的平均热功率 q，即单位时间内所产生的热量为

$$q = \frac{Q}{t_w} \tag{10-8}$$

平均热功率越大，加热越快，焊接时间就越短。当平均热功率减小时，所需焊接时间就越长，图 10-12 所示。当平均热功率小于临界热功率（图 10-12 中的 q_3）时，则由于热功率

不足，无法达到焊接温度 T_w。

　　焊接中所提到的硬规范就是使用大功率的点焊机，缩短焊接时间，提高生产率，减少电能消耗，缩小热影响区。近年来，点焊趋向于采用大功率焊机。而软规范就是使用小功率的点焊机，因电流小，必须延长焊接时间。但是焊机功率太小，尽管延长通电时间，也只能徒然增加损失热量 Q_2，无法建立必需的温度场，不能进行焊接。因此，焊接一定厚度的焊件，焊机的功率必须足够大。

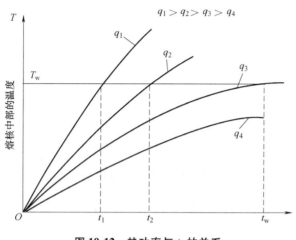

图 10-12　热功率与 t_w 的关系

3. 点焊的过程

（1）点焊的焊接过程

图 10-13 所示为点焊的焊接过程。

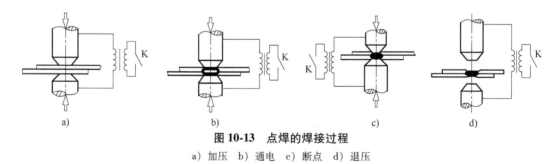

图 10-13　点焊的焊接过程

a）加压　b）通电　c）断点　d）退压

　　1）点焊时，将待焊的两个焊件搭接起来，置于上、下铜电极之间，然后施加一定的电极压力，将两个焊件压紧。

　　2）再闭合开关 K，接通焊接变压器，变压器次级电流经焊机机臂、电极，流经焊件。由于焊件本身电阻便产生电阻热，使焊件迅速加热。因为与焊件接触的电极是由导电、导热性能良好的铜合金制成的，且其内部通有循环的冷却水进行冷却，故与电极直接接触的焊件表面散热条件最好，温度难以升高，而焊件之间的接触表面被加热到熔化温度，并逐渐向四周扩大形成熔核。

　　3）当熔核尺寸达到所要求的大小时，切断电流，但仍保持足够大的电极压力，熔核在电极压力作用下冷却结晶，形成焊点，而后去除压力，焊下一个点。

（2）点焊的焊接循环

要形成一个连接两板的共有的焊点，必须提供的外加能量有两种，即电流和压力，这便是电阻焊的基本条件。把一个焊点形成过程称作一个焊接循环。反映焊接循环中电极压力和焊接电流关系的曲线称作焊接循环图。图 10-14 表示典型的焊接循环，图 10-14a 所示为正常焊接循环，图 10-14b 所示为采用锻压力的焊接循环。一个焊接循环又分为四个阶段，即预压、焊接、锻压、休止，这四个程序依次相互衔接。

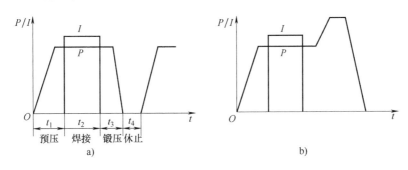

图 10-14　点焊的焊接循环

a）正常焊接循环　b）采用锻压力的焊接循环

1）预压阶段（t_1）：从电极开始加压到焊接电流开始接通之前的阶段，其作用是使焊件的焊接处有良好的接触，为焊接电流顺利通过做必要的准备。预压力的大小要保证有合适的接触电阻。

当电极压力过小时（或加热速度过快），由于焊接区金属的塑性变形程度不足，使接触电阻过大。当通以电流后，由于电流密度过大而引起温度上升极快，此时焊件接触处金属已熔化，但其周围还未形成塑性环，便以飞溅形式向板间缝隙喷射，称为前期飞溅，有可能导致烧穿焊件或将电极的工作表面烧坏。

当电极压力过大时，将使焊接区接触面积增大，总电阻和电流密度均减小，焊接散热增加，因此熔核尺寸减小，严重时会出现未焊透缺陷。一般认为，在增大电极压力的同时，适当加大焊接电流或增加焊接时间，以维持焊接区加热程度不变；同时，由于压力增大，可消除焊件装配间隙、刚性不均匀等因素引起的焊接区所受压力波动对焊点强度的不良影响。

2）焊接阶段（t_2）：当焊件经过预压阶段，形成了合适的导电通路，即可开始焊接循环的第二阶段，建立必要的温度场。此阶段又称"加热熔化"阶段，或者称"通电加热"阶段，是整个焊接循环的关键阶段，熔核随通电加热逐渐形成并长大，达到既焊透又不烧穿的程度。

如果热效应过大，当熔核径向的扩展速度超过塑性环的扩展速度时，使塑性环的结构强度降低，在电极的压力作用下，熔池里的液体金属就会飞溅出来，称为后期飞溅。

3）锻压阶段（冷却结晶阶段，t_3）：当建立起需要的温度场，得到符合要求的熔核与塑性环后，切断电流，熔核开始冷却结晶。锻压的目的是保证熔池在挤压状态下形成一个致密的熔核。

切断焊接电流以后，应维持一定的锻压时间（保压）。通电电流断开之后，熔核是在电极压力作用下以极快的速度冷却结晶，电极压力可以使正在结晶的组织变得致密，而不至于产生缩孔或裂纹。

4）休止阶段（t_4）：此时，升起电极，移动焊件，准备下一个点的焊接。

4. 点焊的焊接参数

（1）点焊的基本要求

焊接工艺性主要包括焊点的质量及焊接参数的选择。焊点质量取决于焊点表面、内部质量和焊点尺寸。

一个好的焊点，从外观上要求：表面压痕浅，平滑呈均匀过渡，无明显凸肩或局部挤压的表面鼓起；不允许外表有环状或径向裂纹；表面不得有熔化或黏附的铜合金。从内部看：焊点形状应规则、均匀，焊点尺寸应满足结构强度的要求；核心内部无贯穿性或超越规定值的裂纹，结合线伸入及缩孔皆在规定范围之内；焊点核心周围无严重过热组织。

如果焊点的缺陷都在规定值以内，那么决定接头强度和质量的便是焊点的形状与尺寸。焊点的尺寸主要包括焊点直径、焊透率和表面压痕深度等，一般可用这几个尺寸来分析工艺参数对质量的影响。焊点尺寸如图10-15所示。

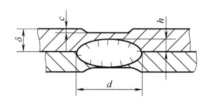

图 10-15　焊点尺寸
d—焊点直径　δ—焊件厚度　h—熔核高度　c—压痕深度

1）焊点直径 d。焊点直径 d 是影响焊点强度的主要因素，试验证明，d 与焊点强度近似成正比关系。d 的大小可根据焊件厚度和对接头强度的要求选取。低碳钢的焊点直径 d 一般为

$$d = (5 \sim 6)\sqrt{\delta} \tag{10-9}$$

式中　δ——焊件的厚度，单位为 mm。

2）焊透率。焊点的高度用焊透率 A 表示，单板焊透率 A 为

$$A = \frac{h}{\delta - c} \times 100\% \tag{10-10}$$

式中　h——单板上熔核高度，单位为 mm；

　　　δ——单板厚度，单位为 mm；

　　　c——压痕深度，单位为 mm。

A 可取为 20%～80%，按焊件的材料、板厚、结构特点决定。A 过大，熔核接近表面，焊件表面易过热，造成深压痕或大量飞溅，结果导致应力集中，使承载性能变坏，或使表面保护（如铝合金的纯铝层等）因电极合金成分的渗入而降低了耐蚀性能。从核心结晶条件考虑，焊透率越大，熔化金属量越大，凝固结晶后收缩量也越大，易出现缩孔，同时，因收缩内应力增大，易形成裂纹。试验结果证明，当焊点熔核直径符合要求时，取 $A \geqslant 20\%$ 便可保证焊点强度。A 过小，强度也低。薄件点焊时，因散热强烈，选用较小的焊透率，有的取

10%较好。不同厚度板件点焊时，薄件焊透率取 10%~20% 即可。镁合金只允许至 60%，钛合金却可达 95%。

3）压痕深度 c。c 不仅影响接头强度，而且影响表面外观质量，这对车身覆盖件来说显得特别重要。一般，c 不应超过板厚的 20%。

（2）点焊参数

点焊质量与焊机性能、焊接工艺规范有很大关系。焊接工艺规范是指组成焊接循环过程和决定点焊规范特点的参数，主要有焊接电流 I_w、焊接压力 F_w 和通电时间 t_w，以及电极工作端面几何形状与尺寸等。这些参数之间有着密切的关系，可以在相当大的范围内变化以便控制焊接质量。为了正确选用规范参数，应掌握各个参数的特点、作用及相互间关系，了解规范选择、测量及控制方法。

1）电极压力。电极压力大小的选择与焊件材料、焊件厚度、焊接规范有关。焊件材料的高温强度大、材料厚度大和焊接硬规范等情况下都应加大电极压力。通过改变电极压力可以调整加热强度和控制塑性变形的范围和强度。

2）电极直径。常见的电极结构如图 10-16 所示。如果采用球面电极，则球面半径为 40~100mm；如果采用平面电极，则平面电极的半径需要计算给出。当电极端面尺寸增大时，由于电极与板料之间的接触面积增大，电流密度减小，散热效果增强，均使焊接区加热程度减弱，因而熔核尺寸减小，使焊点承载能力降低，如图 10-17 所示。

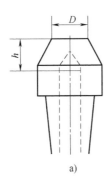 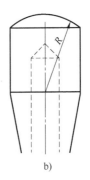

a)   b)

图 10-16　常见的电极结构

a）平面电极　b）球面电极

D—平面电极端面直径　R—球面电极球面半径　h—端面与水冷端距离

3）焊接电流 I_w 和通电时间 t_w。图 10-18a 表示随着 I_w 增加，d 与 A 的变化。当 I_w 很小时，焊接处不能充分加热，始终不能达到熔化温度；增大 I_w 后出现熔核，但尺寸过小，仍属未焊透，当达到标准允许的最小直径 d_{min} 和最小焊透率 A 时（图中②、①点），电流为 I_{wmin}（图中③点），接头有一定强度。此后随 I_w 增加，A 与 d 都随之均匀增大；当熔核尺寸比较大时，由于电极与板件间接触面增大，散热加强，电流密度降低，使加热速度变缓。另外，因熔核内液态金属量较多及熔化潜热等影响，熔核直径 d 和焊透率 A 的增长速度逐渐变缓。当 I_w 增加过大时，电

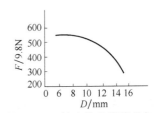

图 10-17　接头抗剪载荷 F 与电极端面直径 D 的关系

流密度大为提高，使加热更加急剧，很短时间内熔核温度已很快超过熔化温度，若熔核直径扩大的速度远远超过塑性环扩大的速度，就出现飞溅。随着飞溅的形成，则可能形成深度压痕、大尺寸缩孔等缺陷，降低了接头强度。

改变电流脉冲持续时间 t_w 对熔核尺寸的影响，与改变 I_w 的影响基本相似，如图 10-18b 所示。当通电时间很短时，只能获得接触面的加热痕迹，逐渐增长通电时间，便形成塑性粘连的焊接区，这时很小的热量变化都会引起接头强度的很大波动。t_w 不断增加，出现了熔化焊点。随着 t_w 的增加，熔核尺寸不断增加，当超过一定值以后，由于熔核液态金属量的增长和散热影响的增大，使熔核尺寸的扩大速度变慢，这时尽管规范有些波动，熔核仍在扩大，只是 A 因受电极冷却所限，其增加量比熔核直径 d 要小些。这时熔核直径虽仍在扩大，塑性环却因电极压力和电极冷却作用范围或板间镦粗区所限制，其扩大速度变慢。因此，熔核内液态金属在电极压力作用下，有可能突破相对变薄的塑性环，形成飞溅，引起表面过热、深压痕、搭边压溃等缺陷，使焊件表面质量及接头承载能力大为下降。

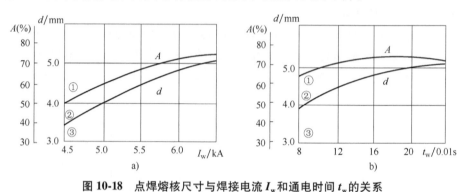

图 10-18　点焊熔核尺寸与焊接电流 I_w 和通电时间 t_w 的关系

a）熔核尺寸与焊接电流 I_w 的关系　b）熔核尺寸与通电时间 t_w 的关系

（3）焊接规范的选择

点焊时，各规范参数的影响是相互制约的。当电极材料、端面形状和尺寸选定后，焊接规范的选择主要是考虑焊接电流、焊接时间以及电极压力这三个参数。这是形成点焊接头的三大要素，其相互配合可能有两种形式，即焊接电流和焊接时间的适当配合、焊接电流和电极压力的适当配合。

1）焊接电流和焊接时间的适当配合。不同的 I_w 和 t_w 可配成以加热速度快慢为主要特点的两种不同规范：硬规范和软规范。当采用大焊接电流、短焊接时间参数时，称为硬（强）规范；而采用小焊接电流、适当长焊接时间参数时，称为软（弱）规范。调整 I_w 和 t_w 使之配合成不同的硬软规范时，必须相应改变电极压力 F，以适应不同加热速度及不同塑性变形能力的要求。

对于硬规范，电流大，时间短，加热速度很快，焊接区温度分布陡，加热区窄，表面质量好，接头过热组织少，接头综合性能好，生产率高。只要规范控制较精确，焊机功率足够，便可采用。但因加热速度快，如果控制不当，易出飞溅等缺陷，所以必须相应提高电极压力 F，以免出现缺陷，并获得较稳定的接头质量。

当焊机功率不足，板件材料厚度大，变形困难或塑性温度区过窄，并有易淬火组织产生时，可采用加热时间较长、电流较小的软规范。软规范加热平稳，焊点强度稳定；温度场分布平缓，在压力作用下容易变形，可减少熔核内喷溅、缩孔和裂纹倾向，降低内应力。正由于加热速度慢，故对规范波动敏感性低，对机械加压系统要求不高。但是，软规范存在生产率低、能量损耗大、焊点压痕过深、电极磨损快、接头变形大、表面质量差等缺点。一般软规范配以较低的电极压力，可以在一定程度上克服或减轻软规范的缺点，以适应加热速度及塑性变形能力的需要。

2）焊接电流和电极压力的适当配合。这种配合是以焊接过程中不产生喷溅为主要特征的，是国外几种规范的制定依据。根据这一原则制定的电流、压力曲线称为喷溅临界曲线，如图 10-19 所示。曲线左半区为无喷溅区，这里电极压力大而电流小，导致焊接质量不稳定。曲线右半区为喷溅区，因为电极压力不足、加热速度过快而引起喷溅，使焊接接头质量严重下降，导致不能安全生产。当规范选在喷溅临界曲线附近时（无喷溅区）可获得质量较好的熔核，同时降低焊机功率，提高经济效益。

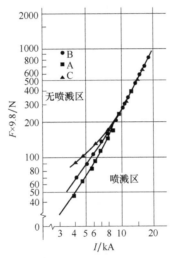

图 10-19　焊接电流和电极压力的关系

A—软规范　B—中等规范　C—硬规范

5. 特殊情况的点焊工艺

（1）不同厚度的焊接

生产中大量结构都是由不同厚度的材料组成，例如汽车焊接结构中的骨架，要求一定刚度且厚度大，蒙皮、外壳多是薄件。厚度不同的结构点焊时，上下板电流场分布不对称，接合面与强烈散热的两电极的距离也不同，因而两板散热条件不同，使温度场分布不对称，熔核偏向厚板，如图 10-20 所示。

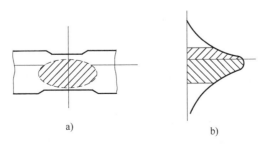

a)　　　　　　　　　　　　b)

图 10-20　不同厚度板件点焊时温度分布与熔核形状

因此，不同厚度和不同材料点焊时熔核不以接触面为对称面，而向厚板或导电、导热性较差的焊件中偏移。偏移结果使接合面上熔核尺寸小于其最大尺寸，在薄件或导电、导热性好的焊件中焊透率小于规定数值，这均降低了焊点强度。如果薄板焊透率为零，就只有塑性粘连，导致强度偏低。因此要求薄板一面焊透率不小于10%，钢件应达20%～30%。为保证结构强度及薄件必要的焊透率，满足结构使用条件（对强度、表面质量等要求），可按不同情况，采取措施调整熔核偏移。调整措施的总原则是：提高薄件发热量，减少其散热，增加焊接处温度。调整熔核偏移的措施如下：

1）采用硬规范。硬规范电流大，通电时间短，在焊接处电流密度高。因为时间短，电流场的分布就决定了温度场的形状并使热损失相对减少，因此，提高了接合面上的温度，扩大了熔核尺寸，使得熔核偏移现象得以改善。

2）采用不同直径的电极。为减小散热影响，提高电流密度，在薄件一侧可采用小直径电极，如图10-21所示，这对解决熔核偏移问题来说既简单又有效。但薄板采用小直径电极时，压痕深度大，同时薄件经常是作为产品的蒙皮使用，如飞机蒙皮、汽车车体和高速电气机车箱体外皮等，都对表面光滑度有一定要求，为此薄件一侧须采取一定措施，防止薄件产生较大变形。

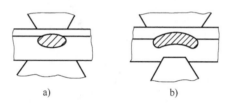

图 10-21　用不同直径电极点焊不同厚度焊件时熔核的偏移

a）厚板一侧用大直径电极　b）厚板一侧用小直径电极

因此，薄件（或导电、导热性好的焊件）侧采用小直径电极，以增大电流密度，减小热损失，而厚件（或导电、导热性差的焊件）侧则选用大直径电极，由于上、下电极直径的不同使温度场分布趋于合理，从而减小了熔核的偏移。

3）采用不同材料的电极及冷却条件。由于上、下电极材料不同，散热程度也不相同。导热性好的电极放于厚件（或导电、导热性差的焊件）侧，使其热损失加大，也可调节温度场分布，减小熔核偏移。或者在薄板（或导电、导热性好的焊件）侧增加电极端面与冷却水底部的距离，也可以使焊透率提高。

4）在薄件（或导电、导热性好的焊件）侧附加工艺垫片。工艺垫片由导热性差而熔点较高的材料制作，厚度为0.2～0.3mm，有降低薄件（或导电、导热性好的焊件）散热的作用。在使用工艺垫片时应注意硬规范不要过大，以避免垫片与焊件表面产生粘连。

（2）不同材料的焊接

不同材料点焊时，热量的产生、散失与不同厚度板件点焊特点类似。当厚度相等时，导热性好而电阻率低的材料相当于薄件，熔核总是偏向导热性差、电阻率大的材料一侧，为调整熔核偏移所采取的措施与上述类似，这里不再赘述。如果导热性差的材料为薄件，熔核偏移可得到一定改善；如果为厚件，则熔核偏移更为严重，需采取一定措施。

不同材料点焊时除考虑加热以外，还应注意两件相接触金属熔点的差别，即它们能否很好地熔合在一起，是否会形成金属间化合物，在室温与高温下塑性变形能力如何，在同一规范条件下，高熔点金属与低熔点金属能否获得大致相当的塑性变形。另外还要考虑加热时电阻率与导热系数的变化。总之，不同材料点焊时，注意力应放在如何使接合面两边金属的温度及变形程度接近，并生成固溶体，形成良好的交互结晶并无脆性金属间化合物。当物理性能相差很远的材料组合有困难时，可引入中间材料为过渡层，以避免产生脆性金属间化合物或互不熔合等问题，从而提高焊点韧性，获得牢固焊点。如铝合金与低合金钢组合时，则可先在低合金钢板上镀锡。多层板件点焊也属于不同厚度的组合件，多层板一般不超过四层。

不同厚度焊件点焊时，规范参数可先按薄件选取，再按厚件或平均厚度修正。多层板焊接按外层焊件选，再按层数与总厚度修正。不同材料组合件的点焊，应按焊接性差的材料选择脉冲持续时间，以免出现裂纹等缺陷；而电流与电极压力大致上按导电性和导热性好的材料选择，一般质量较满意。表 10-1 所列为不同厚度焊件点焊的规范。

表 10-1 不同厚度焊件点焊的规范

材料	厚度/mm	焊接电流/kA	通电时间/s	电极压力/N	电极端面直径/mm 薄件一面	厚件一面	备注
铜	0.2+1.0	6	0.1	1700	5	10	垫片 δ = 0.1~0.2mm
	1.0+14	7.5	0.1	1700	5	10	
	0.2+14	7.5	0.1	1700	5	10	
黄铜	0.8+6.5	10	0.1	1000	5	7	黄铜垫片 δ = 0.1~0.2mm
	0.8+20	11	0.1	1000	5	7	
	0.15+8	12	0.1	1000	5	10	
	0.15+8	7.5	0.1	2200	5	5	不锈钢垫片 δ=0.2mm 黄铜垫片 δ=0.1~0.2mm
	0.15+6.5	10	0.1	700	5	7	
2A12 铝合金	0.5+2	12	0.1	1000	5	10	——
	1.0+4.0	18	0.1	1500	6	12	

6. 点焊的质量控制

车身点焊质量直接影响汽车的使用性、安全性、可靠性和使用寿命等。焊接质量不仅仅是指焊点强度，这是最重要的，另外如焊点的外观质量，以及不容易直接反映焊点强度的某些内在质量，也会影响焊接接头的使用性能等。

（1）点焊的主要缺陷分析

1）未焊透。未焊透对于点焊来说实际上就是热效应不够，在所有的缺陷里面未焊透是最危险的。未焊透可能有几个方面的原因，如焊接电流过小、焊接时间不够或者预压力过大等。

2）飞溅。压力不够容易产生飞溅，过烧也会出现飞溅。对于飞溅而言，接头有一定的强度，但是这个强度不稳定，一般是偏小。

3）压痕过深。当焊件过热时就会出现压痕过深，电极之间的压力过大，或电极尺寸过小时会造成压痕过深。压痕过深容易造成应力集中，使接头强度特别是疲劳强度降低。

4）缩孔和气孔。熔核凝固时产生收缩，在熔核内部形成缩孔和气孔。它是由于电极压力不够、焊接时间过长或者焊件表面存在油污等造成的，一般都需要对板料进行清理。

5）裂纹。在焊接时，特别是对于大型结构件的焊接，由于约束不足造成电极压力不足或者规范过强等问题，从而产生裂纹，降低焊接接头的强度。

6）烧穿。烧穿一般指在焊件表面有裂口或裂缝，是由于焊件或电极表面清除不净、在压力不足时接通电流或者焊件过热等因素产生的。

（2）点焊的缺陷检验

1）目视检验。焊点的质量从外观上只能进行初步的判断，最终的检验需要依靠撕破或撬边检验。凭眼睛看塑性环包围的熔核，起连接作用的是焊点中间的熔核，若没有清晰地看到熔核，不能说明此焊点有缺陷，这就需要剖检才能确定。通常我们说的焊点直径，指的是熔核直径。焊点表面应平整、光洁，不允许出现击穿、烧穿、裂纹等现象。

① 外观形状、特征。焊点近似圆形，平整无扭曲，压痕深度不超过板厚的20%。无镀层的板料，焊点外圈有一周黑色圆环，称为塑性环，通常也称为热影响区；有镀层的板料，焊点外圈塑性环颜色很浅，不呈现黑色，熔核呈黄色。

② 焊点、熔核特征。如果焊接参数调整准确，则塑性环以内应为金属白色，焊点中间可以明显看到熔核形成，熔核也呈白色，此焊点强度基本保证。有的焊点带有金属铜的颜色，是焊接电极熔化黏到焊点上造成的。两板厚在1.5mm以上的或是三层板焊点可能出现黑色（一般是厚板和三层板焊接规范较大造成的）。即使焊点出现黑色，中间也要形成明显的熔核。实际工作中有一部分焊点不呈现金属色泽，出现黑色，这是材料表面油、灰等原因造成的，不能确认为焊点缺陷。如果出现黑色的塑性环和熔核混合在一起，难以分辨，则说明焊接规范不当，焊点已经炭化，焊点基本不能承受较大的载荷，需要调整焊接规范。

③ 检测要点。焊接接头应100%进行目视检验，允许用不大于10倍的放大镜进行检验；焊点不允许有外部裂纹、飞溅、烧伤、烧穿和板材边缘的胀裂；焊点偏移中心线的距离允许不大于2mm。焊点的压痕深度要求为：一级接头不超过板厚的15%，二级接头不超过板厚的20%；厚度比（两个焊件厚度之比）大于2的组合，或一面用平面电极时，一级接头不超过板厚的20%，二级接头不超过25%；重复点焊，压痕深度可比上条规定增大5%，焊点压痕直径增大或偏离原焊点中心不超过1.5mm；焊点过深压痕和表面发黑允许存在的数量在可接受范围内。

2）撕破检验。每班开班前，焊机工作中间停止时间超过1h，每焊接100点左右时，更换电极，在规定范围内调整焊接参数。重新起动焊机时，都必须按表10-2所列内容进行检验，在检验无问题时方可继续施焊。

表10-2　撕破检验规范

接头级别	焊点数量	目视检验	撕破检验
一级	10点	100%	2个
二级	5点	100%	1个

注：二级焊点可用撬边检验替代撕破检验。

撕破检验时，应用专业设备在一侧板材上撕成孔洞，板厚大于 1.2mm 时，允许在一侧板材上形成深度不小于板厚 20%的凹坑。

3）撬边检验。撬边检验是用专用检验器，如图 10-22 所示，将焊件边缘撬起来检查焊点是否良好的一种检验方式。焊透率过小或熔核直径过小的焊点，在撕力作用下会发出轻微的撕裂声并破裂。焊接良好的焊点应不破裂。

专用检验器

撬起高度1.5～2mm

图 10-22　撬边检验器

10.2.3　电阻缝焊及工艺

1. 缝焊的基本概念

电阻缝焊的原理与点焊相同，它只是用滚盘电极代替点焊的圆柱形电极，通过与工件的相对运动而产生一个个熔核相互搭叠的密封焊缝。缝焊在汽车焊接中主要用在油箱的焊接中。

扫码观看　电阻缝焊

缝焊的焊接过程与点焊一样，也存在加压、通电加热熔化和冷却结晶三个阶段，但它与点焊有两点主要区别：一是传递压力和通电加热的滚盘不断转动而变换焊接的位置；二是由于点距极小而不可避免地存在较大的分流。

按滚盘转动与馈电方式分，缝焊可以分为连续缝焊、断续缝焊和步进缝焊。

1）连续缝焊时，滚盘连续转动，电流不断通过工件。这种方法容易使工件表面过热，电极磨损严重，因而很少使用。但是在高速缝焊时，50Hz 交流电的每半周将形成一个焊点，交流电过零时相当于休止时间，这与下面将要叙述的断续缝焊类似，因而在制缸、制桶工业中获得应用。

2）断续缝焊时，滚盘连续滚动，电流断续通过工件，形成的焊缝由彼此搭叠的熔核组成。由于电流断续通过，在休止时间内，滚盘和工件得以冷却，因而可以提高滚盘寿命、减少热影响区宽度和工件的变形，获得较优的焊接质量。这种方法已经被广泛应用于 1.5mm 以下的各种钢、高温合金和钛合金的缝焊。

3）步进缝焊时，滚盘断续转动，电流在工件不动时通过工件。由于金属的熔化和结晶均在滚盘不动时进行，改善了散热和压固条件，因而可以更有效地提高焊接质量，延长滚盘寿命。这种方法多用于铝、镁合金的缝焊，用于缝焊高温合金，也能有效地提高焊接质量。

缝焊按照接头的形式又可以分为搭接缝焊、压平缝焊、垫箔对接缝焊、铜线电极缝焊等。搭接缝焊除常用到的双面缝焊外，还有单面单缝焊（图 10-23）、单面双缝焊（图 10-24）和小直径圆周缝焊等。

2. 工艺参数对缝焊质量的影响

缝焊接头的形成在本质上与点焊相同，因而影响接头质量的各个因素也是类似的，主要有焊接电流、电极压力、焊接时间、休止时间、焊接速度和滚盘直径等。

（1）焊接电流

焊接电流是缝焊形成熔核所需的热量来源，它与点焊的原理相同，都是利用电流通过焊接区电阻产生的热量。其他条件确定后，焊接电流的大小决定了熔核的焊透率和重叠量。在焊接低碳钢时，熔核平均焊透率为钢板厚度的 30%～70%，以 45%～50%为最佳。为了获得气密焊缝熔核，重叠量应≥15%。当焊接电流超过某一定值时，继续增大电流只能增大熔核的焊透率和重叠量而不会提高接头强度，这是不经济的。如果电流过大，还会产生压痕过深和焊缝烧穿等缺陷。缝焊时由于熔核互相重叠而引起较大的分流，因此，焊接电流通常比点焊时增大15%~40%。

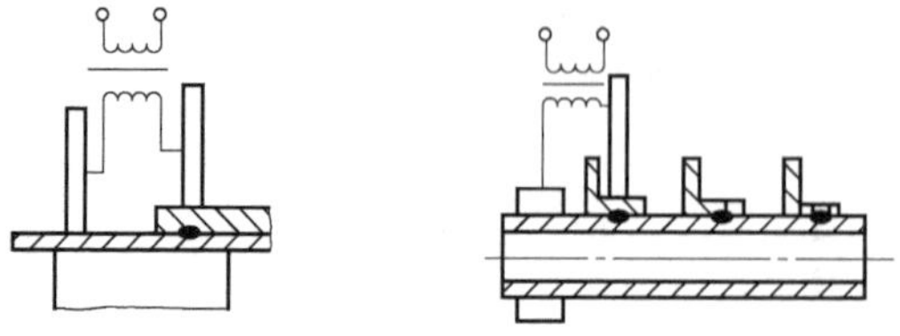

a) b)

图 10-23 单面单缝焊

a）单面单缝形式Ⅰ b）单面单缝形式Ⅱ

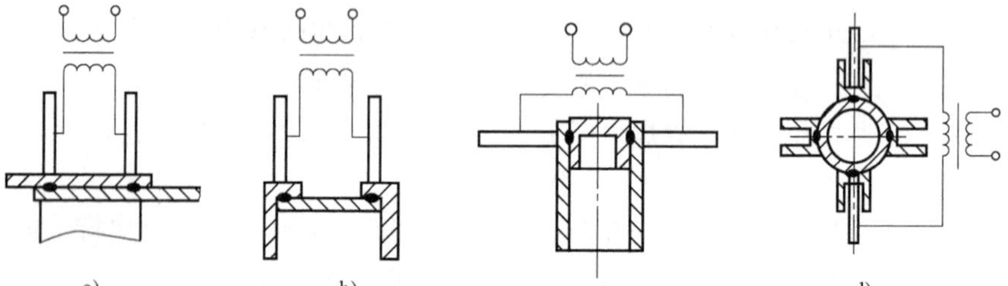

a) b) c) d)

图 10-24 单面双缝焊

a）单面双缝形式Ⅰ b）单面双缝形式Ⅱ c）单面双缝形式Ⅲ d）单面双缝形式Ⅳ

（2）电极压力

缝焊时电极压力对熔核尺寸的影响与点焊一致。电极压力过高会使得压痕过深，同时会加速滚盘的变形和损耗。电极压力不足则易产生缩孔，并会导致接触电阻过大，易使滚盘烧损而缩短其使用寿命。

（3）焊接时间和休止时间

缝焊时，主要通过焊接时间控制熔核尺寸，通过冷却时间控制重叠量。在较低的焊接速度时，焊接与休止时间之比为1.25∶1~2∶1，可获得满意效果。当缝焊速度增加时，焊点间距增加，此时要获得重叠量相同的焊缝，就必须增大比例，为此，在较高焊接速度时，焊接与休止时间之比应不小于1∶3。

（4）焊接速度

焊接速度与被焊金属、板件厚度，以及对焊缝强度和质量的要求等有关。通常在焊接不锈钢、高温合金和有色金属时，为了避免飞溅和获得致密性高的焊缝，必须采用较低的焊接速度。焊接速度决定了滚盘与板件的接触面积，以及滚盘与加热部位的接触时间，因而影响了接头的加热和散热。当焊接速度增大时，为了获得足够的热量，必须增大焊接电流。过大的焊接速度会引起板件表面烧损和电极黏附，因此，焊接速度要受到限制。

3. 缝焊参数的选择

与点焊相似，缝焊参数主要是根据被焊金属的性能、厚度、质量要求等来选择。一般可参考已有推荐的数据或公式初步确定，再通过工艺性试验加以修正。

要求气密性的缝焊接头，各焊点之间必须有一定的重叠，通常焊点间距应比焊点直径小30%~50%，焊点间距可按下列经验公式选取：

对于低碳钢

$$C = (2.8 \sim 3.2)\delta \qquad (10\text{-}11)$$

对于铝合金

$$C = (2.0 \sim 2.4)\delta \qquad (10\text{-}12)$$

式中　C——缝焊焊点间距，单位为 mm；

　　　δ——两焊件中较薄焊件的厚度，单位为 mm。

对于非气密性接头，焊点间距可在很宽的范围内变化，甚至可以使各相邻焊点相互分离，成为缝点焊。

滚盘尺寸的选择与点焊电极尺寸的选择原则一致。只要焊件结构允许，滚轮直径应尽可能地选得大些，并使上、下滚轮直径尽量接近。为减小搭边尺寸，减轻结构重量，提高热效率，减小焊机功率，近年来，还发展了一种接触面宽度只有 3~5mm 的窄边滚盘。

滚盘的直径和板件的曲率半径均会影响滚盘和板件的接触面积，从而影响电流场的分布与散热，并导致熔核位置偏移。当滚盘直径不同而板件厚度相同时，熔核将偏向小直径滚盘一侧。滚盘直径和板件厚度均相同，而板件呈弯曲形状时，则熔核偏向板件凸电极的一侧。

滚轮的工作表面有平面形和球形两种。缝焊钢件时，通常采用平面形滚盘，常用的滚盘宽度为 3~12mm；而缝焊铝合金时，一般采用球形滚盘，其球面半径为 25~100mm。滚盘宽度和球面半径大小可根据焊件厚度确定。

不同厚度或不同材料缝焊时，确定熔核偏移的方向和纠正熔核偏移的方法是采用不同的滚盘直径和宽度、不同的滚盘材料以及在滚盘与板件间加垫片等。

通常可参考已有的推荐数据初步确定，见表 10-3，再通过工艺试验加以修正。

表 10-3　低碳钢的缝焊规范

条件	板厚/mm	电极压力/N		通电时间/周波	休止时间/周波	电流/A	焊接速度/m·min⁻¹	焊接点数/点·cm⁻¹
		最小	标准					
高速条件（A）	0.6	2100	2500	2	1	12500	2.70	4.3
	0.8	2400	3200	2	1	15000	2.62	4.5
	1.0	2700	4100	2	2	18300	2.50	3.5
	1.6	3400	5400	3	1	21000	2.30	4.0
	2.0	4500	6800	3	1	22000	2.15	4.1
	2.4	5000	7700	4	2	23000	2.03	3.0
中速条件（B）	0.6	2100	2500	2	2	11000	1.90	4.7
	0.8	2400	3200	3	2	13000	1.83	4.0
	1.0	2700	4100	3	3	15000	1.70	3.5
	1.6	3400	5400	4	5	17500	1.60	2.8
	2.0	4500	6800	6	6	20000	1.40	2.4
	2.4	5000	7700	7	6	21000	1.27	2.2

（续）

条件	板厚/mm	电极压力/N		通电时间/周波	休止时间/周波	电流/A	焊接速度/m·min⁻¹	焊接点数/点·cm⁻¹
		最小	标准					
低速 条件（C）	0.6	2100	2500	3	3	9000	1.14	5.1
	0.8	2400	3200	2	4	12000	1.07	5.5
	1.0	2700	4100	2	4	13500	0.99	5.1
	1.6	3400	5400	4	4	15400	0.91	4.9
	2.0	4500	6800	6	6	16000	0.76	4.0
	2.4	5000	7700	6	6	17000	0.70	4.3

10.2.4　电阻凸焊及工艺

1. 凸焊的基本概念

扫码观看
电阻凸焊

凸焊与点焊相比，其不同点是在焊件上预先加工出凸点，或利用焊件上原有的能使电流集中的型面、倒角等作为焊接时的局部接触部位。

凸焊主要用于焊接低碳钢和低合金的冲压件。凸焊的种类很多，除板件的凸焊外，还有螺母、螺钉类零件的凸焊、线材交叉凸焊、管子凸焊和板材 T 形凸焊等。

板件凸焊的厚度一般为 0.5~4mm。焊接更薄的板件时，凸焊设计要求严格，若板件厚度小于 0.25mm，使用点焊更方便。

凸焊与点焊相比较具有以下优点：

1）在一个焊接循环内可以同时焊接多个焊点，不仅生产率高，而且无分流影响。因此，可以在窄小的部位布置焊点而不受点距限制。

2）由于电流密集于凸点，电流密度大，因此可以用较小的电流进行焊接，并能可靠地形成较小的熔核。在点焊时，对应于某一板厚，要形成小于某一尺寸的熔核是较为困难的。

3）凸点的位置准确、尺寸一致，各点的强度比较均匀。因此对于给定的强度，凸点的尺寸可以小于点焊。

4）由于采用大平面电极，且凸点设置在一个工件上，所以可最大限度地减轻另一工件外露表面上的压痕。同时，大平面电极的电流密度小、散热好，电极的磨损要比点焊小得多，因而大大降低了电极的保养和维修费用。

5）与点焊相比，工件表面的油、锈、氧化皮、镀层和其他涂层对凸焊的影响较小，但干净的表面仍能获得较稳定的质量。

由于凸焊有上述多种优点，因而获得了极广泛的应用。几种典型凸焊如图 10-25~图 10-27 所示。

凸焊要预先冲制出凸起部分，所以比点焊要多一些焊前的准备工序和设备。这些在采用凸焊时都要全面考虑。

凸点的形式也很多，图 10-28 所示为几种常见的凸焊接头形式。

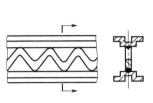

图 10-25　线材凸焊

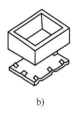

图 10-26　T 形件凸焊

a) 吊耳凸焊　b) 框板凸焊　c) 框侧凸焊

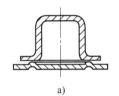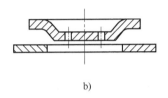

图 10-27　冲压件的环形凸焊

a) 环形凸焊形式 I　　b) 环形凸焊形式 II

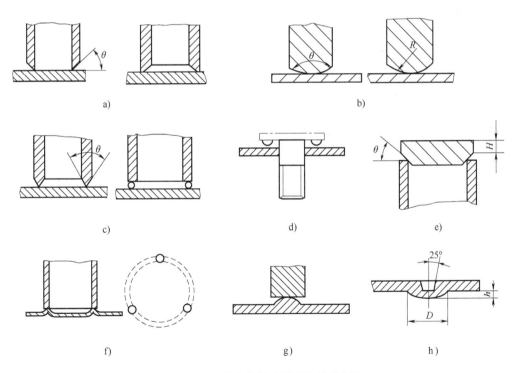

图 10-28　几种凸焊接头形式和凸起部分

为了使各个凸点熔化能均匀一致，凸焊时电极压力和焊接电流应均匀地分布在同时焊的各个凸点上。为此，凸点冲制必须精确，尺寸稳定，且焊件必须仔细清理。

2. 凸焊的工艺特点

凸焊实际上是点焊的一种变形，首先是在两块板件中的一块上冲出凸点，然后进行焊接。电流集中克服了点焊时熔核偏移的缺点，因此凸焊时工件的厚度比可以超过 6：1。凸焊时，电极必须随着凸点的被压溃而迅速下降，否则会因失压而产生飞溅，因此应采用电极随动性好的凸焊机。

多点凸焊时，如果焊接条件不适当，就会引起凸点移位现象，并导致接头强度降低。为了防止凸点移位，除在保证正常熔核的条件下，选用较大的电极压力、较小的焊接电流外，还应尽可能地提高加压系统的随动性。提高随动性的方法主要是减小加压系统可动部分的质量以及在导向部分采用滚动摩擦。同时，为克服各凸点间的压力不均衡，可以采用附加预热脉冲或采用可转动电极的办法。

3. 凸焊参数

凸焊的主要参数是电极压力、焊接时间和焊接电流。

（1）电极压力

被焊金属的性能决定了凸焊的电极压力。电极压力应在凸点达到焊接温度时将其完全压溃，使两工件紧密贴合。但电极压力过大时会过早地压溃凸点，失去凸焊的作用，同时因电流密度减小而降低接头强度；电极压力过小时又会引起严重的飞溅。

（2）焊接时间

对于给定的工件材料和厚度，焊接时间取决于焊接电流和凸点刚度。在凸焊低碳钢和低合金钢时，电极压力和焊接电流的作用要大于焊接时间的影响。在确定合适的电极压力和焊接电流后，再调节焊接时间，以获得满意的焊点。如想缩短焊接时间，应增大焊接电流。但过分增大焊接电流有可能引起金属过热和飞溅。通常，凸焊的焊接时间比点焊长，而焊接电流比点焊小。

多点凸焊的焊接时间要稍长于单点凸焊，以此减少因凸点高度不一致而引起各点加热的差异。采用预热电流或电流斜率控制，可以提高焊点强度的均匀性并减少飞溅。

（3）焊接电流

凸焊每一焊点所需电流比点焊同样一个焊点要小。在凸点完全压溃之前电流必须能使凸点熔化。推荐的电流应该是在采用合适的电极压力下不至于挤出过多金属的最大电流。对于一定凸点尺寸，挤出的金属量随电流的增加而增加。采用递增的调幅电流可以减小挤出的金属量。和点焊一样，被焊金属的性能和厚度仍然是选择焊接电流的主要依据。

多点凸焊时，总的焊接电流大约为每个凸点所需电流乘以凸点数。但考虑到凸点的公差、工件形状，以及焊机次级回路的阻抗等因素，可以做一些调整。

凸焊时还应做到被焊两板间的热平衡，否则，在平板未达到焊接温度以前凸点便已熔化。因此焊接同种金属时，应将凸点冲在较厚的工件上；焊接异种金属时，应将凸点冲在电导率较高的工件上。但当在厚板上冲出凸点有困难时，也可在薄板上冲凸点。电极材料会影响两工件上的热平衡，在焊接厚度小于 0.5mm 的薄板时，为了减少薄板一侧的散热，常用钨-钢烧结材料或钨做电极的嵌块。

凸点尺寸及焊接规范见表 10-4。当凸焊厚度大于 2.5mm 的焊件时，最好采用脉冲加热法。脉冲加热可以使凸点在焊接开始后逐步进行塑性变形，并使电流和压力在各个凸点上比较均匀地分布以防止飞溅。

表 10-4　凸点尺寸及焊接规范

板厚/mm	凸点尺寸/mm		推荐最小尺寸/mm		最小熔核直径 d_n/mm	规范 A			规范 B			规范 C		
	D	h	点距	搭边	mm	t_w/s	F_w/N	I_w/kA	t_w/s	F_w/N	I_w/kA	t_w/s	F_w/N	I_w/kA
0.6	2	0.5	9	5	3	0.06	900	5.5	0.12	700	4.9	0.12	600	3.8
0.8	2.5	0.5	11	5.5	3	0.06	1100	6.6	0.12	700	5.1	0.22	600	3.8
1	3	0.7	14	7	4	0.16	1500	8	0.20	1000	6	0.30	700	4.3
1.2	3	0.7	16	8	4.5	0.16	1800	8.8	0.32	1200	6.5	0.38	1000	4.6
1.5	4	0.9	19	10	5	0.24	2500	10.3	0.40	1600	7.1	0.50	1500	5.4
1.8	4	0.9	20	10	5.5	0.28	3000	11	0.48	200	8	0.64	1800	6
2	5	1	20	11	6	0.30	3600	11.8	0.56	2400	8.8	0.68	2100	6.4
2.4	5.5	1	22	13	7	0.32	4600	13.1	0.64	3100	9.8	0.84	2800	7.2
2.8	6	1.4	32	16	8	0.38	5600	14.1	0.76	3700	10.6	1.0	3400	8.3
3.2	7	1.5	32	18	9	0.44	6800	14.8	0.90	4500	11.3	1.2	4100	9.2

10.2.5　电阻焊设备

不同的电阻焊方法采用不同的电阻焊设备，电阻焊机的分类及名称符号见表 10-5。根据 GB/T 10249—2010，焊机型号由汉语拼音字母和阿拉伯数字组成，其内容表示如下：

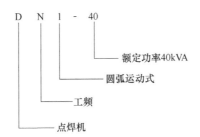

近年来点焊机、缝焊机品种类型很多，通常按电源、加压机构、完成接头方式、自动化程度、电极数目、运动方式等分类。常用的点焊机种类有：固定式点焊机、悬挂式点焊机和多点点焊机等。不管哪种点（缝）焊机，要完成焊接循环都必须具备两个部分，即电气部分（电源、调节装置、控制装置）和机械部分（加压机构、传动机构、冷却系统等）。电阻焊机除需要满足制造简单、成本低、使用方便、工作可靠稳定、维修容易等基本要求之外，还应具有如下特点：

1）焊机结构强度大及刚性好，不因加压而使焊件变形、错位，甚至拉开等。

2）焊接回路有良好适应性，能满足零件形状尺寸的基本要求。焊接铁磁性零件或有夹具伸入回路时，对功率的影响尽量小。焊机应有良好外特性，能发挥出最大容量。

3）程序动作的转换迅速、可靠，尽可能提高动作速度，以提高生产率。各程序间应有连锁装置及安全措施，以稳定焊接质量。如电流未切断时不得抬起电极，气压或水压不足时可自动切断电流。

4）调整焊机及更换电极都方便，主要部件接触良好，保护可靠，冷却好。

表 10-5　电阻焊机的分类及名称符号

大类			小类		
名称	简称	代表符号	名称	简称	代表符号
点焊机	点	D	工频	工	N
			电容储能	容	R
			直流冲击波	击	J
			低频	低	D
			次级整流	整	Z
凸焊机	凸	T	（同点焊机）		
缝焊机	缝	F	（同点焊机）		
对焊机	对	U	（同点焊机）		
控制器	控	K	点焊	点	D
			缝焊	缝	F

10.3 二氧化碳气体保护焊

扫码观看　二氧化碳气体保护焊

10.3.1　概述

熔化焊的发展主要是向着三个方向发展：第一是采用保护措施，最原始的是药皮，然后发展为选择惰性气体，例如采用氩气、二氧化碳气体作为保护气体，还有真空焊接；第二是要提高焊接的能量，即"高能化"；第三是实现机械化和自动化，既可以降低工人的劳动强度，又能够提高接头的质量。

二氧化碳（CO_2）气体保护焊，在汽车制造业中，主要用于车身骨架焊接，多采用细焊丝焊接，其焊接过程如图 10-29 所示。

CO_2 气体保护焊具有以下特点，因此被广泛应用于汽车制造和其他机械工业。

1）成本低：采用廉价的 CO_2 保护，CO_2 气体是化工厂的副产品，来源广、价格低；焊接方法高效节能，当其他工艺条件相同时，CO_2 气体保护焊的耗电量仅为手工电弧焊的1/3；不需要制造费用较高的焊接夹具，且只需要一般的专用焊机。因此，其焊接成本仅为手工电弧焊的 40%～50%。

2）焊接质量高：焊接过程中，CO_2 气体经过滤除杂质和严格的干燥脱水，是一种低氢的焊接方法，抗裂性能好，焊缝力学性能优良；CO_2 气体有较强的冷却作用，使焊接变形和内应力均小，焊后不必调修；焊后不需要清渣，因为是明弧，便于监视和控制，有利于实现焊接过程的机械化和自动化。

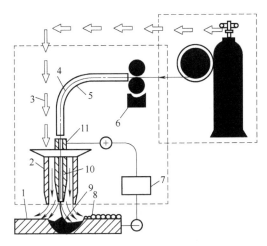

图 10-29　CO_2 气体保护焊过程

1—焊件　2—喷嘴　3—CO_2 气体　4—焊丝　5—软管　6—送丝机构
7—焊接电源　8—焊缝　9—熔池　10—导电嘴　11—焊枪

3）应用范围广：无论何种位置都可进行焊接，薄板可焊到 1mm 左右；窄间隙焊，其间隙可小于 0.5mm；厚件采用多层焊，而且焊接薄板时，比气焊速度快，变形小。

与此同时，CO_2 气体保护焊也存在以下不足：

1）金属飞溅是 CO_2 气体保护焊较为突出的问题。无论从焊接电源、焊接材料及焊接工艺上采取何种措施，也只能使其减小到一定程度，并不能完全消除。和氩弧焊、埋弧焊等相比，这是 CO_2 气体保护焊的不足之处。

2）不适合在有风的地方施焊，以致焊接稳定性差。

3）焊接过程弧光较强，尤其是采用大电流焊接时，电弧的辐射较强，要特别重视对工作人员的劳动保护。

10.3.2　二氧化碳气体保护焊的冶金特点

（1）合金元素的氧化烧损及脱氧

CO_2 气体在电弧高温下会按下式分解。分解出来的原子态氧具有强氧化性。

$$CO_2 \Longleftrightarrow CO + O \tag{10-13}$$

CO_2 的分解度与温度有关，温度越高分解度越大。实际上在电弧区中只有 40%~60% 的 CO_2 气体分解。因此，CO_2 保护焊实际上是在 CO_2、CO、O_2 的混合气体中进行焊接的。焊接过程中 CO_2 电弧可以从两个方面使 Fe 及其他合金元素氧化。

1）和 CO_2 直接作用，如：

$$CO_2 + Fe \Longleftrightarrow FeO + CO \tag{10-14}$$

$$2CO_2 + Si \Longleftrightarrow SiO_2 + 2CO \tag{10-15}$$

$$CO_2 + Mn \Longleftrightarrow MnO + CO \tag{10-16}$$

2）和高温分解出的原子氧作用，如：

$$Fe + O \Longleftrightarrow FeO \tag{10-17}$$

$$Si+2O \Longrightarrow SiO_2 \qquad\qquad (10\text{-}18)$$

$$Mn+O \Longrightarrow MnO \qquad\qquad (10\text{-}19)$$

一般认为，第一种反应是在低于金属熔点（1500℃左右）的温度下进行的，在金属氧化中不占主要地位。合金元素的氧化烧损主要产生于第二种反应。

上述氧化反应既发生在熔滴中，也发生在熔池中。氧化反应的程度则取决于合金元素在焊接区的浓度和它们对氧的亲和力。

熔滴和熔池金属中 Fe 浓度最大，因此，Fe 的氧化比较激烈。Si、Mn、C 的浓度虽然较低，但它们与氧的亲和力比 Fe 大，所以也有相当数量被氧化。

反应生成物（SiO_2、MnO、CO、FeO 等）中，SiO_2 和 MnO 成为熔渣浮于熔池表面。生成的 CO 气体，因具有表面性质（这时 C 的氧化反应是在液体金属的表面进行的）而逸出到气相中，不会引起焊缝气孔，只是使 C 受到烧损。而 FeO 可溶于液态金属，并进一步和熔池及熔滴中的合金元素发生反应使其氧化。

溶入熔池的 FeO 与 C 元素作用，产生 CO 气体。如果此气体不能析出熔池，便在焊缝中形成气孔。反应方程如下：

$$FeO+C \Longrightarrow Fe+CO \qquad\qquad (10\text{-}20)$$

溶入熔滴的 FeO 与 C 元素作用产生的 CO 气体，则在电弧高温下急剧膨胀，使熔滴爆破而引起金属飞溅。

合金元素的烧损、气孔、飞溅，是 CO_2 气体保护焊中的三个主要问题。而这三个问题都与氧化性有关，因此必须从冶金上采取措施予以解决。但应指出，气孔和飞溅除和 CO_2 气体的氧化性有关外，还和其他因素有关，将在后面讨论。

由上述可看出，在 CO_2 气体保护焊中，FeO 的产生是引起气孔、飞溅的主要因素。同时，FeO 残留在焊缝金属中将使焊缝金属的含氧量增加而降低力学性能。如果能使 FeO 脱氧，并在脱氧的同时对烧损的合金元素给予补充，则 CO_2 气体的氧化性所带来的弊病便基本上可以克服。

CO_2 气体保护焊能够对高温熔池的金属起到保护的原因是利用了金属氧化物的氧化还原反应，因此，CO_2 气体保护焊只适合低碳钢和低合金钢的焊接。CO_2 气体保护焊真正实质上起作用的是 CO 气体及没有分解的 CO_2 气体。CO 在高温下是很稳定的，在焊接条件下既不溶于金属，也不与金属发生反应。所以 CO_2 气体保护焊一定要注意环境的问题。

（2）脱氧

通常是在焊丝中或药芯焊丝的药粉中加入一定量的脱氧剂（对氧亲和力比 Fe 大的合金元素）对 FeO 进行脱氧，使 FeO 中 Fe 还原。脱氧剂在完成脱氧任务之后，所剩余的量便作为合金元素留在焊缝中，起着提高焊缝力学性能的作用。实践表明，采用 Si、Mn 联合脱氧能得到满意的结果，可以焊出高质量的焊缝中。目前国内外应用最广泛的 H08Mn2SiA 焊丝，就是采用 Si、Mn 联合脱氧的。其反应方程如下：

$$2FeO+Si \Longrightarrow SiO_2+2Fe \qquad\qquad (10\text{-}21)$$

$$FeO+Mn \Longrightarrow MnO+Fe \qquad\qquad (10\text{-}22)$$

SiO_2 和 MnO 能结合成复合化合物 MnO·SiO_2（硅酸盐），其熔点只有 1270℃，密度也较小（3.6g/cm³），且能凝聚成大块，易浮出熔池，凝固后成为渣壳覆盖在焊缝表面。

为保证脱氧充分和充作焊缝金属的合金元素充足，加入焊丝中的 Si、Mn 需要有足够的量，但其含量过多也不行。Si 含量过高会降低焊缝的抗热裂性能，Mn 含量过高会降低焊缝金属的冲击韧性。此外，Si、Mn 之间的比例应适当，否则，不能很好地使 SiO_2 和 MnO 结合成硅酸盐浮出熔池，而会有一部分 SiO_2 或 MnO 残留在焊缝中，使焊缝的塑性和冲击强度下降。

根据试验，焊接低碳钢用的焊丝，一般含 1% 左右的 Si、1%~2% 的 Mn（质量分数）。

在 CO_2 气体保护焊的冶金中，C 也是一个关键元素，它和 O 的亲和力比 Fe 大。为了防止气孔和减小飞溅以及降低焊缝产生裂纹的倾向，焊丝中的含碳量一般都限制在 0.11%（质量分数）以下。

（3）气孔问题

CO_2 气体保护焊时，熔池表面没有熔渣覆盖，CO_2 气流又有冷却作用，因而熔池凝固比较快，容易在焊缝中产生气孔。可能产生的气孔主要有三种：CO 气孔、氢气孔和氮气孔。

1）CO 气孔。熔池中的 FeO 和 C 进行反应时会产生 CO，如下式：

$$FeO+C \Longrightarrow Fe+CO \qquad (10\text{-}23)$$

这个反应在熔池处于结晶温度时，进行得比较剧烈。若此时熔池已开始凝固，CO 气体不能逸出，则在焊缝中形成气孔。如果焊丝中含有足够的 Si、Mn 脱氧元素以及限制焊丝中的含碳量，就可以抑制上述的氧化反应，有效地防止 CO 气孔的产生。因此，在 CO_2 气体保护焊中，只要焊丝选择适当，产生 CO 气孔的可能性是很小的。

2）氢气孔。电弧区的氢主要来自焊丝、工件表面的油污、铁锈以及 CO_2 气体中所含的水分、油污的碳氢化合物。铁锈中含有结晶水，它们在电弧高温下都能分解出 H_2。减少熔池中 H_2 的溶解量，不仅可防止氢气孔，而且可提高焊缝金属的塑性。所以焊前要适当清除工件和焊丝表面的油污及铁锈。另一方面，应尽可能使用含水分低的 CO_2 气体。CO_2 气体中的水分常常是引起氢气孔的主要原因。水分引起氢气孔的过程是：进入焊接区的水分先分解为自由状态的氢，然后此自由状态的氢在电弧中被电离，以离子形态溶入熔池。熔池结晶时，由于氢的溶解度陡然下降，析出的氢气如不能排出熔池，则留在焊缝中成为气孔。但是，当在焊接区有氧化性的 CO_2 气体存在时，增加了氧的分压，会使自由状态的氢被氧化成不溶解于金属的水蒸气与羟基（OH），从而减弱了氢的有害作用。氢被氧化的过程如下：

$$H_2+CO_2 \Longrightarrow CO+H_2O \qquad (10\text{-}24)$$

$$H+CO_2 \Longrightarrow CO+OH \qquad (10\text{-}25)$$

$$H^++O^{2-} \Longrightarrow OH^- \qquad (10\text{-}26)$$

所以，CO_2 气体的氧化性虽然对引起 CO 气孔和飞溅不利，但在抑制氢的危害性方面却是有益的。因而 CO_2 气体保护焊对铁锈和水分不像其他电弧焊那样敏感。

3）氮气孔。氮气的来源，一是空气侵入焊接区，二是 CO_2 气体不纯。根据一些研究者的试验表明：在短路过渡时 CO_2 气体中加入 3% N_2（体积分数），射流过渡时 CO_2 气体中加入 4% N_2（体积分数），仍不会引起氮气孔。正常 CO_2 气体中含氮量很小，最多不超过 1%（体积分数）。由上述可判断，由于 CO_2 气体不纯而引起氮气孔的可能性不大，焊缝中产生氮气孔的主要原因是保护气层遭到破坏，大量空气侵入焊接区。

造成保护气层失效的因素有过小的 CO_2 气体流量、喷嘴至工件的距离过大以及焊接场地有侧向风等。

此外，工艺因素如电弧电压、焊接速度和电源极性等对气孔的产生也有影响。电弧电压越高，空气侵入焊接区的可能性越大。电弧电压高到一定值时，焊缝中就出现气孔。焊缝中含氮量增加，即使不出现气孔，也将显著降低焊缝金属的塑性。焊接速度过快，熔池结晶快，气体排出熔池就较困难，产生气孔倾向就大些。由于氢是以离子形态存在于熔池的，直流反接时，熔池为负极，它发射大量电子，使熔池表面的氢离子又复合为原子，从而减少了进入熔池的氢离子的数量，所以，直流反接时，焊缝中含氢量比正接时要少很多，产生氢气孔的倾向也比正接时小。

实践表明，在 CO_2 气体保护焊中，采用 H08Mn2SiA 等含有脱氧剂的焊丝，焊接低碳钢、低合金钢时，如果焊前对焊丝和钢板表面的油污、铁锈做了适当清除，CO_2 气体中的水分也较低的情况下，焊缝金属中产生的气孔主要是氮气孔。而氮气是来自空气的入侵，因此在焊接过程中，保证保护层稳定可靠是防止焊缝中产生气孔的关键。

（4）飞溅问题

CO_2 气体保护焊过程中，金属飞溅损失约占熔化焊丝金属的 10%，严重时可达 30% ~ 40%，在最佳情况下，飞溅损失可控制在 2% ~ 4% 的范围内。

1）飞溅的危害。飞溅增大，使焊丝的熔敷系数降低，从而增加焊丝及电能的消耗，降低焊接生产率，并提高焊接成本。飞溅粘着到导电嘴与喷嘴内壁上，会使送丝不畅，影响电弧稳定性，同时也会降低保护气体的保护作用，恶化焊缝成形，飞溅还容易烫伤皮肤，恶化劳动条件。

2）产生飞溅的原因。CO_2 气体保护焊飞溅问题之所以突出，与这种焊接方法的冶金特性和工艺特性有关。

① 由冶金反应引起的飞溅：由于焊接过程中熔滴和熔池中的碳被氧化生成 CO 气体，在焊接温度下体积膨胀，若从熔滴或熔池中逸出时受阻，就会在局部范围爆炸，从而产生大量的细颗粒飞溅。

② 斑点压力引起的飞溅：直流以正极性长弧焊时，由于焊丝是阴极，其斑点压力较大，易产生粗大的熔滴并被顶偏而产生非轴过渡，出现大颗粒飞溅。

③ 由于熔滴过渡不正常引起的飞溅：在短路过渡时，若焊接电源的动特性选择和调节不当，会增大飞溅。

④ 由于焊接规范选择不当引起的飞溅：CO_2 保护气体焊时，随着电弧电压的升高，飞溅增大。因为电弧电压升高，弧长增长，易使焊丝末端熔滴长大。在长弧大电流焊时，熔滴在焊丝末端易产生无规则的晃动，而短弧小电流焊时，将造成粗大的液桥，这都会使飞溅增大。

3）减小飞溅的措施。从工艺上有如下措施可减小飞溅：

① 选用合适的焊丝或保护气体成分。例如，尽可能选用含碳量低的焊丝，实践表明，当焊丝中含碳量降低到 0.04%（质量分数）时，飞溅大大减少；长弧焊时采用 CO_2+Ar 的混合气体作为保护气体，当 Ar 的体积分数大于 60% 时，可明显地使熔滴变细，从而可减少飞溅；采用药芯焊丝焊接，形成气渣联合保护，飞溅可明显减少。

② 在短路过渡焊接时，合理选择焊接电源动态特性并匹配合适的可调电感，当采用不同直径的焊丝焊接时，均可调得合适的短路电流增长速度。

③ 一般应选用直流反极性进行焊接。若采用正极性焊接，需采用活化焊丝，以减小飞溅。

④ 不论采用何种熔滴过渡进行焊接，均应合理地选择规范参数。

10.3.3　二氧化碳气体保护焊的工艺规范

CO_2 气体保护焊的整个焊接过程其实是由无数个熔滴过渡的过程组成。在焊接时，电弧燃烧热大部分用来加热焊件，使其形成熔池，小部分电弧热用于加热焊丝，使其不断地熔化而形成熔滴，离开焊丝末端而进入熔池，这个过程称为熔滴过渡。

气体保护焊有两种熔滴过渡：一种是使用细焊丝的短路过渡；另一种是使用粗焊丝的细颗粒过渡。熔滴过渡对焊接过程的稳定性、焊缝成形、飞溅程度以及焊接接头的质量有很大的影响。下面介绍汽车车身制造中用得较多的细丝气体保护焊短路过渡的短弧焊。

在 CO_2 气体保护焊中，对于一定直径的焊丝，焊接规范用得较小（小电流、低电弧电压）时，熔滴呈短路过渡。焊接规范采用得较大（大电流、高电弧电压）时，则熔滴呈细颗粒过渡。我国 CO_2 气体保护焊中，85%左右属于短路过渡焊接，因此主要讨论在短路过渡焊接中选择规范参数的一些基本原则。

1. 短路过渡焊接的特点

短路过渡焊接的特点是小电流、低电压。在焊接薄件时，生产率高，变形小，而且操作上容易掌握，对焊工技术水平要求不高。另外由于焊接规范小，焊接过程中光辐射和热辐射以及烟尘等都比较小，从而容易在生产中得到推广和应用。

短路过渡焊接主要采用细焊丝，特别是 $\phi0.6 \sim \phi1.2mm$ 范围内的焊丝，随着焊丝直径的增大，飞溅颗粒和飞溅数量都相应增大。实际应用中，直径大于 $\phi1.6mm$ 的焊丝，如果采用短路过渡焊接，则飞溅相当严重，所以生产上很少应用。

短路过渡是采用低电压、小电流，电弧很短，焊丝末端的熔滴还未形成大滴时，即与熔池接触，形成短路。此时电弧熄灭，熔滴在各种力的作用下迅速脱离焊丝末端过渡到熔池中去，然后电弧又重新引燃，这样短路与燃弧不断交替。细颗粒过渡的焊接特点是电弧电压比较高，焊接电流比较大，此时电弧是持续的，不发生短路熄弧的现象。所以，电弧的穿透力大，母材熔深大，适用于中、厚板的焊接。

2. 短路过渡焊接规范参数

焊接参数主要包括：焊丝直径、焊接电流、电弧电压、焊接速度及焊丝干伸长等。

（1）焊丝直径

焊丝直径根据焊件厚度、施焊位置和生产率等条件选择。随着焊丝直径的增加，飞溅颗粒和飞溅的数量都相应增大。客车车身骨架焊接大多选用 $\phi0.8 \sim \phi1.2mm$ 的焊丝。

（2）焊接电流

焊接电流的大小影响着焊缝的熔深和熔宽。车身骨架件的厚度较小，因此焊接电流不必过大，这样减小了热量输入和焊接变形，保证了设计尺寸。一般是根据焊丝的直径选择电流的大小。

（3）电弧电压

电弧电压是焊接规范中的一个关键参数。它的大小决定了电弧的长短和熔滴的过渡形式。它对焊缝成形、飞溅、焊接缺陷以及焊缝的力学性能有很大的影响。实现短路过渡的条件之一是保持较短的电弧长度，所以就焊接规范而言，短路过渡的一个重要特征是低电压。总结下来，即电弧电压低时弧长短，电弧的覆盖面窄而电弧比较集中，所以焊缝窄而深，但是表面凸起高。反之，电弧电压过高时弧长较大，电弧覆盖面宽，使得焊缝的宽度加大，余高扁平和熔深变小。

确定电弧电压时，要考虑它和焊接电流之间的匹配关系。在一定的焊丝直径及焊接电流（即送丝速度）下，电弧电压若过低，电弧引燃比较困难，焊接过程不稳定。电弧电压过高，则由短路过渡转变成大颗粒的过渡，焊接过程也不稳定。只有电弧电压与焊接电流匹配较合适时，才能获得稳定的焊接过程，并且飞溅小，焊缝成形好。表 10-6 所列为三种不同直径焊丝典型的短路过渡焊接规范。

表 10-6　三种不同直径焊丝典型的短路过渡焊接规范

焊丝直径/mm	0.8	1.2	1.6
电弧电压/V	18	19	20
焊接电流/A	100~110	120~135	140~180

（4）焊接速度

焊接速度对于接头的力学性能和气孔缺陷的产生等都有影响。在焊接中，为防止裂纹，保证焊缝金属的韧性，需要选择合适的焊接速度。速度过慢时，则易产生烧穿，焊接变形增大，生产率低。随着焊接速度的增加，焊缝的宽度和余高都减小。但焊接速度过快，使得焊缝和母材之间可能没有真正地粘结牢固，并且气体保护效果差，容易产生气孔。一般在半自动焊时，焊接速度常选择 18~30m/h。

（5）焊丝干伸长

由于短路过渡焊接所采用的焊丝都比较细，焊丝干伸长上产生的电阻热便成为焊接规范中不可忽视的因素。在其规范参数不变时，随着焊丝干伸长的增加，焊接电流减小，熔深也减小。直径越细、电阻率越大的焊丝这种影响越大。在半自动焊时，有时因焊接部位的限制而使焊丝干伸长增加，于是焊接电流和熔深都减小。此外，随着焊丝干伸长的增加，焊丝上的电阻热加大，焊丝熔化加快，从提高生产率上看，这是有利的。但是当焊丝干伸长过大时，焊丝容易发生过热而成段熔断，飞溅严重，焊接过程不稳定。同时干伸长增大后，喷嘴与工件间的距离增加，导致气体保护效果变差。当然，焊丝的干伸长过小，势必缩短喷嘴与焊件的距离，飞溅金属容易堵塞喷嘴。

根据生产经验，合适的焊丝干伸长为焊丝直径的 10~12 倍，一般实际使用的焊丝干伸长为 10~20mm。

10.3.4　二氧化碳气体保护焊设备

1. 二氧化碳气体保护焊设备的组成

二氧化碳气体保护焊设备主要由焊接电源、送丝系统、焊枪、供气系统和控制系统等组成。

（1）焊接电源

二氧化碳气体保护焊的电源均为直流，具有平硬外特性曲线。

（2）送丝系统

在二氧化碳气体保护焊中，送丝系统是焊机的重要组成部分，由送丝电机、送丝滚轮、压紧机构、送丝软管和减速器等组成。送丝系统要能维持并保证送丝均匀和平稳，送丝机构应尽可能结构简单和轻巧，并且维修及使用方便。常用的送丝方式有三种：推丝式、拉丝式和推拉式，如图 10-30 所示。

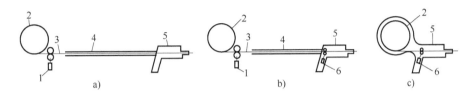

图 10-30 二氧化碳气体保护焊的送丝方式示意图

a）推丝式 b）推拉式 c）拉丝式

1—送丝电机 2—焊丝盘 3—焊丝 4—送丝软管 5—焊枪 6—拉丝电机

1）推丝式：由送丝滚轮将焊丝推入送丝软管，再经焊枪上的导电嘴送至电弧区。其结构简单、轻巧，是目前应用最广泛的一种形式。但是对送丝软管的要求较高且不宜过长，焊枪活动范围小。

2）拉丝式：将送丝机构和焊丝盘都装在焊枪上，焊枪结构复杂，比较笨重，但焊枪活动范围大，适用于细丝焊接。

3）推拉式：由安装在焊枪中的拉丝电机和送丝装置内的送丝电机两者同步运转来完成，其结构复杂，送丝稳定，送丝软管可达 20~30m，焊枪活动范围大。

（3）焊枪

焊枪的主要作用是向熔池和电弧区输送保护气流和稳定可靠地向焊丝导电。焊枪应结构紧凑，操作方便，连接件、易损件便于更换。焊枪的主要易损件有导电嘴和喷嘴。喷嘴一般为圆柱形，以使二氧化碳气流从喷嘴中流出有一定挺度的层流，可以对焊接电弧区起到良好的保护作用。喷嘴应与导电部分绝缘，以免打弧。为防止飞溅金属颗粒的黏附并使其易于清除，喷嘴应采用导热性好、表面粗糙度值小的纯铜。在实际使用中为减少飞溅黏附在喷嘴上，还在喷嘴表面涂以硅油。

对导电嘴的要求较高，首先要求其材料导电性能好、耐磨性能好、熔点高，所以一般采用纯铜。另外，导电嘴的孔径和长度也有严格的要求。孔径过小，送丝阻力会较大地影响焊接过程的稳定；孔径过大，焊丝在孔内接触位置不固定，焊丝送出导电嘴后会偏移或摆动，使焊接过程不稳定，严重时会使焊丝与导电嘴起弧而黏结烧损。孔径（D）与焊丝直径（d）的关系式如下：

$$d<2\text{mm} \text{ 时}, D-d=(0.1~0.3)\text{mm}$$
$$d=2~3\text{mm} \text{ 时}, D-d=(0.4~0.6)\text{mm}$$

(10-27)

对导电嘴的长度也有一定的要求。长度增加，导电性能变好，但送丝阻力也增加；长度太短，导电性能不好，尤其在磨损后会使焊接电弧不稳定。所以一般导电嘴长度应大于 25mm。

（4）供气系统

供气系统的作用是将保存在钢瓶中呈液态的二氧化碳在需用时变成有一定流量的气态二氧化碳。供气系统包括二氧化碳气瓶、预热器、干燥器、减压器和流量计及电磁气阀，如图 10-31 所示。

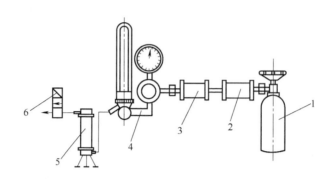

图 10-31　供气系统示意图

1—二氧化碳气瓶　2、5—干燥器　3—预热器　4—减压器和流量计　6—电磁气阀

1）二氧化碳气瓶：用于贮存液态二氧化碳，瓶外有标记，满瓶时压强为 5.0~7.0MPa。

2）预热器：当打开气瓶阀门时，液态二氧化碳挥发成气态，汽化时要吸收大量的热量，从而使气体温度下降，为防止气体中的水分在气瓶出口处结冰，在减压前要将二氧化碳气体进行加热，即在供气系统中加入预热器。预热器的功率为 75~150W。

3）干燥器：用于吸收二氧化碳气体中的水分。干燥器有两种：一种是高压干燥器，在减压之前；另一种是低压干燥器，在减压之后。干燥器的选用，主要根据气瓶中二氧化碳气体的纯度和对焊接质量的要求而定，可以选一个，也可以选两个。

4）减压器和流量计：减压器是将高压的二氧化碳气体变为低压的气体并保持气体的压力在供气过程中稳定，流量计用于测量和控制气体的流量，常用的流量计一般与减压器一体。

5）电磁气阀：用来控制保护气体的装置。

（5）控制系统

二氧化碳气体保护焊的控制系统是对送丝系统、供气系统和焊接电源进行控制，以及对焊件运转或焊接机头行走进行控制。

送丝控制系统是对送丝电机进行控制，即能够完成对焊丝的正常送进和停止动作，焊前对焊丝的调整，在焊接过程中均匀调节送丝速度，并在网络波动时有补偿作用。

供气系统的控制分为三步进行：第一步提前送气 1~2s，这样可以排除引弧区周围的空气，保证引弧质量，然后引弧；第二步在焊接过程中保证气流均匀；第三步在收弧时滞后 2~3s 断气，继续保护弧坑区熔化金属的凝固和冷却。

焊接电源的控制与送丝部分相关，引弧时，可在送丝同时接通焊接电源，也可在接通焊接电源后送丝。收弧时，为了避免焊丝末端与熔池粘连而影响弧坑处的质量，应先停止送丝再切断焊接电源，有时还有延时切断焊接电源和焊接电流自动衰减的控制装置，以保护弧坑的质量。

2. 二氧化碳气体保护焊设备的安装和使用

（1）二氧化碳气体保护焊设备的安装场地及要求

1）焊机应安装在离墙和其他焊机等设备至少 300mm 以外的地方，使焊机使用时能确保通风良好。焊机不应安装在日光直射处、潮湿处和灰尘较多处。

2）施焊工作场地的风速应小于 2.0m/s，超过该风速时应采取防风措施。焊接时为防止弧光伤人，应选择适当场所或在焊机周围加屏蔽板遮光。

3）供电网络应能提供二氧化碳气体保护焊设备所要求的输入电压（220V 或 380V）、相数（单相或三相）和电源频率（50Hz）。供电网络应有足够大的容量，以保证焊接时电压稳定。目前二氧化碳气体保护焊设备允许网络电压的波动范围在 5%~10%。

4）搬运二氧化碳气瓶时，应盖上瓶盖并使用专用搬运车，安装时应正置和可靠固定，且二氧化碳气瓶必须放在温度低于 40℃ 的地方。

5）焊机机壳的接地必须良好。

（2）二氧化碳气体保护焊设备的使用

设备使用前，应用电缆将各部件按一定的程序连接起来。

1）焊机连接顺序。二氧化碳气体保护焊设备的连接方法，根据机组的不同有所差异，但一般的连接程序大致相同。NBC-400 型手工二氧化碳气体保护焊机的外部接线如图 10-32 所示。

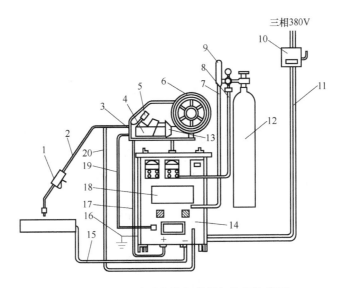

图 10-32　二氧化碳气体保护焊机外部接线图

1—焊枪　2—软管　3—焊枪控制线　4—送丝滚轮　5—压丝手柄　6—焊丝盘　7、20—气管
8—预热器电源线　9—预热器、减压器和流量计　10—开关屏　11—电源线　12—二氧化碳气瓶
13—送丝机构　14—焊接电源　15、17—电缆　16—地线　18—控制箱　19—控制电缆

2）连接焊接电缆。焊接电源的"＋"端用焊接电缆与导电嘴相连，焊接电源的"－"端用焊接电缆与焊件可靠地连接。焊接电缆根据不同机种的容量，选用规定尺寸的橡胶电缆，其断面尺寸的大小可按电流密度 5A/mm² 计算。

3）连接送丝机构的控制电缆。应将控制电缆的多芯插头可靠地插入送丝机构上的插座内，并锁紧。

4）在安装二氧化碳气体减压器和流量计时，确保气体入口和出口处不得有油污和灰尘。减压器和流量计的安装螺母应当拧紧。

5）连接气管。流量计的出口和送丝机构之间的气管、送丝机构和焊枪之间的气管，可以用螺母和管螺纹连接并拧紧，还可以向气管中插入连接铜管并用金属丝缠绕紧固。

6）连接二氧化碳气体加热器电路。预热器上的电源线与焊接电源侧壁上的接线柱相连接（必须采用低于36V的交流供电）。

7）连接冷却水管（采用风冷焊枪不用此步骤）。把与焊枪相连接的给水管和排水管与循环水装置相连接，并扎紧。

8）连接送丝机和焊枪。控制电缆插头、焊接电缆和气管（水管）等均应在各自的接口可靠地连接。安装送丝弹簧软管，软管孔径应与焊丝直径相适应。

9）连接电源电缆。必须确认已切断配电盘开关后，才能连接电源电缆。电源电缆的断面尺寸应符合规定。电源电缆与配电盘和焊接电源输入端的连接应用螺钉牢固地拧紧，以便可靠导电。

 **激光焊**

10.4.1　概述

扫码观看　激光焊接

激光技术采用偏光镜反射激光，使其集中在聚焦装置中产生巨大能量的光束，如果焦点靠近工件，工件就会在几毫秒内熔化和蒸发，所以这一效应可用于焊接工艺。

激光焊是以聚焦的激光束所产生的热量作为能源轰击焊件进行焊接的方法。它具有输入热量少、焊接速度高、接头热变形和热影响区小、熔池形状深宽比大、组织细、韧性好等优点。焊接时无机械接触，有利于实现在线质量监控和自动化生产，经济效益显著。

激光拼焊具有减少零件和模具数量、减少点焊数目、优化材料用量、降低零件重量、降低成本和提高尺寸精度等好处。而激光焊主要用于车身框架结构的焊接，例如顶盖与侧面车身的焊接，传统焊接方法的电阻点焊在不久后将逐渐被激光焊所代替。使用激光焊技术，工件连接之间的接合面宽度可以减小，既降低了板材使用量，也提高了车体的刚度。激光焊可以达到两块钢板之间的分子结合，也就是说焊接后的钢板硬度相当于一整块钢板，将车身强度提升30%，从而使得车身的结合精度大大提升。

10.4.2　激光焊的原理

激光焊时，激光照射到金属表面，与金属发生相互作用，具体可以描述为：金属中的自由电子吸收光子导致电子温度升高，然后通过振动将能量传递给金属离子，金属温度升高，光能变为热能。

根据聚焦后光斑上功率密度的不同，激光焊可分为熔化焊和小孔焊。

（1）熔化焊

在激光光斑上的功率密度不高（$<10^5 W/cm^2$）的情况下，金属材料的表面温度在加热时不会超过其沸点。所吸收的激光能转变为热能后，通过热传导将工件熔化，其熔深轮廓近似为半球形。

（2）小孔焊

当激光光斑上的功率密度足够大时（$\geqslant 10^6 W/cm^2$），金属在激光的照射下被迅速加热，其表面温度在极短的时间内升高到沸点，金属发生汽化。金属蒸气以一定的速度离开熔池表面，并产生附加压力反作用于熔化的金属，使其向下凹陷，在激光光斑下产生 1 个小凹坑，如图 10-33 所示。随着加热过程的进行，激光可直接射入坑底形成一个细长的"小孔"。当金属蒸气的反冲压力与液态金属的表面张力和重力平衡后，小孔不再继续深入。光斑功率密度很大时，所产生的小孔将贯穿整个板厚，形成深穿透焊缝。在连续激光焊时，小孔是随着光束相对于工件而沿焊接方向前进。金属在小孔前方熔化，绕过小孔流向后方后重新凝固形成焊缝。

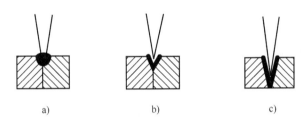

图 10-33　不同功率密度时的加热现象

a）功率密度小于 $10^5 W/cm^2$　b）功率密度大于 $10^6 W/cm^2$　c）小孔效应

在高功率密度的条件下进行激光焊时，可以发现激光与金属作用区域里，金属蒸发极为剧烈，不断有红色金属蒸气逸出小孔，而在金属表面的熔池上方存在着一个蓝色的等离子云，它伴随着小孔而产生。

（1）等离子云产生的原因

激光是光，又是一种电磁波，在加热金属时产生两种现象：一是金属被激光加热汽化后，在熔池上方形成高温金属气云，当激光功率密度很大时，高温金属蒸气将在电磁场的作用下发生离解形成等离子体；二是焊接时施加的保护气，在高功率密度激光的作用下也能离解形成等离子云。因此，等离子云的产生不仅与激光的功率密度有关，而且与被焊金属的性质及保护气有关。

（2）等离子云对焊接过程的影响

激光焊时产生的等离子云对焊接过程会产生不利影响。位于熔池上方的等离子云对激光的吸收系数很大，它相当于一种屏蔽，吸收部分激光，使金属表面得到的激光能量减少，焊接熔深减小，焊缝表面增宽，形成"图钉"状焊缝，而且焊接过程不稳定。

（3）抑制等离子云的方法

为了获得成形良好的焊缝和增加焊接熔深，激光焊过程中必须采取措施抑制等离子云。焊接过程中克服等离子云影响的常规方法是通过喷嘴对熔池表面喷吹惰性气体。可利用气体的机械吹力驱除等离子云，使其偏离熔池上方，还可以利用较低温度的气体降低熔池上方高温气体的温度，抑制产生等离子云的高温条件。

10.4.3 激光焊工艺

激光焊时熔池的熔深和形状除与材料本身的热物理性质有关外，主要受激光光斑性质、功率密度、焊接速度及保护气体等因素影响。

（1）聚焦尺寸

由图 10-34 所示的激光束聚焦光路图可以看出聚焦镜离工件表面比较近。由经验公式得

$$d_0 = f\theta \tag{10-28}$$

$$\theta = 1.44\lambda/D \tag{10-29}$$

$$b_0 = 16 \, (f/D)^2 \lambda \tag{10-30}$$

式中 d_0——光斑直径，单位为 mm；

f——聚焦镜的焦距，单位为 mm；

θ——聚焦镜的发散角，单位为（°）；

λ——激光波长，单位为 μm；

D——聚焦前透镜上的光束直径，单位为 mm；

b_0——焦深，单位为 mm。

经透镜聚焦的光束在焦平面附近有一个直径和长度均很小的束腰，该束腰直径即为光斑直径。焦点位于最小束腰的位置，强度最大。束腰的长度就是焦深 b_0，焦点两侧焦深范围内的激光强度略有降低。光斑直径难以精确得出，但可以通过聚焦镜的焦距 f 和发散角 θ 的乘积来计算，它的具体值根据加工要求确定。选好光斑直径 d_0 后同时可以把 f 确定下来。但是由于材料熔化估算的功率密度数值通常是在一个范围内，光斑直径不可能一次就确定。除光斑直径外，焦深 b_0 的大小也能估算，它和光斑直径相互关联，这要全面考虑。

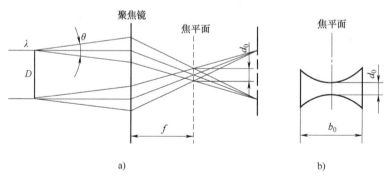

图 10-34　激光束聚焦的光路图

a）束腰　b）示意图

由式（10-28）可知，焦距小则光斑直径就小。短焦距除装夹工件不方便外，还会导致熔融金属的飞溅或产生金属蒸气而损坏透镜表面，造成光学元件损坏。一般把焦距和数值孔径（约等于光斑直径）之比称为焦数。根据经验知，10kW CO_2 激光透镜焦数的合适范围为 6~9。当焊接速度高时，焦数要小一些，一般为 3。焦距太小时，会使得透镜球差严重，影响聚焦效果。固体激光焊的激光焦距定为 4 比较合适。确定了焦数后就可以确定光斑直径。

焦深随焦数增加而增加。在焦深范围内，功率密度变化较小。大焦深时，工件沿激光入

射方向在焦平面附近的较大深度范围能接收到较高的激光能量，为激光深熔化焊创造条件。在实际操作中，涉及调整工件与透镜的相对位置，大的焦深意味着工件在激光入射方向有较大的可调范围。工件的初始高度位置，一般依据焦深的大小来确定。工作时，透射的热畸变会引起光斑尺寸和焦深发生变化，所以在工作过程中要经常检查这些激光参数，以便能及时调整工件位置，使光斑处在正确的工作位置上。

（2）最佳光斑尺寸与工件相对位置的调整

进行实际激光焊之前，首先需要调整工件的位置，以便材料接收到最大的激光辐射。高精密激光焊机的加工头上装有调焦用的基准点。这里以脉冲激光焊为例来介绍如何确定工件的最佳位置。

把待焊钢板试件放置在垂直于激光入射方向的加工机平面上，使工件上表面位于透镜理论焦点位置上，用激光脉冲辐射试件；待第一个激光脉冲结束以后，沿激光入射方向把试件向上或向下移动一定距离（记录基准点与新高度的相对位置），并沿水平方向把试样移动一个微小距离，使该试件的新鲜表面接受第二次激光辐射，依次进行 5~6 次，就在试件表面上获得了 5~6 个激光辐射区，这些辐射区与不同的位置相对应；用光学显微镜检查这些辐射区的尺寸，与最小辐射区对应的位置应是透镜的焦点位置；用 CO_2 激光焊进行焊接时，也用上述方法确定出激光焦点与焊件的正确相对位置。由于激光是连续辐射，在沿水平方向变换辐射位置时应快速移动试件，避免试件的烧损变形，影响测量结果的精度。

在进行实际激光焊时，激光焦点不一定恰好在待焊工件的表面上，有时在表面下方或上方。根据经验，激光焦点位于工件厚度的 1/3 深度时往往能获得理想的焊缝。当采用填充焊丝进行激光焊时，要考虑焦点位置、焊丝放置部位和缺口深度的合理配合，焊丝应放置在激光的高能量密度处。另外，针对激光与材料表面作用开始时应具有高反射率这一特点，可调整激光脉冲波形，使其前置峰具有较高能量，这样材料在接收辐射的开始阶段就能获得高能量，以满足焊接要求。

（3）焊接速度的调整

激光焊时，可以用线能量来描述焊件接收激光辐射能量的情况。线能量定义为：单位长度焊缝接收的激光能量。焊接速度大时，焊缝的线能量小，熔深下降；反之，可以获得较大的熔深。试验表明，熔深随焊接速度的增加几乎是呈线性下降。激光焊时，要根据材料的热物理性质、接头形式和零件厚度等条件选择焊接速度，应能使材料吸收到足够的激光能量，实现充分的熔化，获得理想的熔深。焊接速度过低时会导致材料发生强烈汽化或焊穿；焊接速度过高时，焊缝浅，接头性能差，如果焊件是镀锌钢板，则易导致镀锌层大面积蒸发或剥落，影响焊件质量。

（4）激光功率的调整

很明显，激光功率的大小也影响焊缝的熔深。在其他条件相同时，高功率激光焊获得的熔深大。有学者对熔深与功率之间的关系进行了总结，在多种试验条件下，均得出了 CO_2 激光焊接钢材时，熔深正比于激光功率的 0.7 次方。若作为一种粗略的估算，则可以认为熔深和激光功率是成正比的。更粗略地说，熔深的毫米数等于激光功率的千瓦数。应该注意，以上估计值并不一定是最大熔深，实际激光焊所需要的是最佳熔深，也未必是最大的熔深。

除对激光束的调整外，还需要考虑保护气体的选择。

气体保护可以提高焊缝质量，它的作用如下：

1）防止焊缝氧化和产生气孔。

2）抑制等离子体云等。

单独具有作用1）的气体较多，但同时也能满足作用2）的气体却不易选择。激光对熔池的持续辐射将在熔池上部形成等离子体云，它限制了激光的通过，对激光有散射作用，如果不予以限制，会影响熔深并降低焊缝强度。在激光焊过程中保护气体对焊缝的吹射，不但能防止焊缝的氧化和避免产生气孔，还能把等离子体云吹散，增加熔池对激光能量的吸收。所用气体应该有较大的电离能，并能够防止保护气体本身发生电离，产生等离子体。常用的保护气体有氩气、氦气和氮气。

固体激光器若采用脉冲焊接，因为焊点的形成时间短，不容易产生等离子体，加上氧化物形成倾向也小，所以一般不用气体保护，但在焊点的表面会形成氧化膜或金属蒸气的沉积物。若采用重复脉冲进行缝焊时，第一次形成的氧化膜或沉积物有可能进入第二个焊点，影响焊缝质量，所以，针对固体激光的连续焊应该采用气体保护。

氦气适合于作为 CO_2 激光焊的保护气体，它的电离能比较高，本身不容易形成等离子体，有利于获得大熔深焊缝。另外，它的密度比空气小，在焊缝中不易形成气孔。氦气对焊缝的保护效果显著，是焊不锈钢和钛合金的常用保护气体。但氦气的价格较贵，会增加生产成本。氮气的保护效果也比较好，其缺点是容易造成焊缝脆性，它常用于一般结构件的焊接，如焊家用电器设备的外壳等。氩气有良好的防氧化作用，但其电离能比氦气和氮气都低，在高能量密度激光的作用下能形成等离子体。另外，氩气较难从液体金属中逸出，易形成气孔。若进行的是穿透熔焊，则氩气有机会从焊缝底部排出。有时在焊道上部安装抽吸装置，使氩气从焊缝上部排出，避开激光的辐射，在不引发等离子体产生的情况下氩气还是可以使用的。它的成本比氦气低，批量生产时可显著降低生产成本。

10.4.4　激光焊设备

激光焊设备主要包括激光器、偏转聚焦系统、光束检测器、工作台和控制系统，如图 10-35 所示。

（1）激光器

焊接中激光器按照激光束的输出方式不同可分为脉冲激光器和连续激光器。若按照激光工作物质又可以分为固体激光器和气体激光器。固体激光器主要由激光工作物质（红宝石、YAG 或钕玻璃棒等）、聚光器、谐振腔、泵灯、电源以及控制设备构成。它们的工作原理为：激光工作物质和泵灯安装在聚光器中，聚光器把泵灯发射出来的光聚集到激光工作物质上，激光工作物质实现粒子数反转，发射激光。气体激光焊中大多采用 CO_2 激光器，CO_2 激光器分为封离式激光器、轴流式激光器和横流式激光器。CO_2 激光焊是以 CO_2、N_2、He 混合气体作为工作物质，其中 CO_2

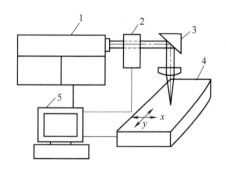

图 10-35　激光焊设备
1—激光器　2—光束检测器　3—偏转聚焦系统
4—工作台　5—控制系统

是它们中的发光主体。CO_2 激光焊的原理为：受到电子碰撞后，CO_2 分子可跃迁到激发态能级，在分子回落到低能级时就会辐射出光子，激光器中便输出一定波长的激光。

激光器的输出光束模式是指光束横截面上的能量分布情况。模式与光束的聚焦特性密切相关。模式越低，聚焦后的光点越小，功率密度越大。对切割和焊接，要求激光焊输出基模或低阶模。

（2）偏转聚焦系统

光束偏转由反射镜来实现，聚焦由球面反射镜或透镜来实现。在固体激光器中，常用光学玻璃制造反射镜和透镜。而对于 CO_2 激光焊机，由于激光波长较长，常用铜或反射率高的金属制造反射镜，用 GaAs 或 ZnSe 制造透镜。中小功率的激光焊机使用透射式聚焦，而大功率激光焊机使用反射式聚焦。两种偏转聚焦系统如图 10-36 所示。

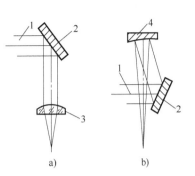

图 10-36　偏转聚焦系统
a）透射式聚焦　b）反射式聚焦
1—激光束　2—平面反射镜
3—透镜　4—球面反射镜

当激光器输出激光的模式为基模时，聚焦后的最小光斑直径 d 可用式（10-31）估算：

$$d=\frac{4\lambda F}{\pi D}+C\frac{D^3}{8F^2} \qquad (10\text{-}31)$$

式中　d——聚焦后最小光斑直径，单位为 mm；

　　　λ——激光波长，单位为 μm；

　　　F——透镜焦距，单位为 mm；

　　　D——聚焦前透镜上的光束直径，单位为 mm；

　　　C——透镜球差常数，见表 10-7。

表 10-7　透镜球差常数 C

透镜材料	GaAs		ZnSe	
透镜形状	平凸镜	凹凸镜	平凸镜	凹凸镜
C	2.31×10^{-2}	0.91×10^{-2}	2.29×10^{-2}	1.5×10^{-2}

（3）光束检测器

光束检测器有两个作用：一是可随时监测激光的输出功率；二是可以检测激光束横断面上的能量分布，以确定激光器的输出模式。大多数的光束检测器只有第一个作用，所以又称激光功率计。

思考题 10

1. 解释金属的焊接性。

2. 焊缝的布置应该遵循哪些原则？

3. 用于车身装焊的焊接方法主要有哪几种？

4. 简述车身装焊的流程。

5. 讨论点焊过程中焊点的形成过程、基本工艺参数及其选择。

6. 为什么当采用合理的焊接工艺时，点焊的熔核必然形成于焊件的接触界面上？

7. 简述点焊的焊接循环过程。

8. 简述点焊焊点质量的影响因素。

9. 点焊的电流和电阻对焊接加热有哪些影响？

10. 简述 CO_2 气体保护焊的焊接过程。

 拓展阅读 10

新材料的应用带来汽车车身装焊技术的挑战

目前，节能减排、可持续性发展是汽车制造行业非常重视的问题。据国际研究机构试验表明：如果汽车整车重量降低 10%，燃油效率可提高 6%~8%；汽车整备质量每减小 100kg，百公里油耗可降低 0.3~0.6L。由此可见，汽车轻量化是未来汽车发展的主要趋势。特别是对于新能源汽车，与传统汽车不同，其采用电池作为动力来驱动汽车运行，受到了电池重量和续驶里程的制约，在车辆设计和材料应用上，车身轻量化是车企首要考虑的问题。

在不影响汽车美观和使用性能的前提下，车身开始采用大量新型材料，其架构材料从单一钢结构，逐步向高强度优质钢结构，进而向镁、铝等轻质合金和复合材料结构发展。车身焊接在汽车工业中占有重要地位，其焊接质量直接影响零部件装配的稳定性及整车的安全性能。因此，在现代车身轻量化趋势之下，随着多种车身新材料混合搭配，传统的焊接工艺必须要进行改进和优化以适应这种趋势。

在新型材料中，铝合金具有良好的延展性、耐蚀性以及较低的密度，成为轻量化车身结构的首选材料，其热导率大，易升温，却不耐高温，升温膨胀系数大，容易造成焊接变形。因此，铝合金点焊难度较大，给车身焊接带来了挑战。碳纤维复合材料具有轻质、高强度、高刚度、耐腐蚀等优势，越来越被汽车工业所重视，然而其缺乏延展性，且存在与其他材料的连接问题。因此，碳纤维复合材料的应用也面临着挑战。目前，车企采用 CMT（冷金属过渡弧焊工艺）、DeltaSpot（电极带式电阻点焊工艺）以及 LaserHybrid（激光-MIG 复合工艺）等适用于轻量化汽车焊接的新工艺。

2022 款蔚来 ES8 是一款续驶里程为 400km 的纯电动汽车，其采用了全铝车身架构，是全球铝合金含量应用率最高的量产车，达到了 96.4%。ES8 白车身采用了 7 种先进的连接技术，包括 FDS（热熔自攻铆接）、RSW（铝点焊）、CMT（冷金属过渡弧焊）、SPR（自冲铆接）、结构胶、激光焊以及高强度抽芯拉铆，整车轻盈的同时能够确保车身的连接强度。

新一代奥迪 A8 车身材料多达 4 种，车身的整体框架由铝型材搭建，关键部位采用铝制铸件进行连接，保证结构强度，车身表面采用铝制钣金件。为进一步降低车身重量，车厢后部采用了碳纤维材料，车厢部分采用高强度合金钢。由于采用了多种材质，奥迪对车身连接方式进行了改进和优化，其连接方式达到了 14 种，包括 MIG 焊、远程激光焊等 8 种热连接和冲铆连接、卷边连接等 6 种冷连接技术。

采用轻质材料来代替传统金属材料能够实现汽车的轻量化，这是实现节能减排的一个重要方法。然而，多种车身材料混合搭配意味着连接方式需要进行改进和优化，这也是车企面临的挑战。解决新材料的焊接技术问题，才能拓宽新材料在车身上的应用范围，为汽车的创新设计提供更多的可行性，从而实现我国汽车的可持续性发展。

第**11**章

装焊夹具

扫码观看　汽车
车身装焊车间

(11.1) 概述

在汽车车身的装配焊接生产过程中，为了保证产品质量、提高劳动生产率和减轻劳动强度，经常使用一些用以夹持并确定工件位置的工具和装置来完成装配和焊接工作，这些工具和装置统称为装焊夹具。

1. 装焊夹具的作用

1）使待装件定形、定位并夹紧。车身复杂的形面是由若干个零件通过组合而成；夹具是保证各待装件相互位置及焊后的几何形状符合要求所不可缺少的工艺装备。

2）保证焊接工艺能正常进行。车身在装焊过程中不仅有装配精度要求，而且要符合焊接工艺规范（间隙值）要求，只有通过具有一定精度的装焊夹具，才能保证零件不错位，焊接能顺利进行。

3）采用良好的装焊夹具可以大大减轻劳动强度，提高生产率，保证装焊质量。

2. 装焊夹具的分类

（1）按夹具的功用及用途分类

1）装配用的夹具。这类夹具主要是按车身图样和工艺上的要求，把焊件中各零件或部件的相互位置能准确地固定下来，焊件只在它上面进行点固（即点定焊），而不完成整个焊接工作。

2）焊接用的夹具。已点固好的焊件放在这一类夹具上完成所有焊缝的焊接。它的主要任务是防止焊接变形，并使处在各种位置的焊缝都尽可能地调整到最有利于施焊的位置。

3）装焊夹具。在夹具上能完成整个焊件的装配和焊接工作，它兼有上述两种夹具的性能。汽车车身的大型装焊夹具往往就是这种夹具。本章将重点介绍此类夹具。

4）检验夹具。对于采用一般测量手段无法进行尺寸测量的焊件，如汽车车身及其部件，可以采用样板或检验夹具来检测不常见的形状尺寸，起量规的作用。

（2）按夹具的工作范围分类

1）通用夹具。又称万能夹具或组合夹具，这类夹具的基本组成部分（定位、夹紧、支座等）采用了规格化或标准化的零件，无须调整或稍加调整就能适用于不同工件的装配或焊接工作。这类夹具目前在汽车装焊中应用得不多。

2）专用夹具。只适用于某一工件或焊件的某一工序装配焊接，这种夹具在成批生产和大量生产的生产线上采用。由于汽车产量大，生产率要求高，采用分散装焊，故多采用专用夹具。

（3）按夹具本身的构造分类

1）固定式夹具。

2）移动式夹具。

3）悬挂式夹具等。

（4）按夹紧动力源分类

1）手动夹具。靠人力推动夹紧机构来夹紧工件。

2）气动或液压夹具。利用压缩空气或液体作为动力，通过气缸或液压缸推动夹紧机构来夹紧工件。

3）电动夹具。利用电磁吸引力来夹紧工件。

车身装焊夹具可分为合件装焊夹具、分总成装焊夹具和车身总成装焊夹具。

3. 装焊夹具的工作要求

1）装焊夹具使焊件装配时获得正确的位置和可靠夹紧，保证焊件焊后能获得合格的几何形状和尺寸，并防止产生焊接变形。

2）使用安全可靠。装焊夹具要求有足够的强度和刚度，使之足以承受各个方向的作用力和反作用力。

3）便于施工操作。要求装焊夹具使装配和焊接过程简化，操作程序合理，工件装卸方便；定位、夹紧和松开应省力而快捷；施焊方便，便于中间质量检查。

4）制造简单，维修便利。尽可能实现标准化和通用化，便于易损零部件修理或更换。

5）低成本和低能耗。

(11.2) 装焊件在夹具上的定位和夹紧

在夹具上装焊时，一般分三步进行：第一步，定位，就是准确地确定被焊装的零部件相对于夹具的位置；第二步，夹紧，就是把定好位置的零部件压紧夹牢，以免产生位移；第三步，点固，就是对已定好位置的各个零部件以一定间隔焊一段焊缝，把这些零部件的相对位置固定。

11.2.1 定位

所谓定位，就是利用夹具定位件表面与工件上具体表面接触，达到消除工件自由度的目的，从而确定工件在夹具中的位置。车身覆盖件的定位应遵循六点定位原则。由于车身覆盖件是面积较大、易变形的薄板件，车身装焊夹具上的过定位是常见的。这些过定位不仅没有产生超出工件装焊要求所允许的不良后果，而且增加了工件的刚性，减少了焊接变形。

1. 定位基准及其选择要求

焊装件要获得正确的定位，首要的问题就是怎样选择定位基准。这不仅关系到工件的装焊精度，还影响到整个装焊工艺过程以及夹具的结构方案。

优先选择焊件上的平面作为主要定位基准。尽量避免选择曲面，否则，易造成夹具制造困难和工件变形。如果有几个平面时，则应选择其中较大的平面作为主要定位基准。应注意选择下列部位作为主要定位基准：门洞、前后悬置孔、窗框、纵梁、工件经拉深和折边形成的台阶等。因为这些部位容易安装定位元件及夹头。一般来说，选择定位基准要考虑以下原则：

（1）保证门洞的装配尺寸

门洞的装配尺寸是整车外观间隙、阶差的基准，当总成焊接无侧围分块时，门洞必须作为主要的定位基准。

在分装夹具中，凡与前后立柱有关的分总成装焊都必须直接用前后立柱定位，而且从分装到总装定位基准应统一。当总成焊接有侧围分块时，则门洞应在侧围焊接夹具上形成，总装焊时以门洞及工艺孔定位，且从分装到总装定位基准也应统一。

（2）保证前后悬置孔的位置准确度

车身前后悬置孔的位置准确度是车身整体尺寸精度的关键所在，保证和控制车身整体尺寸在公差范围内必须确保前后悬置孔的位置准确度。车身底板上的悬置孔一般冲压在底板加强梁上，装焊时要保证悬置孔的相对位置，以便使车身顺利地下落到车架上，这也是后续涂装和总装工艺悬挂和输送的基础。

（3）保证前后风窗口的装配尺寸

窗口的装配尺寸是车身焊接中的关键控制项，涉及整车外观。前后风窗口若尺寸控制不好，会直接影响前机盖和前翼子板、后侧围与行李舱盖的装配及外观质量。

前后风窗口一般由外覆盖件和内覆盖件组成，有的是在前后围总成上形成，在分装夹具上要注意用其定位。有的窗口在总装夹具上形成，一般在专门定位机构上对窗口精确定位，以保证风窗的装配尺寸，从而保证整个车身的整体尺寸受控。

此外，尽量选择设计基准为定位基准，基准重合，定位精度高。

上述原则要综合考虑，灵活应用。检验定位基准选择得是否合理的标准是：能否保证装焊件的尺寸精度、位置精度和技术要求，装焊是否方便，是否有利于简化夹具的结构等。

2. 定位过程

选择好定位基准后，接下来就是根据被定位零件的相互装配的位置关系，明确每个被一次装配的零部件自身的定位基准。实施装配时，只要将装配零部件的定位基准严格按工艺要求与夹具中相应的装配基准紧密配合，并借助夹具的夹紧作用使之相对稳定，经检测无误后，便可及时实施夹紧焊接。只有装配后的零部件在形状（如圆度、角度、拱度等）和尺寸上满足图样和工艺规程的特定要求时，才真正实现了零部件的正确定位。

3. 六点定位原理

由理论力学知识可知，空间的任何刚体都有相对于相互垂直的三个平面（基准面）xOy、yOz、xOz 的六个自由度，即沿 Ox、Oy、Oz 轴向的相对移动和绕 x、y、z 轴的相对转动，如图 11-1a 所示。要使其完全定位，必须且只需要消除其在空间存在的六个自由度。为了便于理解，下面以典型的长方体为例，分析其定位规律。

首先，运用空间几何学中"不在同一直线上的三点可确定一个平面"的原理，在 xOz 平面（水平面）上设置三个等高的固定刚性支点，相应支承在长方体的底面，并配以恰当

的夹紧力 F_1，如图 11-1b 所示，便可消除该零件沿 Oy 轴向的相对移动和绕 x 轴、z 轴的相对转动——去除了三个自由度；再选择 yOz 平面上的两个刚性支点，相应支承在长方体的侧面，同时恰当施以夹紧力 F_2，又可消除该零件沿 Ox 轴向的相对移动和绕 y 轴的相对转动——又去除了两个自由度；最后，在 xOy 平面上再设置一个刚性支点，相应支承在长方体零件的端面上，同时在另一端面上恰当施以夹紧力 F_3，则可消除零件沿 Oz 轴向的相对移动——去掉了最后一个自由度，从而实现了刚体零件的可靠定位。这就是经典的刚体六点定位原理。

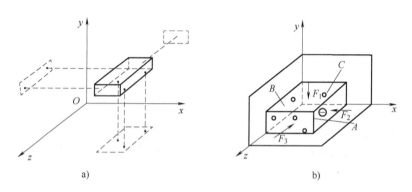

图 11-1 零件的完全定位示意图

应当指出，对于刚体零件而言，空间定位只需要恰当地选择六个支承点，不需要用两个或更多的支承点来限制一个自由度；否则，就会造成过定位（产生多余约束）。过定位属于不合理设计，会影响零件的定位精度。但是对于汽车，特别是汽车车身零部件，大多是薄板冲压件，尺寸大、刚性小、易变形、允许过定位，在保证可靠定位和变形小的情况下，过定位越少越好。

4. 工件的正确定位与自由度的关系

在实际生产中，工件加工时的定位，可能将其六个自由度全部限制，也可能只限制其中的一部分。根据工件定位的自由度及工件正确定位与自由度的关系可分为以下几种：

1）完全定位。若工件在夹具中定位，六个自由度被完全限制，使其在夹具中占有完全确定的位置，这种方法称为完全定位，如图 11-2 所示。

2）不完全定位。若工件在夹具中定位，六个自由度没有被完全限制，但能满足加工要求，这种方法称为不完全定位，如图 11-3 所示。

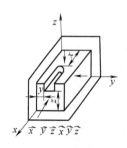

图 11-2 完全定位

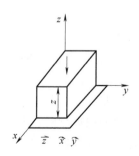

图 11-3 不完全定位

不需要完全定位的加工工序中，采用完全定位固然可以，但增加了夹具的复杂程序。在机械加工中，一般为了简化夹具的定位元件结构，只要对影响本工序的加工尺寸的自由度加以限制即可。

3）欠定位。根据工件加工要求，应该限制的自由度没有被完全限制的情况称为欠定位。欠定位无法保证加工要求，因此，在确定工件在夹具中的定位方案时，绝不允许有欠定位的现象产生。

如图 11-4a 所示，工件绕 z 轴回转方向的位置不能确定，加工出的表面难以达到要求。图 11-4b 所示为符合加工要求的定位。

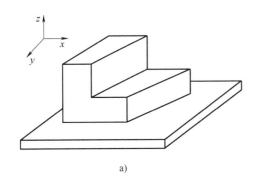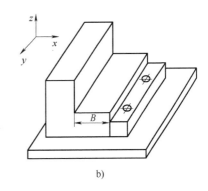

图 11-4　欠定位实例

4）过定位。工件在夹具中，如果某一自由度被限制两次或两次以上，这种定位方式称为过定位或重复定位。

如图 11-5 所示，工件上对 A 面有垂直度公差要求，若用夹具的两个大平面 A、B 定位，则 A 面限制了工件沿 x 轴的平移、绕 y 轴的旋转和绕 z 轴的旋转三个自由度，B 面限制了绕 x 轴的旋转、绕 y 轴的旋转和绕 z 轴的旋转三个自由度，其中绕 y 轴旋转的自由度被 A、B 面重复限制，这就是一种过定位。

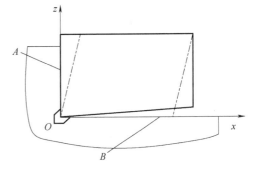

图 11-5　过定位实例

过定位一般会造成如下不良影响：①使接触点不稳定，增加了同批工件在夹具中位置不同一性；②增加了工件和夹具的夹紧变形；③导致部分工件不能顺利通过定位元件定位；④干扰了设计意图的实现。

5. 常用定位器及其技术要求

零部件的定位是通过其定位基准（如平面、曲面、孔及型面）与夹具上的定位元件相接触，来保证零部件得到正确装配的位置。通常根据定位基准的不同，而选择不同的定位器。常用的定位器有挡块、定位销、V 形块、支承板（钉）和样板（模板）。下面就对这几种常见的定位器分别进行介绍。

（1）挡块

挡块是应用最普遍、结构最简单的一种定位元件。它主要适用于零部件边缘的外表面定位，如应用于车身骨架的装焊夹具中。图 11-6 所示是几种常用的挡块。图 11-6a 所示是固定挡块，按定位原理直接把它们焊到钢制的支承件中；图 11-6b 所示是可拆挡块，直接插入支承件的锥孔中，不用时可以拔除；图 11-6c 所示是用螺栓固定在支承件上的，可以改变挡块的固定位置，当然也是可以拆卸的。为了便于零部件的装卸，可以使用图 11-7 所示的活动挡块。只要将活动销 1 拔出，挡块 2 即可退出。

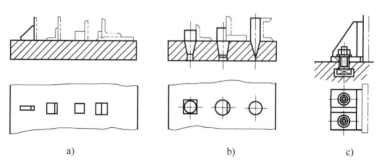

图 11-6　各种形式的挡块

（2）定位销

定位销适用于零部件上定位孔的内表面定位。销钉消除自由度情况视销钉与零部件内圆柱表面的接触大小而异。就一个销钉锁定一个孔而言，长销钉定深孔消除四个自由度，若是短销钉定深孔，仅可消除两个自由度。如果是薄板件的孔，则无论长、短销钉，均只可限制两个自由度。在汽车车身薄板零件装焊中，多用短定位销。定位销除固定在夹具上使用的以外还可设计成可拆的。图 11-8 所示是有三个定位销的定位器，此处应用于把一短段角钢装焊到长角钢上。

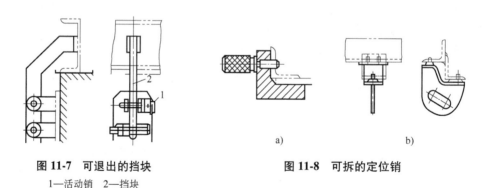

图 11-7　可退出的挡块
1—活动销　2—挡块

图 11-8　可拆的定位销

（3）支承板（钉）

支承板分平面和曲面两种。平面支承板主要用于工件定位表面是平面的场合，其形式可与一般夹具设计用的支承板相同或类似。如果工件的定位表面是曲面，则要用曲面支承板定位，曲面支承板如图 11-9 所示。对于刚性小的薄板件或大件如汽车车身覆盖件，工件的基准面靠工作平台的表面进行平面定位是合理的。支承钉较适用于阶梯表面或曲面工件的定位，它主要用于刚性大的工件的平面定位。适当数量的支承钉构成的平面与工件接触，既可解决因支承平面工件大、加工面积大，定位不准的问题，又减小了夹具与零件的接触面积，从而使夹具吸收焊接热量减少，夹具就可以避免吸热造成变形，同时焊接热量流失少，有利于焊接质量控制和生产率的提高。

（4）样板

样板是预先按各工件的相互位置制作的。装配时使它和工件紧靠来实现定位。角尺实质上就是最简单的样板。样板（模板）主要对型面进行定位，如汽车车身的不规则薄板冲压件。图 11-10 所示是应用样板定位的一个例子。有些产量不大的客车厂，常将客车的几根主要轮廓线制成样板，在装焊车身骨架或覆盖件时就用这些样板来确定其位置，以保证所产客车的外形基本相同。

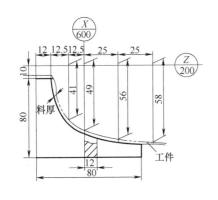

图 11-9 曲面支承板

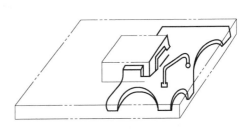

图 11-10 样板定位

胎具与样板有相同点也有不同点，它是利用一个或几个按工件对应表面的形状和相互位置而制作的胎模面与工件接触来实现定位的。由于接触面较大，所以对于刚性较弱的车身覆盖件的定位是很有利的。图 11-11 所示的汽车车门装焊胎具就是这样。胎具在整个装焊过程中一般是始终与工件的定位表面相接触的。而样板则多是在工件定位后被撤走的。这是胎具与样板的主要不同点。图 11-10 所示的样板在工件定位点固后就得撤走，以免影响焊接施工。

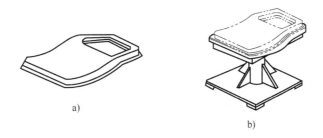

a)

b)

图 11-11 汽车车门装焊胎具

11.2.2 夹紧

在装配焊接作业中，利用某种施力元件或机构使工件达到并保持预定位置的操作称为夹紧。用于夹紧操作的元件或机构就称为夹紧器或夹紧机构。装配焊接夹紧的设计和选择是否正确合理，将直接影响工件的质量和生产率。

1. 夹紧件的作用

焊接夹具对工件的夹紧十分重要，第一是使工件的定位基准与定位元件紧密接触；第二是保持焊接过程中工件位置不发生变动，特别是在定位焊时，必须保证工件的正确定位，不可因装配和焊接过程的外力作用和翻转夹具而变动，所以焊接装配夹具要有足够数量的夹紧件，以产生足够大的夹紧力，保证工件的定位牢靠。在实际夹紧操作中，各种夹紧器都是对工件施加力的作用，但其工艺内涵却不同，大致可以分为以下几种作用：

（1）用于实现工件的可靠定位

定位器的合理选择和布置为实现工件的正确定位提供了必要条件，但不是充分条件。因在大多数情况（磁力平台和挡块除外）下，定位器本身并不能自动将工件定位面严格地贴靠在自身的工作面上。如果不采用恰当的夹紧力配合，将会影响工件的最终定位效果。

（2）用于保证工件的可靠变位

在焊接工序中，有时需借助焊接变位机对工件进行倾斜或回转。这时，吊装在变位机工作台或翻转机上的工件也必须采取可靠的夹紧措施，以确保操作过程的安全，防止工件在焊接过程中产生相对窜动。

（3）用于消除工件的形状偏差

目前"冲压-焊接"结构应用广泛（如汽车驾驶室、后桥壳总成）。由于各种工艺因素（如反弹等）的影响，经冲压成形的板壳类工件往往会产生不同程度的形状（如圆度、直线度）偏差。为了消除前道工序的不良影响，有效控制产品的装配质量（如装配间隙控制、工件圆度控制），常在装配工序中利用一些专用夹具来弥补工件本身存在的质量偏差，降低废品率。

2. 对夹紧件的要求

鉴于夹紧件对装配焊接的质量和生产率重要的影响，夹紧件应满足如下要求：

1）夹紧和松开动作要准确迅速，操作方便省力，效率高，夹紧安全可靠，结构简单，易于制造。

2）夹紧时不要破坏工件的定位所得到的准确位置，夹紧力要足以保证在装配焊接过程中工件位置不发生变动，同时夹紧件不应损伤工件或使工件产生过大的变形。

3）夹紧装置的夹紧力应是可调节的，夹紧力要自锁。同时夹紧装置必须保证不会因为工件制造误差而产生夹不紧工件的现象。

4）夹紧件要有一定的刚度和强度，但体积应最小，在保证工件位置夹紧可靠的前提下，夹紧件数量应最少。

5）夹紧装置的自动化程度与复杂程度应与工件的生产批量相适应。

3. 夹紧力三要素

由力学知识可知，任何一个力的作用都有三要素：力的大小、方向、作用点。这三个要素是夹紧装置设计和选择的核心问题。

（1）夹紧力的大小

确定夹紧力的大小，应该从如下几个因素考虑：

1）夹紧力应能克服工件的局部变形，使每个装配焊接工件都能达到要求的相对位置。汽车车身薄板件刚性小，在备料、储存和运输过程中可能引起局部的不平直，因为强力装配会引起很大的装配应力，所以严重时必须矫正后才能投入装配，对于轻微变形可以通过夹紧器去克服。

2）当工件在胎具上实现翻转或回转时，夹紧力足以克服重力和惯性力，把工件牢牢地夹持在胎具上。

3）需要在夹具上实现焊件预定反变形时，夹具就得具有使焊件获得预定反变形量所要的夹紧力。

4）夹紧力要足以应付焊接过程热应力引起的约束应力。

并不是每一个夹紧器都会有上述受力情况。但是，从安全出发，应当全面考虑这些因素，把最不利的受力状态所需要的最大夹紧力确定下来，然后增加一定安全系数，作为设计夹紧器构件的基本数据。

（2）夹紧力的方向

夹紧力的方向一般应垂直首要定位基准，因为这一表面与定位件接触面积最大，接触点的相应压力减小，减小了工件的变形，也不会产生位移。夹紧力的方向应方便装夹和有利于减小夹紧力，由于工件在不同方向上的刚性不同，故夹紧力的方向应该是使工件变形最小的方向。

（3）夹紧力的作用点

当夹紧力的方向确定后，夹紧力的作用点和数目的选择将直接影响工件定位后的可靠性和夹紧后的变形。夹紧力的作用点尽量选在工件刚性最好的部位上，而且作用点应有足够的数目，以减少夹紧变形。夹紧力的作用点的选择必须保证工件与基准很好地接触，以免破坏工件所需的位置。如图 11-12a 所示，夹紧力和定位面所产生的反作用力产生了力矩，使工件转动破坏了定位。夹紧力作用力点应如图 11-12b 所示。因此，一般应使着力点正好位于定位支承之上或尽量使着力点位于几个支承所组成的定位面内，并应使夹紧力作用在工件刚度最大的部位。如图 11-13 和图 11-14 所示，夹紧力的作用在两个基准点之上，并与定位基准垂直。

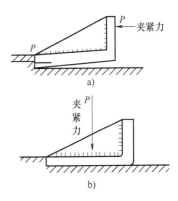

图 11-12　夹紧力不使工件翻转

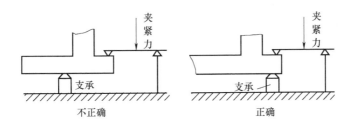

图 11-13　夹紧力不使工件变形（1）

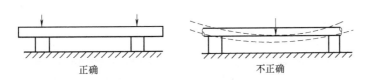

图 11-14　夹紧力不使工件变形（2）

227

4. 常用夹紧件

夹紧件的种类很多，按作用原理分，有楔块夹紧件、螺旋夹紧件、偏心轮夹紧件、杠杆夹紧件和弹簧夹紧件等；按外力的来源分，有手动式、气动式、液压式和电磁力式等。不论哪种夹紧机构都应该动作灵活，操作方便，体积小，有足够的行程，夹紧时不损伤零部件（车身覆盖件）。由于车身装配焊接夹具的夹紧点较多，为了减少装卸时间，应采用高效快速或多点联动的夹紧机构。

下面按夹紧件的原理分类，介绍几种常见的夹紧件。

（1）楔块夹紧件

在实际生产中很少单独使用楔块夹紧件，而是与其他夹紧件结合使用，楔块夹紧件主要适用于增加夹紧力或改变夹紧力的方向。图 11-15 所示就是最基本的楔块夹紧件，楔块 1 向右推便将工件 2 压紧在定位器 3 上面。图中 α 表示斜楔升角，为了楔块有自锁作用，工作时不会自动掉下来，斜楔升角一般小于 12%。楔块夹紧件的优点是结构简单，缺点是夹紧或松开时都需要用锤子敲打，用力不当易损坏工件和夹具，同时楔子在工件中容易丢失，夹紧力有限，约为锤击力的 3 倍。故楔块夹紧件常用于公差较小工件。

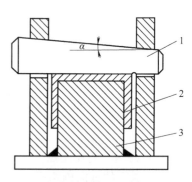

图 11-15　楔块夹紧件
1—楔块　2—工件　3—定位器

（2）螺旋夹紧件

螺旋夹紧件是从楔块夹紧件转化而来的，相当于把楔块绕在圆柱体上，转动螺旋即可夹紧工件。螺旋夹紧件结构简单，一般由螺杆、螺母和主体三个基本部分组成，此外，还有压块和手柄等其他零件。当螺旋拧进或退出时即可夹紧或松开工件，可以是螺母不动旋转螺杆，或反过来，螺杆不动旋转螺母。图 11-16 所示为弓形螺旋夹紧件。螺旋夹紧件可与其他夹紧件结合使用。图 11-17 所示为螺旋与杠杆夹紧件，图 11-18 所示为螺旋与拉紧件，这两种夹紧机构在车身总成的装配焊接夹具中可以用来调整各分总成的位置。

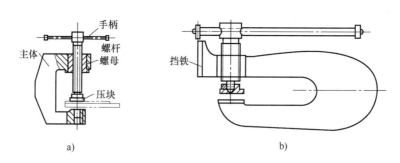

图 11-16　弓形螺旋夹紧件

（3）偏心轮夹紧件

偏心夹紧件也是由楔块夹紧件转化而来的，它是将楔块包在圆盘上，旋转圆盘使工件得以夹紧，偏心夹紧件通常与压板联合使用。常用的偏心轮有圆偏心和曲线偏心。曲线偏心为阿基米德曲线或对数曲线，这两种曲线的优点是升角变化均匀，可使工件夹紧稳定可靠，但

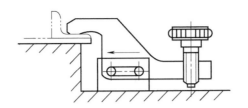

图 11-17　螺旋与杠杆夹紧件

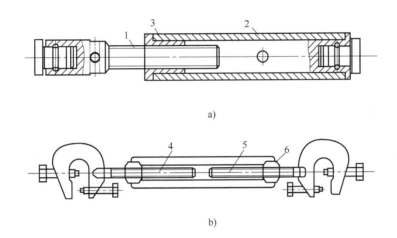

a)

b)

图 11-18　螺旋与拉紧件

1—螺杆　2—管柱　3—螺母磁力夹紧器　4—左旋螺纹　5—右旋螺纹　6—螺母

由于制造困难，故很少使用。圆偏心偏心轮制造容易，夹紧动作迅速，因而在汽车车身焊接中广泛使用，偏心轮夹紧件如图 11-19 所示。

偏心夹紧件与螺旋夹紧件相比，夹紧行程小，夹紧力小，受振动容易松开，自锁性能差，但夹紧迅速，结构紧凑，因此常用于夹紧力小的场合。直接使用偏心夹紧件的情况较少，通常都和其他构件结合使用。图 11-20 所示是和弹簧结合夹紧。图 11-21a 所示是和杠杆结合夹紧，通过手柄转动夹紧、松开，同时还能退出，图 11-21b 所示的手柄朝松开方向旋转，拨动销钉即能退出。

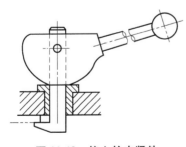

图 11-19　偏心轮夹紧件

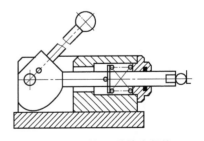

图 11-20　偏心-弹簧夹紧件

（4）杠杆夹紧件

杠杆是最简单的一种机械，在焊接生产夹具中可以单独使用，如图 11-22 所示。但是，

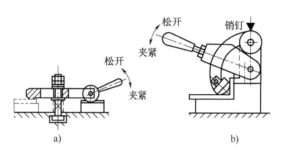

图 11-21　偏心-杠杆夹紧件

更多的是和斜楔、螺旋、弹簧、气缸、偏心轮等夹紧件组合起来使用。正确使用杠杆，可以达到省力、省时（快速）或改变力作用方向的目的。

图 11-23 所示是一个典型的四连杆杠杆夹紧件，逆时针方向推动手柄 L 时，间隙 S 增大，工件则被松开，顺时针方向推动工件时则工件被夹紧。这种夹紧件的特点是夹紧力大，动作迅速，缺点是被夹紧的工件厚度范围较小，同时自锁性较差（三个铰链点在一同直线上时自锁），受振动易松开，结构所占空间较大，不紧凑，所以单独应用杠杆夹紧件的情况不是很多。

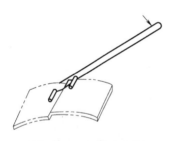

图 11-22　杠杆夹紧件

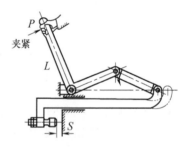

图 11-23　快速杠杆夹紧件

（5）弹簧夹紧件

弹簧夹紧件是利用弹簧的弹力转换为夹紧力，直接或间接夹紧工件的夹紧元件。在焊接装配夹具中，由于焊接的热作用可能使弹簧失去作用，同时由于焊接的收缩力较大，弹簧没有自锁作用，不能牢靠地夹紧工件，所以应用不广泛，只有当夹紧力无需很大时可以采用。图 11-24 所示为一种弹簧夹紧件，工件 3 处于被定位夹紧状态。当定位压紧销 1 向左移动

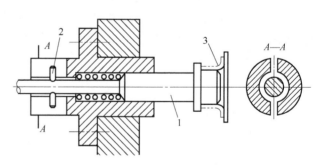

图 11-24　弹簧夹紧件
1—定位压紧销　2—挡销　3—工件

时，被压紧工件松开。注意，这时必须将定位压紧销 1 上的挡销 2 移出槽口并转一个角度，挡销被槽口断面挡住，阻止弹簧将定位压紧销弹回。再夹紧时，将挡销 2 转到槽口内，靠弹簧的弹力将工件压紧。

11.3 车身装焊夹具

汽车车身的装焊占整个汽车装焊比例最大，有的部件由于尺寸较大、组成零件多、结构和装焊过程复杂，而大量生产必须是流水线式的装焊，故大量使用装焊夹具。

11.3.1 合件、分总成装焊夹具

汽车车身的前后围、左右侧围、顶盖和地板等几大片骨架总成的装焊夹具都是属于分总成装焊夹具，这些夹具的结构虽然比较大，但都简单。这些夹具体基本上都是用型材焊制的，上面布有许多螺旋夹紧件或快速铰链式夹紧件。工件大多是用曲面外形定位，各梁的焊接部位需夹紧。图 11-25 所示是驾驶室的门支柱和内盖板点焊用的装焊样板。样板是最简单的装焊夹具。这个样板用铝板制造，仅 1.6kg。门支柱靠其外形及限位器、固定座来定位，内盖板靠其三面翻边来定位。工件用手压紧，在固定式点焊机上进行焊接。样板中部开有孔洞，以便进行点焊和减轻样板重量。

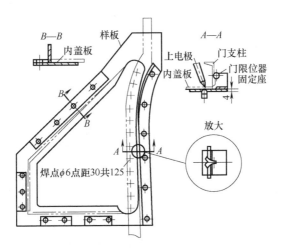

图 11-25 装焊样板

如汽车车门总成的装焊夹具可分为整体式和框架式两种。

1. 整体式车门装焊夹具

整体式车门主要是玻璃窗框与车门外板一体冲压而成，其优点是由于窗框是整体，尺寸易保证，装焊零件数量少，结构开敞性好，便于采用高效率的电阻点焊方法焊接，但由于内外板零件的尺寸较大，装焊胎具上的定位件设置较多，采用平面或型面过定位的方式，以保证定位可靠、变形小。图 11-26 所示为车门内板装焊总成。

如图 11-26 所示，车门内板装焊总成是由车门内板 A 和车门铰链加强板总成 B，车门内板加强板 C 以及车门窗框加强板 D 四个零部件所组成。

由于其组成零件均为薄板冲压件，刚性较小，尤其是车门内板，尺寸大，在其自身重量的作用下，难以保持准确形状，因此不能按前述六点定位原则进行定位，故选择空间型面与

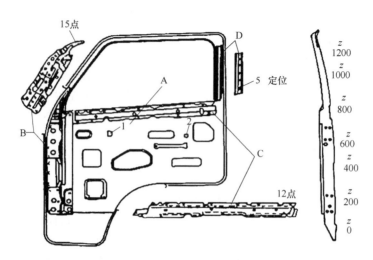

图 11-26 车门内板装焊总成示意图

A—车门内板 B—铰链加强板总成 C—加强板 D—车门窗框加强板

孔结合定位，采用 8 个定位支架组成空间型面和两个定位销，如图 11-27 所示。这是用过定位的形式来保证零件的准确形状和定位可靠。对于定位支架的分布和支架上的定位面的形状，尽量选择零件表面较规则的平面或斜面，少选用复杂的曲线和曲面，以降低定位支架的加工难度。对于定位面的大小，在保证定位可靠的前提下，尽量减小接触面积，以免因过定位太多而造成定位不可靠。

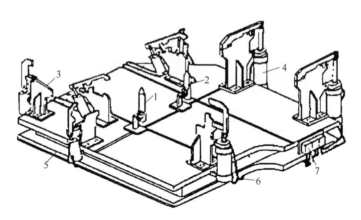

图 11-27 车门装焊胎具立体示意图

1、2—定位销 3—定位器 4—夹紧器 5—底板 6—管道 7—配气阀

该夹具的夹紧器采用气动夹紧，以提高生产率，降低工人劳动强度。用 8 个气缸控制 8 套夹紧器，与定位支架相连接，依据装焊顺序的要求分别打开配气阀逐次夹紧。

该夹具的骨架因产品的尺寸较大，故采用框架式，先用槽钢组焊成框架，而后用 12mm 厚的低碳钢平板装焊出平台，定位件和夹紧件通过垫板固定在平板上，板面上加工有装配基准线，便于夹具元件的安装与测量。该类型的骨架也可以不用平板，而采用一些纵横梁拼焊骨架。定位件、夹紧件通过垫板安装在骨架的纵横梁上。定位元件的安装调整与检验是依靠合格的车门样件来进行的。

由于车门内板总成采用悬挂式电阻点焊机焊接，为了便于操作、减轻工人的劳动强度、提高生产率，骨架与夹具底座的连接采用转动式结构，可以根据焊接位置的变化旋转工作台面，点焊机和操作者不需要随着焊接位置的变化而来回转动。

2. 框架式车门装焊夹具

框架式车门是把玻璃窗框作为一个总成单独进行装焊，其优点是车门的内外板尺寸小，不需要像整体式车门那样的大型冲压设备，改善了玻璃窗框的视野性能。但窗框是由许多小型冲压零件组成的，先采用固定式点焊机点焊成若干组合件，而后采用气焊装焊成总成。这种装焊过程存在组成零件的数量多、装焊工序多、总成刚性小、易变形（易校正）等不利因素。其结构如图 11-28 所示，由上框弯段 1、上框横段 2、前支柱 3、后支柱 4、下横梁 5、固定脚 6 等焊接组成。

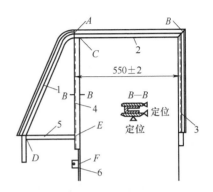

图 11-28 左/右车门玻璃窗框装焊总成

1—上框弯段 2—上框横段 3—前支柱
4—后支柱 5—下横梁 6—固定脚

该组合件采用 08 冷轧钢板、厚度较薄的冲压零件点焊成，组合件截面尺寸小，形状较复杂，如图 11-29 所示。接头开敞性差，加之材料较薄而接头处的间隙难以保证，故只能采用气焊连接。

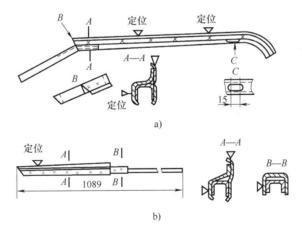

图 11-29 组合件（上框弯段、后支柱）**截面形状示意图**

a) 上框弯段 b) 后支柱

从该夹具的结构特点分析来看，它属于平面构架，因此该装焊夹具的定位件采用大型平板和挡块对工件定位（图 11-29 上所标定位处），但由于玻璃窗上框弯段、横段以及后支柱的截面形状特点（见图 11-29）。其挡块的结构如图 11-30 所示，在挡块上平面铣 2mm×3mm 的槽（如图中 1 处），将组合件定位处（图 11-30 截面定位 1 处）嵌入挡块的槽内，如图 11-30 所示。这样解决了这些组合件因结构平面尺寸小、定位不稳定以及该夹具因开敞性不很好使夹紧件不可能布置过多等难以解决的问题。而玻璃窗框前支柱组合件截面形状与前者不同（如图 11-28 中 B—B 截面），采用等边角铁加工的挡块即可。这样，车门玻璃窗框装焊总成通过胎具上的骨架底板平面定位（首要基准）和挡块定位（导向基准），以及依靠工件本身定位（定程基准），即上框横段组合件为基准件（第一个进入装配）作为定位件，使被装焊件的六个自由度全部受限，保证了总成定位准确可靠。该装焊夹具的定位件的选择和布置较为合理，如图11-31所示。

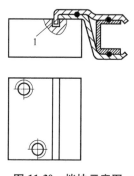

图 11-30　挡块示意图

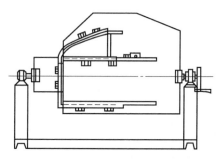

图 11-31　车门玻璃窗框装焊夹具示意图

由于组合件结构的刚性小、厚度薄，因此采用夹紧力不大的四连杆夹紧件。四连杆夹紧件夹紧力的作用方向是垂直于首要定位基准面即骨架底板平面。这样保证工件定位稳定、变形较小，从而提高生产率，而且夹紧件的数量在保证夹紧可靠的条件下尽量减少。

为了降低成本、提高生产率，该装焊夹具设计成翻转两面胎，可在同一夹具上同时焊接左/右车门窗框，因此夹具骨架底板上开有缺口，便于施焊，如图11-32所示。该骨架底板选用25mm厚的热轧厚钢板毛坯，用气割下料，粗铣四周，而后精铣A面，以A面和中心线$O-O$作为定位件的安装基准，最后通过刨床对该骨架底板双面进行刨削加工，要求平面度偏差在±2mm范围内。如果为了减小骨架底板工作表面的加工面积，可把定位件及夹紧件通过垫板固定在骨架底板上，减少机加工量，降低胎具加工成本。为了减轻骨架底板重量和获得底板翻转时质量平衡，在底板平面未布置定位件或夹紧件处可加工减轻孔或翻转平衡孔。该骨架底板也可以采用型材焊成框架式骨架来代替，根据定位件和夹紧件分布位置来确定骨架结构具体形状。定位件和夹紧件通过焊在骨架上的垫块连接，这样重量轻，开敞性好，但因框架式是焊接连接，骨架变形比平板式大。

由于本装焊夹具是翻转胎，所以骨架底板通过两轴和轴承座安装在由槽钢焊成的支架上，在轴的一端装有手柄盘。手柄盘的作用，一是实现胎具的翻转，二是在胎具翻转位置确定后能锁住，如图11-33所示。

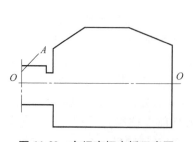

图 11-32　车门窗框底板示意图

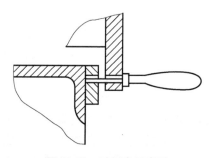

图 11-33　手柄盘示意图

11.3.2　车身总成装焊夹具

车身总成装焊主要是将车身从生产工艺要求所分离的六大部件即车架（或底板）、前后围、左右侧围以及顶盖装焊在一起。因此，车身总成装焊夹具体积大、结构较复杂、精度要求也高，并且具有空间立体构架形式。根据车身总成所采用的焊接方法不同，装焊夹具也有所区别，但装焊夹具结构组成基本相同。车身总成装焊夹具置于车身装焊生产线上，根据生产批量的大小，即生产纲领的要求以及按其定位方式的不同，可以分为一次性装配定位夹具与多次性装配定位夹具两种。

1. 一次性装配定位的总装夹具

一次性装配定位的总装夹具是指车身总成的主要装配焊接工作是在一台总装夹具上完成

的。组成车身的零件、合件和分总成等依次装到总装夹具上进行定位和夹紧，直至车身总成的主要装配焊接工作完毕，才从夹具上取下来。这种夹具的特点是车身装焊时的定位和夹紧只进行一次，容易保证车身装焊质量。根据车身生产纲领可设置单台或数台同样的夹具，单台夹具可采用固定式的。多台夹具可配置在车身装焊生产线上，随生产线移动，这种随生产线移动的夹具称为随行夹具。东风汽车公司 EQ1090 驾驶室总装配线上采用的随行装焊夹具如图 11-34 所示，它包括底板及门框定位夹具，采用快速的气动及手动夹紧器，夹具连同小车共重约 3t。随行夹具制造复杂，成本高。每个装配台上都装有电、水和气路的快速插座或接头，使夹具行走到每一工位时都能方便、迅速地接通。当产量比较小时，这种一次性装配定位的总装夹具也可以制成台车式的，工位之间的运送可由人力推动。

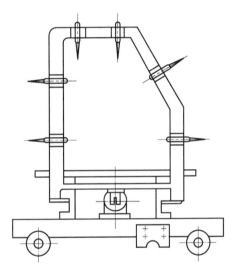

图 11-34　随行装焊夹具

2. 多次性装配定位的总装夹具

多次性装配定位的总装夹具是指车身总成要经过两台或两台以上不同的总装夹具才能完成。车身每通过一台总装夹具就要被定位夹紧一次。这类夹具要求不同夹具上的定位面一致，以免产生装配误差。有骨架的驾驶室总成的装焊应用这类夹具比较合适，如在第一台夹具上完成内骨架的装焊，在第二台夹具中完成外覆盖件的装焊。这两台夹具均以底板上的悬置孔和门框作为定位基准。这类夹具的优点是制造简单，夹具数量较少，且不存在水、气和电源的连接问题，但增加了定位夹紧次数，容易产生装配误差，质量不稳定。

下面简介两套车身的总装夹具。

（1）EQ1090 驾驶室总成随行夹具

该夹具如图 11-35 所示，其任务是完成底板、前围、后围、门上梁和顶盖的装焊。左、右门框夹具的底部可在 V 形导轨上沿 X 轴移动，并且导轨磨损后能自动补偿，不会产生间隙，因此导向性好。但由于底部平移，定位部分上部的摆差会使门洞尺寸的精度受到一定的影响。该夹具的左、右门框夹具部分如图 11-36 所示。左、右方箱本体 4 的两侧各装有 3 个定位块（3 和 11），顶部各装有 2 个定位块 6，侧面还有活动定位销 12。这样就构成了驾驶室的左右门框的定位结构。底板定位夹具由中部一个圆柱定位销及几个平面和周边定位块组成。

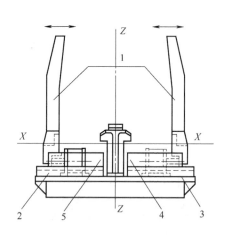

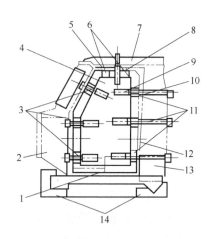

图 11-35　EQ1090 驾驶室总成随行夹具
1—左、右门框　2、3—左、右滑座
4、5—左、右导向座

图 11-36　EQ1090 门框装焊夹具
1—底板　2—前围　3—前围定位块　4—方箱本体
5—门上梁　6—顶部定位块　7—顶盖　8—手动夹紧钳
9—气缸　10—气动夹紧钳　11—后围定位块
12—活动定位销　13—后围　14—导轨

（2）CA1091 驾驶室总装夹具

与 EQ1090 驾驶室总装夹具不同的是，该夹具只完成驾驶室的前、后围和底板及门上梁的装焊，而不装焊顶盖，最后形成的是没有顶盖的驾驶室总成。

CA1091 驾驶室总装夹具如图 11-37 所示，整套夹具安装在一个上平面刻有坐标网线的铸铁底座上。

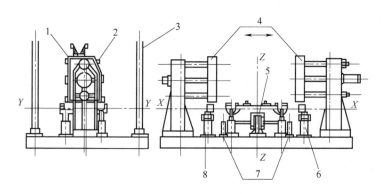

图 11-37　CA1091 驾驶室总装夹具
1—门框支承箱体　2—前围上支柱定位块　3—龙门支架　4—左、右门框夹具
5—底板升降夹具　6、8—后围夹具　7—调整样架用定位基准

左、右门框夹具 4 可由气缸驱动在双圆柱导轨上沿 Z 轴平移，运动平稳，定位准确，左右对称性好。门框夹具采用箱体和安装其上的定位块 2 对驾驶室门框进行定位。

门框支承箱体 1 用铝合金铸造，其上装有定位块和夹紧机构，底板升降夹具 5 采用气动四导柱沿 Z 轴升降，以便调整底板在空间的位置，底板上有两个圆柱销供车身底板上悬置孔定位用。后围在夹具 6 和 8 上定位夹紧。该夹具还设置了安装调整样架用定位基准 7，这使夹具制造、调整和使用更加方便。

装焊夹具设计是机械制造过程的一个重要组成部分，也是生产过程中的关键环节。近年来，随着汽车行业的发展，装焊夹具生产厂家逐步增多，但是具有相当规模和管理水平的还不多，尤其在实际的生产制造和设计方面仍存在较大的不足，生产厂家的生产规模和管理水平、能力达不到理想的程度，且设计方面的不足较为明显，不能全面考虑到装焊夹具在实际使用过程中的种种需求。因此，国产装焊夹具的发展还有很长一段路需要走，只有依靠所有机械设计专业人才的共同努力，我国的装焊夹具才能逐步实现替换，并最终拥有完全的自主知识产权。

11.4 柔性车身装焊夹具

就夹具灵活性而言，不同的主机厂采用了不同的方法。开发灵活的车身焊接夹具可以为主机厂节省大量的时间和成本，因为它减少了添加新车型或更改现有车型几何结构所需的工作量和投入。通常情况下，每次引入新车型时，主机厂采用以下策略之一来进行制造：

1) 停止当前生产以对装焊夹具进行必要的改装，以便使用现有的机器人和焊接系统组装新模型。

2) 在空间和容量允许的条件下，为新车型的生产专门开辟一条新生产线。以上两种实施方案在资本设备和时间方面都需要较大投入。

3) 在不停止生产现有车型的情况下，改造现有的生产线来制造新车型。这种方案允许主机厂使用现有投资来制造新车型，而不会因停产而造成任何损失。

采用第三种策略的主要挑战之一来自车身焊接区域，因为机器人的轨迹和夹具系统是根据当前运行的车辆模型设计的。因此，采用柔性焊接线应具备以下功能：

1) 几何功能，确保每个车型的面板相对于彼此的精确定位。

2) 搬运功能，确保不同车型的面板、固定装置和车身-外壳的精确和有序运输。

3) 通用功能，确保针对不同车型进行合适的加工（点焊或定位焊的数量、焊缝的位置等）。

下面介绍柔性车身焊接线的夹具和框架系统中的一些实例。

柔性夹具设计中的第一种方案是基于数字控制（NC）的定位系统进行夹具设计，它在制造不同车型时通过 NC 程序来改变数据。这个系统主要应用在临时焊接阶段中，该阶段是在没有实现不同连接件之间的尺寸符合的情况下将车身部件暂时连接在一起的阶段。NC 系统具有大量的伺服电机（约 300 个），每次进行新车型生产作业时，系统根据车辆 CAD 模型改变数据，从而改变车身部件的相对位置。该系统通过伺服电机提供了较好的灵活性，但大量的电机意味着高额的资本投资和维护成本以及系统的复杂性。

第二种柔性夹具系统的实现是基于旋转夹具的应用，旋转夹具的每个面配备了不同的夹具。因此，对于不同车辆模型，旋转夹具旋转到特定夹具所在的面即可。旋转夹具是比 NC 定位系统更简单的解决方案，但是，它可以安装的夹具数量有限，因此仅限于几个（通常是三个）车辆模型。旋转夹具系统如图 11-38 所示。

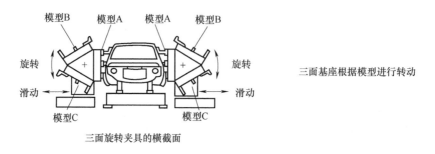

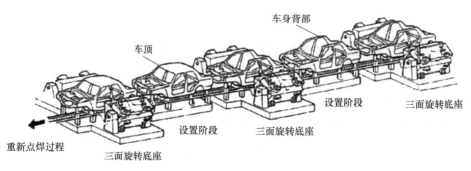

图 11-38 旋转夹具系统

第三种柔性夹具的实现是基于自动夹具选择系统，当车型改变时，夹具会被更换，从而在较低的设备成本下实现更大的灵活性。然而，使用这种系统需要批量生产范式，因为需要时间来选择、运输和安装合适的夹具，还需要移除和存储旧夹具。这种系统的使用虽然可以提供灵活性，但需要考虑夹具更换所需的额外时间和操作成本。

菲亚特汽车公司推出了另一种著名的夹具系统解决方案，将 Robogate 系统用于自动焊接生产线。该系统具有多条粘焊路径，这些路径之间的夹具采用滑动设计，因此不同的车辆模型可以并行粘焊。Robogate 系统是一个较老的系统，主要缺点是因为平行的引线焊接导致其轨迹较长。Robogate 系统的实现有两种不同的方式：第一种方案使用自动导引车来管理面板的运输；第二种方案则是让零件依次沿着固定焊接站流动。这两种实现方式如图 11-39 所示。

丰田的柔性车身装焊系统采用了夹具-托盘系统来固定和组装不同的车身形状，其中每种形状都有其独特的夹具。托盘上还加载了可编程逻辑控制器功能，以实现形状识别和传输路径的控制功能转移。它使用一个高速运输系统利用伺服电机来运载不同夹具的托盘。此外，丰田系统依靠离线编程来定义每个车辆的焊接机器人轨迹路径。图 11-40 显示了丰田用于车底部组装的夹具-托盘系统。夹具-托盘系统用于车底部、车顶和车身侧面组装。此外，丰田系统采用串行布局的点焊工艺来减少所需的机器人数量。然而，串行生产线仅在低产量

（通常在每月 25000 辆或以下）时有效。对于高产量，采用并行布局将更有效，可以减少完成焊接过程所需的机器人数量。

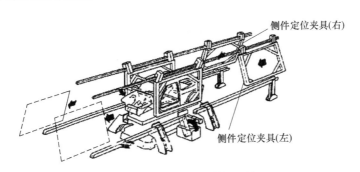

侧件定位夹具(右)

侧件定位夹具(左)

图 11-39　Robogate 装焊系统

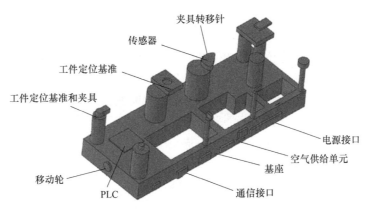

夹具转移针

传感器

工件定位基准

工件定位基准和夹具

移动轮

PLC

电源接口

空气供给单元

基座

通信接口

图 11-40　丰田柔性夹具-托盘系统

丰田的柔性车身装焊系统引入的另一个改进，包括为所有车型使用普通点焊枪，从而减少了每个车型更换焊枪所需的工作量。对于需要专用焊枪的专用焊缝（单边接入），采用点焊替代原有的弧焊。

日产汽车的 IBAS（智能车身装配系统）利用 NC 系统对一些组装环节（如车身侧面和车底）进行处理，通过使用 35 个定位机器人，可以在 62 个位置进行临时焊接。IBAS 系统配备了各种不同的传感器，以向 NC 系统提供尺寸精度反馈。这些传感器可以监测和测量焊接过程中的尺寸准确性，确保焊接的质量和精度。通过使用这些传感器和 NC 系统的反馈，IBAS 可以实现对焊接过程的实时控制和调整，以提高生产率和质量。

此外，雷诺汽车开发了一种名为 Preciflex 的柔性装配系统。该装配系统采用三角形框架，车身下部、车身前部和车身后部的几何组装特征分别安装在三角形的下、上前和上后面。Preciflex 还可以根据进行临时焊接的车型改变框架侧面的几何参考，这个变化可以在三个侧面或仅一个侧面上进行，从而在焊接不同车型但使用相同底盘的情况下提供更大的灵活性。Preciflex 系统的其他优点包括其模块化设计、可以快速进行车身结构的原型设计、在采用功能性制造实践来进行尺寸符合性测试时减少冲压模具验证时间。Preciflex 系统如图 11-41 所示。

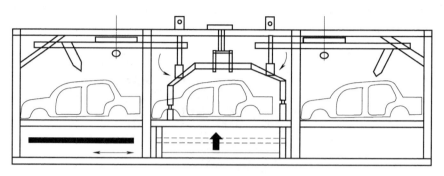

图 11-41　雷诺 Preciflex 系统

 思考题 11

1. 对于汽车装焊夹具的设计应满足哪些要求？
2. 什么是工件的定位？定位器的功用是什么？有哪些常用的定位器？
3. 请简述六点定位原理。在车身装焊中是怎样定位的？
4. 什么是工件的夹紧？夹紧件的功用是什么？有哪些常见的夹紧件？
5. 请简述夹紧力三要素。车身装焊夹具中怎样考虑这三个因素？
6. 实际应用中夹紧件选用应考虑哪些因素？
7. 车门的装焊夹具分几种？每一种是怎样定位夹紧的？
8. 车身总成装焊夹具是怎样实现定位夹紧的？

 拓展阅读 11

把一生与祖国需要紧紧"焊"在一起

2022 年 4 月 19 日，中国科学院院士、国际著名焊接工程教育家和焊接工程专家、清华大学机械工程系教授潘际銮先生因病在北京逝世，享年 95 岁。

当日，清华大学发布讣告，沉痛哀悼："潘际銮院士为我国焊接科技和教育事业奋斗一生。"

95 载漫漫人生，他有着一连串足以写进教科书的"硬核"成果：中国第一个焊接专业由他筹建；中国第一台电子束焊机由他研制；中国第一条高铁、第一座自行建设的核电站，是他在担任焊接顾问。他的科研成果产值巨大，被誉为"中国焊接泰斗"。

一个又一个关键焊点，他始终把初心与使命扛在肩上，把青春、事业，乃至一生都与祖国需要紧紧焊在一起："我们每个人都要奋发而为，为国家、为人民做事，错不了！"

"国家需要什么，什么难，我就干什么。"

1944 年，潘际銮考入西南联大机械工程学系，并在联大三校复员北返后转入清华大学机械系继续学习，毕业后留校担任助教。1950 年，他被推荐到哈尔滨工业大学攻读硕士研究生，师从苏联著名焊接专家普洛霍洛夫，从此一生与焊接结缘。

"学焊接？焊洋铁壶、修自行车吗？"有人如此嘲笑。他却不以为意："这个有用！"

70 多年潜心耕耘，他用一个又一个重大科研成果证明焊接技术在国家发展中举足轻重。

1987 年，潘际銮接受国务院委托，担任秦山核电站工程的焊接技术顾问。他一面制定严格标准——每项焊接都要做工艺评定，不合格的不准上去；一面培养优秀焊工——从 100 多名焊工里通过考试选拔 24 名优秀员工，集中培训、考核合格后分组开展焊接工作。先生生前很是骄傲："秦山核电站发电至今，主要焊接结构从来都没有出过问题。"

2005 年，我国首条高速铁路京津城际铁路开工，铁道部邀请潘际銮做焊接顾问。3800 个焊接头，潘际銮带领团队制定规范、开展实验。为了拿到第一手资料，80 岁的他还架着软梯子爬到 20 多米高的高架桥上看工人焊接。在潘际銮和其团队的努力下，经过大量焊接后铺设的钢轨，没有任何连接缝隙，保证了线路的高平顺性，而且减少了钢轨与列车车轮的磨耗，为后来我国高速客运线钢轨的焊接和热处理工艺过程的质量控制提供了重要参考。

2016 年，看着焊工们经常爬得很高，被强光伤眼睛，被烟尘伤肺，潘际銮着急、心疼。在研发出无轨导全位置爬行焊接机器人并申请专利后，年过 90 的他为了推广应用，每个月出差三四次，去有合作意向的企业，协助他们对机器人的技术进行深化。

成果斐然，荣誉等身，潘际銮对这些却毫不在意。他在乎的，只是做事。

他曾反复告诫在校任教的学生："你就默默无闻地干，自己去争取课题，别指望在学校拿钱。"

他的家中清简至极，老旧的家具，沙发罩由别针固定，水杯是一个原本装速溶咖啡粉的玻璃瓶。最贵重的东西，就是他和夫人的两台电脑。

一辆银灰色的电动车，是他 80 岁时学生送的礼物。以前，他的电动车是一辆笨重且经常出毛病的"老古董"。

有一次记者约访，不巧下了大雨，骑车前来的他和夫人被困在了路上。记者正在焦虑，却看到微信上视频电话打来，两位老人挤在小小的视频框里，争相说抱歉……

"我总觉得一个人，一辈子，活这么几十年，做点对人类有意义的事情，才是我们生活的目的。我在活着的时候，做了一些对人类有益的事，对我来讲是很大的欣慰。如果我平平淡淡过去了，就关心拿了多少钱，做了多大官，我就不欣赏那个。"生前的一次采访中，潘际銮如此阐释自己的人生观。

斯人已去，精神长存。

清华大学焊接馆一间实验室的墙上，挂着潘际銮写给团队的几句话："知难而进，勇于攀登；团结合作，共同战斗；只求贡献，淡泊名利。"

而在不远的门厅墙上，一连串名字在闪光，"潘际銮"三个字名列其中。一生笃行，他将自己与祖国的需要焊在了一起，也把中国学人的精气神焊进了后人心底。

第 12 章

装焊工艺性

进行车身结构设计时，除要考虑零件的冲压工艺性外，还需要考虑零部件的装焊工艺性。影响装焊工艺性的主要因素有制件分块、焊接结构等。除此之外，本章还将介绍常见的焊接生产线以及装焊实例。

12.1 车身制件分块

汽车车身是一个尺寸很大的复杂结构件，设计时要根据本厂的设备情况和技术水平，合理地划分成若干个部件、合件和零件，以利制造，这种将制件分块的制造方法有很多优点。

1）有利于保证装焊质量。由于部件的几何尺寸较小，相对于复杂的整车来说简单很多，这样装焊夹具也简单，易保证装焊精度，且可以减少和较方便地矫正焊接变形。所以，很多尺寸、形状和技术要求等在部件上保证比在整车上保证容易很多。例如，侧窗孔的尺寸和侧围的外廓曲线的形状等都是在侧围总成的制造中得到保证的。

2）分部件制造可以避免许多在总装后难以焊接的工作。可以将原来要仰焊、垂直焊的焊缝变为俯焊，这样有利于提高劳动生产率和保证焊接质量。例如，在整车上车身的顶盖和侧围及前后围分别为仰焊和垂直焊，而分部件制造则都变成了俯焊。

3）可以降低装焊夹具的复杂程度，有利于夹具的制造和降低成本。

4）每个部件或合件可以平行地开展作业。对于一些具有相同或相似的形状、尺寸的部件或合件，可以组织连续流水作业以缩短装焊时间，例如车身左右侧围的装焊。

从装焊角度看，车身覆盖件分块的原则是根据本厂的设备情况和技术水平，在冲压工艺允许的前提下，应尽量采用整体结构，零件数量越少越好，这样可以减少装焊工作量和装配误差。同时也要使接口处有良好的装配焊接工艺性。车身上有不少孔洞，如门洞和窗洞，为保证其尺寸和形状，要求尽量采取整体结构或由尽可能少的零件装焊而成。若孔洞部位为双层结构，则至少要有一层为整体结构，以减少装焊误差，提高孔洞尺寸的准确性，保证门、窗和盖板等的装配质量。

图 12-1a 所示为某驾驶室的变速器检查孔，它由底板和发动机挡板两零件组成。装配精度不稳定。并且由于底板前部开一缺口，底板的刚性变差，易使零件变形。如果采用图 12-1b

所示的结构，检查孔在底板上完整冲出，就比较合理。

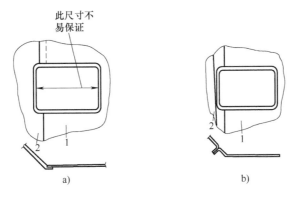

图 12-1　变速器检查孔的改进设计
1—底板　2—发动机挡板

车身的门洞，常要求装配工艺保证车门与门框内、外的间隙。如图 12-2 所示的车门结构中，它的骨架组成车门内间隙，外覆盖件组成车门外间隙。内间隙虽由夹具保证，但由于产品刚性较差，尺寸不易稳定。外间隙由于结构所限，在装配时，虽由夹具上的定位块来保证其装配位置，但只能保证不小于定位块的尺寸，若装配不到位，就会使外间隙过大。倘若改变一下结构，使内、外门洞尺寸由一个零件来决定，如图 12-3 所示，那么保证车门内、外间隙将会容易一些。

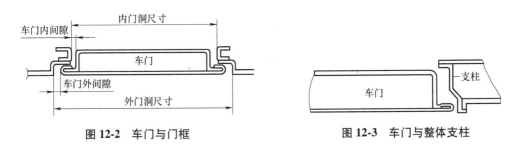

图 12-2　车门与门框　　　　　　图 12-3　车门与整体支柱

12.2　焊接结构

工件的焊接结构直接影响其使用安全。工程师在设计焊接结构时必须对工件的使用工况做细致考虑，分析其承载情况，并结合试验保证工件在使用时安全可靠。汽车车身装焊件多为厚度在 3mm 以下的低碳钢薄板件。采用的焊接方法主要是点焊和二氧化碳气体保护焊。首先，设计汽车车身点焊焊接结构时，应尽量使焊缝在剪切力而不是在拉力下工作，如图 12-4 所示，因为低碳钢焊缝的允许剪切应力可取为母材的 65%，而允许拉伸应力则只有母材的 40% 左右。这对受力较大的制件来说，焊接结构设计就显得十分重要了。其次，应尽量避免焊缝交汇在一点或密集布置，否则，金属易因过热而产生严重应力集中导致变形。

焊接结构设计不合理不仅影响焊接工艺的正常进行，还会导致制件损坏。如图 12-5 所示是从车门外板内面焊上一个角铁支撑，由于汽车运行中作用在角铁上的负载，导致与角铁接触的门面板反复弯曲，使车门表面漆皮脱落，金属腐蚀或变形，影响焊接质量。

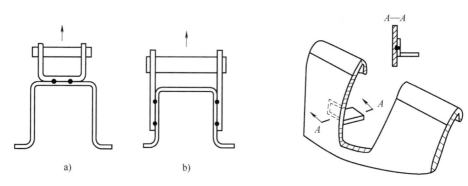

图 12-4　作用在焊点上的力　　　　　图 12-5　不合理焊接结构

a）焊点受拉力　b）焊点受剪切力

汽车车身零件的装焊接头有各种各样的型式，归纳起来基本上可分为搭接接头，如图 12-6a、b 所示，和弯边（翻边）接头，如图 12-6c~f 所示。当组成搭接接头的零件比较小、焊点又布置在靠近零件的边缘时，可以在固定式点焊机上进行焊接。当搭接接头的零件比较大，其焊点位置又处于零、合件中间时，就不便于在固定式点焊机上进行焊接。

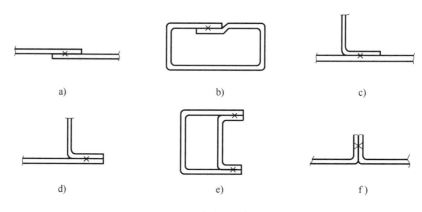

图 12-6　焊接接头形式

小合件的弯边接头一般在固定式点焊机上进行焊接，但大合件或分总成的弯边接头，一般在悬挂式点焊机上使用焊钳来完成焊接。

在设计车身不同部位的接头时，应考虑所采用的点焊方式。在固定式点焊或多点焊机上焊接的接头要比采用悬挂式点焊机焊接的接头可靠，而且质量稳定，效率也高。特别是多点焊机，其点数和点距是固定的，不受操作的影响。适合用悬挂式点焊机焊接的接头则使用液压焊钳较为可靠，因其压力比焊枪大，但劳动强度也较大。接头强度最差的是只能采用手动焊枪来焊接的封闭式搭接接头。

12.3　其他装焊工艺性问题

除焊接结构、制件分块和焊点布置以外，影响装焊工艺性的还有以下几个方面：

1）对于某些有外观要求的车身外覆盖件，其点焊表面不允许有凹陷。在产品结构设计中，应考虑在固定式点焊机上、多点焊机上或采用焊枪来完成焊接，所要求的表面应能与下电极接触。因为这时可采用大平面电极，从而使焊点凹陷不明显。例如，某驾驶室风窗支柱的焊接就是在固定式点焊机上利用特殊的下电极——电极爪来进行焊接的，如图 12-7 所示。

2）应考虑点焊的可接近性，也称可达性。在车身结构设计时，应尽量避免采用狭窄而深的或上、下电极难以接近的焊接结构，如图 12-8 所示。为了完成这种结构的焊接，不得不采用特殊电极。例如车门玻璃夹框和滑槽的焊接（图 12-9）。这种电极的冷却条件不好，极易消耗。而且由于焊件的大量金属伸入焊接回路，增加了点焊机的感抗。

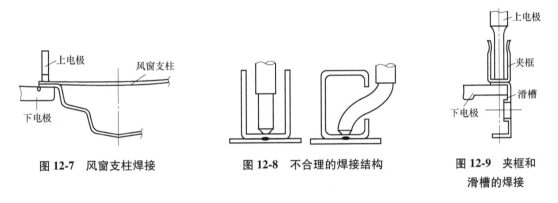

图 12-7　风窗支柱焊接　　　图 12-8　不合理的焊接结构　　　图 12-9　夹框和滑槽的焊接

3）尽量利用压印、切口来代替样板定位。这不但能方便操作和提高效率，而且有利于产品质量的提高。例如，焊接在发动机罩板上的两个拉钩座，原工艺使用样板来定位，现在用压印（小凸包）定位，取消了样板，如图 12-10 所示。而压印也只是在冲压罩板时顺便冲出来的，无须另外增加工序。

又如，后支柱和托架的连接，在原工艺上也采用样板定位，以保证其相对尺寸。现采用在支柱的相应位置上冲出一切口，如图 12-11 所示，以此切口定位，取消了样板，定位也更准确。

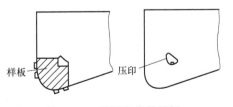

图 12-10　用压印代替样板

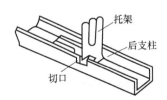

图 12-11　后支柱和托架的焊接

4）焊接结构应尽量便于操作，避免或减少仰焊。如底板座圈上的翻边和三角板的装焊，原设计是座圈上的翻边朝内，这样就需要操作工人蹲在驾驶室内用焊钳焊接。现将座圈上的翻边朝外，则工人可在驾驶室外进行操作，十分方便，如图 12-12 所示。

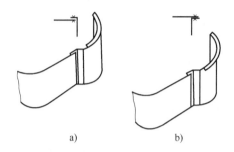

图 12-12 座圈的焊接

a）翻边朝内 b）翻边朝外

5）车身上的一些大零件，尤其是覆盖件，应有足够的刚性，以使零件在生产中减少变形，保证装配质量。例如，一般客车的顶盖上就冲压有加强筋，以减小其在生产中（包括存放和运输）的变形，从而保证它的装配焊接质量。2020 年 7 月 5 日，在连霍高速 1946km 附近，一车因发动机舱盖的焊接质量问题导致发动机舱盖飞起，造成单方事故。作为新一代的工程师，细致负责的态度必不可少，任何一点遗漏都可能造成不可挽回的损失。

6）在车身装焊工艺中，由于结构形式不同，需使用各种各样的焊接辅具。减少这些焊接辅具的品种，尽量利用标准的或通用的焊接辅具也是衡量车身结构装焊工艺性的一项内容。只有在大批量生产中采用特制的专用焊接辅具才是经济的。例如，某车身底板和底板加强板的连接，是采用一大焊钳来进行焊接的，如图 12-13 所示。在小批量生产时，采用这种焊钳则是不经济的，应尽量采用适用的焊接辅具或其他方法。

7）在成批生产中，若使用悬链运输车身零件时，必须考虑在零件上有装挂工艺孔。图 12-14 中所示的下后围上就冲有两个装挂工艺孔。

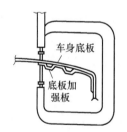

图 12-13 车身底板加强板的焊接

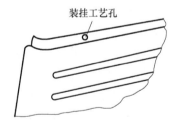

图 12-14 装挂工艺孔

8）尽量减少焊缝种类和规格，尽可能采用相同的标准件（楔形螺母、铆钉等），以利于减少装焊设备和工具的品种和管理工作。

9）采用多点焊接时，装焊工艺方面需考虑以下各点：

① 一般采用多点焊机焊接时，均为单面双点焊。产品接头应为搭接接头；焊点数不宜过少；焊点数最好成双；在采用双绕组变压器时则要求焊点数是"4"的倍数，否则，需考虑配点，从而使焊机设计复杂化。

② 焊点排列要整齐，不宜太分散，以利于焊机的焊枪排列和简化二次回路的设计。

③ 焊点距离的设计应比一般点距要大些,以利于焊枪结构的设计和布置。

④ 若在弯边接头的结构上采用多点焊机焊接,那么弯边尺寸应适当加大。

 12.4 装焊生产线

扫码观看
装焊生产线

  车身的装配焊接,在产量较大时,从生产率和经济上考虑,需要采用多工位流水生产线,以适应快节奏生产的要求。"中国制造 2025"指出,以推进智能制造为主攻方向,将先进智能化设备与生产线结合,不仅能进一步提高生产率,还能使产品的质量大大提高。车身装焊生产线的基本形式主要有贯通式装焊生产线、环形装焊生产线和柔性装焊生产线等多种,下面简介几种装焊生产线。

1. 贯通式装焊生产线

  贯通是指装焊生产线的装焊夹具与工件的传输装置呈分离状态,装焊夹具处于静态。由于工件是在静态下装夹和施焊,因此定位精度易于保证,适用于多品种生产及机器人的配套使用。这种装焊线在国内外汽车车身制造中使用普遍,适合于专用焊机的配置和悬挂式点焊机手工操作等工艺方法。当车身横向输送时,这种装焊线更有利于分总成的机械化上下料,同时驱动也比较简单。但这种装焊线只适合采用固定式夹具,而不宜采用随行夹具。

  长春一汽原 CA-10B 驾驶室总成装配线是一条比较典型的贯通式装焊线,是由固定装配台、悬挂式点焊机及间隙式双轮链式传动机构组成,如图 12-15 所示。

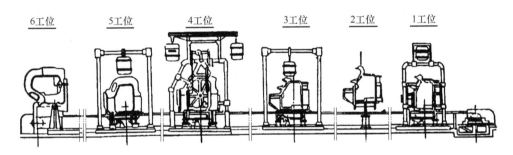

图 12-15 CA-10B 驾驶室总成装配线

  全线共有 6 个工位,其中有 4 个装焊台、1 个电弧焊转台及 1 个翻转电弧焊台。线上配有 16 台悬挂式点焊机和 2 台直流弧焊机。生产节奏为 4min/辆,全线共 18~20 人。工序内容如下:

  1)1 工位:将地板总成、前围骨架总成(前围内盖板及发动机挡板总成)及后围骨架总成装配在一起,以地板及门洞夹具定位,点焊 10 处。点焊完后再装配 4 个门铰链。

  2)2 工位:电弧焊工位,设有顶起及回转夹具。主要是焊接驾驶室骨架总成的加强处。

  3)3 工位:焊接工位,焊接地板和发动机挡板连接处。

  4)4 工位:覆盖件装配焊接工位,将前围(上盖板及左右盖板总成)、顶盖总成、下后围及风窗支柱等装配到驾驶室骨架总成上,并焊接门洞及前风窗口。

5）5工位：装配焊接左、右门槛总成，并焊接后风窗口、前围盖板和发动机挡板连接处、下后围和底板连接处。

6）6工位：将驾驶室翻转90°，焊接门槛和前、后围连接处，并以电弧焊加固底板连接板、发动机挡板和底板处。

随着产量的增加，还可适当增加工位，对装配和焊接工作量进行调整。

贯通式装焊生产线的特点是：占地面积较小，所有装夹焊接定位工装都分别固定在各自工位上，运行时仅工件做前移传送；整线驱动较简单，工件靠贯通式往复杆传送；当车身横向输送时，利于分总成的机械化上下料；但只宜采用固定式夹具，不宜采用随行夹具。

贯通式装焊生产线比较适用于车身底板、车门、行李舱盖、发动机盖等轮廓形状较简单、刚性较好、结构较完整、组成零件较少的分总成的装焊。

2. 环形装焊生产线

环形装焊线采用随行夹具，工件装夹在随行夹具上一起前移传送，依次完成各个工位的装焊，待全部装焊工作结束后，工件已具有一定的刚性，工件吊离随行夹具，空的随行夹具返回原处待用。

环形装焊生产线的特点：要求随行夹具数量较多，夹具的制造工程较大，传送结构较为复杂，投资费用较多，地面环形占地面积较大，矩形占地面积小，但传送装置较复杂。该生产线适用于工件刚性较差，组成零件数量较多，特别是尺寸要求严格的情况，如车门门洞尺寸、前后风窗洞口尺寸等部件，轿车车身总成、载货车驾驶室总成等。

这种生产线在国外应用较多，它的传送一般采用链条运动。这种线传运机构简单，易于制造，也带有随行夹具，全线占地面积较大。如汽车的前、后围装焊线都采用这种形式。传动是通过链条带动拨杆运动，拨杆再推动链条做地面环行，小车被链条带动。当小车运动到预定工位时，一方面通过行程开关切断电源，另一方面通过多点焊机上的定位液压缸迫使夹具强行定位，以便装配焊接。

前围环行装焊线全长8m，共有10个工位，如图12-16所示。线上配有10套随行夹具、3台专用多点焊机和8台悬挂式点焊机。全线14人，生产节奏为1.8min/辆。后围环行装焊线结构型式与前围环行装焊线相同。

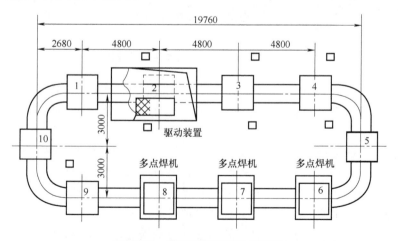

图12-16 地面环形装焊线示意图

3. 柔性装焊生产线

柔性装焊生产线属于柔性制造系统（Flexible Manufacturing System，FMS），也被称为WFMS（Welding Flexible Manufacturing System）。典型的柔性装焊生产线是由若干既相互独立又有一定联系的机器人工作站、运输系统以及 FMS 控制中心组成，如图 12-17 所示。每个机器人工作站均可以独立编程和工作，一般情况下分别独立完成对工件的焊接，特殊工艺条件下也可以按一定的工艺流程由几个机器人工作站进行流水化作业，完成对整个工件的焊接。工件运输系统应包括三维运输小车、轨道、装卸与储存工件的料架。利用控制中心可以对生产系统的每个环节进行实时监视和控制。

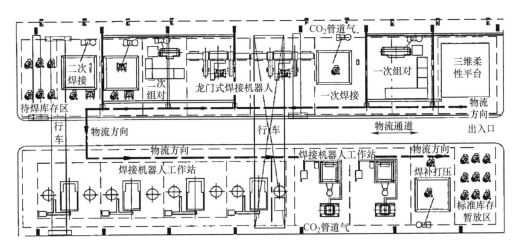

图 12-17 柔性装焊生产线工艺布局示意图

在 WFMS 中，安全装置也是一个重要组成部分，通常从设备安全和人身安全两个方面对整个系统进行防护。一般采用安全隔离墙、光栅、安全挡板、紧急停止按钮等手段，只有在故障彻底排除并确认退出故障后整个系统才能恢复正常工作。但是每个机器人工作站和运输系统又具有相对独立性，不会因为某个小范围的故障而影响其他设备的运行。这样的防护装置具有很高的灵敏性，科学合理，利于组织生产。

装焊生产线的柔性化引起人们充分的重视。其一，用机器人柔性制造单元（FMC）来代替生产线上的专用工艺装备和自动焊机，从而改造刚性装焊生产线，增加其柔性；其二，根据产品的生产规模、品种和工艺相似性等原则设计并建设柔性装焊生产线。

这里应注意，FMS 的柔性通常是指对产品的柔性，即系统为不同的产品和产品变化而进行设置，以达到高的设备利用率，减少加工过程中零件的中间存储，对于顾客需求具有快速响应的能力。WFMS 也应符合 FMS 的柔性概念。柔性装焊生产线主要特点如下：

1）把作业仅划分为几个工序。

2）不同批次的不同工序可以重叠投入。

3）完成工序加工时间快。

4）全部加工工序自动化。

5）产品（零件、部件、总成等）的焊接主要由 WFMC 完成。

接近或符合以上特点的装焊生产线，主要分布在汽车、摩托车、工程机械等行业中。例如在美国的卡特比勒、瑞典的沃尔沃、德国的大众、日本的本田等公司均大量使用柔性装焊生产线。德国奔驰的 Sindelfingen 工厂布置有 3 条车身焊接总装线、3 条底板总成线及相应的中、前、后底板线等，共有焊接机器人 1000 余台，自动化率为 95%，生产约 10 个车型，二班制时日产 1600~1700 辆。

车身柔性制造的几种方式如下：

1）以焊接夹具的移动实现产品变换。这种柔性制造技术的实施，取决于产品本身的柔性化特征，特别适合仅在一个方向变化的车型，因为车身结构类似，许多位置的产品截面数据相同或相近，便于定位夹紧部件和焊钳的设计。在这种柔性制造技术中，焊接夹具是设计的核心，要选择冲压件尺寸稳定、形状规则、回弹小的地方，并尽可能采用孔定位，确保总成的形状和尺寸精度符合产品技术条件。

2）以足够多的装配线工位实现多品种生产。东风汽车有限公司车身厂引进的 KUKA 柔性装焊线，用 3 个专用工位、12 个通用工位、3 个备用工位，共计 18 个工位的总装线，完成宽窄 2 个系列、3 种车型 6 万辆的任意比例混流生产。这种柔性制造技术适应产品变化的能力更强，分别独立的定位夹具使定位更加专一稳定，对装焊线的要求更加严格，此外，循环时间对装焊线的生产节奏也有很大的影响。东风平头车 12 工位的往复式装焊线，完成一个循环仅用 19s。

3）借用原来生产线上的定位装置并增加专用定位实现混流生产。这种方案最适合旧线改造，保证原工艺流程不变，通过借用原生产线上的定位夹紧装置和焊接设备，增加专用定位部件，减少工位改造项目和设备投资费用。北京汽车摩托车联合制造公司在单排座载货车基础上开发的双排座客货两用载货车就是用这种方法实现的，改造周期和费用大大降低。

4）通过焊接设备的自动变化完成柔性制造技术。奔驰驾驶室柔性制造技术采用的是将固定式焊接夹具置于磁力活动小车上，通过地面上的磁力轨道将每种车型专用的焊接夹具送到焊接操作间，自动焊接装置按预先设置的程序识别车型并完成焊接，实现不同长度、宽度、高度车型的全面柔性化生产。

随着计算机辅助化、人工智能、机器人视觉以及模糊控制技术等先进技术被广泛应用于柔性化焊接生产制造中，柔性化焊接技术已经得到很大的发展，正在由简单的柔性生产制造向虚拟化、集成化、智能化的柔性生产制造方向发展。

4. 其他形式装焊生产线

图 12-18 所示为一种比较先进的"门框"式装焊生产线。其特点是：厂房面积利用较合理，不需要在左、右侧围分总成的中间留出存放面积；效率高、成本低、生产柔性较强。

图 12-18 中，车身主总成装焊线 Q 的两旁分布有左、右侧围的分总成装焊线 C、D，它们实为两条闭式循环悬链。悬链下悬吊着一定数量的"门框"，一个"门框"实际就是一台悬吊式的装焊随行夹具。E、F 分别表示上述左、右侧围板总成"门框"。装焊线中，每一个方块 A 代表一台随行夹具。

两旁左、右侧围分总成"门框"（装焊随行夹具）中，两循环悬链外段 H、G 是左、右侧围板总成装焊工位；J 为主总成装焊线 Q 的底板，底板 J 各自带着总成装入相应的车身随行夹具内。主总成装焊线前方 M 所指是左、右侧围"门框"夹具连同左、右侧围总成上线与车身的随行合装夹具。N 表示车身主总成已经吊开，使得左、右侧围板"门框"夹具与车身环行线脱离。实际在 N 工位上，"门框"夹具已经轮空。

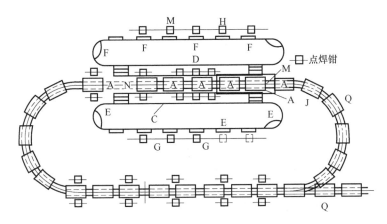

图 12-18 "门框"式环形装焊线示意图

这里需要说明一下"门框"式环行装焊线的车身装焊运行状况。如图 12-18 所示，先在两循环悬链外段 H、G 处依次将车身左、右侧围零件装入吊架"门框"的随行夹具内，待其定位夹紧后，各工位使用悬吊式点焊钳实施左、右侧围分总成的焊装。侧围分总成装焊好后由 C、D 悬链传送到 M 点与车身环形随行夹具合装，经过若干焊接工位，把左、右侧围分总成焊接于车身底板上并放开左、右"门框"夹具。空的"门框"随行夹具通过环行回位到 N 点，随即与车身随行夹具脱离，由悬链送回其装焊起始位置。车身随行夹具带着焊有左、右侧围分总成的车身底板继续前行。车身总成经过一系列装焊工位后下线。

12.5 汽车装焊实例

1. 日本日产轿车车身装焊线

图 12-19 所示为日本日产轿车车身装焊线。全线有 7 个工位，7 个操作工人，生产节奏为 1.2min/台，月生产能力为 16000 台，每台焊点有 280 点。

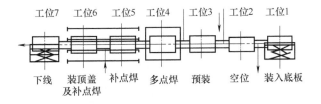

图 12-19 日本日产轿车车身装焊线

该车身总成由底板-前端总成、左右侧围总成、顶盖及一些上下窗框、外板等组成，如图 12-20 所示。

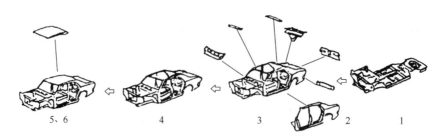

图 12-20　日本日产轿车车身装焊流程

1—装入底板　2—空位　3—预装　4—多点焊　5、6—装顶盖及补点焊

装焊流程：工位 1——装入底板；工位 2——空位；工位 3——预装，将左右侧围总成、前风窗上下框、后围上下外板装入并点定；工位 4——多点焊，焊点有 166 点；工位 5——补点焊；工位 6——装顶盖及补点焊，共补焊 114 点；工位 7——下线。

这条贯通式装焊线的特点是将构成车身壳体所需的底板-前端总成、左右侧围总成、前后风窗的上下框等所有零部件，在一个工位上一次预装定位，然后进行多点焊及补点焊，这样可以节省人力。

2. 日本三菱汽车公司轿车车身装焊线

图 12-21 所示是日本三菱汽车公司轿车车身装焊生产线，共采用 72 台焊接机器人，自动化点焊率达 80%，机器人点焊率达 48%。生产线显示了最短的物流线，前、后底板和发动机舱组成底板分总成，汇合左右侧围装焊线所装焊的左右侧围分总成进入车身装焊主线（总装配线），再装焊前后挡板及顶盖，最后由空中运输链输送去油漆线。

机器人在线上的分布是：焊接底板分总成 32 台，焊接左右侧围分总成 20 台，焊接车身总成 20 台。焊装线由大型可编程序自动控制器控制，夹具的定位精度为 ±0.1mm。

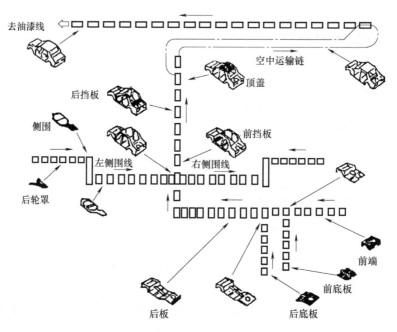

图 12-21　日本三菱汽车公司轿车车身装焊生产线

思考题 12

1. 影响装焊工艺性的主要因素有哪些方面？
2. 车身制件分块有哪些优点？
3. 焊点结构应注意哪些问题？
4. 装焊生产线的基本组成有哪些？各种不同类别的装焊生产线有哪些特点？
5. 车身柔性制造有哪几种方式？

 拓展阅读 12

汽车柔性焊接生产线关键技术

　　柔性化生产是目前国内外先进汽车制造企业广泛采用的一种灵活、高效的生产模式。它既满足了汽车生产要求的规模效益，又保证了产品多元化的需求。这种先进的生产理念，以其时效优势及成本优势，极大增强了企业的竞争力。而建立一套完善的汽车柔性焊接生产线包括白车身焊接工艺、生产线主线布局、多机器人交互仿真、多模式交互机制等关键技术。

　　1) 白车身焊接工艺。焊接工艺生产线通常分为主装配线和子装配线，并且子装配线还可以分为更小的装配线。主装配线是汽车焊接生产线的核心部分，它将车身面板组件和车顶焊接成白车身，然后通过传动设备、夹具、共装设备组等进行定位。车身面板总成由车身底部装配线、车身侧装配线和后端装配线共同组成。其中车身底部装配线由发动机舱线、前底板线和后底板线组成。

　　2) 生产线主线布局。分析装焊生产线设计的任务要求，根据生产计划和自动化程度，考虑最佳成本、焊接工艺、焊接质量和劳动强度，结合实际情况确定最终的生产线主线布局。

　　3) 多机器人交互仿真。使用机器人可以大大提高生产率，减少工位数量，提高焊接质量。在车身装配生产中，机器人与其他加工设备配合可以完成几乎所有的车身装配工作，实现自动化焊接装配线。生产线上的所有操作均可以让机器人完成，例如抓取、转移、点焊和密封等。在一个工作站中，通常有几个机器人同时行动。因此，它需要判断彼此之间是否发生了碰撞。为了实现更好的自动化生产线，需要对关键工作站和生产线中的重要结构进行3D 过程模拟。因此，利用 3D 模拟技术进行多机器人交互仿真对于建立一套合理的柔性生产线至关重要。

　　4) 多模式交互机制。以前的切换系统大多用于双车型车辆生产，切换设备安装在同一模块上，通过框架翻转实现车型切换。多模式交互机制的基本思想是模块化技术的应用。每个车型本身都有一个框架，并使用滑块完成切换，不同的车辆通过双向滑动模块单元单独拥有不同的模块，该方法理论上可以满足无限模型切换。

　　综上所述，建立一套完善的汽车柔性焊接生产线对于车辆的大批量生产具有重要的意义，它直接影响着汽车的实际生产率和生产质量。

第 4 篇
车身涂装工艺

第**13**章

车身涂装基础

汽车作为主要交通运输工具之一，除意外事故损坏之外，主要损坏是腐蚀与磨损。汽车腐蚀不仅直接影响汽车的质量和寿命，而且腐蚀损坏的零件极易引发交通事故，造成人员伤亡和财产损失。汽车腐蚀还给环境带来污染，并造成材料和能源的巨大浪费。国内外普查资料统计显示，每年因腐蚀而造成的损失占各国 GDP 的 3% ~ 5%，而汽车腐蚀在其中占有相当大的比例。

扫码观看
车身涂装工艺（一）

汽车作为日常耐用品，外观上要求色泽艳丽且经久不变，这不仅是反映汽车质量的一个标志，也有装饰美化的作用，提高了使用效果和商品价值。汽车涂装是提高汽车耐蚀性及装饰性的最有效和最经济的方法，所以涂装是汽车车身制造工艺的一个重要方面。

13.1 车身涂装特点及功能

1. 涂装的概念

涂装是指用涂料装饰产品。汽车涂装工艺是指将涂料均匀涂覆在车身覆盖件表面上并干燥成膜的工艺，是汽车制造的主要工艺之一，可以使汽车在日晒、雨淋、风沙冲击、干湿交替、冷热变换、盐雾与酸雨侵蚀的环境下，具有良好的保光、保色、不粉化、不脱落、不起泡、不锈蚀的能力。因此，汽车涂装工艺越来越受到人们的重视。

2. 涂层的特点

汽车表面的涂层具有以下特点：

1）具有极好的耐候性和耐蚀性，可以适应各种气候条件，使用寿命接近汽车寿命；在苛刻的日晒、风雨侵蚀情况下，保光、保色性好，不开裂、不脱落、不粉化、不起泡；无锈蚀现象。

2）具有极好的施工性能和配套性能。涂料适应于自动喷涂、大槽浸涂、淋涂、静电喷涂或电泳涂装等高效涂布方法；干燥迅速，涂层的烘干时间在 30 ~ 40min；涂层间结合力优良。

3）具有极高的装饰性。涂层色泽鲜艳且多种多样，造型美观，符合消费者的审美要求。

4）具有极好的机械强度。涂膜坚韧且耐磨，可以适应汽车在行驶中的振动和应变。

5）具有能耐汽油、机油和公路用沥青等的作用。浸泡一定时间不产生软化、变色、失光、溶解或印斑等现象，与肥皂、清洗剂、鸟或昆虫的排泄物等接触后不留痕迹。

3. 涂装的功能

涂装一般具有以下几个方面的功能：

（1）保护作用

汽车表面长期暴露在空气中，会受到空气中的水分、气体、微生物、紫外线等的侵蚀。表面涂层能使汽车表面免受周围介质的侵蚀，起防腐蚀、抗老化和耐受各种介质的作用，从而延长其使用寿命。汽车车身采用先进、正确的涂装工艺和优质的涂料进行涂装后，可在各种气候条件下使用 10 年以上。反之，涂装处理不好的车身在湿热条件下，仅使用半年，甚至尚未出厂便会发生严重的锈蚀。

（2）装饰作用

由于涂装可使汽车表面具有色彩、光泽、图案等，使人们产生美和舒适的感觉，能达到美化环境、满足人们审美需求的目的，并提高产品的使用和销售价值。

（3）标志作用

涂料可以做色彩广告标志，利用不同的色彩来表示警告、危险、安全、前进、停止等信号，以提高行车安全。

（4）特殊功能

各种不同的涂料能改变车身的电、热传导性，防止生物附着，反射和吸收光波和声波，产生荧光或夜光，调节乘员心理和生理状态，改善车辆内、外部环境，提高工作效率等。

(13.2) 涂装的三要素

1. 涂装材料

涂料习惯称为油漆，是涂于物体表面能形成具有保护、装饰或特殊性能（如绝缘、防腐、标志等）的固态薄膜的一类液体或固体材料的总称。

涂料是以高分子材料为主体，以有机溶剂或水为分散介质的混合物，该物质涂于表面，可形成一层致密、连续、均匀的薄膜，对机体具有保护、装饰、标识或其他作用。高分子材料是形成涂膜、决定涂膜性质的主要物质，称为主要成膜物质。由于早期的主要成膜物质为植物油，所以通常称为油漆，现在合成树脂已大部分或全部取代植物油，所以统称涂料。

涂装材料的质量和作业配套性是获得优质涂层的基本条件。在选用涂料时，要从涂膜性能、作业性能和经济效果等方面综合衡量，吸取他人的经验，或通过试验来确定。如果忽视涂膜性能，单纯考虑涂料的低价格，会明显地缩短涂层的使用寿命，造成早期补漆或重新涂漆，反而带来更大的经济损失。如果涂料选用不当，即使精心施工，所得涂层也不可能耐久。如内用涂料用作户外面漆，就会早期失光、变色和粉化；又如含铅颜料的涂料涂在黑色金属制品上是好的防锈涂料，而涂在铝制品上反而促进铝的腐蚀。

2. 涂装工艺

涂装工艺是充分发挥涂装材料性能、获得优质涂层、降低涂装生产成本和提高经济效益的必要条件。涂装工艺包括所采用的涂装技术（工艺参数）的合理性和先进性、涂装设备和涂装工具的先进性和可靠性、涂装环境条件以及涂装操作人员的技能和素质等。高级装饰性的汽车车身涂装必须在除尘和供空调风的环境下进行。涂装操作人员的技能熟练程度和责任心是影响涂装质量的人为因素，因此，加强操作人员的培训和提高人员的素质是非常必要的。

3. 涂装管理

涂装管理是确保所制定工艺的实施、确保涂装质量的稳定、达到涂装目的和最佳经济效益的重要条件。涂装管理包括工艺管理、设备管理、工艺纪律管理、质量管理、环境管理、人员管理等。在自动化程度较高、采用先进技术较多的现代化汽车涂装中，严格的科学管理显得非常重要，尤其是从作坊式生产向工业流水生产涂装转移时，注意和加强涂装管理显得更加重要。我国涂装管理与国外的差距较大，应该加强这方面的研究，提高我国的涂装管理水平。

 思考题 13

1. 从保护环境和节约成本方面考虑，简要阐述 21 世纪汽车涂装的发展趋势。
2. 分析我国汽车涂装工业的整体水平现状，总结我国与国外汽车涂装工业存在哪些差距？
3. 简述什么是涂装。对于汽车，涂装有哪些作用？
4. 简述涂装三要素及其内涵。

 拓展阅读 13

我国车身涂装的往日今昔

在我国，汽车工业起步于 20 世纪 50 年代，半个世纪以来，伴随着我国汽车工业发展的坎坷历程，从载货汽车为主发展到今日轿车年产销量超 300 万辆，汽车工业开始成为国民经济的支柱产业，进入了高速发展时期，汽车涂装也从载货汽车车身涂装发展至轿车车身涂装。坚持引进、消化和开发的道路，使我国汽车涂装技术逐步实现现代化。

1956 年前，我国汽车涂装处于手工除锈、手工刷涂阶段；1956 年，一汽从苏联引进的工业化载货车车身涂装生产线建成投产，其工艺水平和涂装用材略高于苏联的水平。

1966—1985 年，随着科技进步，我国科技人员开发阳极电泳涂装以及氨基面漆、"湿碰湿"喷涂面漆工艺，采用了表面活性剂清洗、红外辐射烘干和静电涂装等技术。在 20 世纪 70 年代后期建成了集国内车身涂装技术之大成的二汽车身涂装生产线，标志着我国汽车涂装技术已全面进入阳极电泳阶段。

1983 年，一汽、二汽、济汽从英国 HADEN DRYSYS 公司引进浸式磷化处理、阴极电泳，水旋式喷漆室、推杆式运输链等车身涂装技术，并进行了消化吸收，迅速推广到其他中小型汽车厂，表明我国汽车涂装转入阴极电泳、磷化处理阶段。

1988 年以后至今，我国载货车涂装技术取得更大进步，如东风汽车公司目前有电泳涂装线 20 条，水性浸漆线 4 条，水性漆喷涂线 2 条，在其主力载货车型中环保型涂料用量已达到 45.5%。同时，我国汽车工业发展重点向轿车生产转移，大规模引进和合资兴办现代化轿车生产基地，一汽大众、武汉神龙、上海通用等汽车公司引进的车身涂装线相继投产，采用了全浸式磷化处理、阴极电泳、摆杆式输送系统、机械手自动喷涂车底涂料、集中供排风的大型上送风下排风喷漆室、鸵鸟毛擦净机、高速旋杯式自动静电喷涂机（ESTA）、带废气处理燃烧炉（TAR）的门字形烘干炉、中央控制、节能和防止公害等国际上先进的车身涂装技术和装备，使我国汽车涂装的工艺水平和自动化程度进入世界先进行列。

进入 21 世纪，环境保护备受全球关注，并已成为人类最迫切的研究课题。汽车及其零部件的涂装是汽车制造过程中产生三废排放最多的环节之一，所以减少涂装公害、降低涂装成本和提高涂装质量一直是涂装技术发展的主题。近几年，许多国家围绕质量、环保、成本在新工艺、新技术等方面的发展十分显著。例如，环保型涂装材料的发展，使得 VOC（挥发性有机化合物）的排量大幅度降低。虽然传统有机溶剂型涂料还在使用，但环保型涂装材料近几年来已越来越受欢迎，典型的 3C3B 涂装工艺在应用环保型涂料前后 VOC 排放量从 $120g/m^3$ 下降到 $30g/m^3$ 以下，最低可降到 $12 \sim 13g/m^3$。

虽然我国汽车涂装技术与国际水平的差距在不断缩小，但发展并不均衡。就涂装质量保证而言，大型轿车生产企业已经达到国际水平，但综合比较仍有一些差距，主要体现在清洁生产技术方面。就汽车涂装生产关键装备技术而言，我国国产装备在短时间内还无法达到国际先进水平。

第 **14** 章

汽车车身用涂料

14.1 概述

扫码观看
车身涂装工艺（二）

14.1.1 涂料的组成

涂料虽然种类繁多，但均是由油料、树脂、颜料、稀料（溶剂和稀释剂）、催干剂和其他辅助材料等多种原料组成的。

1. 主要成膜物质

主要成膜物质是指能黏附在汽车表面上成为涂膜的主要物质，没有它涂膜就不能牢固地附着在汽车表面。因此，它们是构成涂料的基础，称为基料、漆料或漆基。在涂料中，作为主要成膜物质的有油料和树脂两大类。以油料作为主要成膜物质的涂料，习惯上称为油性涂料，也称油性漆；以树脂作为主要成膜物质的涂料，称为树脂涂料，也称树脂漆。如以酚醛树脂或改性酚醛树脂为主要成膜物质的涂料称为酚醛树脂漆；以油和一些天然树脂合用为主要成膜物质的涂料称为油基涂料，也称油基漆。

（1）油料

油料是主要成膜物质之一，包括植物油和动物油，主要来源于植物的种子和动物的脂肪，其主要组成是甘油三酯。植物油有干性油（桐油、亚麻仁油、梓油、苏子油等），动物油有鲨鱼肝油、带鱼油、牛油等。

以植物油为基料的油性漆，有很好的韧性、气密性、水密性，有坚固的附着力及很好的耐候性。

（2）树脂

树脂是由许多有机高分子化合物互相溶合而成的混合物。涂料中使用树脂能提高涂膜在硬度、光泽、耐水、耐酸碱等方面的性能。

树脂根据来源可分为：自然界的天然树脂，主要有松香、动物胶（虫胶、干酪素等）、天然沥青等；用天然高分子化合物加工制得的人造树脂，主要有松香衍生物、纤维衍生物、环氧树脂等；用化工原料合成的合成树脂，如酚醛树脂等。在涂料中使用的树脂品种以合成树脂最为常见。

2. 颜料

颜料是涂料中的着色物质，同时又具有遮盖底层、阻挡光线、提高涂膜性能等作用。颜料是不溶于水的无机物，如金属及非金属元素的氧化物、硫化物及盐类。此外，也有一些有机颜料。颜料一般分为着色颜料、防锈颜料、体质颜料三种。

（1）着色颜料

着色颜料是品种最多的颜料，它不溶于水和油，具有美丽的颜色、良好的附着力和遮盖力，在涂料中起着色和遮盖物体表面的作用。

（2）防锈颜料

防锈颜料具有特殊的防锈能力，用在涂料中涂在金属表面上，可阻止金属的锈蚀，甚至涂膜略为擦破也不致生锈。

（3）体质颜料

体质颜料可以增加涂膜厚度，加强涂膜的体质，使涂膜经久、坚硬、耐磨，但它没有遮盖力与着色力。体质颜料大部分是天然产品和工业上的副产品。在涂料中使用体质颜料，不仅可以降低成本，同时还有提高质量的作用。

上述颜料具体分类见表 14-1。

表 14-1　颜料分类

分类			名称
着色颜料	无机颜料		铬黄、铁红、铁蓝、钛白、铁黑、铬绿等
	有机颜料		耐晒黄、甲苯胺红、酞菁蓝、苯胺黑等
防锈颜料	物理性防锈颜料	非活性	氧化铁红、铝粉性、石墨性
		活性	氧化锌碱性、碳酸铅性、碱性硫酸铅性
	化学活性防锈颜料		红丹、锌铬黄、铬酸钡钾
			碱性铅黄、铅酸钙、碳氮化铅、锌粉、铝粉
体质颜料	碱性金属盐		硫酸钡、碳酸钙、硫酸钙
	硅酸盐		滑石粉、瓷土、石棉粉
			云母粉、硅石粉、硅藻土

3. 辅助成膜物质

辅助成膜物质是对涂料变成涂膜的过程（施工过程）或对涂膜性能起一些辅助作用的物质。它不是涂膜的主体，不能单独构成涂膜。这种成分的原料包括稀料和辅助材料两大类。

辅助成膜物质在涂料中的作用概括起来主要有以下几点：

1）改进涂料性能，如缩短涂料烘烤或常温下的干燥时间，防止涂料储存过程中的沉淀、胶化、结皮等。

2）提高涂层的性能，如增强涂层的柔韧性、耐候性，提高对紫外线和热的稳定性，防止涂层在潮湿环境中长霉，增强或减弱涂层的光泽等。

3）改善生产工艺，如使颜料在涂料中提高分散度，减少制漆的研磨等。

4）改善施工工艺，如使涂料能适应潮湿或某些特定条件下施工等。

5）防止涂层发生病态，如使涂膜易于流平、光滑，防止起皱、橘皮、麻点、起霜等。

稀料用来溶解及稀释涂料，以利于施工应用。按作用可将稀料分为三种：溶剂、助溶剂和稀释剂。溶剂是涂料中的挥发成分，它的主要作用是能够充分溶解漆膜中的树脂，使涂料能正常涂抹。优质的溶剂能改善面漆的涂抹性能和漆膜特性，增强光泽，减小涂层网纹，从而减少抛光工作量，同时也有助于更精确地配色。助溶剂的作用是调节树脂溶液的黏度，提高涂料的稳定性，改善涂料的流平性和外观性，以及增加树脂在水中的溶解度。助溶剂一般用丁醇、乙醇或丁基溶纤剂。稀释剂用来调节涂料的黏度，以利于施工。

14.1.2　涂料的分类和命名

1. 涂料的分类

涂料产品以主要成膜物为主线，可分为建筑涂料和其他涂料两大主要类型。建筑涂料的主要产品类型见表 14-2。其他涂料的主要产品类型（即按成膜物分类）见表 14-3。

表 14-2　建筑涂料的主要产品类型

序号	类别	主要产品类型
1	墙面涂料	合成树脂乳液内墙涂料、合成树脂乳液外墙涂料、溶剂型外墙涂料、其他墙面涂料
2	防水涂料	溶剂型树脂防水涂料、聚合物乳液防水涂料、其他防水涂料
3	地坪涂料	水泥基等非木质地面用涂料
4	功能性建筑涂料	防火涂料、防霉（藻）涂料、保温隔热涂料、其他功能性建筑涂料

表 14-3　其他涂料的主要产品类型

序号	类别	主要产品类型
1	油脂漆类	天然植物油、动物油（脂）、合成油等
2	天然树脂漆类	松香、虫胶、乳酪素、动物胶及其衍生物等
3	酚醛树脂漆类	酚醛树脂、改性酚醛树脂等
4	沥青漆类	天然沥青、焦油沥青、石油沥青等
5	醇酸树脂漆类	甘油醇酸树脂、季戊四醇醇酸树脂、改性醇酸树脂等
6	氨基树脂漆类	三聚氰胺甲醛树脂、脲醛树脂及其改性树脂等
7	硝基漆类	硝基纤维素
8	过氯乙烯树脂漆类	过氯乙烯树脂
9	烯类树脂漆类	聚二乙烯乙炔树脂、聚多烯树脂、聚乙烯醇缩醛树脂、聚苯乙烯树脂、含氟树脂等
10	丙烯酸酯类树脂漆类	热塑性、热固性丙烯酸酯类树脂
11	聚酯树脂漆类	饱和、不饱和聚酯树脂

（续）

序号	类别	主要产品类型
12	环氧树脂漆类	环氧树脂、环氧酯、改性环氧树脂
13	氨酯树脂漆类	聚氨酯树脂
14	元素有机漆类	无机硅、氟碳树脂等
15	橡胶漆类	氯化橡胶、氯丁橡胶、环化橡胶、丁苯橡胶、氯磺化聚乙烯橡胶等
16	其他成膜物类涂料	无机高分子、聚酰胺树脂、二甲苯树脂等

2. 涂料的命名

涂料产品名称为颜色（或颜料）名称+成膜物质名称+基本名称。颜色包括红、黄、蓝、白、黑、绿、紫、棕、灰等，需要时在颜色前加深、中、浅（或淡）等词。若颜料起显著作用，则可用颜料名称代替颜色名称，如铁红、锌黄、红丹等。

成膜物质名称可适当简化，如环氧树脂简化为环氧，硝基纤维素简化为硝基，聚氨基甲酸酯简化为聚氨酯等。

涂料中含多种成膜物质时，用起主要作用的成膜物质命名。必要时可用两种或三种成膜物质命名，主要成膜物质名称在前，次要成膜物质名称在后，如黑环氧硝基磁漆。

基本名称表示涂料的基本品种、特性和专业用途。涂料的基本名称见表 14-4。

表 14-4　涂料的基本名称

类别	基本名称
按涂料性能	清油、清漆、厚漆、调合漆、磁漆、底漆、腻子、粉末涂料、大漆、乳胶漆、水性漆、电泳漆、光固化涂料、胶液等
按涂层性能	透明漆、锤纹漆、裂纹漆、皱纹漆、闪光漆、防腐漆、防锈漆、保温隔热漆、耐热涂料、耐酸漆、耐碱漆、可剥涂料、高温涂料、耐油漆等
按涂料产品用途	铅笔漆、罐头漆、木器漆、家电涂料、自行车涂料、玩具涂料、机床涂料、工程机械涂料、农机涂料、锅炉漆、汽车涂料、汽车修补漆、集装箱涂料、铁路车辆涂料、黑板漆、塑料漆、涂布漆等
船用涂料	壳漆、甲板漆、甲板防滑漆、船底防锈漆、水线漆、船底防污漆、车间底漆、油舱漆、饮水舱漆、油水舱漆、货舱漆、轮机漆、化学品舱漆等
建筑涂料	内墙涂料、外墙涂料、防水涂料、防火涂料、地坪涂料、防霉涂料、烟囱漆、桥梁漆、道路标志涂料、卷材涂料等

14.1.3　车身油漆涂层的分组

在行业标准中，汽车油漆涂层根据汽车零部件的使用条件和对涂层质量要求的不同，共分 10 个组，即 TQ1~TQ10，每组又分若干等级，并提出了各组涂层的主要质量标准，也推荐了配套油漆材料及涂饰工艺。其中，车身组分两等，轿车车身组分两等，车厢组分两等，车内装饰件组只有一等，见表 14-5。

表 14-5　汽车车身油漆涂层分组

涂层代号	分组名称	级别	油漆涂层名称	用途举例
TQ1	车身组	甲	优质装饰保护性涂层	货车驾驶室及覆盖件
		乙	一般装饰保护性涂层	
TQ2	轿车车身组	甲	高级装饰性涂层	高级轿车车身及覆盖件
		乙	优质装饰保护性涂层	中级轿车车身及覆盖件
TQ3	车厢组	甲	防腐、装饰性涂层	金属车厢
		乙	防腐、装饰性涂层	木制车厢
TQ10	车内装饰件组			客车、货车内饰件

14.2 车身用底漆

14.2.1 车身用底漆的特点

底漆是涂布在经过表面处理的白车身表面上的第一层漆，是整个涂层的基础。它是车身防锈蚀的关键涂层。

底漆必须具备下列特性：

1）应具有极强的附着能力和结合力，能牢固地附着在车身表面，还能与腻子或面漆牢固结合。

2）底漆涂膜应具有较高的机械强度、适当的弹性和一定的韧性，当车身覆盖件膨胀或收缩时不致脆裂脱落。

3）应与中间涂层或面漆涂层有良好的配套性和良好的施工性。应能适应汽车涂装工艺和大量流水生产的要求。

14.2.2 车身常用底漆

车身用底漆的品种甚多，按"汽车油漆涂层"的分组，底漆可以分为优质防腐蚀性涂层、高级装饰性涂层、一般装饰保护性涂层、一般防锈蚀保护性涂层底漆。按底漆使用漆料的不同分组，例如用醇酸漆料制成的底漆称为醇酸底漆等。又因底漆中含的颜料有铝、锌等金属氧化物，所以底漆又带有颜料的名称，如铁红酚醛底漆、锌黄醇酸底漆、环氧富锌底漆等。

此外，铁红锌黄环氧底漆也很常用，这种底漆适用于湿热带地区的保护性涂层及高级轿车、客车的装饰性涂层。其漆膜坚硬耐久，附着力好。铁红环氧底漆适用于黑色金属，锌黄环氧底漆适用于有色金属打底。对于黑色金属或经氧化处理的轻金属表面，先经磷化处理或涂磷化底漆，再涂这种底漆，则效果更好。这种漆可与硝基外用磁漆、氨基烘漆等配套使用。此底漆先用二甲苯稀释到操作黏度，可喷、刷或浸涂，使用时搅拌均匀。在室温下自干12h 或在 60℃高温房内烘干 1h，然后涂腻子或面漆。

在汽车车身底漆涂料的应用上，阴极电泳底漆、阳极电泳底漆和有机溶剂型底漆是应用较广泛的三种底漆，下面分别做简要介绍。

1. 阴极电泳涂料

电泳涂料有如下优点：

1）电泳涂料用水作为溶剂，避免了用有机溶剂易中毒和可能引发火灾等危险，大大改善了劳动条件。

2）从根本上消除了漆雾，涂料利用率高，可达 90% ~ 95%。

3）施工速度快，可实现机械化和自动化连续操作，提高劳动生产率，减轻劳动强度。

4）涂层质量好，涂膜均匀，附着力强。一般涂装方法不易涂到或涂不好的地方（如工件内腔、凹缘、锐边、焊缝等处），都能获得均匀、平整、光滑的涂膜。

但是电泳涂料也存在如下缺点：

1）设备较复杂，投资费用较高。

2）只限于在导电的被涂物表面上涂漆。

3）烘烤温度较高，耗电量稍大。

4）不易变换涂料颜色，废水必须进行处理。

目前阴极电泳底漆有美国 PPG 体系双组分水乳液型和德国 Hoechst 体系单组分或双组分水溶液型两大体系。其他涂料公司都是引进这两家公司的技术或再开发自己的体系，如日本关西涂料公司。

阴极电泳涂料所用成膜聚合物是阳离子型树脂。在树脂骨架中含有多个氨基。中和剂为有机酸，如甲酸、乳酸等。阴极电泳涂料在水中离解成阳离子的聚合物，最常用的树脂有环氧树脂和聚酰胺树脂等。

阴极电泳涂膜性能要求：平整光滑，膜厚稳定，硬度、附着力、弹性、冲击强度等性能优越，耐蚀性优良，耐盐雾性按 GB/T 1771—2007，一般不低于 720h；周期耐蚀性为 30 或 60 循环；锐边的耐蚀性优良。

阴极电泳涂料施工性要求：泳透力要高，加热减量低；槽液稳定，槽液中有机溶剂含量 <2.5%；烘干时间短，与中涂底漆及面漆配套性好。阴极电泳涂料性能指标见表 14-6。

表 14-6　各类阴极电泳涂料的性能指标

项目		等级		
		优质防腐级	良好防腐级	一般防腐级
		适用于轿车底盘级和车轮级	适用于 TQ4 甲和 TQ2 甲	适用于 TQ4 和 TQ3 中型轻车厢
原漆	在容器中的状态	无异味，无明显分层，易搅起	无异味，无明显分层，易搅起	无异味，无明显分层，易搅起
	黏度	适宜	适宜	适宜
	固体分（%）	单组分 50~70，双组分 36~56	单组分 50~70	单组分 50~70
	细度/μm	≤15	≤25	≤30
	颜色	各色	各色	各色
	沉淀性	适用于双组分乳液，120h 不分层，无絮状物析出	适用于双组分乳液，120h 不分层，无絮状物析出	适用于双组分乳液，120h 不分层，无絮状物析出

（续）

项目		等级		
		优质防腐级	良好防腐级	一般防腐级
		适用于轿车底盘级和车轮级	适用于 TQ4 甲和 TQ2 甲	适用于 TQ4 和 TQ3 中型轻车厢
工作液及性能	固体分（%）	17~20	17~20	17~20
	pH	5.8~6.9	5.8~6.9	5.8~6.9
	电导率/$\mu S \cdot cm^{-1}$	800~2000	800~2000	800~2000
	颜基比 P/B	0.1~0.6	0.1~0.6	0.1~0.6
	溶剂质量分数（%）	2~4	2~4	2~4
	MEQ/mmol	单组分 40~60，双组分 25~35	双组分 25~35	双组分 25~35
	库仑效率/$mg \cdot C^{-1}$	≥30	≥25	≥20
	泳透力（%）	≥85	≥75	≥65
	L-效果	水平面平整光滑，与垂直面无明显差别	水平面平整光滑，与垂直面无明显差别	水平面平整光滑，与垂直面无明显差别
	施工电压/V	150~350	150~350	150~350
	电泳时间/min	2~3	2~3	2~3
	干燥性能	(170~180)℃×(20~30)min	(170~180)℃×(20~30)min	(170~180)℃×(20~30)min
	加热减量（%）	≤4	≤4	≤4
	再溶解性	≤10%，外观无明显变化	≤10%，外观无明显变化	≤10%，外观无明显变化
	使用稳定性	敞口搅拌，4周后各项性能无明显变化	敞口搅拌，4周后各项性能无明显变化	敞口搅拌，4周后各项性能无明显变化
漆膜性能	外观	平整光滑	平整，允许轻薄橘皮	平整，允许轻薄橘皮
	膜厚/μm	≥28	≥18	≥18
	冲击强度/$N \cdot cm$	≥392	≥490	≥490
	附着力/级	≤25	≤1	≤1
	杯突/mm	≥5	≥5	≥5
	抗石击性/级	≤2	≤2	≤2
	柔韧性/mm	≤3	≤1	≤1
	光泽（%）	40~80	40~80	40~80
	耐碱性/h	≥24	≥8	≥8
	耐酸性/h	≥24	≥8	≥8
	耐盐雾性/h	≥1000	≥800	≥720
	交变腐蚀试验（循环）	≥30	≥25	≥20

以阴极电泳环氧树脂/氨基树脂体系为例，经中和而得到稳定的树脂体系，加入适当交联剂，PVC 通常为 10% 左右，在烘烤（165～180℃）后获得良好涂膜。

2. 阳极电泳涂料

阳极电泳涂料所采用的成膜聚合物为阴离子型树脂，常用的都是多羧基聚合物。中和剂为无机碱和有机胺，如 KOH、乙醇胺、乙胺等。阳极电泳涂料在水中离解成为阴离子聚合物，常用的有纯酚醛阳极电泳涂料、聚丁二烯阳极电泳涂料、顺酐化油阳极电泳涂料等。各类阳极电泳涂料特性见表 14-7。

表 14-7　各类阳极电泳涂料主要性能指标

项目		等级	
		优质防腐级	良好防腐级
原漆	固体分（%）	≥40%	≥40%
	细度/μm	≤30	≤40
	储存稳定性	0～35℃（下半年）	0～35℃（下半年）
工作液及性能	固体分（%）	11±1	14.5±0.5
	pH	7.5～8.5	8～9
	电导率/μS·cm^{-1}	700～2000	<3000
	施工电压/V	150～300	80～180
	泳透力（%）	≥50	≥15
	库仑效率/mg·C^{-1}	≥15	≥15
	破裂电压/V	≥300	≥180
	干燥性能	（170～180）℃×（20～30）min	180℃×30min
漆膜性能	外观	平整光滑	平整光滑，允许轻微橘皮
	膜厚/μm	20±2	≥15
	L-效果	水平与垂直面无明显差别	水平与垂直面无明显差别
	弹性/mm	≤3	≤3
	冲击强度/N·cm	490	≥392
	附着力/级	≤2	≤2
	光泽（%）	40～80	40～80
	杯突/mm	≥5	≥5
	耐盐雾性/h	≥360	≥240

3. 有机溶剂型底漆

汽车用有机溶剂型底漆的主要基料为醇酸硝基、酚醛及环氧等合成树脂，涂装方法有喷涂和浸涂两种。醇酸树脂底漆之中，短油度改性的甘油苯二甲酸树脂为主要基料，典型代表如铁红醇酸树脂底漆。这类底漆有较强的附着力、力学性能和耐热老化性，价格便宜，但耐潮湿性差、漆膜硬度低。在汽车上常用的有机溶剂底漆情况见表14-8。

表14-8　在汽车上常用的有机溶剂底漆

项目		铁红醇	铁红酚醛底漆	铁红或锌铬黄 环氧底漆	双组分环氧底漆	磷酸锌 环氧脂底漆
颜色及外观		铁红色、无杂质	铁红色、无杂质	铁红色、锌黄色	铁红色、锌黄色	铁红色、黑色
黏度/s		≥60	50~60	≥50		>60
细度/μm		≤50	≤50	≤50		≤50
固体分（%）		≥50		≥45	65±2	≥50
干燥条件	表干	室温24h	4h		4h	<2h
	实干	室温24h	18h	24h	24h	<6h
	烘干	105℃×0.5h	105℃×0.5h	120℃×0.5h		105℃×0.5h
漆膜外观		平整光滑， 无漆膜弊病	平整光滑， 无漆膜弊病	平整光滑， 无漆膜弊病	平整光滑， 无漆膜弊病	平整光滑， 无漆膜弊病
硬度		≥0.3	≥0.35	≥0.4		
柔韧性/mm		1	1	1	1	1
冲击强度/N·cm		490	490	490	490	490
附着力/级		1	2	1		1
耐盐水性（3%NaCl）		24h 不起泡， 不生锈	24h 不起泡， 不生锈	48h 不起泡， 不脱落	浸 15 天， 不起泡，不脱落	7 天不起泡， 不脱落

 14.3 车身用中间层涂料

14.3.1　车身用中间层涂料的特点

中间层涂料是指底漆层与面漆层之间的涂层涂料。它主要用来改善被涂工件表面或底漆层的平整度，对物体表面微小的不平处有填平能力，如用来填平涂过底漆表面的划痕、针孔和麻点等缺陷，为面漆层创造优良的基底，增加底漆层和面漆层的结合力，提高整个涂层的外观质量。对于表面平整度和装饰性要求不高的汽车车身，在大量流水线生产中，常去掉中间涂层，以简化工艺。但对于装饰性要求高的乘用车，有时采用下面几种中间层涂料：通用底漆（又称底漆二道浆）、二道浆（又称喷用腻子）、腻子（俗称填密）和封底漆。

中间层涂料应具有以下特性：

1）应与底漆、面漆层配套良好，涂层之间的结合力强，硬度适中，不产生被面漆的溶剂咬起（一种涂装缺陷）的现象。

2）应具有较强的填平性，能消除被涂漆表面的浅纹路等微小缺陷。

3）打磨性能良好，在湿打磨后能得到平整光滑的表面；能高温烘干，烘干后干性好，再打磨时不粘砂纸。

4）涂层不应在潮湿环境下起泡。

为保证涂层间的结合力和配套性，中间层涂料所选用的漆基应与底漆和面漆所用的漆基相仿，其差异逐步由底向面过渡，最好选用同一家公司的产品。

14.3.2　常用车身用中间层涂料

中间层涂料的种类较多，主要有环氧树脂、氨基醇树脂和醇酸树脂漆。常见车身用中间层涂料见表 14-9。

表 14-9　常见车身用中间层涂料

名称	施工方法	性能	施工注意事项	应用
醇酸二道底漆，又称醇酸二道浆	涂料用二甲苯兑稀后喷涂，与醇酸底漆、醇酸磁漆、醇酸腻子、氨基烘漆等配套使用	漆膜细腻，容易打磨，打磨后平整光滑	喷涂后可常温干燥。若喷涂后放置 0.5h，再在 100～110℃温度下烘烤 1h，可提高漆膜性能	多用其喷涂在底漆和腻子的表面上，或只有底漆的金属上，填平微孔和砂纹
环氧树脂烘干二道底漆	施工以喷涂为主，用二甲苯调稀	填密性良好，可填密腻子孔隙、细痕，也易打磨	漆膜烘干后可用水砂纸打磨，使底层平滑	作为汽车车身封闭底漆
过氯乙烯二道底漆，又称过氯乙烯封闭漆	适宜喷涂，用 X-3 过氯乙烯稀释剂和 F-2 过氯乙烯防潮剂调整黏度，除防潮外还可防止发白。可与过氯乙烯底漆、腻子、磁漆、清漆等配套使用	可填平微孔和砂纹，打磨性较好，能增加面漆的附着力和丰满度		用来作为头道底漆和腻子层上的封闭性底漆

 车身用面漆

14.4.1　车身用面漆的要求

汽车面漆是汽车车身覆盖件多层涂层中最后涂层用的涂料，汽车的装饰性、耐候性、耐潮湿性和抗污性等性能要求主要靠面漆实现。在汽车车身生产中，尤其在乘用车生产中，对汽车用面漆的质量要求非常高，具体要求如下：

1）外观装饰：保证汽车车身具有高质量的、优美的外观，具有光彩亮丽的外观装饰性。

2）硬度和抗崩裂性：面漆涂膜应坚硬耐磨，以保证涂层在汽车行驶中经受路面沙石的冲击和在擦洗车身时不产生划痕、裂纹。

3）耐候性：按有关标准，要求汽车用面漆涂层在热带地区长期暴晒不少于12个月后，只允许极轻微的失光和变色，不得有起泡、开裂和锈点。

4）耐潮湿性和耐蚀性：涂过面漆的工件浸泡在40~50℃的温水中，或暴露在相对湿度较高的空气中，面漆应不起泡、不变色或不失光。整个涂装体系具有较强的耐蚀性。

5）耐药剂性：面漆涂层在使用过程中，若与蓄电池酸液、润滑油、制动液、汽油、各种清洗剂和路面沥青等直接接触，擦净后接触面不应变色或失光，也不应产生带色的印迹。

6）施工性：在大量流水线生产中，面漆的涂布方法采用自动喷涂或静电喷涂，烘干温度一般为120~140℃，时间以30~40min为宜。在装饰性要求高时，面漆涂层应具有优良的抛光性能，这样能满足汽车在使用中对漆面光泽度翻新的要求。

14.4.2 车身用面漆的分类

汽车车身用面漆的种类很多，按其成分主要有表14-10所列的几大类。

表 14-10　车身用面漆的分类

名称	组成	性能	施工注意事项	应用
丙烯酸清烘漆	甲基丙烯酸酯，丙烯酸酯，β-烃乙酯，三聚氰胺甲醛树脂，增韧剂，苯、酮类溶剂	漆膜有较好的光泽、硬度、丰满度，以及防湿热、防盐雾、防霉变的性能，保色、保光性极好	供各色丙烯酸烘漆罩光用	用于轿车车身
各色丙烯酸烘漆	加颜料，其余与丙烯酸清烘漆组成相同	热固性漆，烘干后漆膜丰满，光泽及硬度良好，保色和保光性极好，三防性能好	用各色丙烯酸烘漆并掺入质量分数为50%~70%的丙烯酸清烘漆喷涂罩光，作为最后工序	用于光泽要求高及三防性能好的轿车车身
氨基清烘漆	氨基树脂，三羟甲基丙烷醇酸，丁醇二甲苯	漆膜坚硬，光泽平滑，耐潮及耐候性好	作为各色氨基烘漆罩光用	用于轿车室外金属表面罩光
各色氨基烘漆	氨基树脂，三羟基丙烷，脱水蓖麻油，醇酸树脂，有机溶剂	漆膜坚硬度高，光亮度好，漆膜丰满，耐候性优良，附着力好，抗水性强	与电泳底漆环氧树脂底漆配套，进入烘干室烘干前应在常温下静置15min	用于中级轿车车身
各色醇酸磁漆	植物油改性醇酸树脂，颜料，加少量氨基树脂，催干剂，二甲苯	较好的耐候性，附着力、耐水耐油性能也较好	加少量氨基树脂起防皱作用，故可一次喷涂较厚。烘干温度120~130℃，时间30min	用于汽车驾驶室表面涂布
硝基磁漆	低黏度硝化棉，有机硅改性，椰子油醇酸树脂，氨基树脂，增韧剂，溶剂（酯、醇、苯）	漆膜光亮平滑、坚硬、丰满、耐磨，耐温变及机械强度较好，户外耐久性好	面漆层总厚度控制在100μm以内，在100~110℃烘1h，可提高耐温变性	用于中、高级轿车车身

思考题 14

1. 质量良好的车身用涂料应具备哪些特点？

2. 常用的涂料分类方法有哪些？其中使用最广泛的分类方法是哪种？

3. 简述阴极电泳涂料的施工性要求和原漆的性能指标。

4. 在选择车身用面漆或制定面漆技术条件时，有哪些具体要求？

 拓展阅读 14

环境友好的新型涂料

由于现代工业的发展，工业三废危害日趋严重。在涂料工业中，发展低公害的涂料可减少在施工时造成的污染。其中污染来源主要是涂料中的有机溶剂，少用或不用有机溶剂造漆是解决污染问题的关键，同时在涂饰过程中对烘干室中的废气进行燃烧，将热能再利用于烘干炉中，不向外界排放有害烟气。

目前正在发展中的新型涂料有水性涂料、粉末涂料、溶剂置换型涂料、高固体分涂料、非水分散体涂料等，其中以水性涂料及粉末涂料最有发展前途。

（1）水性涂料

水性涂料是以水作为溶剂的涂料，又称为水稀释性涂料。自 20 世纪 60 年代以来，水性电泳底漆已被汽车行业普遍采用，但作为水性面漆只是最近几年才开始进入实用阶段。因为水性面漆的一些缺点，直到 20 世纪 70 年代才得以逐步克服。

水溶性涂料是水性涂料的一种，其树脂的分子量在 5000~10000，这些树脂与常用的醇酸树脂、环氧树脂、丙烯酸树脂相似，是以少量的有机胺使其水溶，并配以一定比例的有机溶剂，在干燥过程中，胺与溶剂挥发掉，随即进行交链反应，并转化成耐水的涂膜。水溶性涂料可以用浸、喷、淋等方法施工。电泳涂漆也包括在这类涂料中。其中阴极电泳漆是最新研究成果，具有漆膜均匀、附着力强、材料利用率高、生产率高、减少了空气污染等优点。

尽管电泳涂漆也存在着设备较复杂、投资费用大、烘烤温度较高、耗电量稍大、只限于在导电的被涂物表面上涂漆等缺点，但 20 世纪 60 年代末期以来电泳涂漆的发展是惊人的，世界各国汽车工业的汽车车身底漆几乎都采用了电泳涂漆。

除水溶性涂料以外，水乳胶涂料和胶体分散涂料也属于水性涂料，这两种涂料是更新型的涂料。

（2）粉末涂料

粉末涂料是一种无溶剂涂料，粉末涂饰彻底排除了油漆本身所含的溶剂，因而用粉末涂料代替历来采用的油漆是防止公害（有机溶剂污染大气）的有效措施之一。世界各国都认为粉末涂饰工艺是涂饰工艺的一次"革命"。粉末涂料不含有机溶剂，因而由有机溶剂引起的苯中毒、污染大气、火灾等弊病也就消除了，能一次涂装得很厚，可减少涂布次数，简化工艺，还具有抗化学腐蚀性、耐候性、材料利用率高、容易实现涂饰自动化等优点。

当然粉末涂料也有缺点，例如：固化温度较高，至少在130℃以上；更换涂料的颜色比较困难；少量生产时，成本较高。

粉末涂料主要分热塑性和热固性两大类。热塑性粉末涂料包括：尼龙、聚乙烯、聚丙烯、聚氯乙烯、醋酸丁基纤维素与聚酯等，热固性粉末涂料则以环氧为代表。在汽车工业中，使用的粉末涂料主要是环氧、聚酯和丙烯酸，其中以环氧粉末涂料用得最广泛。环氧粉末涂料对金属具有良好的附着力，硬度和耐磨性也很好，而且弹性与冲击强度等性能良好，耐各种化学试剂的性能尤其突出。但其因耐候性较差，容易粉化和变色，故一般仅作为底漆层使用。

回顾历史，汽车涂装经过了100多年的发展，由最初的作坊式涂装发展到适应于现代大量流水线生产的典型的工业涂装，尤其在近20年里，经历了多次质的变革。以汽车车身涂装为例，漆前处理磷化、涂底漆阴极电泳涂装实现全自动化，其中涂面漆实现了静电自动喷涂、计算机智能化控制技术等高科技的应用，使汽车涂装成为高度自动化和现代化的工艺。涂层质量（外观装饰性和耐蚀性等）跟上了时代潮流的要求，达到甚至超过了汽车的使用寿命。涂装工艺已经成为轿车制造的主要工艺之一，得到人们的普遍重视。

第15章

涂装前表面处理

 15.1 漆前表面处理概述

扫码观看
车身涂装工艺（三）

1. 处理目的

车身表面上的各种污物会造成涂层干燥不良、起泡、龟裂、剥落等问题，直接影响涂层的附着力、装饰性及使用寿命等。特别是锈层，如果带锈涂装，锈蚀仍然在涂层底下蔓延，使得涂装完全失去意义。

为增加金属表面与涂料层间的结合力，提高涂层的质量，延长涂层的使用寿命，在涂漆前必须充分除去车身表面上的各种污物，在金属表面生成一层不溶于水的磷酸盐薄膜，为涂层提供一个良好的基底，这就是涂漆前表面处理的目的。

2. 处理内容

车身表面的主要污物之一是油污。汽车的主要部件是由钢铁等材料制成的，为了防止生锈，在加工、储运过程中常用以矿物油或动、植物油为基础成分并加有各种有机添加剂或无机物质进行保护，这些保护油是汽车零部件表面油污的主要来源。油污的存在，会影响酸洗除锈和磷化质量，即便车身表面经过清洗、除锈、修补等工序，但钣金修复后留下的污物、工具上的油污以及未去除的部分旧油漆，若在涂底漆前不清除干净，必将影响涂装中涂层的干燥性，并降低涂层的附着力，甚至在面漆喷涂后，还会出现脱落或起皮现象。因此，上漆前一定要先进行除油。

铁锈是车身表面的另一主要污物。它是钢板表面生成的氧化物和氢氧化物，若涂层下存在铁锈，会加速涂层下金属的腐蚀过程，铁锈与金属结合得不牢，脱落时会导致涂层的破坏。试验表明，不经除锈处理的涂层，经过两年的自然露晒后，涂层生锈腐蚀率达60%，而经过喷沙、磷化处理的表面涂层仅有个别锈点。因此在涂漆前必须清除铁锈。

此外，须在涂漆前清除的还有焊渣、其他酸碱等污物及由于加工条件和周围环境所引起的黏附性灰尘等，它们的存在也直接影响涂层的附着力、保护性能和涂层的使用寿命。

车身表面涂漆前的表面处理方法，必须根据表面污物的性质及污染程度、被涂金属的种类、制品表面粗糙度以及最后涂层的作用来选择。油污清除的难易程度与油污的组成成分有关，动、植物油可用皂化、乳化和溶解作用去除，矿物油不能皂化，主要靠润湿、乳化、分散等作用去除。通常，黏度越大、熔点越高的油污越难清洗；极性较强的油污，由于对金属表面的附着力强，较难清洗；因长期存放或高温烘烤形成的氧化性干膜，很难清洗；带有固体微粒的润滑剂、研磨剂、抛光膏等的清洗也很困难。对于难以清洗的油污，需采用增强化学反应、加强物理机械作用或提高清洗温度等措施来清除。这些处理方法具体来说包括脱脂、除锈和磷化三大部分。其中除锈所用的主要方法酸洗，一般在板料冲压之前进行。

15.2 脱脂清洗处理

将车身制件金属表面的油脂除掉的过程称为脱脂。由于油污的情况较复杂，有各种类型，因此其处理方法、去除工艺也各不相同。

根据油污的性质及所玷污的程度，工业上常用的脱脂方法可分为物理机械方法和物理化学方法两大类。借助于机械作用的脱脂，例如擦抹法、喷砂法和超声振荡法等都属于物理机械方法，这在汽车车身表面处理中用得较少。

下面介绍车身表面处理中常用的几种物理化学方法。

15.2.1 碱液清洗脱脂法

碱液清洗脱脂法在汽车车身涂装前处理中应用较广泛，它使用了合成洗涤剂和表面活性剂，生命周期较长，性能稳定，易于控制和处理，适应范围广。虽然近年来各种新型的脱脂材料及工艺得到发展，但由于碱液脱脂法简单且成本低廉，故仍在金属表面清洗脱脂法中占优势地位。

（1）碱液脱脂的机理

碱液清洗脱脂法主要是通过皂化作用、乳化作用和分散作用来完成脱脂过程的。

1）皂化作用。油污中的动植物油脂大多是由不同高级脂肪酸组成的混合酯。当有碱类存在时，这些酯类与水共热可发生水解，如油脂与碱类中的 NaOH 水溶液共热即发生水解反应，生成高级脂肪酸，而 NaOH 立即与其反应生成溶解于水的脂肪酸钠盐，即肥皂和甘油。这样就完成了脱脂过程。因其反应生成物是肥皂，所以一般又称为皂化反应。如硬脂酸甘油酯与 NaOH 发生的反应为

$$(C_{17}H_{35})_3C_3H_5 + 3H_2(OH)_2 \xrightarrow{\text{加热}} 2C_{17}H_{35}COOH + C_3H_5(OH)_3 \qquad (15-1)$$

$$3C_{17}H_{35}COOH + 3NaOH \xrightarrow{\text{加热}} 3C_{17}H_{35}COONa + 3H_2O \qquad (15-2)$$

$$(C_{17}H_{35})_3C_3H_5 + 3NaOH \xrightarrow{\text{加热}} 3C_{17}H_{35}COONa + C_3H_5(OH)_3 \qquad (15-3)$$

2）乳化作用。车身零部件表面上的油污大多是以矿物油为基料的化合物，它们遇到碱类清洗剂时不能像脂肪酸一样起皂化作用，此时便要借助于碱类清洗剂中的乳化剂，如碳酸钠、硅酸钠等。它们能促使这些油液以微小颗粒分散在水溶液中而形成稳定的乳浊液，从而达到从金属表面上除去油污的目的。这就是碱液清洗剂的乳化作用。

3）分散作用。碱液清洗剂中的磷酸钠等还有分散作用，它能把油污中的微小颗粒状的固体污垢悬浮在清洗剂溶液中，阻止它们凝结或重新沉积在工件表面上，从而达到脱脂的目的。

（2）脱脂剂的选择

碱性清洗剂的基本要求是在工艺温度下具有较好的除油能力，无异味，符合特定环保要求，易于水洗，化学性质稳定（正常存放条件不发生化学变化），对基材影响小。选择清洗剂要考虑被去除的油脂类型，工件的大小、类型和材质等。由于车身表面油污组成复杂，一种单独组分的脱脂剂不可能同时具备所有作用，所以脱脂剂一般是复合碱液清洗剂。

常用碱液清洗剂中的碱有碳酸钠（Na_2CO_3）、氢氧化钠（NaOH）、磷酸三钠（$Na_3PO_4 \cdot 12H_2O$）及多聚磷酸钠（Na_5PO_{10}）等磷酸盐，偏硅酸钠（$Na_2SiO_2 \cdot 5H_2O$）和正硅酸钠（Na_4SiO_4）等。一般使用的碱液清洗剂，根据金属的材质和附着的油类的种类多少而选定合适的配方，最好是 2~3 种碱液配合使用，使其各自的特性充分发挥，以达到更好的效果。

一般使用的碱类，根据金属的材质或附着油的种类多少而选定适合的配方，在用碱液清洗时，由于皂化反应为主要目的，所以温度高为好，一般采用 70~90℃。对于锌、铝等用苛性钠，则作用过强，有被腐蚀的危险，最好采用正硅酸钠、磷酸钠等，详见表 15-1。

表 15-1　碱液清洗配方

被洗材料	清洗方式	溶液配方/（g/L）	处理温度/℃	处理时间/min
钢材	浸洗	氢氧化钠 50~100 磷酸三钠 10~35 碳酸钠 10~40 硅酸钠 10~30	90	15~30
		磷酸三钠 25~35 碳酸钠 25~35 合成洗涤剂 0.75	80~100	10~20
	喷淋	碳酸钠 8 氢氧化钠 3 磷酸三钠 4	80	表压为 5~15MPa
	电解	氢氧化钠 50 水玻璃 5~10 碳酸钠 25 磷酸三钠 25	60~80	
铜及铜合金	浸洗	磷酸钠 80~100	80~90	10~40
		氢氧化钠 25~30 磷酸三钠 25~30 硅酸钠 5~10	80	10~20
铝及铝合金	浸洗	氢氧化钠 40~60 碳酸钠 40~50 水玻璃 2~5 表面活性剂 3~5mL/L	70~90	10~15
		乳化剂 OP-10 10~16 磷酸三钠 2~6 磷酸钠 2~6	70~80	3~5

在碱液清洗剂中，还要加入三聚磷酸钠或偏磷酸钠等磷酸盐来除去硬水中的钙离子和镁离子，使硬水软化，加入葡萄糖酸钠及乙二胺四乙酸也能起到同样的作用。

表面活性剂是脱脂剂的主要成分之一，具有去垢、湿润和乳化等作用，它是一种有机物质，有阳离子、阴离子和非离子型三大类。表面活性剂可降低溶液表面张力，改善湿润功能，并能除去金属表面的油脂和脏污。用于磷化前脱脂的表面活性剂，多数采用非离子型的。这种表面活性剂的特点是在水中不分解，也不受水的硬度影响，使槽液保持稳定，具有良好的脱脂效果。

由于表面活性剂在不溶解的条件下，在水中发挥乳化、润湿、分散能力，当温度上升时，表面活性剂会从溶液中沉淀下来，失去净化作用。所以在选择表面活性剂脱脂时，要注意工艺所要求的温度。

表面活性剂的浓度在脱脂中也起着重要的作用。脱脂液中必须保持一定量的表面活性剂的"分子聚集体"，故在选择表面活性剂时，要注意表面活性剂最佳浓度值。

15.2.2 乳化剂清洗脱脂法

乳化剂清洗脱脂法是在有机溶剂中加入一种或数种表面活性剂，或再添加弱碱性清洗剂组成的一种混合液，当用这种混合液浸渍或喷射在被洗物上时，溶剂浸透油脂层使油脂微粒化，而表面活性剂又使油脂微粒乳化分散在水中，从而把油脂除去。

乳化剂清洗液是由有机溶剂和表面活性剂组成。有机溶剂是指沸点在 $220 \sim 240 ℃$ 的烃系溶剂，例如煤油、轻油、干洗用溶剂等。所谓表面活性剂，是指具有乳化、洗净、浸透、分散、湿润和可溶化等作用的物质，是亲水基和亲油基有机物的混合物。作为主要乳化清洗剂而采用的表面活性剂是非离子型的，有四大类：烷基醚型、脂肪酸酯型、烷基酚型、多元醇诱导体。

下面介绍两例乳化剂脱脂配方。

1）煤油 61%，松油 22.5%，月桂酸 5.4%，三乙醇胺 3.6%，丁基溶解剂 1.5%（百分数均为质量分数）。

2）水 100 容量、煤油 10 容量、表面活性剂 1 容量，在混合液中加入 $20 \sim 30 g/L$ 的偏硅酸钠。

乳化剂清洗脱脂法是表面脱脂中应用较为广泛的方法，与碱液脱脂法相比优点很多，如：乳化剂脱脂法对油脂类污物以及固体的粒子或其他污物等能一起除去；对铝等不适合碱液脱脂的轻金属也能使用；脱脂工艺时间短，清除油污效果好；采用乳化剂清洗的物体表面有不沾水的特性；无毒，无害，对工作人员安全，另外无需特殊的装置。

在用乳化剂脱脂时须注意的问题有，若水洗不完全时，表面活性剂或碱液在金属表面残存，会给磷化处理工艺造成恶劣的影响。因此要用流水充分冲洗，再用热水进行冲洗，把表面附着的微量异物完全除去是非常重要的。

15.2.3 有机溶剂脱脂法

有机溶剂脱脂，这里是指应用有机溶剂溶解皂化油脂和非皂化油脂。用有机溶剂除油的特点是速度快、效率高、操作简单。其方式有浸渍式、喷射式、溶剂蒸汽法及超声波清理法等。浸渍式较简单，但长期浸渍清洗的溶剂里会积累一定量的油脂，当部件取出后往往有残存的油脂留于表面。溶剂蒸汽清洗可以避免此缺陷，但操作及设备较复杂，去油速度较慢。而喷射式则去油速度快、质量好。常用的有机溶剂有石油系溶剂、氟系溶剂、氯系溶剂、芳香族溶剂、醇类溶剂及酮类溶剂等。

石油系溶剂主要有汽油、溶剂油、煤油、正己烷等。这类溶剂对可溶性油污的消除效果较好，但对矿物颗粒、金属颗粒等的清除效果较差，除油后这些脏污仍能附在金属表面，这样在磷化时，污物有可能残留在金属与磷化膜之间，影响磷化质量。目前，汽车行业用的石油系溶剂主要是汽油。对于一些小工件，可用浸洗法进行施工，即将汽油倒入槽中，将工件浸入汽油中刷洗数分钟，出槽后晾干，用抹布或棉纱擦净工件表面的杂质，即可涂头遍底漆。对于整车（如客车的外蒙皮表面），可先用喷枪喷一次汽油，或用毛刷蘸汽油先涂刷一次，再用棉纱或抹布反复擦净油污，最后用干净棉纱或抹布反复擦净残留物。汽油、溶剂油、正己烷、煤油都是易燃品，故在使用时应采取防火措施，远离火源，严禁接触明火，以防造成火灾。

氟系溶剂主要指氟利昂 113、氟利昂 112 等，属于低毒类溶剂，性能稳定，不燃烧，表面张力极小。氟利昂 112 的熔点是 26℃，在室温条件下为固体，故除油时常使用氟利昂 113。

氯系溶剂有三氯乙烷、三氯乙烯、四氯乙烯等，其特点是除油能力强、不燃烧，但因具有分解性、麻醉性及臭味等缺点，故仅用于仪器零件的除油。

芳香族溶剂主要指甲苯、二甲苯、溶剂油等，其特点是对可溶性油污的溶解能力强，除油效果好，但气味大，对人体有一定的毒性，而且易燃、成本高，故一般不批量使用。

醇类溶剂主要指乙醇（酒精），可单独使用，也可与氯化烃或氯氟化烃混合使用。

酮类溶剂主要指丙酮，极易挥发且易燃，故仅用于精密仪器的清洗。

(15.3) 除锈和去氧化层

车身表面在热加工时，发生氧化会产生硬而脆的氧化皮，较容易吸收水分或其他污物，因此必须将其除去以防其在磷化膜和漆膜下发生腐蚀，影响涂膜附着力。如热处理零件、锻件、焊件都会有氧化皮。此外，钢铁在储运过程中，接触水或其他腐蚀介质，都极易出现一层黄锈，这是氧化铁水合物（$XFeO \cdot YFe_2O_3 \cdot ZH_2O$）。在有氧化皮的零件上涂装，当时看不出什么问题，但受机械作用时，脆弱的氧化物容易使涂膜脱落。虽然氧化皮中有一层 Fe_3O_4，它是一层防护层，如发蓝处理时就是利用连续薄层的 Fe_3O_4 起保护作用，但是在厚层的氧化皮上，总是存在着深达基体的裂纹，当电解质渗进裂纹，在铁、氧化皮构成的原电池中，氧化皮是阴极，铁作为阳极而被加速腐蚀。图 15-1 所示为带不同程度氧化皮的钢铁在海水中的腐蚀结果。从图上可见，氧化皮存在的面积越大，钢铁的腐蚀速度越快。

黄锈也会加速钢铁在涂膜下的腐蚀，而且腐蚀物体积增大，引起涂膜破裂，从而加快腐蚀速度。可见，充分地除去钢铁表面氧化皮和铁锈，对涂装物进行有效保护是非常重要的。

除锈方法可分为两大类：一类属于机械法；另一类属于化学法。

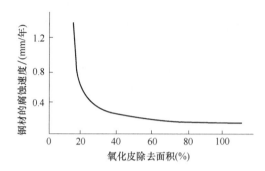

图 15-1　带不同程度氧化皮的钢铁在海水中的腐蚀结果

15.3.1　机械除锈法

机械除锈和氧化皮的方法包括手工、借助风动或电动工具、喷丸等。

1）手工除锈。借助于砂布、铲刀、钢刷等简单工具的磨、铲、刷除锈，只用于少量小面积的除锈。

2）借助风动或电动工具除锈。以压缩空气或电能驱动风砂轮或风动齿形旋转除锈器之类的工具除锈，比上述纯粹手工除锈效率高一些，但也不宜做大量大面积的除锈。

3）喷丸除锈。用压缩空气将一定粒度的砂或钢丸喷向带锈表面，利用冲击力除锈，只适用于厚度较大的钢板。

机械除锈较为原始，劳动条件差，效率不是很高。在汽车涂装行业，机械除锈不是主流，广泛采用的是化学除锈。

15.3.2　化学除锈法及其用材

金属的腐蚀产物主要是金属氧化物，化学除锈就是利用酸溶液与这些金属氧化物反应，从而除掉金属表面的锈蚀产物，这种化学除锈通常称为酸洗。大量酸洗工作是在 50~70℃ 下质量分数为 10% 的硫酸溶液中或是在常温质量分数为 15% 的盐酸溶液中进行。

在钢铁零部件酸洗时，除铁的氧化物溶解外，钢材本身将与酸发生作用，出现铁的溶解和氢的析出，这会造成金属的过腐蚀和氢脆现象。在酸洗溶液中添加缓蚀剂是消除金属过腐蚀和清脆的有效途径。常用的缓蚀剂有乌洛托品、石油磺酸等。缓蚀剂加入很少，例如加入 0.2% 就有明显效果。

工件表面酸洗后的残存酸及酸性产物将会引发随后的金属腐蚀，应该在酸洗后采用水洗中和等工序消除。

化学除锈的原理，下面以盐酸处理铁锈为例进行说明。

盐酸处理，其反应式为

$$FeO + 2HCl \longrightarrow FeCl_2 + H_2O \tag{15-4}$$

$$Fe_3O_4 + 8HCl \longrightarrow FeCl_2 + 2FeCl_3 + 4H_2O \tag{15-5}$$

$$Fe_2O_3 + 6HCl \longrightarrow 2FeCl_3 + 3H_2O \tag{15-6}$$

$$Fe + 2HCl \longrightarrow FeCl_2 + H_2 \uparrow \tag{15-7}$$

由反应式（15-7）产生氢，当氢分子从金属表面析出时，对锈蚀产物产生压力，使氧化

皮疏松并自动剥落下来。反应式（15-5）及式（15-6）速度缓慢，氢可把 Fe_3O_4、Fe_2O_3 还原成 FeO，从而加快除锈速度。

（1）酸洗常用的酸

1）硫酸。通常是将市售质量分数为 95%~98% 的浓硫酸稀释后使用，浓硫酸有很强的氧化性，与水混合放出大量热，因此，稀释时，应将酸缓慢加入水中，边加边搅，使稀释热及时散去，防止溅出，千万不能将水往浓硫酸中加。硫酸价格便宜，可清洗不能用盐酸洗的不锈钢和铝合金零件。冷的硫酸洗液反应速度不大，但因其为不挥发酸，可以通过加热升温来加快反应速度。一般硫酸的质量分数取 10%~25%，温度取 50~60℃。当质量分数为 25% 时，除锈速度最快，大于 40%，对锈溶解能力显著下降，大于 60% 几乎不能溶解氧化铁。

酸洗过程中，铁盐的积累会显著降低除锈速度，并且增加在零件表面上的沉渣，通常应将铁盐控制在 100g/L 以下。

2）盐酸。氯化氢气体溶解在水中就形成了盐酸，当盐酸浓度较高或温度较高时就容易挥发出氯化氢气体，所以说盐酸是具有挥发性的强酸。一般市售盐酸质量分数为 36%~38%，有刺激性酸味。盐酸在室温下对氧化铁有较强溶解能力，多为室温操作，质量分数多取 15%~20%。盐酸中氯离子的存在，虽然有利于促进金属腐蚀产物快速溶解，但会导致钝性材料钝化膜破坏，引发小孔腐蚀。普通不锈钢和铝合金材料属于靠表面产生的氧化物钝化膜的保护才稳定的钝性材料，一旦钝化膜被破坏，材料就会遭到严重腐蚀。对于普通不锈钢及铝材来说，氯离子是能局部破坏钝化膜的活性离子，是造成小孔腐蚀的主要因素。因此，选用它来清洗时要注意这点。盐酸酸洗液中 Fe 含量限度为 120g/L。

3）磷酸。市售磷酸为无色黏稠状液体，其密度为 $1.685g/cm^3$，它在任何浓度下几乎都不显氧化性。浓磷酸能溶解惰性金属钨、铜等，这是由于磷酸能和它们形成配合物。磷酸是难挥发性酸，高温时溶解能力很强，可溶解矿石，如铬铁矿、金红石等。

用磷酸酸洗比用其他无机酸酸洗成本高，但它在特定的应用范围内具有特殊的作用，如叠合或卷边的零件用磷酸酸洗可以防止重叠部位返锈而影响后续加工。

一般酸洗时采用质量分数为 15%~20%、温度为 40~60℃ 的溶液，其缺点是溶解铁的饱和极限较小，当三价铁离子浓度达 10g/L 时即产生沉淀。若要避免酸洗时磷酸铁的沉积，磷酸的质量分数必须超过 25%，以形成溶解度较大的杂多酸型配合物，但这通常是不经济的，而且会造成更为困难的废液处理问题。

其他常用的酸有硝酸、氢氟酸、有机酸等，其中有机酸中常见的有柠檬酸、乙二胺四乙酸、氨基磺酸、羟基乙酸等。各种酸特性不同，使用领域和方法也各异。有机酸清洗多用于满足特殊要求，如清理动力设备、容器内部锈，在汽车涂装中一般不采用。

（2）酸洗用缓蚀剂

采用无机酸除锈时，会产生氢的析出。氢原子很容易扩散至金属内部，导致金属的韧性、延展性和塑性降低，脆性和硬度提高，即发生所谓的"氢脆"。为了防止氢脆，减少基体金属的腐蚀，应采用缓蚀剂。缓蚀剂是一种极性分子，它能有选择性地在金属表面的活性区域以吸附的方式形成一层保护膜，阻止酸与铁继续反应而达到缓蚀作用。同时，铁锈和氧化皮表面不带电荷，不能产生吸附膜，不会阻止酸与它们的作用。正是缓蚀剂的这种选择吸附，使得它在较小剂量下就可收到非常显著的效果，在工业上应用有很大的经济价值。

国内商品缓蚀剂最早在1958年开始出现，当时的品种是Ⅱσ-5，以后又相继出现一些新品种。大致可分为以下几种：醛-胺缩聚物类；硫脲及其衍生物类；吡啶、喹啉及其衍生物类；一些化工下脚料（主要含硫、氮化合物的混合物）。它们各有其特点，分别简介如下：

1）醛-胺缩聚物类。这类缓蚀剂是以甲醛和苯胺为原料，在酸性介质（HCL或CHCOOH）中聚合而成，由于反应条件不同，可以得到不同聚合度（n）的大分子醛-胺缩聚物

$$n\underset{NH_3}{\underset{|}{\bigcirc}} + nCHO \xrightarrow[CH_3COOH]{HCL} \left[\underset{\bigcirc}{\underset{|}{N}} - CH \right]_n + nH_2O$$

这类产品在我国有几个不同的牌号，就是因聚合条件不同而区分的。其中比较有影响的是牌号"Ⅱσ-5"和"北京-02"。该类型缓蚀剂的主要优点是合成工艺简单，水溶性较好。但是所用甲醛和苯胺均为有毒物质，此外，由于聚合度不同，它们的物理性质（水溶性）和缓蚀效率都有显著不同，因此，性能不稳定。

2）硫脲及其衍生物类。这类缓蚀剂使用较多的是硫脲和二邻甲苯硫脲。比较有影响的牌号是"天津若丁"，它的缓蚀性能比硫脲好，但水溶性很差，使用很不方便。而硫脲比二邻甲苯硫脲具有更好的水溶性。这类缓蚀剂的缓蚀性能还不是十分理想，在较高温度下会分解，有资料报道这类缓蚀剂抗氢脆能力较差。

硫脲为

$$\underset{S}{\overset{H}{\underset{\|}{H-N-C-N-H}}}\overset{H}{}$$

二邻甲苯硫脲为

$$\underset{\bigcirc}{\overset{CH_3}{}} - NH - \underset{S}{\overset{\|}{C}} - NH - \underset{\bigcirc}{\overset{CH_3}{}}$$

3）吡啶、喹啉及其衍生物类。这类缓蚀剂的原料是从煤焦油或贝母油炼制过程中得到的副产品中分离而来的，其主要成分是吡啶、喹啉的衍生物的混合物，成分较复杂，其中有代表性的牌号是"抚顺若丁"。这类缓蚀剂都具有较好的缓蚀性能和酸溶解性能，是一种具有高效率的缓蚀剂，但是，吡啶和喹啉的奇特臭味使它的使用受到一定限制。

4）化工厂下脚料加工的缓蚀剂。这类缓蚀剂的原料都是化工厂或医药工业中的下脚料，其成分比较复杂，多是含硫、氮的高分子化合物，经过适当的处理改性就成为市场供应的商品缓蚀剂。其中比较有影响的产品是HS-415和MC-4，这些缓蚀剂都有比较高的缓蚀效率，但是，由于是下脚料，大多未经严格的分离，有用组分和无用组分都在其中，所以有的用量较高，有的水溶性和酸溶性不太好，还有一定的气味。

利用下脚料生产缓蚀剂，既消除了其他工业中的废物排放，又为缓蚀剂开辟了价格便

宜的原料来源，是一条可取途径。但是由于下脚料成分复杂，因此质量稳定性上尚有问题。

（3）酸洗用润湿剂

为达到润湿表面、增加酸液和表面的接触、大大改善酸洗过程、缩短酸洗时间、提高酸洗质量等作用，通常在酸液中添加少量的表面活性剂。

酸洗液中所用的润湿剂大多是非离子型和阴离子型表面活性剂，通常不采用阳离子型活性剂。非离子型表面活性剂在酸介质中很稳定，阴离子型表面活性剂只能采用磺酸盐型。常用的润湿剂有 OP-10、吐温-80、平平加、曲通 X-100、601 洗涤剂等。

除酸、缓蚀剂、表面活性剂外，有些酸洗液中缓蚀剂还加有某种溶剂，其目的是改善缓蚀剂的综合性能、增加工业使用的方便性，以及降低成本等。

零件酸洗以后，应马上进行冷水清洗，再用质量分数为 3%~5% 的 Na_2CO_3 水溶液进行中和处理及其他处理。

 磷化处理

15.4.1　概述

用磷酸或锰、铁、锌、镉的磷酸盐溶液处理金属制品表面，使金属表面生成一层不溶于水的磷酸盐薄膜的过程称为磷化处理。

磷化后，金属表面生成不溶于水的磷酸盐层膜，具有极优良的耐蚀性和高的浸润透油能力，除单独作为金属的防腐覆盖层外，还广泛用于冷挤压、拉延等压力加工过程。特别是作为油漆涂层的基底，磷化能显著提高涂层的耐蚀性，能阻止腐蚀在涂层下以及在涂层被破坏的部位扩展，并能增强涂层与金属之间的附着力，因而它能大大延长了涂层的使用寿命。

磷化处理在车身涂饰施工中占有很重要的地位。磷化膜作为油漆涂层的基底，其功能是提高涂布在其上的涂膜（电泳涂膜）的附着力和耐蚀性。由于制得的磷化膜结晶微溶入金属表面，结晶的附着力良好，同时无数结晶的表面凹凸，表面积增大，涂膜的附着力得到了提高。其耐蚀性也随着涂膜附着力的提高、防止腐蚀生成物的侵入而显著提高，因而能大大延长涂层的使用寿命。在车身制造过程中，一些大型覆盖件毫无例外地都在漆前进行了磷化处理。

根据每单位面积质量的不同，磷化膜分为重型、中量型、轻量型和最轻量型四种。一般而言，磷化膜的耐蚀性随着单位面积的膜质量的增大而增加，但作为涂料涂层的基底，膜过厚，质量过大，反而对涂层的光泽、附着力及涂层的力学性能，特别是弹性和冲击韧度产生不良影响。因此，涂料底层的磷化膜一般都是采用轻量型和最轻量型（即薄膜致密型）。例如，锌盐磷化和铁盐磷化，其单位面积的膜质量在 $0.2~0.7g/m^2$ 的范围内。而锰盐磷化因温度较高，磷化时间又长，磷化膜厚而疏松，不宜用于磷化涂料涂层的基底，而只是用在防蚀等其他工序中。

15.4.2　磷化处理的机理

磷化膜是磷酸盐溶液与金属铁相互作用生成的。在含有金属磷酸二氢盐、氧化剂及各种添加剂的酸性磷化液中，磷酸二氢盐发生离解，产生金属离子和磷酸根离子（以 Me 代表锌、铁、锰离子），即

$$Me(H_2PO_4)_2 \Longleftrightarrow Me^{2+} + 2H_2PO_4^- \tag{15-8}$$

$$H_2PO_4^- \Longleftrightarrow HPO_4^{2-} + H^+ \tag{15-9}$$

$$HPO_4^{2-} \Longleftrightarrow PO_4^{3-} + H^+ \tag{15-10}$$

在合适的温度下，磷化液与被处理的金属接触时，金属表面溶解，即

$$Fe + 2H^+ \longrightarrow Fe^{2+} + H_2 \uparrow \tag{15-11}$$

在式（15-11）中，由于反应中铁与磷化液界面处 H^+ 不断被消耗，因而促进了上述的离解反应，致使界面处的 Me^{2+}、PO_4^{3-} 浓度上升，促进式（15-11）不断进行。当磷酸盐的浓度达到饱和时，即沉积在金属表面上，形成磷化膜。

若 Me 代表锌，则有

$$3Zn(H_2PO_4)_2 \overset{H_2O}{\Longleftrightarrow} Zn_3(PO_4)_2 + 4H_3PO_4 \tag{15-12}$$

$$Fe + 2Zn(H_2PO_4)_2 \overset{H_2O}{\Longleftrightarrow} FeZn_2(PO_4)_2 + 2H_3PO_4 + H_2 \uparrow$$

对于车身覆盖件涂饰底层用的磷化膜，国内外大多采用锌盐磷化，由式（15-12）可知，磷化膜成分为正磷酸锌 $Zn_3(PO_4)_2$ 和磷酸锌铁 $FeZn_2(PO_4)_2$，呈银灰色结晶。

由于式（15-11）产生的氢气吸附在金属表面，造成阴极极化，而使磷化反应不能继续进行，因此需要在磷化液的配方中加入硝酸盐和氯酸盐等氧化剂，使氢气氧化除去，以保证磷化过程的完成。为促使铁的溶解和氢气的逸出，还可加入铜盐和亚硝酸盐等催化剂，使反应在几分钟内完成。这便是常用的快速磷化过程。

15.4.3　汽车磷化处理过程

汽车车身涂装前的表面处理（包括脱脂、清洗、磷化等）工序是同步进行的。汽车的磷化处理一般采用下述方法：

1）喷淋法。

2）浸渍法。

3）喷淋→浸渍→喷淋法。

4）喷淋—逆流法（除喷淋外，再利用喷淋的逆流水，向车身或箱体物件内部浇灌的方法）。

为提高工件的耐蚀能力，磷化膜厚度和晶体结构的要求非常严格。对磷化工件的外表面，最可行的办法是喷淋法，因为它可使表面磷化膜结晶致密。但是喷淋法对工件的遮盖部位及箱体物件的内部效果不好。而采用浸渍法，得到的效果与喷淋法相反，它可使车身或箱体的内部及被遮盖部分形成完整的磷化膜，但外表面磷化膜结晶粗大。

以往都认为磷化膜的厚度在 $2 \sim 3.5 \mathrm{g/m^2}$ 最理想，但实践证明，在这样厚的磷化膜表面上再电泳底漆（阳极电泳），经过几年后，油漆涂层上将产生"疤形"腐蚀。这是因为在电泳中磷化膜发生了阳极溶解。当磷化膜的厚度降至 $1.5 \sim 2 \mathrm{g/m^2}$ 时，可防止以上这种"疤形"

腐蚀的弊病，获得良好的效果。

1. 磷化系统

汽车车身在浸渍槽内进行磷化处理时，若槽内不设搅拌装置，车身外表面的磷化膜厚度将达 $3 \sim 3.5 \mathrm{g/m^2}$，而内表面磷化膜的厚度仅 $1.5 \sim 2 \mathrm{g/m^2}$。如果将车身从槽中提起，使其溶液流出后，再浸入槽中，这样反复几次，总的磷化处理时间不变，则车身内表面磷化膜的厚度就基本与外表面一样了。

为使车身外表面和内表面得到不同厚度的磷化膜，考虑到以上种种因素，在喷淋→浸渍→喷淋法的基础上，改成喷淋→逆流→浸渍的联合处理方法，则车身内外表面磷化膜的厚度就可以控制了，如图 15-2 所示。

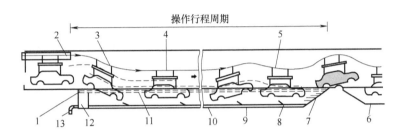

图 15-2　磷化系统

1—液槽液面和调节器　2—单轨高架运输机　3—激活喷淋装置　4—持续喷淋装置　5—起伏轨道　6—冲洗槽
7—槽头逆流液流　8—逆向液流持续喷淋装置　9—淤渣排出管　10—横向淤渣排出沟　11—保持液流流过箱
形部件的压头差　12—筛网装置　13—主流回管（通向设有过滤、加热和调定测定装置的溶液控制设备）

这种磷化系统可有效地控制车身内外表面磷化膜的厚度。内表面磷化膜的厚度达 $3 \sim 3.5 \mathrm{g/m^2}$，而外表面磷化膜的厚度则为 $1.5 \sim 2 \mathrm{g/m^2}$，满足了汽车车身内部要有较高的耐蚀性、外表面要有较高的装饰性的要求。

2. 净化装置

在磷化处理的溶液中会出现大量的沉渣，如果不及时清除掉，对磷化膜质量的影响较大。其措施是在系统中，除在磷化槽入口处设置过滤网外，还附设一个净化装置，如图 15-3 所示。磷化液通过净化装置，经两次分离，沉渣运走，溶液循环使用。

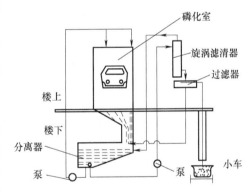

图 15-3　磷化液净化装置

15.4.4　影响磷化的因素

1）总酸是反映磷化液浓度的一项指标，它是指 PO_4^{3-} 与 $H_2PO_4^-$ 离子浓度的总和。对于某种配方的磷化液，其总酸有一定的数值。总酸过低时，磷化膜稀疏、发暗，甚至磷化不上；总酸过高时，沉淀多，浪费材料，且对金属有一定的腐蚀作用。在磷化液的使用过程中，总酸会因消耗而下降，此时可用补充浓磷化液的方法来提高总酸。

2）磷化液中游离酸的作用是控制磷酸二氢盐的离解度，游离酸也有一定的规定。如果游离酸过高，则膜薄，反应缓慢，且易引起制件表面酸蚀；若游离酸过低，将促使生成过多的磷化沉渣，表面产生粉末状的残渣。

3）酸比是总酸与游离酸的比值。酸比大的配方，其成膜速度快，磷化时间短，需要的温度也低。配方已定，控制好总酸的浓度，酸比也就在一定的范围内了。

4）温度的影响。温度过高，磷酸二氢锌的离解度大，成膜离子浓度大幅度提高，沉淀大量生成，结晶粗糙，且消耗了磷化液中有效成分。温度过低，成膜离子浓度达不到浓度积，不能生成完整的磷化膜。所以对于具体某种配方，温度必须控制在一定范围内，例如TPY-431 型磷化液要求的磷化温度是（35±3）℃。

5）时间的影响。时间过短，成膜量不足，不能形成致密的磷化膜；时间过长，结晶在已形成的膜上继续生长，表层形成较粗的疏松厚膜。因此，时间一般要控制在 1~3min。

6）磷化方式。磷化液与被处理表面的接触方式有浸渍、喷射和喷浸结合等多种方式。喷射磷化比浸渍磷化所需的时间短，生成的膜薄。但对外形复杂的车身覆盖件来说，有时采用浸渍法处理比喷射式具有更好的效果，因为部件的空腔部位及许多难以喷射到的地方均能很好地磷化。但浸渍法处理时间较长，所需温度较高，药品耗量较大，沉渣也较多。

15.5 表面处理与环保

2002 年，我国出台了第一部循环经济立法——《中华人民共和国清洁生产促进法》，这说明我国的污染治理模式已经由原来的末端治理模式变为全过程控制模式。在"十三五"规划中，生态文明建设被上升到了国家战略的层面，绿色环保制造也成为全国产业升级的新方向，汽车表面处理工艺的环保要求也就越来越严格。

以汽车轮毂表面处理为例，目前市场上汽车轮毂表面处理的方法主要有烤漆和电镀两种，这两种处理方式各有优缺点。烤漆方法是先对轮毂进行喷涂，然后再做电烤。烤漆的优点是成本相对较低且稳定性好，色彩相对比较鲜艳，寿命也较长。通常在正常工作条件下，烤漆轮毂的油漆寿命要长于车辆的寿命。对于普通车型来说，对轮毂外观的要求没有那么高，对于价格因素也考虑更多，因而一般采用烤漆表面处理。

与烤漆轮毂相比，电镀轮毂的外观质感更强，表面光亮夺目，给人的感觉是电镀轮毂相对高端。除了外观优势，电镀轮毂的耐蚀性更好。但电镀轮毂的缺点是价格较高，电镀工艺相对复杂，对电镀设备的要求较高，对技术人员水平的依赖性也较高。轮毂的电镀包含水电镀、电镀银、纯电镀几种，其中水电镀轮毂和电镀银轮毂外观更加明亮，且价格较低，但寿命较短，无法长期使用，适合于常常希望更换外观的客户。纯电镀轮毂的寿命最长，稳定性更好，但价格更高。

在电镀轮毂过程中，产生的环境污染物主要包括重金属和氰化物。电镀废水中的重金属污染包含 Ni、Cr、Cu 等；而氰化物是一种有毒的致命物质，对于水体的危害更加严重。在实际生产过程中，轮毂表面处理必须从工艺源头进行优化，同时对于实在无法避免的废水进行专业处理，往绿色环保的方向发展。因而绿色环保的要求必须贯穿整个电镀工艺周期，从原材料、工艺处理和废液处理多个方面严格把关。

随着环保部门和能源管理部门的融合、《中国制造 2025》的落地以及环境技术的发展，未来制造业环境方面发展的重点是绿色制造。能够提高资源利用率、兼顾节能和减排的清洁生产技术，将是未来发展的重点。在制造业环保政策中，也会兼顾职业卫生、安全部分的内容。刚刚兴起的智能制造也和环境与能源管理形成了很好的相互促进关系，发展了不少自动化的监测及控制优化技术。结合工业 4.0 大背景，利用先进的技术将汽车表面处理和环境保护结合起来必将是永恒的主题。

 思考题 15

1. 车身表面的主要污物有哪些？它们对车身有何影响？漆前表面处理的目的是什么？
2. 碱液清洗脱脂过程主要是通过哪三个作用来完成的？简述它们各自的作用原理。
3. 采用化学法除锈时，为什么要使用酸洗用缓蚀剂？它有何作用？
4. 何为磷化处理？概述磷化膜的功能和形成机理。
5. 影响磷化的因素有哪些？其中总酸和温度分别是怎样影响的？

 拓展阅读 15

前处理新技术构建"绿色涂料车间"

随着国家法律法规的日益严格，我国汽车涂装工艺向着节能减排、绿色涂装的方向不断进步，建设"绿色涂料车间"已成为涂装行业发展的趋势。在响应建设环境友好型社会的号召和降低生产成本、适应产品发展和市场竞争的需求下，整车制造涂料车间和各个配套涂料和设备供应商都开始研发和推广各种节能减排的前处理工艺技术。

（1）薄膜前处理工艺

传统的涂装工艺中底漆前处理中需要对车身金属底材进行磷化处理。通常磷化工序的工艺温度在 50℃ 左右，加热槽液并维持工艺温度需要消耗大量的热能。而且生产过程中产生大量的废渣，需要配置除渣设备进行除渣。采用新型薄膜锆盐磷化替代传统的磷化，工艺温度为常温，槽液不需要加热，节省了槽液加热和维持工艺温度需要消耗大量的热能。

（2）取消钝化工艺

传统的涂装工艺中，磷化工序以后，常常需要采用钝化工艺来封闭磷化膜孔隙，提高耐蚀性，增强涂料与底材的结合力。目前各大汽车企业涂装工艺大多采用了无钝化工艺，免除了含铬废水的排放，降低了废水处理的成本。

（3）前处理/电泳 RO 反渗透水开关时间控制技术

涂装线上的前处理磷化后和电泳后需要 RO 反渗透水进行喷淋冲洗，另外空调机组的加湿段也需要供应，通常生产过程中会一直连续喷淋，存在较大的浪费。应用现代电控技术和智能控制技术，优化喷淋控制程序，改连续喷淋为脉冲喷淋，在工件经过时喷淋，没有工件通过时关闭，达到节水的目的。

（4）制备纯水产生的浓水回用技术

涂装纯水制备一般采用 RO 反渗透的原理，产水率一般在 75% 左右，意味着有 25% 的水以浓水的形式被排走。通常这些浓水会直接排到废水处理站，不仅增加废水处理量，而且造成了水资源极大的浪费。采用浓水回用系统，将浓水收集后，作为喷漆室水循环系统的补加水，或作为绿地用水、厂区废水站的稀释用水和厕所冲洗用水等，合理利用。

第16章

车身涂装工艺及设备

随着汽车市场竞争的不断加剧和汽车制造、修理技术的更新，基础涂装工艺已经引起了汽车制造商和维修服务人员的高度重视。种类繁多、规格齐全和功能良好的涂装材料，无疑会进一步促进维修质量的提高，促进汽车使用寿命的延长。更加优质的汽车车身涂装工艺及设备，可以促进资源的节约，对国家经济发展有重要意义。

扫码观看
车身涂装工艺（四）

16.1　车身涂装的典型工艺

汽车车身要适应各种气候条件，对涂层的耐候性、外观装饰性、使用耐久性等的要求最高。

汽车车身的涂装工艺因各种汽车的使用条件不同也各不相同。概括起来，国内外汽车车身涂饰工艺可以分为以下三个基本体系：

1）涂两层烘两次体系。即底漆涂层+面漆涂层，无中间涂层，两层分别烘干。中型、重型载货汽车的驾驶室一般采用这一涂饰体系。

2）涂三层烘两次体系。涂层同上，底漆层不烘干，涂中间涂层后一起烘干，采用"湿碰湿"工艺，因而烘干次数由三次减为两次。对于外观装饰性要求不太高的旅行车和大客车车身及轻型载货汽车的驾驶室一般采用这一涂饰体系。

3）涂三层烘三次体系。即底漆涂层+中间涂层+面漆涂层，三层分别烘干。对于外观装饰性要求高的轿车车身、旅行车和大客车车身一般都采用这一涂饰体系。例如，东风汽车公司的雪铁龙 ZX（富康）轿车 CKD 小批量生产的涂装工艺如下：预清洗→碱液脱脂→水洗→表面调整→磷化→水洗（二次）→阴极电泳涂漆→水洗（四次）→烘干→底漆打磨→喷中涂（两道）→晾置→烘干→中涂打磨→喷面漆（二道）→烘干→检查。这就是涂三层烘三次体系。

另外，少数高级、豪华、外观装饰性要求非常高的轿车车身采用四涂层甚至五涂层体系。

16.1.1　涂装前处理、涂底漆工艺

前处理是涂装工艺中最重要的工序之一。为获得最佳的磷化膜，确保产量和处理面积，

必须精心设计和选用前处理工艺及设备。在设计时应考虑以下必要条件：被处理件（车身）的大小、形状及面积、材质（钢板种类、铝材等）、产量或生产节拍（min/台）、被涂物的输送方式（间歇步进式、连续方式）、处理方式（喷射方式、浸渍方式）、设备场地（空间）、运行效率（80%～90%）、前处理的质量基准等。

前处理的处理方式按处理液与被处理件的接触方式可分为两大类：喷射方式和浸渍方式。随着电泳涂装技术的应用，车身的前处理工艺迅速由喷射方式革新为全浸处理方式，解决了车身喷射处理时未处理完全的油污被带入电泳槽内，加上电泳槽液中溶剂和金属溶质而产生的电解脱脂共同导致的电泳涂膜上产生缩孔的问题。采用全浸处理方式可使车身内表面尽可能处理完善，并提高其防锈力。

车体下部涂装车底涂层是防护涂层材料，可防止汽车的下部涂膜被飞石等击伤而露出钢板，避免短期内就生锈。车底涂层材料也具有车体板的防振、防声和防锈等功能。车底涂层的涂装工序布置在电泳涂装和中涂涂装工序之间进行。

16.1.2 中涂、面漆涂装工艺

1. 中涂涂装工艺

中涂涂装一般是布置在PVC密封胶、车底涂料和防声、防振片预烘干后进行。但为节能，有的生产线省略PVC涂料的预烘干工序，即PVC密封胶和车底涂料与中涂一起烘干。中涂涂装线一般是由底漆打磨间、擦净间、喷漆室、晾干室、烘干室和强冷室等组成。中涂涂装是在一个大型喷漆室中按"湿碰湿"工艺进行涂装，并且要在车身的各部位喷涂相应的多种涂料。中涂喷漆室中的工序（工位）布置，随生产线的大小、喷涂工序的自动化程度和喷涂涂层的种类及涂膜厚度（喷涂遍数）等的不同而又有差异。

中涂涂装一般都采用手工喷漆和杯式自动静电涂装相结合的方法，干涂膜厚度为35～40μm。最现代化的中涂涂装采用机械手自动静电涂装，实现了无人全自动化的喷涂作业。我国和日本的载货汽车车身一般不采用中涂层，在欧美采用中涂（即三涂层体系）。近年来国内载货汽车有轿车化的倾向，也采用中涂，以提高外观装饰性，增强市场竞争力。

为获得优质稳定的中涂涂层，应注意以下要点：

1）在中涂涂料之前应检查底涂层表面的质量和清洁度，且都应符合工艺要求。当在PVC线上无预烘干工序时，不能采用鸵鸟毛自动擦净机，而是进行人工擦净。进入中涂线的车身表面的缺陷（如颗粒、PVC涂料的飞溅等）都应消除。

2）所选用的中间层涂料与底漆、面漆的配套性要好，未打磨的中涂涂膜与面漆涂膜之间也应有良好的结合力。中涂涂膜的强度应与面漆相仿，烘干温度与面漆的烘干温度相同或略高一点。

3）涂装环境应与涂面漆环境相同，达到清洁无尘，这样可减少或消除中涂层的弊病，以减少中涂打磨工作量或实现中涂层不打磨。

4）应严格遵守所选用涂装方法（如手工空气喷涂法、手工静电喷涂法和高转速杯式自动静电涂装法等）的操作要求和技术规范。

5）中间涂层的打磨应有规律，打磨的方向应一致，不应乱打磨，应用400～800号水砂纸进行湿打磨。切忌将涂层打磨穿，若露出底金属面，则在涂面漆前应补涂底漆，以增强这一部位的防锈性和面漆的附着力。

2. 面漆涂装工艺

随着热固性的合成树脂汽车面漆的问世，如热固性丙烯酸树脂涂料、聚酯三聚氰胺等，面漆涂装工艺经历了早期的采用醇酸树脂面漆，喷漆两道的工艺之后，转入先进的"湿碰湿"面漆涂装工艺的普遍应用阶段。

"湿碰湿"面漆涂装工艺是涂第一道面漆后仅晾干数分钟，在涂膜尚湿的情况下就涂第二道面漆，然后几道面漆一起烘干（140~150℃，20~30min）。

汽车面漆的颜色一般可分为本色和金属闪光色两大类。虽都可采用喷涂法涂布，但它们的涂装工艺方法稍有差别。

（1）面漆涂装工艺方法

面漆涂装的工艺方法（图 16-1）可分为：单涂层的工艺方法，即整个面漆涂层为单一色；双涂层的工艺方法，即底色漆层，加罩光清漆层；三涂层的工艺方法，即封底色层，加底色漆层，再加罩光清漆层。

其中除封底色层在中涂线上涂布外，其他涂层均采用"湿碰湿"工艺涂装，随后一起烘干。本色汽车面漆一般均采用单涂层涂装法，"湿碰湿"两道同色面漆。金属闪光色面漆在采用单涂层涂装工艺时，光泽闪光效果和外观装饰性较差，在汽车涂装工艺中已不采用。金属闪光色面漆现今都采用双涂层工艺方法。为提高外观装饰性，本色面漆也有采用双涂层面漆涂装工艺方法的倾向。由于珠光色的遮盖力差，在涂底色漆之前需在中涂层涂一道封底涂层，故可称为二涂层面漆涂装工艺。

面漆涂层的厚度与工艺要求的面漆外观装饰性、遮盖力和涂装性等有关。外观装饰性要求高，面漆层涂得厚，遮盖力低的本色面漆涂膜厚度达 100μm 左右；面漆遮盖好的，可涂薄一点。面漆的遮盖力随颜色不同而有较大变化，如黑色和白色的遮盖膜厚为 10~30μm，而红、绿、黄等色为 50~90μm。面漆的抗流挂性和针孔气泡性也决定了面漆喷涂厚度。如优质的中、高固体组分的汽车烤漆抗流挂和针孔气泡性的膜厚可大于 50μm。一般控制面漆涂层的膜厚如下：本色面漆、罩光清漆层膜为（40±5）μm，金属闪光色底色漆膜厚为 15~20μm，珠光色底色漆膜厚为 20~30μm，封底色层膜厚为 20~40μm，粉末清漆罩光膜厚为 65μm。

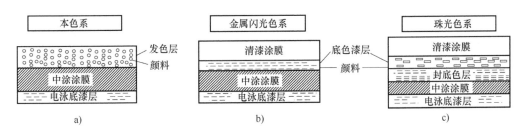

图 16-1 本色面漆、金属闪光色面漆和珠光色面漆涂装的工艺方法比较

a）单涂层涂装工艺 b）双涂层涂装工艺 c）三涂层涂装工艺

（2）面漆涂装注意事项

1）在涂面漆前应严格检查被涂面的清洁度和底涂层的质量。不应有影响面漆涂层质量的缺陷和漆面的二次污染，如果有露底金属面，应补涂底漆。为清除吸附在被涂面上的尘埃，一般在涂面漆前用黏性擦布或鸵鸟毛擦净，吹离子化空气消除静电吸附的灰尘。

2）喷涂面漆工序必须在高清洁度的喷漆室中进行。它是汽车车身涂装车间清洁度要求最高的工序，喷涂环境的清洁度是影响面漆涂装一次合格率的关键因素之一。

3）在开发采用和借用兄弟单位的经验选用新面漆时，应注意面漆与底涂层的配套性，切忌面漆的烘干温度高于底涂层涂料的烘干温度。

4）应严格遵守喷涂的操作要点。手工喷涂时应注意喷枪的选用、喷涂距离、喷枪运行方式、喷雾图形的搭接和车身的喷涂顺序等。

5）在进行面漆涂层的最终检查时不应用硬的粉笔之类做标记，而应贴标记或用软的蜡笔做标记。应注意保护涂层，防止划伤。

(16.2) 涂漆方法及设备

车身涂膜要达到保护和装饰等预定作用，除涂料本身的质量外，涂漆方式的选择是否恰当也有很大关系。常见的汽车车身制造中的涂漆方法有浸涂、刷涂、电泳涂漆、喷涂和静电粉末涂饰等。

16.2.1 浸涂

将被涂零部件浸入盛有涂料的槽中，一定的时间后取出，再经滴漆、流平、干燥的过程称为浸涂。

在采用浸涂法时，涂膜厚度主要取决于漆液的黏度，而浸涂时间一般无太大影响，所以一定要使油漆黏度保持在规定的工艺范围内。

另外，零件入槽和出槽应保持垂直位置，入槽动作也必须缓慢均匀，防止零件的表面与漆层间带入空气而破坏涂层。零件从漆槽中提出也不宜过快，要保证零件上多余的漆液可以流掉。而且，零件在浸漆、流漆及干燥过程中应处于同样的位置，这样便于漆液更快流尽，涂膜才能均匀无流痕。在大容量的漆槽内，应设有搅拌器，以防止涂料发生沉淀。

浸涂是一种最简单、生产率较高的涂漆方式。它既不需要很高的技术，也不需复杂的设备。涂漆过程很容易实现机械化或自动化，但也存在着一定的局限性，如对挥发性涂料、含有重质颜料的涂料及双组分涂料等不适用。同时，由于浸涂所形成的漆膜易产生上薄下厚、流挂等现象，因此，仅适用于外观装饰要求不太高的耐蚀性涂层。

16.2.2 刷涂

刷涂是一种使用毛刷手工涂漆的方法。除一些快干和分散性不好的涂料外，几乎所有的涂料都可以使用刷涂，常用的有油性漆、酚醛漆和醇酸漆等。特别是油性涂料，对金属的表面细孔容易渗透、附着力好，使用得较多。

刷涂所需设备简单，投资少，施工方便，操作简单，容易掌握，灵活性大。但是手工劳动效率低，施工的质量在很大程度上取决于施工技巧。漆膜往往有粗粒及刷痕，装饰性差，所以只适用于局部维修或小批量生产。

16.2.3　电泳涂漆

（1）电泳涂漆原理

电泳涂漆时，将工件作为阳（或阴）极，浸渍于盛有电解质——水溶性涂料的槽中，槽体作为阴（或阳）极。两极间通以直流电后，在工件表面就形成了一层均匀的涂膜。其实质就是胶体化学中的电泳原理，即带电荷的胶态粒子在直流电场作用下，向着它所带电荷相反的电极方向运动，在电极（工件）上脱去电荷，并沉积在工件表面上。电泳过程中伴随着电解、电泳、电沉积、电渗四种化学物理现象。

图 16-2 为车身电泳涂漆示意图，图 16-3 为应用广泛的阴极电泳涂漆装置示意图。

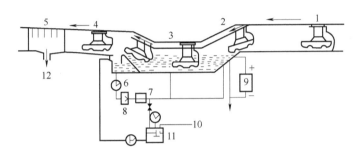

图 16-2　车身电泳涂漆示意图

1—电极安装　2—接触极杆　3—电泳涂漆　4—滴漏　5—水洗　6—溢流槽　7—热交换器
8—过滤器　9—电源　10—涂料补充　11—溶解槽　12—排水

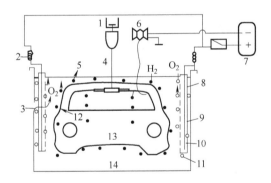

图 16-3　阴极电泳涂漆装置示意图

1—输送带　2—阳极汇流排　3、11—氧释放　4—汽车悬挂架　5、12—氢释放　6—阴极汇流排
7—直流电源　8—不锈钢阳极　9—阳极板　10—酸性阳极液　13—汽车阴极　14—在线槽

阳极电泳和阴极电泳涂装的沉积反应机理见表 16-1。

（2）电泳涂漆系统的组成

阴极电泳涂漆目前已经占到电泳涂漆的 90% 以上，下面以阴极电泳涂漆系统为例做简要介绍。

1）电泳槽。电泳槽是电泳装置的主体部分，槽体必须与槽液绝缘，绝缘层耐压 20kV以上，一般采用玻璃钢结构。在生产线上，槽体长度是由运输链的速度、电泳时间和产品大小来决定的，槽体宽度取决于工件的最大宽度与极板之间的距离（一般为 200~300mm），槽体高度取决于工件与漆液液面的距离及工件最低点至槽底的距离。

表 16-1　阳极电泳和阴极电泳涂装的沉积反应机理

阳极电泳（阴离子型）	阴极电泳（阳离子型）
中和剂：KOH 有机胺类	中和剂：有机酸
在 pH 值下降时析出	在 pH 值上升时析出
阳极（被涂物） $2H_2O \rightarrow 4H^+ + 4e + O_2 \uparrow$ $R{-}COO^- + H^+ \rightarrow RCOOH$ （水溶性）（水不溶性） $Me \rightarrow Me^{n+} + ne$ $R{-}COO^- + Me^{n+} \rightarrow (R{-}COO)_n Me$（析出）	阴极（被涂物） $2H_2O + 2e \rightarrow 2OH^- + H_2 \uparrow$ $R_3{-}NH_3^+ + OH^- \rightarrow R_3{-}N + H_2O$ （水溶性）（水不溶性析出）
阴极（极板） $2H_2O + 2e \rightarrow 2OH^- + H_2 \uparrow$	阳极（极板） $2H_2O \rightarrow 4H^+ + 4e + O_2 \uparrow$

2）槽液循环系统。槽液循环系统的作用是保证整个电泳槽内漆液的成分和温度均匀，防止产生沉淀而破坏颜基比，消除电沉积过程中所产生的气泡，以达到涂膜具有良好外观的目的。槽液循环系统一般设有搅拌装置。为保证漆膜均匀、细密、平整，以及超滤器的正常工作，在系统中还设置了过滤器。

3）阳极液循环系统。阳极液循环系统由阳极液槽、阳极罩、阳极液电导控制器及循环泵等组成。在阳极反应中，pH 逐渐降低，为了保证电泳漆的质量，阳极需装在设有半透膜的阳极罩中，阳极罩与阳极槽形成一封闭系统。阳极罩内的液面高于电泳槽的液面，形成正压，这样电泳漆就不易渗入阳极罩中。在阳极反应中，pH 逐渐降低，电导率升高，可通过自动控制电导装置对阳极液进行调整。

4）配漆系统。配漆系统由带搅拌器的混合罐、高压供漆泵、漆液输送泵及过滤器等组成。原漆固体组分需通过高压供漆泵打入混合罐中，使其稀释，并搅拌均匀，然后通过漆液输送泵和过滤器将漆液输送到电泳槽内。

5）热交换器。阴极电泳漆的工作温度要求较严格，必须控制在一定范围内，因此必须设置热交换系统。漆液温度调节所用的热交换器有蛇管式、列管式及平板式等类型，均借助于外循环搅拌系统的泵，使漆液进行冷却或加热循环。

6）超滤系统。超滤器在整个电泳过程中起着很重要的作用。漆液通过超滤器时，由于进出口的压力差及超滤膜的低分子透过性，一些低分子的溶质和溶剂（电泳漆液中的水、乙醇、丁醇、各种无机杂质离子和低分子量的树脂）透过超滤膜形成超滤水，而高分子量的物质（电泳漆液中高分子量树脂、颜料颗粒）则不能透过超滤膜，从而达到分离的目的。

超滤水用于清洗电泳后的浮漆，不能透过的浓缩电泳液重新返回电泳槽。通过排放超滤水，可以排除电泳槽的杂质离子和低分子产物，使漆液的 pH 和电阻值稳定，以保证漆液的稳定和电泳涂漆的正常进行。

（3）电泳涂漆的特点

电泳涂漆的优点可归纳如表 16-2 所列。

表 16-2　电泳涂漆的优点

项目	内容
涂装工序可实现完全自动化，适用于流水线生产	从涂装前处理到电泳底漆烘干有可能实现生产线自动化
泳透性好，提高了工件内腔的耐蚀性，尤其阴极电泳涂膜的耐蚀性好	使喷涂、浸涂等涂装不到的部位和涂料难以进入的部位也能涂上漆，且缝隙间的涂膜在烘干时不会被蒸气洗掉，因而使工件内腔、焊缝、边缘等处的耐蚀性显著提高
可得到均匀膜厚	① 依靠调整电量容易得到均一的膜厚，依靠选择电泳涂料和调整泳涂工艺参数，膜厚可控制在 $10 \sim 35 \mu m$ 范围内 ② 工件间和不同日期沉积的涂膜（膜厚及性能）能重现 ③ 与浸涂法不同，在烘干时缝隙间的涂膜不产生"熔落"现象
涂料的利用率高	① 阴极电泳涂膜的耐盐雾性在 800h 以上 ② 涂料的有效利用率在 95% 以上 ③ 泳涂的湿膜是水不溶性的，电泳后可采用超滤系统封闭液进行涂层的封闭，并通过水洗将多余的涂料颗粒从电泳槽中回收
涂膜外观好，有较好的烘干性能	① 电泳涂装的涂膜含水量和溶剂量少，在烘干过程中没有流痕、熔落等弊病 ② 电泳水洗后涂膜是干的，不粘手，晾干时间短，可直接进入高温烘干
安全性比较高，为低公害涂装（涂料）	① 涂料回收好，溶剂含量低 ② 无火灾危险 ③ 采用 RO 装置和超滤系统实现电泳后的全封闭水洗，可大大减小废水处理量

但是电泳涂漆也存在着一些缺点，例如：设备较复杂，投资费用大；只限于在导电的被涂物表面上涂漆；烘烤温度较高，耗电量稍大；不易变换涂料颜色；废水必须进行处理。

16.2.4　喷涂

（1）空气喷涂

通常说的喷涂是指压缩空气喷涂。它是利用压缩空气在喷枪喷嘴处产生的负压将漆流带出并分散为雾滴状，涂覆在物面上，这是目前使用最普遍的涂饰施工方法。

喷涂具有的优点：工效高，可手工喷涂，也可机械化喷涂。它可以适应几乎任何条件下不同形状尺寸的物体以及多种油漆材料。涂膜光滑平整，厚薄均匀。对于快干和挥发性漆如硝基漆、过氯乙烯漆等使用最合适。但是油漆的有效利用率低，特别是在喷涂小型零件时，漆雾损失较大，并易引起火灾和苯中毒，影响工人健康，需要良好的通风除尘设备。

喷涂所用装置及设备主要有喷枪、空气压缩机、油水分离器、喷漆室等。图 16-4 为喷涂装置的示意图。喷漆室是一种专用的喷漆设备。由于空气喷涂过程中有大量溶剂、漆雾污染空气，危害工人健康，而且易造成火灾、有爆炸的危险，所以喷漆室应设置在远离火源的地方，而且结构上应能防火。室内温度要求在 18~30℃；要有排气装置，使空气流通；室内保持负压状态，以防止和减少溶剂、漆雾扩散至全车间。喷漆室的空气要经过过滤，保持室内清洁，无尘土油污，以保证喷漆质量。

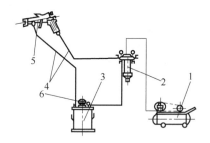

图 16-4　喷涂装置示意图

1—空气压缩机　2—油水分离器　3—漆罐
4—胶管　5—喷枪　6—气动搅拌器

手工喷涂时正确的操作方法如下：

1）施工前，要根据涂料的种类、空气压力、喷涂物的大小以及物面的状态，将涂料调至适当黏度。

2）供给喷枪的空气压力一般为 300~600kPa。

3）喷嘴与物面的距离，一般以 250~400mm 为宜。

4）喷出漆流的方向，应尽量与物面垂直。运枪时最好以 10~12m/min 的速度均匀移动，不可时快时慢。

5）操作时，每喷涂一条带的边缘，应叠压在前面已喷好的条带边缘上，一般以重叠 1/3~1/2 为宜。

（2）静电喷涂

静电喷涂借助于高压电场的作用，使喷枪喷出的漆雾带电，通过静电引力使其沉积在带异电的工件表面上而完成喷漆过程。图 16-5 是静电喷漆的示意图。

静电喷涂用的高频高压静电发生器是产生直流高压电源的。电压的高低是影响喷涂质量的重要因素，电压高，涂着率就高，但过高时对设备的绝缘性能要求很高，一般采用 80~100kV。

静电喷枪的结构型式很多，有固定旋杯式、手提旋杯式、旋风式等。其中固定旋杯式喷枪的生产率最高，材料利用率可达 90% 以上。其结构如图 16-6 所示。

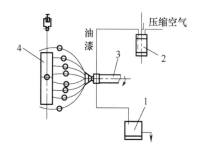

图 16-5　静电喷漆示意图

1—高压静电发生器　2—输漆罐
3—喷枪　4—工件

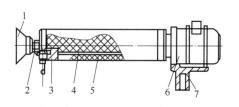

图 16-6　固定旋杯式静电喷枪结构

1—枪杯　2—漆管　3—轴承盖　4—轴
5—套管　6—电机　7—底座

静电喷涂是一种较先进的施工方法，与空气喷涂相比较，有以下优点：

1）生产率高，可实现喷涂过程的连续化和自动化，工效高。

2）涂膜均匀，附着力好，涂膜质量好。

3）漆雾飞散损失少，涂料利用率可达 80%～90%，比空气喷涂可节约涂料 10%～50%。

4）极大减轻了劳动强度，改善了劳动条件。

同时，由于静电喷涂所用的电压高，对设备的绝缘性能要求高，须采取必要措施，保证安全。所需设备和仪器也比较复杂，另外，静电喷涂因工件形状不同，造成电场强弱不同，因此均匀度就差些。

16.2.5　静电粉末涂饰

靠高压静电使粉末带上负电荷，借助于静电引力吸附在接地的被涂物上，加热熔化并固化成膜，这种涂装方法为静电粉末涂装法。

常见的两种静电粉末涂装法是静电粉末喷涂法和静电粉末振荡涂装法。

静电粉末喷涂法的工作过程与一般溶剂型涂料的静电喷涂法几乎完全相同，不同之处在于粉末是分散而不是雾化，粉末不能像液态涂料那样直接从与导电喷杯或极针上获得电荷，而是通过电晕区，从离子化的空气中获得电荷。粉末喷枪的功能要求包括：

1）在喷枪前端粉末粒子应尽可能均匀分布，并能控制粉末的喷射速度，使粉末粒子能充分获得荷电量，并能形成适合于被涂物形状的喷涂图样。

2）喷枪前端应具备不易被粉末积聚和堵塞的构造和材质。

3）应不易打火，安全性要高。

粉末喷枪的两个主要机构是分散机构和带电机构。

静电粉末振荡涂装法首创于欧洲。20 世纪 80 年代初，我国一汽研制了两类不同静电粉末振荡涂装法，工作原理是：在塑料板制的涂装箱内，接地被涂物为阳极，在距离被涂物 200mm 左右的底面或侧面设置电栅作为阴极，电栅铺在粉末涂料上或埋在粉末涂料中，接上负高压静电，在两极间形成高压静电场，在阴极电栅上可见明显的电晕放电，电栅得到正电荷，再借助外力作用，使阴极电栅产生弹性振荡，让粉末从静态变成动态。带负电荷的粉末粒子在高压静电场的作用下漂浮起来，沿电力方向高效地被吸住和涂着在被涂物上，随后加热熔融并固化成膜。

静电粉末振荡涂装法与静电粉末喷涂法相比，前者不需要输粉装置及粉末回收装置，特别适用于尺寸较小、形状不复杂的产品的涂装。

使电栅产生振荡的方法有两种，即静电振荡法和机械振荡法，其原理如图 16-7 所示。

影响静电粉末涂装工艺的因素有以下四个：

（1）粉末粒子荷电量

粉末粒子荷电量是静电粉末涂装的原动力，粉末粒子若没有带上静电荷，就不会产生附着力，则不可能涂装成功。但若荷电量过高，则又会因同性相斥而使成膜变薄。不过适当提高电压和粒子荷电量对涂膜形成具有一定好处。

（2）粉末粒子形状和粒度

在静电粉末喷涂中，要求粉末粒子最好呈球状。因为球状粒子流动性好，在喷枪和输粉

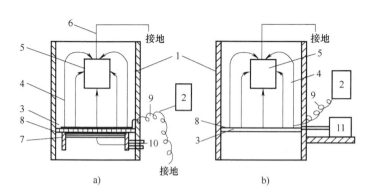

图 16-7　静电粉末振荡涂装法的原理示意图

a）静电振荡　b）机械振荡

1—塑料箱　2—高压直流电源　3—上阴极或阴极电栅　4—电力线　5—被涂物　6—运输链（接地）

7—下阴极　8—粉末涂料　9—高压电缆　10—转向开关　11—机械振荡装置

胶管中不易堵塞，堆积的粉末粒子间的空隙小，空气量小，因而在漆膜成型过程残留气泡少，在熔融时易展开而获得均匀平滑的漆膜。

（3）被涂物接地电阻

静电粉末涂装要求被涂物接地电阻小，如果接地不良，即对地绝缘或接地电阻非常大时，被涂物自身积蓄由粉末和离子化空气带来的电荷而带电，造成不能完全涂着，涂着效率下降，荷电量大时与接地物之间可产生电火花而发生危险。

（4）被涂物形状

粉末粒子在喷室内流动，受空气流、重力和电场力支配，喷涂方向和装挂方式都影响着涂着效率的高低。对有窄缝的零件，如车轮和轮网之间有窄缝，采用空气静电喷涂时，窄缝处空气流速大，造成该处粉末不能附着。

16.3 涂膜干燥和固化

涂覆在被涂物上的涂料由液态或粉末状变成无定形的固态薄膜的过程，即涂料的成膜过程，俗称涂料的干燥，也称涂料的固化。其成膜过程较复杂，有物理作用和化学作用。

固化是工业涂装工艺的三大基本工序之一，固化的方法及设备选用是否合理，烘干规范的选用和执行是否正确，会直接影响涂层质量和涂装成本。

为保证涂层的装饰质量，必须根据涂料的特性，正确地选择干燥方法和干燥工艺，同时还要考虑生产纲领和生产条件等因素。干燥方式从大体上可分为自然干燥和人工干燥。自然干燥不需要设备，只需要灰尘少和通风良好的较大的场地，成本最低，但是干燥时间受气候变化的影响较大，只适用于常温干燥的涂料和小批量生产或大型产品。在现代汽车制造工业中，为了缩短油漆的施工周期，提高涂层质量，广泛采用人工干燥法。根据受热方式，人工干燥法主要有对流式热风干燥和热辐射式干燥两种。

16.3.1　涂膜的自然干燥

因为是放置在大气中常温下干燥，所以自然干燥仅适用于挥发型涂料、自干型涂料和触媒聚合型涂料。涂膜自干速度与气温、湿度、风速和阳光等有关，一般是气温越高，湿度越低，自干条件就越好，还要保持空气清洁，进行适度换气。在湿度高、通风差和黑暗的场所，干燥变慢。涂膜中溶剂的挥发速度与周围的空气流动（风速）有关，风速越快，溶剂挥发越快。汽车涂装的自干场所应在室内，不应露天作业。

温度越高，溶剂挥发也越快，氧化聚合等涂膜固化反应也会加速。自干场所温度增高对涂膜干燥有利，而湿度对溶剂挥发起抑制作用。另外，湿度高易使挥发型涂料的涂膜变白，产生涂膜弊病，所以要求自干场所的空气湿度低。

16.3.2　涂膜的人工干燥

（1）对流式热风干燥

对流式热风干燥方式是用电、油、煤气或蒸气首先加热传导介质——空气，然后以自然对流或强制对流的方式，将热传导给被涂饰的工件，从而使漆膜干燥。这种干燥方式的热量传递是由漆膜表面向内部进行的，漆膜表面首先受热，很快干燥成皮，使漆膜内部的溶剂不易挥发散出而降低漆膜的干燥速度；由于漆膜内部溶剂的内扩散力克服不了漆膜的阻力，而引起漆膜鼓泡；当溶剂的扩散能力大于漆膜阻力时，有时引起漆膜表面产生针孔。同时，对流式热风干燥的设备体积大，占地面积大，升温时间长，热能利用率及干燥的效率都比较低，但由于设备简单，仍是目前应用较普遍的方法。对于汽车生产，因其批量大，可设计自动化输送线，在输送线中设有不同温度的烘干室（图 16-8），即中间温度高，两端温度较低，符合涂膜干燥规律。工件边移动边烘烤，经过一定的时间和温度范围，最后从烘干室的另一端出来，即完成干燥过程。

图 16-8　烘干室断面图

例如东风汽车公司采用的面漆烘干炉是热空气对流式，炉长 86m，为单行程双线通过式，即两台炉子共用一个保温壁板，如图 16-9 所示。此结构大大节省了能源消耗和材料。

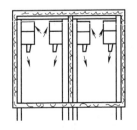

图 16-9　面漆烘干炉断面图

（2）热辐射式干燥

热辐射式干燥方式不需要任何中间介质，而是把热能转变为各种波长的电磁振动辐射能，直接传导给被涂饰的工件并能透过漆膜被工件所吸收而转变成热能，使涂层从底层向外层干燥，因此具有很高的热传递效率。

热辐射式干燥的方法因使用的辐射线不同而有红外线干燥、紫外线干燥和电子束干燥。后两种方法的干燥效率非常高，在国外已有应用。

辐射式红外线干燥炉（室）主要由炉体、辐射器、反射板和对流加热系统组成。其中主要部件为辐射器，较小尺寸工件用炉宜用管式，较大尺寸工件宜用板式，有煤气者宜采用煤气红外线辐射器。氧化镁材质的管式辐射器使用寿命长，而碳化硅材质的板式辐射器则配置较为容易。管式辐射器一般需采用反射屏，反射屏宜采用反射系数高的阳极氧化铝板，反射屏一般为半球面或抛物面。辐射器的布置一般相隔 150～300mm，烘道的中间一段布置较多，两端较少。

红外线干燥炉采用通过式较好，以利于车身的进出。炉体采用组合式较好，两侧应装设开放式小门，以便于安装和检修辐射器，框架可用 20～60mm 的角钢焊成。隔热层厚度一般为 150～300mm，用蛭石、矿渣棉、石棉板、玻璃纤维棉等材料填充。炉顶要有截面积为 200～400cm^2 的可调节排气孔。

红外线辐射器所发射的红外线波长比较短，均在 3μm 以下，而远红外线辐射器能发射 3μm 以上波长的红外线，涂料中的树脂、溶剂、颜料及水分等物质在此波长范围内有更宽和更强的吸收带。根据日本学者细川秀克提出的远红外线加热的匹配吸收理论，涂料成膜物吸收远红外线后能使漆膜内部分子振动加剧，加速树脂的聚合作用和溶剂的挥发，因而能得到一般红外线干燥炉所不能得到的优良效果。

远红外线干燥炉设计的结构要素与一般的红外线干燥炉基本相同，只是远红外线辐射元件与红外线辐射元件不同。

热辐射式干燥与对流式热风干燥相比具有干燥速度快、质量好、升温快、热惯性小、结构简单、设备成本低、体积小、节省占地面积、热传导方向性强和节约能源等优点。

但是热辐射式干燥也有缺点，若工件大而复杂，那么被辐射到的部位能够很快干燥，而辐射不到的部位就需较长时间才能干燥，若等这一部分达到干燥程度，那么已干燥部位的涂膜就会达到烤脆的程度。因此，设计热辐射式干燥炉时，最好使炉膛的形状尺寸与被烘的车身或驾驶室的形状尺寸相似，以保证各处的涂膜能基本同时烘干。

热辐射式干燥在产量不大的汽车车身、特别是客车车身的生产中应用较多。

16.3.3　涂膜的固化

涂膜的固化过程一般要经历以下三个阶段：

1）触指干燥或称表干。当手指轻触涂膜感到发黏，但涂膜不附在手指上的状态。

2）半硬干燥。用手指轻捅涂膜，在涂膜上不粘有指痕的状态。

3）完全干燥。用手指强压涂膜也不残留指纹，用手指急速捅涂膜，在涂膜上也不留有伤痕的状态。

在烘干场合，涂膜达到完全干燥时涂膜的各项性能应最佳。如果烘干温度过高，烘干时间过长，就会产生涂膜过烘干弊病，轻时影响涂层间的附着力，严重时涂膜变脆，甚至脱落。

判定涂装作业上的干燥程度，较上述划分更细。表 16-3 是根据一些文献总结出的涂膜干燥（固化）程度的区分方法。

表 16-3　涂膜干燥（固化）程度的区分方法

编号	区分（名称）	状态（干燥程度）
1	半硬干燥	干燥到不粘尘的程度
2	不粘尘干燥	干燥到不粘尘的程度
3	表面干燥	干燥到无粘尘的状态
4	触指干燥	上述阶段 1)
5	干透，完全干燥	上述阶段 3)
6	打磨干燥	干燥到可打磨状态
7	完全干燥，全硬	无缺陷的完全干燥状态

 思考题 16

1. 目前国内外汽车车身涂饰工艺可以分为哪几个基本体系？
2. 为获得优质的中涂涂层，应注意哪些要点？
3. 有哪些因素影响面漆涂层的厚度，分别是怎样影响的？
4. 电泳涂装作为常见的汽车车身涂漆方法，有哪些优缺点？

 拓展阅读 16

"汽车美容"技术发展——白色车漆的泛黄问题

当前，消费者不仅要求乘用车有良好的行驶性能和乘坐舒适性，也对汽车提出了较高的审美要求。汽车的油漆涂面不再只是对汽车起到防锈防腐蚀的保护作用，还要美观。随着近年来汽车轻量化的发展，注塑件经过涂装处理后在汽车外饰市场应用逐渐增多。前后保险杠为最大面积的注塑涂装件。前后保险杠涂装颜色一般为车身同色。保险杠发生油漆泛黄问题，会极大影响汽车品牌形象。后保险杠油漆泛黄现象主要原因有以下三个方面：

1）油漆涂层光氧老化、热氧老化致使聚合物链发生热降解、氧化降解和光氧化降解。

2）涂装的基材塑料本身含有杂质，特别是有机色粉类杂质，易被油漆中的有机溶剂析出，致使涂层泛黄。

3）后保险杠油漆发生着色污染，即接触或迁移污染及抽出污染两种方式。接触或迁移污染如洗车房循环水、风窗洗涤液、汽油、防锈油等液体滴落在后保险杠表面，致使涂层变黄。抽出污染如洗涤液管为 EPDM 材质，洗涤液存留在洗涤管中的一定时间内，液体变黄，滴落在油漆表面，发生污染着色。再如，后风窗玻璃胶条主要成分为 EPDM，与油漆表面接触处，在高湿环境下易使促进剂析出，引发泛黄。

涂料黄变情况的防治手段主要是在涂料配方中增加各类抗老化添加剂。通过抗老化添加剂具有的吸收紫外线或消灭自由基等功能，来减缓涂层的黄变现象。主要的抗老化添加剂有紫外光吸收剂、涂料抗氧剂和受阻胺光稳定剂，或将上述抗老化添加剂并用，以寻求协同作用。

参 考 文 献

[1] 崔胜民. 纯电动汽车技术解析 [M]. 北京：化学工业出版社，2021.

[2] 张书桥. 新能源电动汽车发展历程、现状以及制造技术 [J]. 金属加工（冷加工），2020 (4)：8-13.

[3] 李岩，张丽，白颐，等. 化工新材料行业"十三五"回顾和"十四五"发展展望（一）[J]. 化学工业，2020，38 (4)：31-35；54.

[4] 刘晓洁，别玉娟，陈自兵. 新能源汽车发展对制造工艺影响分析 [J]. 内燃机与配件，2021 (6)：208-209.

[5] 徐锴. 智能制造要求下的新能源汽车焊接技术探讨 [J]. 时代汽车，2018 (2)：33-34.

[6] 白有俊. 电动汽车覆盖件冲压成形与轻量化的协同优化研究 [J]. 南方农机，2022，53 (4)：119-121.

[7] 罗勉. 广东：从传统汽车制造强省迈向新能源汽车大省 [N]. 中国经济导报，2022-11-01 (5).

[8] 牛丽媛，李志虎，熊建民. 新能源汽车轻量化材料与工艺 [M]. 北京：化学工业出版社，2020.

[9] 李鹏. 高强度钢在汽车轻量化中的应用研究 [J]. 专用汽车，2022 (11)：61-64.

[10] 汪海洪. 新能源汽车轻量化技术研究 [J]. 时代汽车，2020 (5)：68-69.

[11] 李光瀛，王利，马鸣图，等. 第3代先进高强度钢 AHSS 汽车板的开发 [J]. 轧钢，2019，36 (5)：1-13.

[12] 刘永刚，潘红波，詹华，等. 几种典型第三代汽车用先进高强度钢技术浅析 [J]. 金属热处理，2015，40 (8)：13-19.

[13] 李军，刘鑫，曹广祥，等. 汽车车身高强度钢的应用发展及挑战 [J]. 汽车工艺与材料，2021 (8)：1-6.

[14] 徐正萌，于硕硕，栗克建，等. 汽车用先进高强度钢显微组织表征和第一性原理研究 [J]. 汽车工艺与材料，2022 (8)：46-52.

[15] 李家锐，张林，方静，等. 汽车轻量化材料的应用研究 [J]. 化工管理，2019'(5)：118-120.

[16] 袁金磊. 轻金属和轻量化材料在汽车中的实际应用 [J]. 山东工业技术，2019 (5)：58.

[17] 李秀芬，黄妙华. 轻型车身材料在电动汽车上的应用与发展 [J]. 汽车工艺与材料，2006 (7)：7-8.

[18] 赵治，郝志莉. 纯电动汽车车身材料轻量化应用现状浅谈 [J]. 汽车实用技术，2020 (7)：22-24.

[19] 任海民. 汽车车身材料应用现状与发展趋势 [J]. 电子世界，2014 (10)：411.

[20] 张志阳，邵科源，张振宇，等. 碳纤维复合材料在纯电动汽车车身中的应用分析 [J]. 上海汽车，2013 (10)：60-62.

[21] 张满福. 汽车车身材料的现状及发展趋势 [J]. 汽车研究与开发，2000 (4)：46-48.

[22] 钟诗清. 汽车车身制造工艺学 [M]. 北京：人民交通出版社，2012.

[23] 邓仕珍，范淼海. 汽车车身制造工艺学 [M]. 北京：北京理工大学出版社，1997.

[24] 林忠钦. 汽车车身制造质量控制技术 [M]. 北京：机械工业出版社，2005.

[25] 宋晓琳. 汽车车身制造工艺学 [M]. 2版. 北京：北京理工大学出版社，2006.

[26] 王新华. 汽车冲压技术 [M]. 北京：北京理工大学出版社，1999.

[27] 宋拥政. 汽车冲压件制造技术 [M]. 北京：机械工业出版社，2013.

[28] 张杰刚，陈明和. 板料激光成形技术 [J]. 热加工工艺，2006，35 (13)：87-89.

[29] 苑世剑. 现代液压成形技术 [M]. 2版. 北京：国防工业出版社，2016.

[30] 王孝文，刘浩，巩玉伟. 精冲技术在中国的发展和应用 [J]. 四川兵工学报，2014 (12)：1-9.

[31] Precision Surfacing Solutions. What is Fine blanking? [EB/OL]. [2022-11-7]. https://www.precision-surface.com/what-is-fine-blanking.html.

[32] 张利雯. 汽车发动机罩外板工艺与模具设计 [D]. 石家庄：河北科技大学，2013.

[33] 董家玲，闫巍，徐勇. 铝合金发动机罩外板冲压工艺技术研究 [J]. 汽车工艺与材料，2016 (11)：8-12.

[34] 智淑亚. 汽车车身轻量化材料的应用及发展 [J]. 中国制造业信息化，2012，41 (17)：104-106；109.

[35] 刘川，宋四全，李勇. 国内冲压自动化线成套技术及装备供应能力研究 [J]. 机器人技术与应用，2004 (3)：8-12.

[36] 杜二虎. 三角肘杆式伺服压力机主传动系统研究 [D]. 武汉：华中科技大学，2012.

[37] 蔡福洲. 冲压模具设计与制造：理实一体化 [M]. 北京：机械工业出版社，2013.

[38] 阮卫平，李建平，李振石. 2009 年广东先进制造技术（佛山）活动周论文集 [C]. 佛山：中国机械工程学会，2009.

[39] 胥筱康，余春堂，汪义高. 1600t 多工位压力机装备特点及运用 [J]. 锻造与冲压，2015 (19)：2.

[40] 石海达，刘敬伟，覃祯. 先进的压力机技术在冲压自动化生产中的应用 [J]. 锻造与冲压，2014 (10)：3.

[41] 李广娟. 我国冲压设备的发展概况及发展趋势 [J]. 青年时代，2017 (36)：103-104.

[42] 张宝玮. 中国锻压技术及装备的现状与发展 [J]. 机械工人（热加工），2003 (4)：41-43.

[43] 中国机械工程学会及其焊接分会. 2003 年汽车焊接国际论坛论文集 [M]. 北京：机械工业出版社，2003.

[44] YANG X H. Key Technology Research on the Flexible Welding Line for Multi-model Automobile [C]. Zhangjiajie：International Conference on Digital Manufacturing & Automation，2011.

[45] OMAR M A. The Automotive Body Manufacturing Systems and Processes [M]. New York：John Wiley & Sons，Ltd：2011.

[46] 吕江毅. 汽车涂装 [M]. 北京：化学工业出版社，2010.

[47] 吴涛，刘朝宗. 最新汽车涂装技术 [M]. 南昌：江西科学技术出版社，1997.

[48] 李肖铮. 汽车涂装技术 [M]. 北京：中国劳动社会保障出版社，2010.

[49] 王锡春. 最新汽车涂装技术 [M]. 北京：机械工业出版社，1997.

[50] 张英俊. 汽车涂装喷漆室送排风系统节能减排技术研究 [D]. 长春：吉林大学，2018.

[51] 刘璟琳，刘汉，王辉. FTA 在汽车后保油漆黄变分析的应用 [C]//2021 年中国汽车工程学会年会论文集. 北京：机械工业出版社，2021.

[52] 黄恭. 新国标 GB/T 2705—2003《涂料产品分类和命名》浅析 [J]. 化工标准·计量·质量，2004，24 (9)：3-6；3.

[53] 杨连发. 冲压工艺与模具设计 [M]. 西安：西安电子科技大学出版社，2014.

[54] 许乔阳，王良芬，韩超，等. 浅谈汽车引擎盖外板刚性不足的原因及预防措施 [J]. 模具工业，2017，43 (9)：34-37.